“十四五”职业教育国家规划教材

高等职业教育铁道工程技术专业“十四五”系列教材

铁路线路维修与大修

（第三版）

王兴杰　孙　伟◎主　编

马明瑜　戴成新　高海博◎副主编

张俊刚◎主　审

中国铁道出版社有限公司

2025年·北　京

内 容 简 介

本书内容主要分为线路维修和线路大修两部分。主要内容包括线路设备检查、线路作业安全与管理、不同轨道结构线路维修、线路故障的应急处理、铁路线路大修施工、线路设备验收及质量评定等方面的知识和能力训练。本书以二维码形式配套了学习视频及部分训练内容和复习思考题答案，供学生学习使用。

本书为高等职业院校铁道工程技术等相关专业教材，也可作为铁路工务系统、工程施工系统的培训教材。

图书在版编目(CIP)数据

铁路线路维修与大修 / 王兴杰，孙伟主编. -- 3 版. 北京 ：中国铁道出版社有限公司，2025. 7. --（“十四五”职业教育国家规划教材）（高等职业教育铁道工程技术专业“十四五”系列教材）. -- ISBN 978-7-113-32328-8

Ⅰ. U216.42

中国国家版本馆 CIP 数据核字第 202535365P 号

书　　名：铁路线路维修与大修
作　　者：王兴杰　孙　伟

策划编辑：李露露
责任编辑：李露露　　**编辑部电话：**(010)51873240　　**电子邮箱：**790970739@qq.com
封面设计：郑春鹏
责任校对：安海燕
责任印制：赵星辰

出版发行：中国铁道出版社有限公司(100054，北京市西城区右安门西街 8 号)
网　　址：https://www.tdpress.com
印　　刷：河北京平诚乾印刷有限公司
版　　次：2014 年 9 月第 1 版　2025 年 7 月第 3 版　2025 年 7 月第 1 次印刷
开　　本：787 mm×1 092 mm 1/16　**印张：**17.5　**插页：**1　**字数：**451 千
书　　号：ISBN 978-7-113-32328-8
定　　价：56.00 元

第三版前言

铁路线路养护维修技术的快速发展，对高技能人才培养提出了更高要求。本次修订整合行业新技术、新标准与新方法，并以二维码形式配套了学习视频及部分训练内容和复习思考题的答案，旨在为铁路高职教育提供更贴合实际的学习资源。

本书的编写团队由来自铁路行业不同领域的专家组成，他们不仅在学术上有着深厚的造诣，而且在铁路线路养护维修的实践中积累了丰富的经验。教材以“项目导向、任务驱动”为主线，以完成典型工作任务为目标，以任务、设备、案例、现场作业为载体，构成基于工务系统作业过程的项目化教材。

本书由黑龙江交通职业技术学院王兴杰、孙伟担任主编，黑龙江交通职业技术学院马明瑜、中国铁路沈阳局集团有限公司长春工务段戴成新、中国铁路哈尔滨局集团有限公司齐齐哈尔工务段高海博担任副主编，黑龙江交通职业技术学院张俊刚主审。具体编写分工如下：王兴杰编写项目一、项目二任务一～任务三，高海博编写项目二任务四，孙伟编写项目三，马明瑜编写项目四，戴成新编写项目五，黑龙江交通职业技术学院檀仲丽编写项目六任务一～任务三，中国铁路哈尔滨局集团有限公司工务机械段张跃成编写项目六任务四，黑龙江交通职业技术学院王秀琴编写项目七，黑龙江交通职业技术学院徐明、高莎莎、马明瑜、檀仲丽共同制作完成六项线路维修作业视频，黑龙江交通职业技术学院徐威完成部分训练内容和复习思考题的答案。

本书在编写过程中得到了中国铁路广州局集团有限公司广州工务段，中国铁路北京局集团有限公司北京工务段，中国铁路沈阳局集团有限公司沈阳工务段、鞍山工务段、辽阳工务段，中国铁路哈尔滨局集团有限公司齐齐哈尔工务段、牡丹江工务段、工务机械段、工务检测所大修设计室等单位的大力支持。他们不仅提供了最新的行业信息和数据，还分享了铁路线路养护维修工作中的宝贵经验。在此对所有提供帮助的单位和个人表示最诚挚的感谢。

由于编者水平有限，书中难免存在不足之处，敬请读者批评指正。

编　者

2025 年 3 月

第一版前言

近年来，随着铁路的大发展，铁路轨道作为铁路运输的基础，其结构也在不断加强，许多新技术、新工艺、新材料、新方法、新设备得以运用，养护维修方式随之发生了重大改变，技术标准和职业技能不断更新，原有教材已不适应当前高职教育的教学需要，编者通过企业调研，对岗位职业能力进行分析，结合现行规范和高职教育发展规划，编写了项目化教材。

教材共七个项目，详细阐述了线路设备检查、线路作业安全与管理、不同轨道结构线路的养护维修、线路故障的应急处理、铁路线路大修施工、线路设备验收及质量评定方面的内容，具有以下特点：

(1)层次清晰，结构紧凑，图文并茂，表述简洁，通俗易懂。

(2)将理论知识融入技能操作过程中，体现针对性、实用性和职业性，做到“教、学、做”合一。

(3)以培养职业能力为核心，以“项目导向，任务驱动”为主线，以完成典型工作任务为目标，以任务、设备、案例、现场作业为载体，构建基于工作过程的项目化教材，符合线路维修和大修作业过程。

(4)教学内容贴近岗位需求，注重职业能力的培养。

本教材由黑龙江交通职业技术学院王兴杰、齐齐哈尔铁路工程学校王秀琴担任主编，沈阳铁路局长春工务段戴成新担任副主编，黑龙江交通职业技术学院张俊刚担任主审。编写分工：王兴杰编写项目一、二、三和项目六任务二，王秀琴编写项目四和项目七，戴成新编写项目五，黑龙江交通职业技术学院檀仲丽编写项目六任务一，齐齐哈尔铁路工程学校夏辉编写项目六任务三、四，哈尔滨铁路局工务机械段张跃成编写项目六任务五。

本教材在编写过程中得到沈阳铁路局辽阳工务段杨秀杰、哈尔滨铁路局工务检测所大修设计室洪滨、哈尔滨铁路局工务机械段郭明瑞和娄朝义、哈尔滨铁路局齐齐哈尔工务段李庆喜和高海博的大力支持，在这里一并感谢。

由于编者水平有限，不妥之处在所难免，恳请读者批评指正。

编　者

2014年6月

目录

项目一　课程导引

【项目介绍】

为适应普速铁路运营要求，保持和恢复线路设备安全性、可靠性是线路设备修理的基本任务。线路设备修理分为线路设备大修和维修，线路设备大修是为全面恢复和提高线路设备固有可靠度而对线路进行的大规模修理，线路设备维修是根据线路设备变化规律，维持列车以规定速度安全和不间断地运行而对线路进行的日常维护和小规模修理。

任务一　线路设备维修认知

【任务描述】

线路设备维修应坚持"预防为主、防治结合、修养并重、严检慎修"原则，根据线路设备变化规律，合理安排计划维修与临时补修，有效预防和整治线路病害，有计划地补偿线路设备损耗，保持线路设备完整和质量均衡，延长设备使用寿命，以取得较好的技术经济效益。推进道岔统型化、钢轨和道岔无缝化，加快薄弱和老化设备改造，提高轨道结构强度和可靠性。积极推广应用钢轨保护技术，改善轮轨关系，从源头上减少轮轨动力作用对轨道的影响，延长钢轨使用寿命和线路维修周期。

【学习重点】

1. 区分计划维修与临时补修内容。
2. 理解线路大修工作内容。
3. 培养科学预防与精准维护的素养。

【学习内容】

一、线路设备维修分类

线路设备维修分为计划维修与临时补修。通过认真分析线路设备病害根源，安排合理的维修作业，延长设备使用寿命。

（一）计划维修

计划维修指根据线路及其各部件的变化规律，依据维修周期、结合设备状态评价，以大型养路机械为主要作业手段，全面调整和改善轨道空间线形线位，消除轨道结构病害，恢复道床弹性，更换失效轨枕和联结零件，调整轨道几何尺寸，消除钢轨轨头病害，达到钢轨目标廓形，以及其他各结构部件的修理等为主要内容的单项或多项修理，以恢复线路完好技术状态。

(二)临时补修

临时补修指以小型养路机械为主要作业手段,对轨道几何不平顺超过临时补修容许偏差管理值及其他不良处所进行的临时性整修,以保证行车安全和平稳。

二、线路设备维修主要内容

(一)计划维修主要内容

(1)大型养路机械捣固维修。

①对线路、道岔(调节器)平面和纵断面进行测设及优化,通过全面起道、拨道、改道、捣固、稳定,调整几何形位,改善道床弹性。混凝土枕地段,捣固前应撤除所有调高垫板。

②调整道岔(调节器)各部尺寸,拨正曲线,调整超高。

③整治道床翻浆冒泥,清筛枕盒和边坡不洁道床,补充道砟,整理道床。

④更换、方正和修理轨枕。

⑤调整轨缝,整修、更换和补充轨道加强设备,整治爬行,锁定线路、道岔。

⑥矫直、焊补、打磨钢轨,综合整治接头病害。

⑦全面整修、更换和补充联结零件并除锈涂油。

⑧全面整修护轨。

⑨整平路肩,清理弃土,清除道床杂草和路肩大草。

⑩整修道口及其排水设备。

⑪补充、修理并刷新标志、标记,回收旧料。

⑫其他病害的预防和整治。

(2)钢轨打磨列车打磨。

钢轨(包括道岔和调节器)打磨分为预打磨、预防性打磨和修理性打磨。

预打磨是对铺设上道后新钢轨的打磨,去除脱碳层,消除焊缝不平顺和运输、施工中产生的初始缺陷。

预防性打磨是对钢轨进行的周期性打磨,按目标廓形打磨钢轨,消除已产生的表面裂纹,减缓曲线钢轨侧面磨耗,预防产生波磨、剥离掉块、肥边等病害,延缓滚动接触疲劳裂纹产生和发展。

修理性打磨(或铣磨)是对已产生病害钢轨进行修理,减缓波磨,消除钢轨表面的擦伤、肥边和表面裂纹等病害。

打(铣)磨列车对成段钢轨或整组道岔(调节器)进行修理;小型钢轨打磨机对焊缝、道岔(调节器)打磨列车打磨受限区等进行打磨修理,并做好廓形平顺连接。

(3)扣件维修。

对扣件进行全面检查、整正、紧松补缺、除锈涂油、螺旋道钉改锚等。

(4)有砟轨道精调整理。

根据轨道动、静态几何尺寸检测数据,成段对有砟轨道几何尺寸进行调整。

(5)无砟轨道精调整理。

根据轨道动、静态几何尺寸检测数据,对无砟轨道进行全面、系统地调整,使轨道静态几何状态符合标准要求。

(6)无砟道床维修。

无砟道床维修主要是对无砟道床伤损进行修补和道床结构损坏进行修复。

(7)整治道床翻浆冒泥,均匀道砟,整理道床。

(8)整治绝缘接头病害。

(9)调整轨缝,修理、补充轨道加强设备,锁定线路。

(10)焊补钢轨、高锰钢辙叉,采用小型养路机械打磨钢轨、焊缝、尖轨、辙叉,整治钢轨接头病害。

(11)无缝线路应力放散、调整、锁定。

(12)更换伤损钢轨、道岔(调节器)轨件,钢轨焊复。

(13)曲线上股钢轨侧面润滑及钢轨顶面摩擦控制。

(14)更换、修理轨枕。

(15)成段整修护轨。

(16)修补达到Ⅱ级及以上伤损的无砟道床。

(17)整修防沙设备,整治冻害。

(18)整修道口,清除道床杂草和路肩大草。

(19)补充、修理并刷新标志、标记。

(20)季节性工作及其他工作。

(二)临时补修主要内容

(1)整修轨道几何不平顺超过临时补修容许偏差管理值的处所。

(2)更换或处理折断、重伤钢轨及焊缝。

(3)更换达到更换标准的伤损夹板,更换折断的接头螺栓、道岔护轨螺栓、可动心轨凸缘与接头铁联结螺栓、可动心轨咽喉和叉后间隔铁螺栓、长心轨与短心轨联结螺栓、钢枕立柱螺栓等。

(4)处理不良绝缘接头。

(5)调整严重不良轨缝。

(6)更换或整治失效无砟道床。

(7)整修严重不良的道口设备。

(8)处理线路其他故障。

(9)其他需要临时补修的工作。

三、线路设备维修管理组织

(一)管辖范围

1. 工务段管辖范围

工务段的管辖范围:正线线路延展长度不宜超过 1 200 km,特殊情况下由铁路局集团公司规定;山区铁路、管辖范围内有编组站或一等及以上车站时,管辖正线长度可适当减少。

2. 线路车间管辖范围

正线延长单线以 60～80 km 为宜,双线以 100～120 km 为宜。

工务段下设安全生产调度指挥中心和线路车间、重点维修车间、综合机修车间、探伤车间等。线路车间下设检查工区、维修工区、线路工区。支线铁路可只设车间,不设或少设工区。

(二)管理机构

线路设备维修实行检养修分开制度,检养修分开的基本原则是实行独立检查以及专业化、机械化集中修理。

(1)安全生产调度指挥中心负责指挥和监控全段日常生产,掌握作业和设备安全信息;汇总分析设备检查、监控数据,跟踪设备病害和缺陷的调查、复核及处理情况;掌握全段日作业计划,对日作业计划进行审核、协调和过程监控;跟踪掌握工电自轮运转特种设备、专用车辆运行状态和路料运输情况;指挥、处理突发情况等。

(2)线路车间作为组织维修生产的主体,组织制订车间年、月生产计划,周天窗维修计划及日作业计划;组织设备检查、维护、验收;定期分析评价设备质量,跟踪考核维修、日常保持状态等。

(3)重点维修车间作为实施机械化修理和专业修理的主体,负责配合大型养路机械作业、集中修作业,钢轨和道岔焊接等工作。

(4)综合机修车间负责养路机械维修保养,工具制作修理及线路配件修理,轨道车的运行及管理等工作。

(5)探伤车间负责钢轨探伤工作。

(6)线路工区负责线路巡查、临时补修、应急值守等。

(7)维修工区负责采用小型养路机械进行线路成段和道岔成组维修、配合大型养路机械作业、轨道伤损部件更换、道床翻浆整治、线路和道岔钢轨打磨、道口翻修及季节性重点工作等。

(8)检查工区负责线路的周期性设备静态检查、设备质量分析、作业验收和重点病害的调查、复核等。

各铁路局集团公司可结合实际情况,对上述部分工作适当调整。

任务二　线路设备大修认知

【任务描述】

线路设备大修应按照“运营条件匹配、轨道结构等强、修理周期合理、线路质量均衡”和“全面规划、适度超前、区段配套”原则,根据运输需要及线路设备变化规律,及时对线路设备进行更新和修理,恢复和提高线路设备强度。线路设备大修项目原则上应按周期安排,并可根据设备状态评价结果合理调整。线路设备大修应由专业大修设计、施工队伍承担。

【学习重点】

1. 钢轨大修包括的项目。
2. 道岔大修包括的项目。
3. 线路设备大修施工组织设计内容。
4. 培育全局统筹意识与系统思维能力。

【学习内容】

一、线路设备大修分类

线路设备大修是恢复或提高轨道结构强度的修理作业。根据线路设备各部件状态变化规律的不同,线路设备大修可分为钢轨大修、道岔大修、轨枕大修、道床大修、线路中修、扣件大修、道口大修和其他大修(以上未涵盖的线路设备大修项目列其他大修)。在安排大修作业时,要基于运输需求预测和设备老化规律,提前布局大修计划,而非被动应对故障。

铺设无缝线路时，应做好无缝线路前期工程，道床、轨枕等应满足无缝线路铺设条件。因线路设备大修引起其他设备变动时，应由铁路局集团公司在相应的大修计划中统一安排。

二、线路设备大修主要内容

（一）钢轨大修

（1）无缝线路或普通线路更换新轨、再用轨。

①铺设新轨无缝线路：焊接、铺设新钢轨，全面更换新扣件、钢轨伸缩调节器（以下简称调节器）、胶接绝缘钢轨（接头），更换或改造不符合规定的护轨（不含钢梁明桥面护轨，下同），按设计锁定轨温锁定线路，埋设位移观测桩，设置观测标尺或标记。

②铺设新轨普通线路：铺设新钢轨，全面更换新扣件、调节器、接头联结零件、绝缘接头（胶接绝缘接头）及钢轨接续线，更换或改造不符合规定的护轨。

③铺设再用轨无缝线路：焊接、铺设再用轨，更换扣件、胶接绝缘钢轨（接头），更换或改造不符合规定的护轨，按设计锁定轨温锁定线路，埋设位移观测桩，设置观测标尺或标记。

④铺设再用轨普通线路：铺设再用轨，更换扣件、接头联结零件、绝缘接头（胶接绝缘接头）及钢轨接续线，更换或改造不符合规定的护轨。

（2）更换失效轨枕、严重伤损混凝土枕。

（3）扣件涂油，混凝土枕螺旋道钉改锚。

（4）补充道砟，整修线路，恢复、安装轨道加强设备。

（5）整修道口。

（6）抬高因线路换轨大修需要抬高的道岔、桥上线路，加高挡砟墙（块）。

（7）补充、修理位移观测桩和观测标尺，刷新钢轨标记。

（8）回收旧料，清理场地，配置常备材料。

（二）道岔大修

（1）成组更换新道岔和新岔枕（含道岔道床清筛、更换道砟），成组更换道岔钢轨及联结零件，道岔无缝化改造。铺设无缝道岔时，含焊接或冻结钢轨、更换胶接绝缘钢轨（接头），按设计锁定轨温锁定道岔，埋设位移观测桩，设置观测标尺或标记。

（2）同步更换道岔前后引轨（含岔后连接曲线、道岔前后夹直线钢轨）、过渡轨枕。

（3）同步清筛道岔前后夹直线道床。

（4）整修道岔及其前后线路。

（5）补充、修理并刷新标志、标记。

（6）回收旧料，清理场地，配置常备材料。

（三）轨枕大修

（1）成段更换轨枕及扣件，成段增加轨枕配置及扣件，成段更换再用轨枕及扣件。

（2）清筛道床，补充道砟，整治道床翻浆冒泥和超过 15 mm 的冻害。

（3）整修线路，安装轨道加强设备。

（4）整修道口。

（5）回收旧料，清理场地，配置常备材料。

（四）道床大修

（1）成段道床全断面清筛，补充道砟，改善道床断面，整治道床翻浆冒泥和超过 15 mm 的冻害,更换一级道砟。

(2)校正、改善线路纵断面和平面。

(3)更换失效轨枕和严重伤损混凝土枕。

(4)整修或更换螺旋道钉和失效的联结零件。

(5)整修道口及其排水设备。

(6)抬高因道床大修需要抬高的道岔、桥上线路,加高挡砟墙(块)。

(7)补充、修理并刷新标志、标记。

(8)回收旧料,清理场地。

(五)线路中修

(1)道床边坡清筛,补充道砟。

(2)道岔及其夹直线道床全断面清筛或更换道砟。

(3)站线道床清筛或更换道砟。

(4)校正、改善线路纵断面和平面。

(5)整治道床翻浆冒泥。

(6)更换失效轨枕和严重伤损混凝土枕。

(7)更换失效联结零件。

(8)整修、补充轨道加强设备。

(9)整修道口及其排水设备。

(10)补充、修理并刷新标志、标记。

(11)回收旧料,清理场地。

(六)扣件大修

(1)成段更换状态不良、锈蚀伤损严重的扣件,扣件涂油等。

(2)成段混凝土枕螺旋道钉改锚。

(3)调整线路几何尺寸。

(七)道口大修

(1)整修道口平台。

(2)更换道口铺面、护轨。

(3)清筛道床或更换道砟,更换失效及严重伤损轨枕、扣件,整修线路及其排水设备。

(4)补充、更新、修理、刷新防护设施。

(5)回收旧料,清理场地。

三、线路设备大修施工管理组织

大修施工单位应具备如下设施:

(1)铁路局集团公司应根据近、远期规划,统筹安排,修建必要的大修基地。大修基地应有足够的配线和场地,具备必要的生产和生活设施,交通便利。

(2)配备与大修施工任务相适应的施工机械、交通运输工具、通信设备和相应的检修设施。

(3)配备宿营车辆等必要的流动生活设施。

四、线路设备大修施工组织设计

线路设备大修施工单位应依据设计文件进行现场调查和施工测量,研究制定施工方案;按工程件名及批准的施工计划编制施工组织和安全技术措施。其主要内容如下：

(1)编制依据及设备现状。

(2)施工技术条件和技术标准。

(3)施工计划和施工进度安排。

(4)工程数量及材料供应。

(5)施工方法、劳动组织、机具使用和施工配合。

(6)施工作业程序。

(7)施工安全、质量和进度控制措施。

(8)施工临时设施。

五、线路设备大修施工管理

线路设备大修施工必须认真贯彻执行"安全第一、预防为主"的方针，严格执行各项施工作业标准，科学组织施工，确保施工安全、质量和进度。

(1)施工单位应按照设计文件、有关技术标准和施工工艺流程组织施工，合理控制施工和慢行长度。

(2)施工负责人应加强施工管理，落实安全责任制。

(3)线路设备大修施工实行安全监督制度。负责设备管理的工务段，必须派人常驻施工工地，加强与施工单位的联系，相互配合，密切协作，协助检查施工安全和施工质量。工务段应对施工全过程进行监督，发现施工安全隐患及质量问题时应责令施工单位立即纠正，危及行车安全时有权责令其停止施工。

六、施工单位管理制度

施工单位必须建立以下六项制度：

(1)施工三检制——在每次开工前、施工中和线路开通前，施工负责人应组织有关人员分别按分工地段对施工准备、施工作业方法、线路设备状态和线路开通条件进行检查。

(2)巡查养护制——施工现场应设置巡养人员，对施工地段进行巡查和养护，发现并及时消除危及行车安全的处所。

(3)工序交接制——前一工序应给后一工序打好基础，在前一工序完成后，应由施工负责人组织工序负责人进行交接。

(4)隐蔽工程分阶段施工制度——每阶段完成后，施工单位应会同接管单位共同检查，并填写记录，确认符合设计要求，方准开始下一阶段施工。

(5)岗前培训制度——职工上岗前必须经过安全教育和技能培训，经考试考核合格，并取得岗位培训合格证书后，方可上岗；采用新工艺、使用新设备时，必须首先制定安全保证措施和操作规程，并对职工培训后方准进行操作和调试。

(6)安全检查分析制度——施工安全工作应抓早、抓小、抓苗头、抓薄弱环节，应定期加强检查，重点加强季节性、节假日和工地转移前后的检查，及时消除隐患；应组织开展事故预想活动，预防事故的发生；对事故苗头和事故应及时分析、处理，吸取教训。

七、线路设备大修施工机械管理

施工单位应建立健全各种施工、运输和装卸机械的管理制度,加强设备台账和技术档案的管理,实行岗位责任制,严格执行设备检修保养制度,保证配件储备,提高设备完好率。

八、线路设备大修材料管理

(1)施工单位应建立健全材料管理制度,不得使用质量、规格不符合标准或出厂证件不符合要求的材料。

(2)材料应及时清点,堆码整齐,采取必要措施防止丢失或损坏。

(3)下道旧料应及时回收,做到工完料净。

(4)应按规定办理材料的收发、运送、使用和交接手续。

【训练内容】

根据老师给出的工务段和工务机械段的管辖设备、管理机构、人员配备等信息,请以图表的方式表示出来。

复习思考题

1. 线路设备维修分为哪几类?
2. 线路设备维修和大修应贯彻什么原则?
3. 简述线路设备大修分类。
4. 钢轨大修有哪些主要内容?
5. 道岔大修有哪些主要内容?
6. 线路设备大修施工组织设计有哪些主要内容?

项目二　线路设备检查

【项目介绍】

线路设备检查是线路维修工作的主要环节，它是获得线路设备状态信息、掌握线路设备变化规律、编制维修作业计划和分析设备病害的主要手段。线路设备检查分为静态检查和动态检查。《普速铁路线路修理规则》（TG/GW 102—2019）（以下简称《普速修规》）规定：静态检查是利用计量工具和手工具进行检查，检查重点为直线线路、道岔、钢轨、无缝线路、曲线和联结零件；动态检查是利用轨检车检查线路，应采用轨道检查车、综合检测列车、巡检设备、车载式线路检查仪等移动装备进行定期检查，了解和掌握线路的动态质量，指导线路养护维修工作。

任务一　直线线路和道岔检查

【任务描述】

直线线路和道岔检查是工区的重点工作之一，工务段应根据《普速修规》明确工务段、车间或工区的检查时间、数量、内容和要求。检查工区应有计划地对线路车间管辖线路设备进行月度周期性检查和重点病害的调查、复核，线路工区参加月度周期性检查。轨道几何尺寸以仪器检查为主，人工主要进行轨道结构检查。

【学习重点】

1. 清楚直线线路和道岔检查方法。
2. 能够正确分析检查手册中的超限处所。
3. 根据检查的线路情况，对线路进行画撬。
4. 培养精准判断的责任意识。

【学习内容】

一、线路设备周期性检查内容及周期

1. 正线线路检查

轨道检查车每月检查的正线：无砟轨道、混凝土枕线路轨道结构及几何状态每季检查不少于1次（轨道结构未检查的月份，当月设备巡检不少于1次）；轨道检查车未检查的月份，线路轨道结构及几何状态当月检查不少于1次。木枕线路轨道结构及几何状态每月检查不少于1次，

轨道结构薄弱地段、重点地段应增加检查次数。

轨道检查车每季检查的正线:线路轨道结构及几何状态每月检查不少于 1 次。

2. 正线道岔和调节器检查

正线混凝土枕道岔、混凝土枕或明桥面调节器轨道结构及几何状态每月检查不少于 1 次,正线木枕道岔、有砟木枕调节器轨道结构及几何状态每月检查不少于 2 次。

3. 站线线路和道岔检查

一般每 6 个月不少于 1 次,其中到发线、客车径路道岔检查比照正线道岔检查周期,具体由铁路局集团公司规定。

4. 曲线正矢检查

正线、到发线、客车径路曲线及岔后连接曲线正矢检查每季不少于 1 次,其他线路曲线正矢检查每 6 个月不少于 1 次。

5. 无缝线路位移观测

每 6 个月不少于 1 次,原则上春、秋季各 1 次,进行影响无缝线路稳定的作业后,应及时进行观测。

6. 对严重线路病害地段和薄弱处所,应加强检查

应根据线路速度等级、闭塞类型、设备条件、列车对数等情况,合理确定线路设备巡检要求。具体办法由铁路局集团公司规定。

二、线路、道岔轨道静态几何尺寸容许偏差管理值

轨道几何尺寸又称轨道几何形位,是指轨道的几何形状、相对位置和基本尺寸。轨道几何尺寸正确与否,与行车安全、平稳及设备使用寿命有直接关系。同时,也直接影响养护维修工作量。

我国铁路对各类不同的轨道几何尺寸都制定了相应标准。但是,由于受施工和作业精度限制,以及受列车荷载和自然条件变化影响,轨道几何尺寸不可能时时处处都保持标准值。所以,在保证行车安全、平稳和线路质量均衡的前提下,规定了轨道静态几何尺寸容许偏差管理值。

(1)线路轨道静态几何不平顺容许偏差管理值,混凝土枕地段见表 2-1 的规定(木枕线路地段查看《普速修规》表 6.2.1-2),线路轨道静态几何不平顺优先维修容许偏差管理值见表 2-2 的规定。

表 2-1　线路轨道静态几何不平顺容许偏差管理值(混凝土枕线路)　　单位:mm

项目	160 km/h＜v_{max}正线				120 km/h＜v_{max}≤160 km/h 正线				80 km/h＜v_{max}≤120 km/h 正线				v_{max}≤80 km/h 正线及到发线				其他站线			
	作业验收	计划维修	临时补修	限速(160 km/h)	作业验收	计划维修	临时补修	限速(120 km/h)	作业验收	计划维修	临时补修	限速(80 km/h)	作业验收	计划维修	临时补修	限速(45 km/h)	作业验收	计划维修	临时补修	封锁
轨距	+2 −2	+4 −3	+6 −4	+8 −6	+4 −2	+6 −4	+8 −6	+14 −7	+6 −2	+7 −4	+14 −7	+16 −8	+6 −2	+7 −4	+16 −8	+19 −9	+6 −2	+9 −4	+19 −9	+21 −10
水平	3	5	8	10	4	6	10	14	4	6	14	17	4	6	17	20	5	8	20	22
高低	3	5	8	11	4	6	11	15	4	6	15	19	4	6	19	22	5	8	22	24
轨向(直线)	3	4	7	9	4	6	9	12	4	6	12	15	4	6	15	18	5	8	18	20

续上表

项目		160 km/h＜v_{max}正线				120 km/h＜v_{max}≤160 km/h 正线				80 km/h＜v_{max}≤120 km/h 正线				v_{max}≤80 km/h 正线及到发线				其他站线			
		作业验收	计划维修	临时补修	限速(160 km/h)	作业验收	计划维修	临时补修	限速(120 km/h)	作业验收	计划维修	临时补修	限速(80 km/h)	作业验收	计划维修	临时补修	限速(45 km/h)	作业验收	计划维修	临时补修	封锁
三角坑	缓和曲线	3	4	5	6	4	5	6	7	4	5	7	8	4	6	8	9	5	7	9	10
	直线和圆曲线	3	4	6	8	4	6	8	11	4	6	11	13	4	6	13	15	5	8	15	16

注：(1)轨距偏差不含曲线上按规定设置的轨距加宽值，但最大轨距(含加宽值和偏差)不得超过 1 456 mm。

(2)轨向偏差和高低偏差为 10 m 弦测量的最大矢度值。

(3)三角坑偏差不含曲线超高顺坡造成的扭曲量；检查三角坑的基长，采用轨道检查仪时为 3 m，采用轨距尺时为 6.25 m，但在延长 18 m 的距离内无超过表列的三角坑。

(4)段管线、岔线按其他站线办理。

表 2-2　线路轨道静态几何不平顺优先维修容许偏差管理值(混凝土枕线路)　单位：mm

项　目		80 km/h＜v≤120 km/h 正线	v≤80 km/h 正线及到发线	其他站线
轨距		+8 −4	+9 −4	+10 −4
水平		9	10	11
高低		9	10	11
轨向(直线)		9	10	11
三角坑	缓和曲线	6	7	8
	直线和圆曲线	8	9	10

(2)道岔轨道静态几何不平顺容许偏差管理值见表 2-3 的规定。

表 2-3　道岔轨道静态几何不平顺容许偏差管理值　单位：mm

项目		160 km/h＜v_{max}正线			120 km/h＜v_{max}≤160 km/h 正线			80 km/h＜v_{max}≤120 km/h 正线			v_{max}≤80 km/h 正线及到发线			其他站线		
		作业验收	计划维修	临时补修	作业验收	计划维修	临时补修	作业验收	计划维修	临时补修	作业验收	计划维修	临时补修	作业验收	计划维修	临时补修
轨距		+2 −2	+4 −2	+5 −2	+3 −2	+4 −2	+6 −2	+3 −2	+5 −3	+6 −3	+3 −2	+5 −3	+6 −3	+3 −2	+5 −3	+6 −3
水平		3	5	7	4	5	8	4	6	8	4	6	9	6	8	10
高低		3	5	7	4	5	8	4	6	8	4	6	9	6	8	10
轨向	直线	3	4	6	4	5	8	4	6	8	4	6	9	6	8	10
	支距	2	3	4	2	3	4	2	3	4	2	3	4	2	3	4
三角坑		3	4	6	4	6	8	4	6	8	4	6	9	5	8	10

注：(1)支距偏差为现场支距与计算支距之差。

(2)导曲线下股高于上股的限值：作业验收为 0，计划维修为 2 mm，临时补修为 3 mm。

(3)三角坑偏差不含曲线超高顺坡造成的扭曲量；检查三角坑的基长，采用轨道检查仪时为 3 m，采用轨距尺时按规定位置检查，但在延长 18 m 的距离内无超过表列的三角坑。

(4)轨距偏差不含构造轨距加宽值，尖轨尖处轨距作业验收的容许偏差管理值为±1 mm。

(5)段管线、岔线道岔按其他站线道岔办理。

轨道静态几何不平顺容许偏差管理值中,作业验收管理值为线路设备大修、计划维修和临时补修作业的质量检查标准;计划维修管理值为安排轨道维修计划的质量管理标准;临时补修管理值为应及时进行轨道整修的质量控制标准;限速管理值为保证列车运行平稳性和舒适性,需立即限速并进行整修的质量控制标准;封锁管理值为保证列车运行平稳性,需立即封锁并进行整修的质量控制标准。维修人员要根据不同的管理值,精准判断,合理安排控制措施,保证铁路运输安全。

视 频

直线线路检查

三、直线线路检查方法

线路轨道几何尺寸检查要做到"一看、二量、三画(旬检不需要)、四记、五统计分析(现场作业不需要)"。

(一)看(图 2-1)

看方向、高低。每根长 25 m 的钢轨一般 2 根钢轨看 1 次,在二分之一处(俗称大腰)看轨面,一人负责点撬,画出高低或轨向的撬头撬尾。遇来车时观察机车和车辆的运行情况,远看机车、车辆的晃车程度,近看轨枕空吊板的量值,针对晃车情况查找原因。

(二)量(图 2-2)

测量轨距、水平(包括三角坑)、轨距变化率、高低、方向。每节长 12.5 m 钢轨的线路检查 2 处,分别为接头和二分之一轨长(俗称大腰);每节长 25 m 钢轨的线路检查 4 处,分别为接头、四分之一轨长(俗称小腰)、二分之一轨长(俗称大腰)和四分之三轨长(俗称小腰);对于非标准轨,视具体情况而定,但基长不大于 6.25 m;长钢轨线路焊缝视为接头,与标准轨一样,每根25 m 钢轨测量 4 处;缓和曲线(含直线顺坡地段)仍按 6.25 m 距离继续向前测量轨距和水平,尽量接近顺坡点放尺。

图 2-1　看线路高低

图 2-2　测量轨距、水平

高低和轨向画撬处所,在画撬的范围内每隔 1 根轨枕检查 1 尺。高低不良检查水平,轨向不良检查轨距,轨距变化率超限每隔 1 根轨枕检查 1 尺。

1. 轨距

测量轨距时,轨距尺必须置于与钢轨垂直的位置。应把轨距尺固定端紧靠一股钢轨内侧的一点上,另一端做少量的前后移动,记取最小的读数。

2. 水平

测量水平时,首先要确定好基准股,直线以计算公里方向的左股为基准股,曲线以内股为基准股。要注意曲线头尾处要有一定长度的过渡段,不能因为基准股的不同而形成人为的三角坑。测量水平和超高时,手应该离开轨距尺握把,以便取得正确的读数。

3. 前后高低

线路应保持轨面平顺，存在高低误差会引起列车的垂直颠簸。检查前后高低，应在大腰处俯身目视前后找出轨面不良处所，然后用弦线检查高洼的量值。考虑弦线的挠度，检查洼时可加 1 mm，检查高时可减 1 mm，日常检查可采取目视凭经验估算的方法。

4. 方向

线路的方向要做到直线笔直、曲线圆顺。测量直线方向时，首先跨一股钢轨目视前方，找出方向不良的位置，在该处的前后将 10 m 弦紧靠钢轨头部的内侧或外侧，拉紧弦线，用钢板尺在弦线范围内量出内侧或外侧最大矢距，即为该处的方向误差。日常检查也可采取目视凭经验估算的方法。

（三）画

将轨距、水平记在线路左侧钢轨内侧或轨枕上，靠近钢轨的是轨距，紧挨着的是水平。工作量调查按照《线路养护作业常用标识符号》进行标识，根据检查的病害在钢轨上画出作业撬。

现场画撬符号各铁路局集团公司可能各有规定，如下方法可作为参考：

(1)高低、水平画撬：＞、＜。

(2)改道画撬：├、↑、↓、┤。

(3)接头错牙画撬：—，水平方向画在接头夹板上部。

(4)拨道画撬：→，顺轨枕纵向画。

(5)失效轨枕标记：|，画在轨枕的中部。

(6)方正轨枕标记：方↑或方↓，画在要方正轨枕的一端。

(7)其他现场画撬符号可由工区增加设定。

（四）记

将检查结果记入相应的线路和道岔检查记录簿内，将工作量情况记入“工作量调查簿”，记录人必须精通业务，对轨道几何尺寸做到边记录边分析，随时提醒检查人员对超限处所进行工作量调查。

（五）统计分析

当日检查结束后，工长要组织检查人员对检查结果进行统计分析。按照《普速修规》规定的轨道静态几何尺寸容许偏差管理值标准，复核检查记录，统计分析线路状况。

四、直线线路检查手册填记及分析

(1)设备检查必须当时形成检查记录。记录错误时可勾掉在其上部重写，不得在原有字迹上涂改。对轨距、水平每检测 1 尺都要记录，并在对应位置填记轨向、高低和其他病害问题。

(2)在“设备检查记录簿”中按格式逐项填写检查数据。

①轨距：记录其实量值与标准值的误差。“＋”“－”的确定：实量轨距大于标准值为“＋”号，“＋”号可以省略不写；实量轨距小于标准值为“－”号，在差值前写“－”号。例如“5、－2”表示轨距分别为 1 440 mm 和 1 433 mm。

②水平：单线直线以计算公里方向的左股为基准股，双线直线以迎车方向左股为基准股，右股钢轨高时为“＋”号，右股钢轨低时为“－”号。

③轨向：不使用“＋”号和“－”号。

④高低：测量处为“坑”时用“－”号，测量处为“包”时用“＋”号。

⑤普通线路爬行量：单线向里程终点方向爬行时为“＋”号，双线向行车运行方向爬行时为

"＋"号,反之为"－"号。

⑥轨向、高低、普通线路爬行量及其他病害,记在检查记录簿"轨向、高低及其他"栏内相应的轨号位置,并在超限数值下画一个"～"(波浪线),简要写明病害名称和测量值,如高低"＋"××mm或"—"××mm,方向××mm,冒泥××空,爬行量"＋"××mm或"－"××mm等。

(3)检查设备时,至少要3人同时检查,利用列车间隔作业,1人检查,1人记录,1人防护。允许速度超过200 km/h及以上区段设备检查时,要在"昼间检查天窗"内完成。

(4)测量轨距、水平时,先读轨距差值,后读水平差值,遇有其他病害时告知记录人依次准确记录。

(5)设备检查记录,病害整修要做到"四有二合一"(也有铁路局集团公司叫四有四合一),其含义为:有检查记录、有分析、有处理(对照日计划、派工单、现场标识)、有销记(工区作业负责人在检查记录簿上的临修日期内签字。注明:"以上问题已销记,作业负责人:×××,×年×月×日"。线路以公里或股道,道岔以组为单位销记);检查记录簿记录的病害,处理日期要和日计划、派工单的作业项目及日期相一致。超过临时补修偏差管理值的病害要及时安排处理。

(6)轨距、水平、三角坑分析。

轨距、水平误差超限处所在超限点右下角画"×"(叉号);三角坑(扭曲)概念是指18 m范围内(包括道岔内三角坑)相邻或相隔点水平相对差的绝对值。三角坑(扭曲)与水平同时超限时,只分析三角坑(扭曲),不分析水平。相邻点和隔点三角坑同时超限时,只分析较大值三角坑,同一数据不重复使用。如三角坑超限,在两水平误差之间画"└┘"相连(标记符号各铁路局集团公司有所不同,按照本铁路局集团公司规定执行)。

线路检查记录簿见表2-4。

表2-4　线路检查记录簿

正线____km至____km　站线____股道　曲线半径____m　超高____mm　顺坡率____‰

检查日期	检查项目	钢轨编号																			
		1				2				3				4				5			
		接头		中间		接头		中间		接头		中间		接头		中间		接头		中间	
×月×日	轨距																				
	水平																				
	轨向、高低及其他																				
	临时补修日期及内容																				
×月×日	轨距																				
	水平																				
	轨向、高低及其他																				
	临时补修日期及内容																				

注:设备检查时,下列设备应在相应的轨号处用符号标明:①道口"D"。②绝缘接头"I"。③异形接头"Y"。④急救器"P"。⑤曲线:直缓"ZH"、缓圆"HY"、圆缓"YH"、缓直"HZ"、直圆"ZY"、圆直"YZ"、桥头桥尾"QTQW"。⑥渡线按设备图编号填写。⑦直线与曲线连接处基准数改变时"B"。

五、单开道岔检查

视频
道岔检查

(一)检查方法和手册填记

道岔除检查轨距、水平外，还要检查各部间隔、支距尺寸、零配件缺少及其他状态。除查照间隔和护背距离记录实量数值外，其余均记录差值。支距只记录超限点号和超限值，较标准值大时为“＋”，反之为“－”。道岔号数后填写“正”“站”线，以便于进行道岔分析。

1. 道岔水平检查

单开道岔的水平检查先确定基准股，直股以内直股为基准股，导曲线以下股为基准股，高于基准股为“＋”号，反之为“－”号。除普通尖轨跟端轨面较基本轨轨面高出 6 mm 和导曲线设置超高外，其余各水平测点的钢轨顶面均应在同一水平面上，在此基础上分析水平差值和三角坑。

2. 道岔前后渡线检查

渡线间的轨距、水平记录在道岔检查记录簿内，其中检查日期第二行填写××号道岔～××号道岔渡线，并标记清楚岔前岔后，如渡线较长可填写在下一页的记录簿内，两组道岔间渡线的基准股为小号码道岔的曲下股。

道岔检查记录簿首页要全面记录检查日期、人员，道岔及股道号、道岔组数。

(二)单开道岔检查

1. 检查位置

9 号、12 号、18 号单开道岔检查位置图及其对应的道岔检查位置表分别见图 2-3 和表 2-5；60AT-12 号道岔检查位置图和对应的检查位置表分别见图 2-4 和表 2-6。

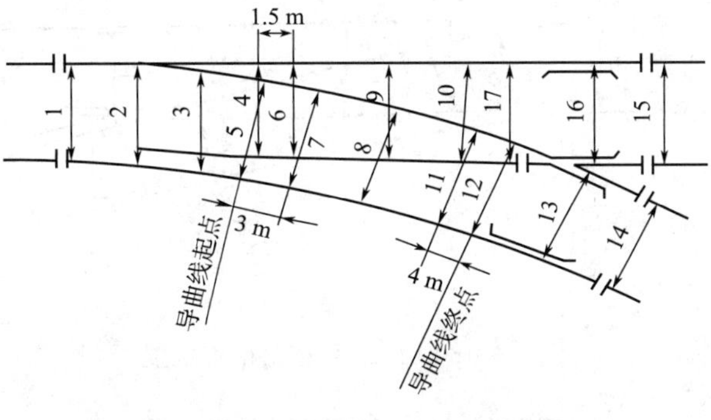

图 2-3　普通 9 号、12 号、18 号道岔检查位置

表 2-5　普通 9 号、12 号、18 号道岔检查位置

编号	检查地点	道岔号数			说　明
		9	12	18	
1	尖轨前顺坡终点	1 435 mm	1 435 mm	1 435 mm	按小于等于 6‰递减
2	尖轨尖端	1 450 mm	1 445 mm	1 438 mm	
3	尖轨中部	1 444 mm	1 442 mm		
4	尖轨跟端直股	1 439 mm	1 439 mm	1 435 mm	
5	尖轨跟端曲股	1 439 mm	1 439 mm	1 435 mm	

续上表

编号	检查地点	道岔号数			说　　明
		9	12	18	
6	直股前部	1 435 mm	1 435 mm	1 435 mm	距尖轨跟端 1.5 m
7	导曲线前部	1 450 mm	1 445 mm	1 435 mm	距尖轨跟端 3 m
8	导曲线中部	1 450 mm	1 445 mm	1 435 mm	
9	直股中部	1 435 mm	1 435 mm	1 435 mm	
10	直股后部	1 435 mm	1 435 mm	1 435 mm	
11	导曲线后部	1 450 mm	1 445 mm	1 435 mm	距叉心前 4 m
12	叉心前(曲股)	1 435 mm	1 435 mm	1 435 mm	
13	叉心中(曲股)	1 435 mm	1 435 mm	1 435 mm	在辙叉尖顶面宽 25～50 mm 断面处测量，同时测量查照间隔和护背距离
14	叉心后(曲股)	1 435 mm	1 435 mm	1 435 mm	
15	叉心后(直股)	1 435 mm	1 435 mm	1 435 mm	
16	叉心中(直股)	1 435 mm	1 435 mm	1 435 mm	在辙叉尖顶面宽 20～50 mm 断面处测量，同时测量查照间隔和护背距离
17	叉心前(直股)	1 435 mm	1 435 mm	1 435 mm	

注：道岔辙叉护轨间隔(护轨缓冲段末端工作边至对侧钢轨工作边的距离)和翼轨间隔(翼轨缓冲段末端工作边至对侧钢轨工作边的距离)均不应大于 1 370 mm。

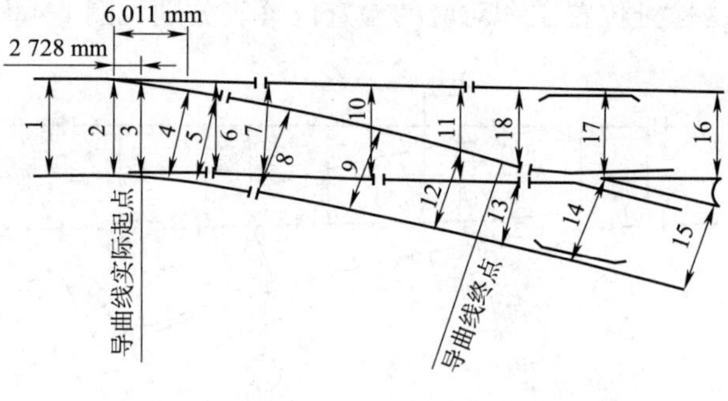

图 2-4　60AT-12 号道岔检查位置

表 2-6　60AT-12 号道岔检查位置

编号	检查位置	规定尺寸/mm	备　　注
1	尖轨前顺坡终点	1 435	
2	尖轨尖端	1 437	
3	导曲线起点(距尖轨尖端 2 728 mm)	1 433	也可以不量取只做导曲线起点
4	尖轨中部	1 435	距尖轨尖端 6 011 mm
5	尖轨跟端曲股	1 435	
6	尖轨跟端直股	1 435	
7	直线前部	1 435	在基本轨后接头
8	导曲线前部	1 435	在基本轨后接头

续上表

编号	检查位置	规定尺寸/mm	备　注
9	导曲线中部	1 435	
10	直线中部	1 435	
11	直线后部	1 435	
12	导曲线后部	1 435	
13	叉心前(曲股)	1 435	
14	叉心中(曲股)	1 435	在心轨宽 25 mm 处,同时测量查照间隔、护背距离
15	叉心后(曲股)	1 435	
16	叉心后(直股)	1 435	
17	叉心中 (直股)	1 435	在心轨宽 25 mm 处,同时测量查照间隔、护背距离
18	叉心前(直股)	1 435	

注:因导曲线不设置轨距加宽,所以导曲线部分量取时不同于普通单开道岔,定为“前三、后四”,可参照量取。

2. 检查单开道岔的作业步骤

(1)准备作业

检查和校正轨距尺,检查轨距尺检验卡是否有效,使轨距、水平检测误差不大于±1 mm。

(2)基本作业

①用轨距尺按图及表所示位置顺序检查道岔的轨距(包括查照间隔和护背距离)、水平。先检查轨距,后检查水平,并将检查结果记录在道岔检查记录簿的轨距、水平栏内,如图 2-5 所示。

②用支距尺检查道岔各部支距,将超限值记入道岔检查记录簿的支距栏内,如图 2-6 所示。

图 2-5　检查道岔轨距

图 2-6　检查道岔支距

③目视道岔方向和高低,并将不良部位记入道岔检查记录簿中,如图 2-7 和图 2-8 所示。

④检查道岔各部间隔尺寸,包括尖轨动程、尖轨最小轮缘槽宽、辙叉护轨和翼轨的轮缘槽宽等。

单开道岔检查记录簿见表 2-7。

图 2-7　检查道岔方向

图 2-8　检查道岔高低

表 2-7　道岔检查记录簿

站名：　　　　　　　　　　　　　道岔编号：　　　　　　　　　　　　　道岔类型：

检查日期	检查项目	转辙部分					导曲线部分						辙叉部分										支距	记事
		尖轨前顺坡终点	尖轨尖端处	尖轨中	尖轨跟端		直线			导曲线			叉心前		叉心中		叉心后		查照间隔		护背距离			
					直	曲	前	中	后	前	中	后	直	曲	直	曲	直	曲	直	曲	直	曲		
×月×日	轨　距																							
	水　平			×											×	×			×	×	×	×		
	紧急工作量																							
	轨　距																							
	水　平			×											×	×			×	×	×	×		
	紧急工作量																							
	保养修项目																							

注：普通单开 9 号、12 号道岔填该表，打“×”处不检，共计 17 处 21 尺。

六、单开道岔检查手册分析

1. 轨距、水平、三角坑超限处所分析符号的规定

(1)轨距、水平误差超限处所在超限点右下角画“×”(叉号)。

(2)三角坑超限分析要考虑道岔设置凸台，道岔尖跟设凸台的客车径路，在检查正线和到发线的道岔水平时，必须填写实量值，同时分析水平和三角坑；在检查其他线道岔水平时，要扣除构造抬高值，填写偏差值，只分析水平不分析三角坑；导曲部分设超高的客车径路，在检查正线和到发线道岔水平时，必须填写实量值，同时分析水平和三角坑，在检查其他线道岔水平时，要扣除构造超高值，填写偏差值，同时分析水平和三角坑。如三角坑超限，在两水平误差之间画“ ⊔ ”相连(标记符号各铁路局集团公司有所不同，按照本铁路局集团公司规定执行)。

2. 道岔内三角坑长度分析标准

道岔三角坑只按检查手册中的数值进行分析。导曲反超高与三角坑同时存在时，只分析

导曲反超高，消除时一并消除。发现 18 m 范围内有三角坑时，应查出超限的起终点，并注明超限值，画好撬，将超限值填记在三角坑栏内。

道岔内三角坑长度分析标准见表 2-8。

表 2-8　道岔内三角坑长度分析标准

道岔型号	起　点	止　点
P60-12 号道岔	前顺坡终点	尖轨跟直、曲
P60-12 号道岔	尖轨尖端	导曲中、直中
P60-12 号道岔	尖轨跟直、曲	辙叉前直、曲
P60-12 号道岔	导曲前、直前	辙叉前直、曲
P60-12 号道岔	导曲中、直中	辙叉后
P50-12 号、P43-12 号道岔	前顺坡终点	导曲前、直前
P50-12 号、P43-12 号道岔	尖轨尖端	导曲中、直中
P50-12 号、P43-12 号道岔	尖轨跟直、曲	导曲后、直后
P50-12 号、P43-12 号道岔	导曲前、直前	导曲后、直后
P50-12 号、P43-12 号道岔	导曲中、直中	辙叉后
P50-9 号、P43-9 号道岔	前顺坡终点	导曲中、直中
P50-9 号、P43-9 号道岔	尖轨尖端	导曲中、直中
P50-9 号、P43-9 号道岔	尖轨跟直、曲	辙叉前直、曲
P50-9 号、P43-9 号道岔	导曲前、直前	辙叉后
P60-9 号道岔	前顺坡终点	导曲前、直前
P60-9 号道岔	尖轨尖端	导曲中、直中
P60-9 号道岔	尖轨跟直、曲	辙叉后

3. 分析道岔检查手册

表 2-9 为某车站 5 号道岔检查记录。5 号道岔为 60-1/12 钢筋混凝土枕，处于到发线，行车速度为 120 km/h，作业项目为计划维修，试在表 2-9 中分析 5 号道岔的超限处所。

表 2-9　道岔检查记录簿

站名：某站　　　　道岔编号：5 号　　　　道岔类型：60-1/12 混凝土

<table>
<tr><th rowspan="3">检查日期</th><th rowspan="3">检查项目</th><th colspan="5">转辙部分</th><th colspan="6">导曲线部分</th><th colspan="10">辙叉部分</th><th rowspan="3">支距</th><th rowspan="3">记事</th></tr>
<tr><th rowspan="2">尖轨前顺坡终点</th><th rowspan="2">尖轨尖端处</th><th rowspan="2">尖轨中</th><th colspan="2">尖轨跟端</th><th colspan="3">直线</th><th colspan="3">导曲线</th><th colspan="2">叉心前</th><th colspan="2">叉心中</th><th colspan="2">叉心后</th><th colspan="2">查照间隔</th><th colspan="2">护背距离</th></tr>
<tr><th>直</th><th>曲</th><th>前</th><th>中</th><th>后</th><th>前</th><th>中</th><th>后</th><th>直</th><th>曲</th><th>直</th><th>曲</th><th>直</th><th>曲</th><th>直</th><th>曲</th><th>直</th><th>曲</th></tr>
<tr><td rowspan="3">×月×日</td><td>轨距</td><td>2</td><td>−1</td><td>0</td><td>3</td><td>2</td><td>1</td><td>−2</td><td>−4×</td><td>0</td><td>1</td><td>0</td><td>7×</td><td>−1</td><td>−2</td><td>0</td><td>−1</td><td>2</td><td>90×</td><td>92</td><td>46</td><td>49×</td><td rowspan="3"></td><td rowspan="3"></td></tr>
<tr><td>水平</td><td>4</td><td>−2</td><td>×</td><td>−3</td><td>1</td><td>2</td><td>−2</td><td>−2</td><td>2</td><td>4</td><td>−3×</td><td>−1</td><td>−1</td><td>×</td><td>×</td><td>1</td><td>0</td><td>×</td><td>×</td><td>×</td><td>×</td></tr>
<tr><td>紧急工作量</td><td colspan="21"></td></tr>
</table>

分析步骤：

(1)根据题意在表 2-3 中查找道岔轨道静态几何尺寸容许偏差管理值，轨距 +5 mm、−3 mm，水平 6 mm，三角坑为 6 mm。

(2)根据表 2-8 的分析标准用符号画出超限处所。

【训练内容】

• 文本
部分答案
（一）

1. 检查一段200 m的直线线路，按照表2-4填写记录，根据线路状态确定线路轨道静态几何尺寸容许偏差管理值，按照直线线路检查手册要求分析超限处所。

2. 检查一组60-1/12道岔，按照表2-7填写检查记录，根据道岔状态确定道岔轨道静态几何尺寸容许偏差管理值，按照单开道岔检查手册要求分析超限处所。

3. 某正线线路，速度为160 km/h，工作内容为计划维修，检查结果见表2-10和表2-11，按照线路轨道静态几何尺寸容许偏差管理值和道岔轨道静态几何尺寸容许偏差管理值的标准对手册进行分析。

表2-10　线路检查记录簿

正线__256__km至__287__km　站线___股道　曲线半径___m　超高___mm　顺坡率___‰

检查日期	检查项目	钢轨编号																			
		1				2				3				4				5			
		接头		中间		接头		中间		接头		中间		接头		中间		接头		中间	
×月×日	轨距	−4	0	−2	−5	3	2	0	6	3	−1	−5	0	7	2	4	0	0	−3	−2	1
	水平	−3	4	−5	0	−1	2	−3	4	0	−1	−8	0	−3	−3	−2	4	−2	−1	0	6
	轨向高低及其他	1号钢轨左股接头高低−10 mm　　4号钢轨右股大腰轨向12 mm																			
	临时补修日期及内容																				

表2-11　道岔检查记录簿

站名：××　　道岔编号：3号站　　道岔类型：60-1/12木

检查日期	检查项目	转辙部分					导曲线部分						辙叉部分										支距	记事
		尖轨前顺坡终点	尖轨尖端处	尖轨中	尖轨跟端		直线			导曲线			叉心前		叉心中		叉心后		查照间隔		护背距离			
					直	曲	前	中	后	前	中	后	直	曲	直	曲	直	曲	直	曲	直	曲		
×月×日	轨距	−2	0	−2	2	0	1	4	−1	2	−3	3	5	−2	1	2	0	−1	90	94	48	47		
	水平	−3	2	×	3	−2	−2	1	4	3	4	−1	1	1	×	×	−1	0	×	×	×	×		
	紧急工作量																							
	临时补修日期及内容																							

任务二　无缝线路和曲线检查

【任务描述】

无缝线路由于基本取消了钢轨接头，不仅节省了大量的钢轨接头联结零件和维修工作量，而且减轻了列车的冲击振动，降低了噪声，使列车运行平稳，线路设备和机车车辆的使用年限得以延长。但是,无缝线路随着轨温变化在钢轨内部产生巨大的温度应力,如果不能满足无缝线路的强度和稳定性要求,有可能诱发行车事故。因此,为了保证行车安全,工务部门必须加强对无缝线路的日常检查,并有针对性地做好养护维修工作。

曲线是轨道的薄弱环节之一,其养护维修的难度和工作量都大于直线轨道。而且对行车安全有很大影响,限制列车运行速度。随着列车高速、重载、大密度开行,线路设备状态变化较快,特别是曲线地段,若养护维修不当,则很难保持良好的工作状态。因此,工务部门必须加强曲线的日常检查与养护,以确保铁路运输安全。

【学习重点】

1. 无缝线路位移观测方法。
2. 无缝线路调查表的填写。
3. 曲线正矢的测量方法。
4. 曲线检查资料的分析。
5. 增强安全风险意识与预防性维护能力。

【学习内容】

一、无缝线路的检查与分析

工务部门要按规定对无缝线路进行经常检查和监视,以掌握管内每根长轨条的锁定轨温和每对位移观测桩的位移情况,重点是利用位移观测桩的观测数据分析锁定轨温变化情况。

(一)位移观测桩的设置

(1)无缝线路位移观测桩设置。跨区间无缝线路、区间无缝线路按单元轨节等距离设置位移观测桩,且桩间距离不宜大于 500 m。单元轨节位移观测桩可按图 2-9 设置,单元轨节长度不足 500 m 整倍数时,可适当调整桩间距离。跨区间无缝线路、区间无缝线路在长轨条起、终点及距起、终点 100 m 处应分别设置一对位移观测桩。

(2)普通无缝线路的长轨条长度不大于 1 200 m 时,可按图 2-10 设置 5 对位移观测桩;长轨条长度大于 1 200 m 时,应适当增设位移观测桩且桩间距离不宜大于 500 m。

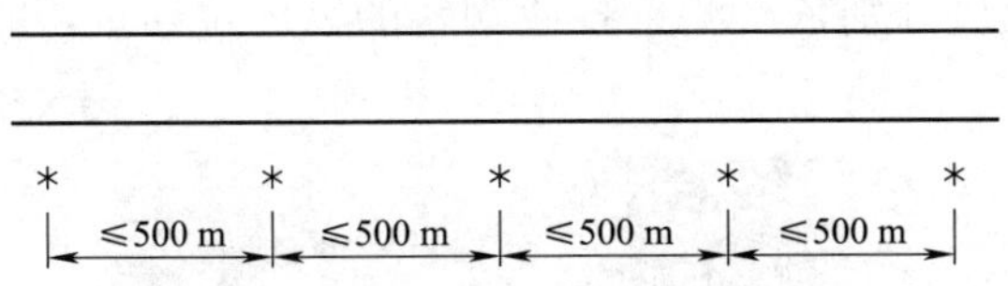

图 2-9 单元轨节位移观测桩布置

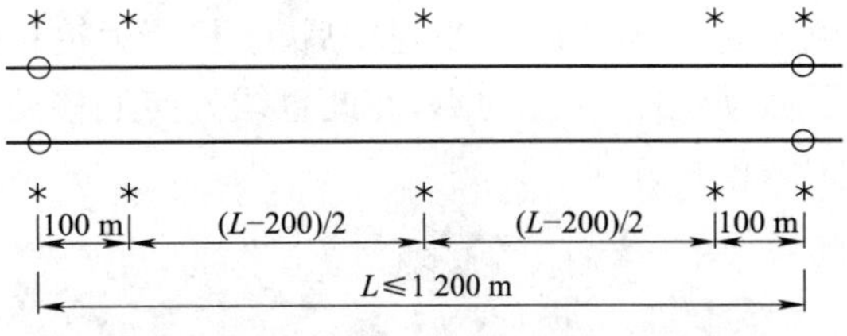

图 2-10 普通无缝线路观测桩设置

(3)无缝道岔宜按图 2-11 分别在道岔始端和终端、尖轨跟端(或限位器处)分别设置一对钢轨位移观测桩,18 号及以上的道岔宜在心轨处加设一对位移观测桩。

(4)调节器宜按图 2-12 在尖轨尖端、基本轨始端、基本轨根端设置 3 对位移观测桩,用于观测尖轨、基本轨位移。

位移观测桩必须预先埋设牢固,桥上位移观测桩应设置在固定端(调节器设置位移观测桩除外),内侧应距线路中心不小于 3.1 m。在轨条就位或轨条拉伸到位后,应立即进行标记。标记应明显、耐久、可靠。

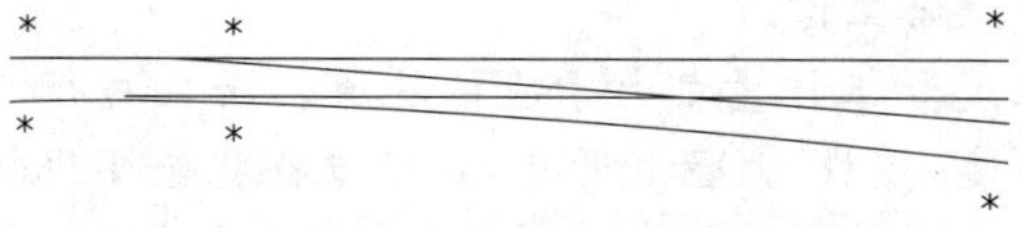

图 2-11　无缝道岔位移观测桩布置

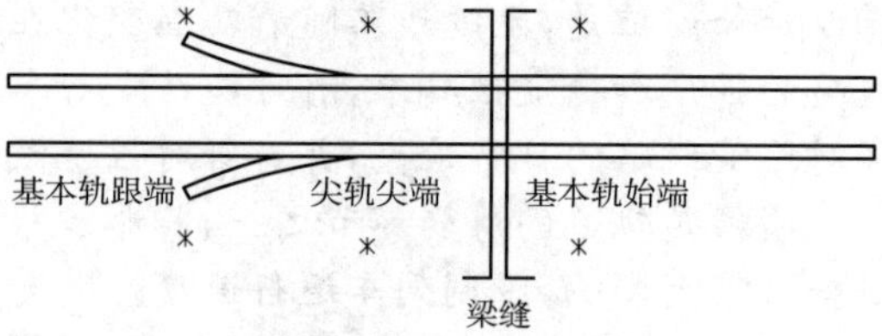

图 2-12　调节器位移观测桩布置

(二)无缝线路位移观测

工务段位移观测专业人员,每月对长轨的位移情况进行观测与分析。每年的"防胀"始、终月份及最热、最冷月份,由工务段线路技术科组织实施,主管段长、技术科工程师、车间技术人员要对重点异常爬行地段全程检查,分析原因,制订整修计划。

1. 位移观测

(1)车间成立由 3～4 人组成的观测小组,观测人员应掌握无缝线路的基本知识,熟悉"钢轨位移测量准直仪"(简称"准直仪")的使用与校检方法,并经工务段培训合格方准上岗。要固定观测人员和观测仪器,以减少观测误差。

(2)观测人员每月使用准直仪精确观测一次,如图 2-13 所示,按表 2-12 和表 2-13 填写位移观测记录,按表 2-14 和表 2-15 分析实际锁定轨温,并及时将位移观测记录及实际锁定轨温情况传给线路车间技术员。若位移观测组在日常检查中发现异常位移时,要在第一时间以书面形式通知线路车间,并报告工务段线路技术科。固定区位移量超过 10 mm 时,应及时上报工务段查明原因,及时处理。

图 2-13　线路位移观测

(3)运用准直仪可准确测量无缝线路的钢轨位移,从而掌握线路和道岔区钢轨的实际锁定轨温及其变化情况。准直仪由主机和附机两部分组成,如图 2-14 所示。主机为观测部分,附机为对中部分,附机顶部设有锥形观测点,由主机照准附机锥形点,形成直线。测量步骤如下:分别将主机和附机置于两侧路肩观测桩上,整平对中后,主机望远镜粗略对准附机上的锥形观测点,然后转动主机的水平微动螺栓,精确对点,在此直线方向上移动钢板尺分别依次测量各股钢轨的纵向位移量,并记录位移方向。

(a) 主机　　(b) 附机

图 2-14　钢轨位移测量准直仪

表 2-12　____线____行　无缝线路长钢轨位移观测记录簿

轨节编号：　　起止里程：K　　+　　～K　　+　　铺设长度：　　m　　锁定轨温：　　左股　　℃；右股　　℃

检查日期	检查时间	气温/℃	轨温/℃	左股/mm													右股/mm													位移异常原因分析
				始端轨缝	各观测点位移量											终端轨缝	始端轨缝	各观测点位移量											终端轨缝	
					1	2	3	4	5	6	7	8	9	10	11			1	2	3	4	5	6	7	8	9	10	11		
初始位移/mm																														
上年末位移																														

注：(1)在单线上各测点顺计算公里方向编号，在双线上各测点顺列车运行方向编号。

(2)顺编号方向位移为“+”号，逆编号位移为“−”号。

(3)顺编号行车方向分左右股。

(4)此表由无缝线路位移观测组填记，负责观测车间留存。

表 2-13　无缝道岔位移观测记录簿

轨节编号：　　　起止里程:K　　＋　　～K　　＋　　铺设长度：　　m　　　锁定轨温：　　左股　　℃;右股　　℃

观测日期	观测时间	道岔编号	气温/℃	轨温/℃	锁定轨温/℃	左股/mm							右股/mm							尖轨相错量/mm		心轨、翼轨相错量/mm		限位器间隙/mm		胶接或冻结接头轨缝变化情况	异常爬行原因分析
						始端轨缝	各观测点位移量					终端轨缝	始端轨缝	各观测点位移量					终端轨缝	直	曲	直	曲	直	曲		
							岔前100 m桩	岔首1号桩	限位器2号桩	岔尾3号桩	岔后100 m桩			岔前100 m桩	岔首1号桩	限位器2号桩	岔尾3号桩	岔后100 m桩									
初始位移/mm																											
上年末位移																											

注:(1)无缝道岔单元编号可按线名＋车站名＋道岔号的原则确认。

(2)单线顺里程增加方向,双线顺行车方向位移为“＋”号,反之为“－”。

(3)从岔首面向岔尾确定左右股。

(4)尖轨相错量指两尖轨直角错差。

(5)限位器间隙按最小值填写。

(6)应对范围内的胶接或冻结接头轨缝及接头螺栓情况全面检查。

表 2-14　____线____行　无缝线路实际锁定轨温登记表

车间：　　　　工区：　　　　　　　　　　　　　　　　年　　月

序号	起止里程	锁定轨温	股别	实际锁定轨温									
				1-2	2-3	3-4	4-5	5-6	6-7	7-8	8-9	9-10	10-11
			左										
			右										
			左										
			右										
			左										
			右										
			左										
			右										
			左										
			右										
			左										
			右										
			左										
			右										

注：(1)实际锁定轨温＝锁定轨温＋Δt。$\Delta t=\Delta L/(0.011\,8\times L)$，当 Δt 为正时，锁定轨温升高，反之降低。

(2)此表由观测小组计算后报段，由段下发。

表 2-15　____线____行　无缝道岔实际锁定轨温登记表

车间：　　　　工区：　　　　　　　　　　　　　　　　年　　月

序号	起止里程	道岔号	锁定轨温	股别	实际锁定轨温		
					岔前 100 m 桩～岔首 1 号桩	岔首 1 号桩～岔尾 3 号桩	岔尾 3 号桩～岔尾 100 m 桩
				左			
				右			
				左			
				右			
				左			
				右			
				左			
				右			
				左			
				右			
				左			
				右			

注：(1)实际锁定轨温＝锁定轨温＋Δt。$\Delta t=\Delta L/(0.011\,8\times L)$，当 Δt 为正时，锁定轨温升高，反之降低。

(2)从岔首面向岔尾确定左右股。

(3)此表由观测小组计算后报段，由段下发。

2. 检查项目

(1)线路设备日常检查时，要重点对无缝线路爬行、零配件状态、接头螺栓、立螺栓扭矩、道床缺少等影响无缝线路稳定的项目进行检查；对陡长下坡终端、列车制动地段、平交道口、桥头及曲线等重点地段要加强检查。

(2)工务段结合春秋检,每年至少组织一次对无缝线路的全项检查,对线路工况、焊缝质量、钢轨硬弯、方向不良等项要全面检查并建立台账,对锁定轨温进行分析,为安排全年的维修计划提供依据。

3. 实际锁定轨温计算

通过位移观测桩观测的钢轨长度变化,计算出钢轨的实际锁定轨温,以检验长钢轨锁定轨温的变化情况,从而为保养工区提供养护维修依据。

【例 2-1】 某上行线一段无缝线路,全长 1 348 m,原锁定轨温为 30 ℃,设计锁定轨温范围为 20～30 ℃,由于破底清筛后,线路爬行不匀,位移观测桩资料见表 2-16。试计算各位移观测桩的实际锁定轨温,计算结果填到表 2-14 中,并根据计算结果判断长轨是否需要放散或调整。

表 2-16　线路爬行观测资料

钢轨(左股)	缩短/mm		22				28			
	伸长/mm				24				6	
爬行后	爬行量/mm	28		6		30		2		8
爬行前		0		0		0		0		0
两桩之间距离/m			100		574		574		100	
位移观测桩编号		1号		2号		3号		4号		5号
行车方向		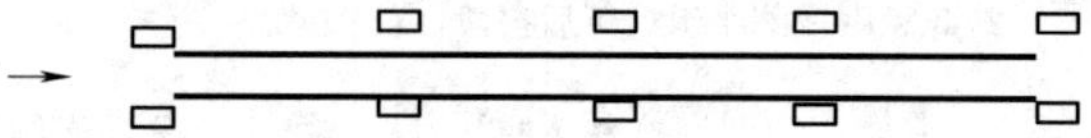								
位移观测桩编号		1号		2号		3号		4号		5号
两桩之间距离/m			100		574		574		100	
爬行前	爬行量/mm	0		0		0		0		0
爬行后		30		6		12		0		10
钢轨(右股)	伸长/mm				6				10	
	缩短/mm		24				12			

【解】 钢轨长度变化引起锁定轨温变化的关系式为

$$\Delta t=\frac{\Delta l}{0.011\,8\times L}$$

式中　Δt——锁定轨温变化幅度(℃);

Δl——钢轨长度变化(mm);

L——钢轨原始长度(m)。

以左股 1～2 号桩之间钢轨长度变化情况为例。

钢轨原始长度 $L=100$ m。

钢轨长度缩短量 $\Delta l=6-28=-22$ (mm)。

锁定轨温变化度数 $\Delta t=\dfrac{-22}{0.011\,8\times 100}=-18.6$(℃)。

这段钢轨的实际锁定轨温为

$$t_{锁}=30-18.6=11.4(℃)$$

课堂练习:计算其他桩号之间实际锁定轨温,计算结果填到表 2-4 中。

【例 2-2】 某段无缝线路测量结果如图 2-15 所示。线下数字为一股钢轨各点观测到的爬行量，线上数字为各桩号，桩距分别为 100 m、300 m、604 m、604 m、300 m、100 m。试计算 2～3 号桩间和 3～4 号桩间的锁定轨温变化幅度。

【解】 单线线路观测桩点顺里程增加方向依次编号。如本例向下行方向爬行为正，反之为负。两桩间爬行量差 Δl，用前方桩的爬行量减后方桩的爬行量（均带符号计算）计算，若差值为正，则两桩间钢轨伸长，为负则两桩间钢轨缩短，对应的锁定轨温分别上升、下降。

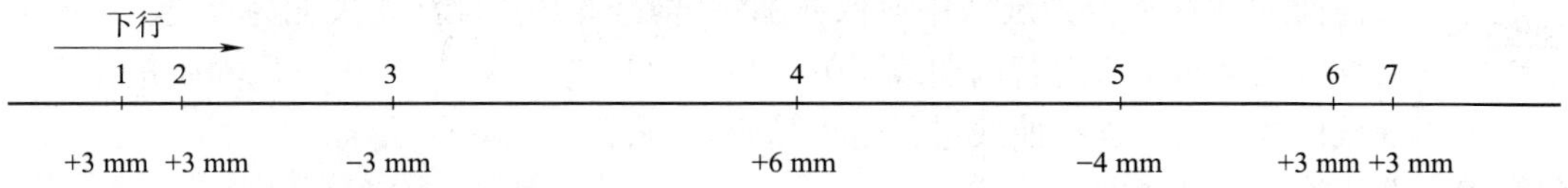

图 2-15　测量结果

2～3 号桩间：

$$\Delta l=-3-(+3)=-6(\text{mm})$$

$$\Delta t_{锁}=\Delta l/(0.011\,8\times L)=-6/(0.011\,8\times 300)=-1.7(℃)$$

说明锁定轨温下降了 1.7 ℃。

3～4 号桩间：

$$\Delta l=+6-(-3)=+9(\text{mm})$$

$$\Delta t_{锁}=\Delta l/(0.011\,8\times L)=9/(0.011\,8\times 604)=1.3(℃)$$

说明锁定轨温上升了 1.3 ℃。

课堂练习：利用【例 2-1】计算结果判断长轨条是否需要放散或调整。

根据计算结果，有下列情况之一者必须进行应力放散或调整：

(1)实际锁定轨温不在设计锁定轨温范围内。

(2)锁定轨温不清楚或不准确。

(3)跨区间、区间无缝线路相邻单元轨节之间的锁定轨温之差大于 5 ℃，同一区间内单元轨节的最高与最低锁定轨温之差大于 10 ℃；左右股钢轨锁定轨温之差，允许速度 160 km/h 及以下线路大于 5 ℃，允许速度 160 km/h 以上线路大于 3 ℃。

(4)无缝道岔限位器顶死或两股尖轨相错量超过 20 mm。

(三)无缝道岔位移观测

(1)由于无缝道岔的限位器距岔首、岔尾距离短，1 mm 测量误差造成的轨温幅度变化大，所以限位器处观测桩只用来控制位移变化量，不计算实际锁定轨温；当限位器出现异常爬行且限位器顶死时，要认真进行核对并分析原因，从而采取有效措施加以整治。

(2)无缝道岔检查项目如下：

①钢轨位移情况。重点检查尖轨位置和限位器的状态。

②各种类型接头(冻结接头、胶接绝缘接头、焊接接头)状态。

③钢轨、尖轨、辙叉状态是否有伤损。

④防松螺母的位置、扭矩和上下螺母的间隙，螺栓扭矩是否符合标准。

⑤线路及道岔扣件是否紧固。

⑥道岔拉杆、连杆与岔枕间的距离是否符合标准。

检查人员发现冻结接头轨缝拉开 2 mm 以上、尖轨尖端相错 20 mm 以上、限位器位移量超过 10 mm 时,要做好记录并及时上报工务段技术科,技术科必须及时派技术人员到现场检查分析,提出相应的整治方案,安排人员及时进行处理。

视 频

曲线正矢检查

二、曲线正矢检查与分析

铁路曲线作为铁路推到薄弱环节之一,在铁路安全中起着至关重要的作用,增强对潜在安全风险的敏感性和预判能力,是保证铁路运输安全重要因素。铁路曲线在日常养护维修中应保持圆顺,检查和分析曲线正矢尤为重要。技术组及保养工区每季应对管内曲线正矢至少全面检查 1 次,结合线路保养质量评定对站线曲线和岔后连接曲线进行全面检查,并将检查结果填入曲线检查记录簿中。

维修中通常采用绳正法检查曲线方向,将 20 m(个别较短的曲线用 10 m)弦线的两端放在测点上,拉紧并贴靠在外股钢轨头部内侧轨面下 16 mm 处,然后在中间测点处量出弦线至外股轨头内侧轨面下 16 mm 处的距离,即为该测点的现场正矢,如图 2-16 所示。

图 2-16　测量曲线正矢

(一)曲线正矢容许偏差

曲线正矢作业验收容许偏差管理值见表 2-17,曲线正矢计划维修容许偏差管理值见表 2-18。

表 2-17　曲线正矢作业验收容许偏差管理值

曲线半径 R/m		缓和曲线的正矢与计算正矢差/mm	圆曲线正矢连续差/mm	圆曲线正矢最大最小值差/mm
$R \leqslant 250$		6	12	18
$250 < R \leqslant 350$		5	10	15
$350 < R \leqslant 450$		4	8	12
$450 < R \leqslant 800$		3	6	9
$R > 800$	$v_{max} \leqslant 120$ km/h	3	6	9
	$v_{max} > 120$ km/h	2	4	6

注:曲线正矢用 20 m 弦在钢轨踏面下 16 mm 处测量。

表 2-18　曲线正矢计划维修容许偏差管理值

曲线半径 R/m	缓和曲线的正矢与计算正矢差/mm		圆曲线正矢连续差/mm		圆曲线正矢最大最小值差/mm	
	正线及到发线	其他站线	正线及到发线	其他站线	正线及到发线	其他站线
$R \leqslant 250$	7	8	14	16	21	24
$250 < R \leqslant 350$	6	7	12	14	18	21
$350 < R \leqslant 450$	5	6	10	12	15	18
$450 < R \leqslant 800$	4	5	8	10	12	15
$R > 800$	3	4	6	8	9	12

注:段管线、岔线按其他站线办理。

(二)曲线正矢与副矢的测量要求(绳正法)

1. 曲线正矢测量

正线和站线的曲线采用 20 m 弦,岔后连接曲线采用 10 m 弦,站内短曲线采用 10 m 弦(或 10 m

以下短弦)测量,按测点对现场正矢和副矢进行全面检查。为了能够准确量出曲线反弯,检查时必须使用带墩的标准曲线绳和与之配套的钢板尺,如图 2-17 所示,具体要求如下:

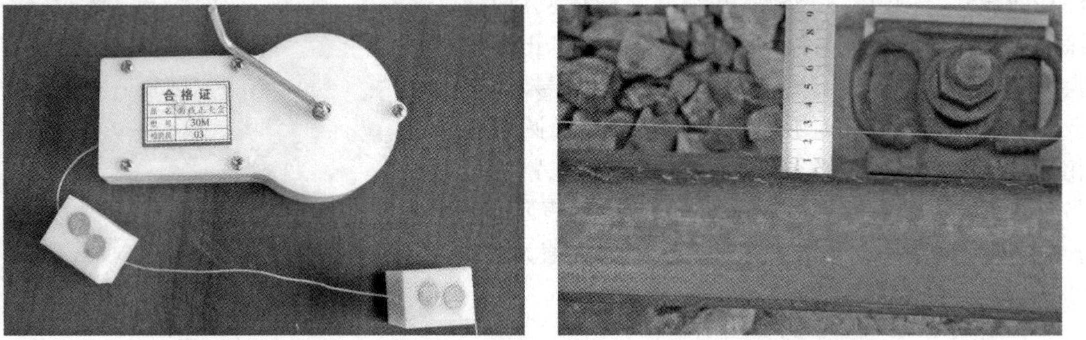

(a) 曲线测量工具　　(b) 测量曲线的钢板尺

图 2-17　带墩的曲线测量弦线

(1)在测量正矢前,如果曲线两侧直线方向不直,必须先将其拨直。如果曲线头尾有反弯或"鹅头",应先进行整正。如果曲线方向很差,应先粗拨一次,但应在新拨动部分经列车碾压后,再量取现场正矢,以免现场正矢发生变化而影响拨道量计算的准确性。

(2)在风速不大的天气,使用细而坚实的弦线测量 3 次,误差较小时取平均值。

(3)测量现场正矢时,弦线两端位置和量尺位置必须正确,有肥边应在肥边处测量,肥边大于 2 mm 时应铲除之。

(4)测量时尺在下,弦在上,尺不要顶弦也不要离开。读数时,视线、弦线、量尺三者应保持垂直,如图 2-18 所示。

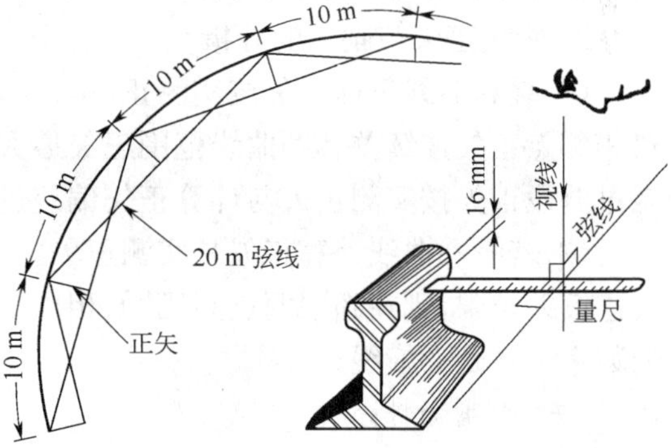

图 2-18　曲线正矢测量

(5)为了正确掌握整条曲线的正矢状态,应向曲线起、终点外的直线方向多测 1～2 个点的正矢。

(6)在测量现场正矢的同时,应注意建筑物(桥梁、隧道、信号机、站台、道口等)的限界要求,在测量正矢的同时,要量取建筑物的实际限界,以供拨量计算参考。

2. 曲线副矢的测量方法

为保持缓和曲线线形圆顺,利于养护维修,在缓和曲线范围内要求增设副矢点,副矢点设在两正矢测点之间,即在两正矢测点二分之一处。沿曲线点号增加方向量曲线时,同一弦内先量测点正矢,再量测点前方的副矢;沿曲线点号减小方向量曲线时,同一弦内先量测点后方的副矢,再量测点正矢。

(三)曲线标记

曲线要素标注在曲线头尾或 HY 和 YH 附近的外股钢轨内侧轨腰或轨枕上(图 2-19),超高和轨距加宽(含顺坡)值标注在内股钢轨内侧轨腰上,红底白字,正矢点印在钢轨外侧非工作边上,用白红两个边对应的等边三角形(边长 15 mm),编号印在钢轨外侧轨腰上。

曲线正矢点与副矢点的位置标记一律采用底边长 20 mm,高 15 mm 的等腰白色三角形(顶角朝上)标在曲线外股钢轨轨头外侧,并在其轨腹内侧(曲线涂油可在其轨腹外侧)涂红底,内写白色字。正矢用大写字母 F 表示,如 $F_3=24$。圆曲线只写点号,不写数值,如 F_{19}、F_{20} 等。但圆曲线内与缓圆点及圆缓点相邻两点的计算正矢必须标明。副矢点的位置标记与正矢相同,但不标点号。用小写字母 f 表示,如 $f=3$,即为该点沿点号增加方向 5 m 处的矢值为 3。

图 2-19 曲线标记

(四)曲线正矢超限的分析方法

1. 曲线正矢与副矢检查的填写规定

曲线正矢检查填写实际测量值。正线曲线和其他线路曲线检查应分开记录,缓和曲线的设计正(副)矢必须填全,圆曲线正矢点在三点及以下时,其计算正矢应填全;圆曲线正矢点超过三点的只填写头尾第一个达到圆曲线计算正矢测点的正矢,圆曲线内其他点的计算正矢不填写。

2. 曲线正矢与副矢的分析

(1)缓和曲线正(副)矢按实测正(副)矢与计划正(副)矢的偏差进行分析;圆曲线正矢分别对相邻点正矢连续差和圆曲线范围正矢最大与最小值差进行分析。无缓和曲线的单圆曲线头尾过渡段正矢按实测正矢与计算正矢偏差进行分析,执行对应半径的缓和曲线偏差标准。

(2)若缓和曲线计算正矢与实测正矢之差超限,则在其超限点右下角画"×";若圆曲线正矢连续差超限,则在超限两点间用"]"相连;若圆曲线最大与最小正矢差值超限,则在其对应点的数字下各画一横线。

(五)曲线资料分析

以表 2-19 为例,对某曲线的现场正矢进行分析。

表 2-19 ××曲线分析实例

曲线位置 K 3 + 500.124 ~K 3 + 717.386　　曲线半径 1 000 m

直缓点位置: 0 号测点+ 5.624 m　　缓和曲线长 30 m　　曲线全长 217.262 m

缓直点位置: 22 号测点+ 2.886 m

测点号	计算正矢	2024 年 5 月 5 日			2024 年 8 月 3 日			备注
		现场正矢	拨道量	拨后正矢	现场正矢	拨道量	拨后正矢	
0	3	4			4			ZH
1	17	21			19			
2	34	34 ×			34			
3	47	47			45			HY
4	50	46 ┐			$\underline{47}$			
5	50	53 ┘			52			
6	50	50			$\underline{57}$			
…	…	…			…			

对 2024 年 5 月 5 日的检查结果进行分析(按计划维修、正线及到发线分析)：

第 1 点现场正矢 21 mm，计算正矢 17 mm，差值为 4 mm，超过表 2-18 规定的容许偏差值 3 mm，在 21 mm 的右下角画“×”；第 4 和 5 点位于圆曲线上，计算正矢 50 mm，4 点和 5 点的现场正矢连续差为 7 mm，超过表 2-18 规定的容许偏差值 6 mm，在 4 点和 5 点对应的现场正矢之间画“]”。

对 2024 年 8 月 3 日的检查结果进行分析：

曲线最大正矢为第 6 点的 57 mm，最小正矢为第 4 点的 47 mm，差值为 10 mm，超过表 2-17 规定的容许偏差值 9 mm，分别在第 4 点和 6 点对应的现场正矢下面画一横线。

【训练内容】

文本

部分答案（二）

1. 到现场用准直仪测量一段无缝线路和一组道岔的位移，分别填入表 2-12 和表 2-13 中，并分析异常爬行原因，利用测量数据和原锁定轨温计算实际锁定轨温，填入表 2-14 和表 2-15 中。

2. 按照表 2-20 的检查结果，分析某曲线正矢的超限处所。

表 2-20　××曲线检查记录

曲线位置 K 234 ＋ 908.716 ～K 235 ＋ 123.557　　曲线半径 500 m

直缓点位置：1 号测点＋ 2.162 m　　缓和曲线长 50 m　　曲线全长 214.841 m

缓直点位置：22 号测点＋ 7.003 m

测点号	计算正矢/mm	2023 年 12 月 5 日			2024 年 3 月 6 日			2024 年 6 月 3 日			记事
		现场正矢/mm	拨道量/mm	拨后正矢/mm	现场正矢/mm	拨道量/mm	拨后正矢/mm	现场正矢/mm	拨道量/mm	拨后正矢/mm	
0	0	0			0			0			
1	2	3			4			3			
2	16	22			18			15			
3	36	35			37			34			
4	55	66			59			53			
5	75	75			72			76			
6	96	105			99			104			
7	100	96			103			102			
8	100	110			109			106			
9	100	100			98			99			
10	100	105			95			104			
11	100	95			102			98			
12	100	100			110			93			
13	100	106			104			107			
14	100	100			103			106			
15	100	94			99			104			
16	100	100			104			105			
17	97	96			99			100			

续上表

测点号	计算正矢/mm	2023 年 12 月 5 日			2024 年 3 月 6 日			2024 年 6 月 3 日			记事
		现场正矢/mm	拨道量/mm	拨后正矢/mm	现场正矢/mm	拨道量/mm	拨后正矢/mm	现场正矢/mm	拨道量/mm	拨后正矢/mm	
18	94	85			86			95			
19	74	78			79			81			
20	54	50			59			50			
21	34	28			40			33			
22	15	12			26			16			
23	1	0			0			0			

任务三　钢轨检查

【任务描述】

铁路是我国重要的基础设施，是国民经济的大动脉，轨道又是列车运行的基础，钢轨作为轨道的重要组成部件，其状态好坏直接影响着大动脉的畅通和铁路运输安全，因此，工务部门必须按规定对钢轨进行定期检查，有针对性地做好预防工作，防患于未然。

【学习重点】

1. 手工检查钢轨的基本方法。
2. 用 70°、37°、0°探头检查钢轨的不同部位。
3. 钢轨、道岔、联结零件的伤损标准。
4. 培育严守标准的职业规范意识。

【事故案例】

某年 8 月 23 日，××次列车行至十里山××号隧道，由于某工务段对重伤钢轨漏检并对探出的重伤钢轨没有进行及时更换，致使列车颠覆，油罐车在隧道内着火，中断行车 201 小时 56 分，并造成货车报废 23 辆，直接经济损失达 240 万元。因此，为保证铁路运输生产安全畅通，提高经济效益，就必须加强对钢轨的检查，防止断轨事故发生。

【学习内容】

一、手工检查钢轨

手工检查钢轨是无损检测的一种重要手段，如图 2-20所示。尤其是冬季温度低、温差大，钢轨伤损发展速度快，运用手工检查手段不仅能缩短检测周期，还能堵漏防断。所以，在发挥仪器探伤作用的同时，辅以手工探伤是工务部门过硬冬、防“三折”(钢轨折断、夹板折断、螺栓折断)的关键。但随着钢轨探伤力度的加大，手工检查

图 2-20　手工检查钢轨

相对减少，有些铁路局集团公司甚至取消。

（一）手工检查钢轨的基本要求

1. 手工检查时间

以车间为单位成立手工检查组，每年 10 月中旬上道，3 月末结束。

2. 基本要求

设计简易巡回图并确定检查周期，制定月检查计划，对管内的钢轨、道岔、夹板等设备进行检查。实行记名责任制，明确检查组、检查人、负责人、检查区段，手工检查组对已经检查的设备承担责任，手工检查人员重点检查地段为不适合探伤小车行走的地带。

（二）手工检查钢轨的常用工具及材料

1. 检查锤（图 2-21）

检查锤用来敲打钢轨、辙叉作用面，通过手感及小锤在作用面的跳动次数，敲打后回声的清晰程度来判断钢轨和辙叉是否有伤。

2. 小镜子（图 2-22）

小镜子可以自行制作，利用光线反射原理来观察轨端、轨颚、轨底、螺栓孔等不易看见或较黑暗的部位。在遇有阴天和隧道内应使用手电进行光反射检查。

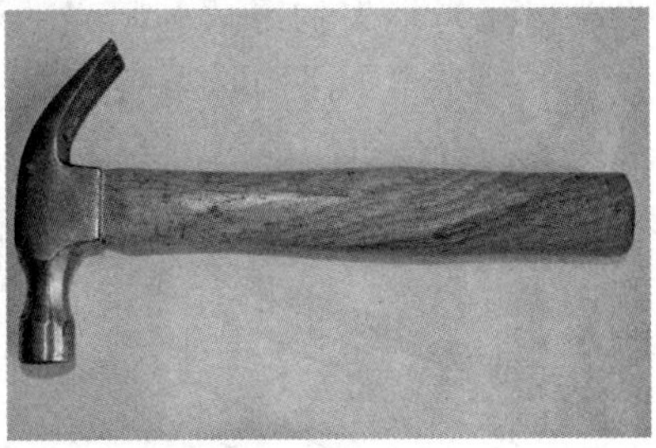

图 2-21　检查锤

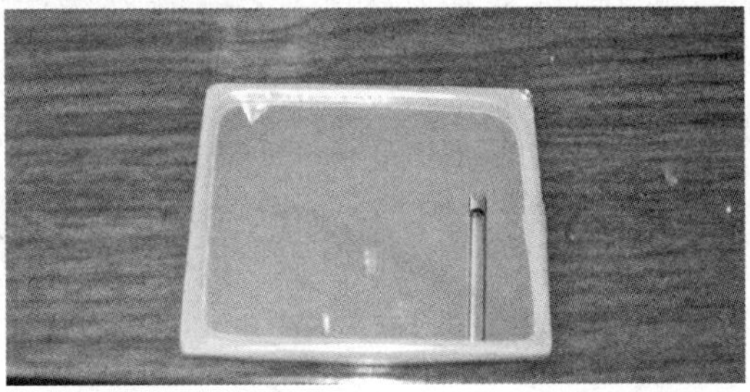

图 2-22　小镜子

3. 探伤钩（图 2-23）

探伤钩是根据裂纹对钩尖的阻挠作用判断螺栓孔轨腹、轨端等看不到的部位有无裂纹存在。其材质为××钢，一端做成 2～4 mm 的直角锋利钩，直径为 1～1.5 mm，长 200～250 mm。

4. 扳手（图 2-24）

用来卸立螺栓、水平螺栓或拆下夹板，以便观察接头部位轨腹、螺栓孔有无裂纹或其他伤损。

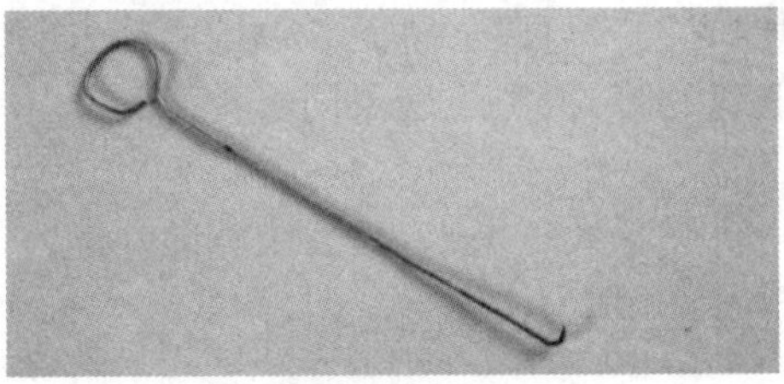

图 2-23　探伤钩

图 2-24　扳手

5. 钢丝刷

遇有轨头侧面、轨头下颚、轨底角和轨底面锈蚀较严重时，利用钢丝刷对疑似部位进行除锈，以确认伤损情况。

6. 酒精

当遇有螺栓孔和轨端裂纹，轨头和轨腰部位裂纹未透锈时，肉眼很难辨别，可以用酒精对可疑部位进行渗透。由于酒精挥发较快，当表面的酒精挥发后，渗入裂纹内部的酒精还留有痕迹，这样可以帮助我们辨别伤损钢轨。

(三)手工检查钢轨的基本方法

手工检查钢轨可概括为一看、二敲、三照、四卸。

1. 看

看要掌握以下六大要点：

(1)看轨面“白光”有无扩大(图 2-25)

轨头踏面被车轮磨亮的光面俗称“白光”，正常钢轨的“白光”平、直、齐，形成一道白亮的痕迹。当钢轨内部有伤时，轨面“白光”向外扩大。白光扩大的长度与内部裂纹的长度大致相同，因此若发现“白光”扩大须进一步分析有无其他特征，如“白光”扩大处有颚部下垂、颚下透锈等现象可判为伤轨。

(2)看“白光”中有无暗光或黑线(图 2-26)

当轨头内部有垂直纵向裂纹时，在扩大的“白光”中出现一道“暗光”，这是因为钢轨内部出现裂纹后，轨面所承受的车轮压力不匀，车轮碾压不到的地方亮光消失的缘故。暗光的形状一般是中间宽窄一致，两头尖小，内部裂纹越宽时越靠近轨面，暗光粗而明显，当裂纹发展轨面时，暗光则变成黑线。

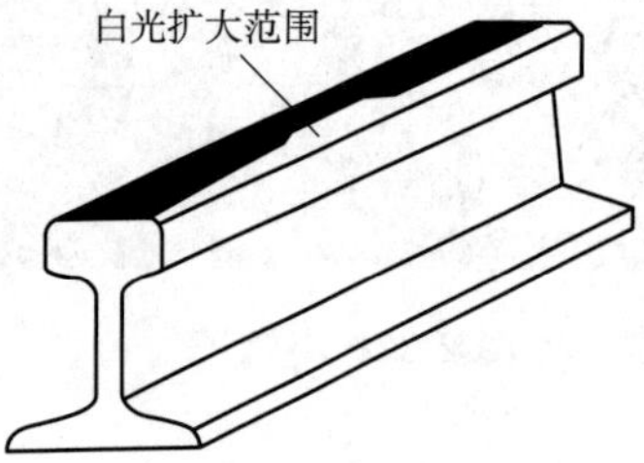

图 2-25　白光扩大圈

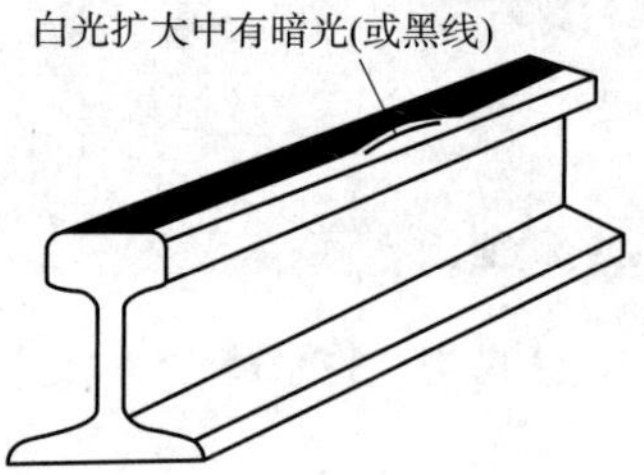

图 2-26　白光中有黑线

曲线上的钢轨由于受车轮偏压磨损，经整修或改铺在直线上时，会出现假暗光或假黑线。相互式接头在曲线的大腰处，轨面“白光”向外扩大，但无暗光或黑线。轨面上有些油渍杂物经列车碾压，也会出现假暗光或假黑线。

在长大坡道常撒砂的制动地段，当不易看清“白光”时，可以从轨面砂粒压成粉末的情况加以判断：如轨面砂粒较厚或较粗处应与“白光”中出现的暗光、黑线现象同等看待。

(3)看轨头是否肥大

钢轨头部如发生裂纹，则该处轨头必然肥大。轨头肥大几毫米，其裂纹宽即几毫米。如发现轨头肥大，而该处轨面又有扩大现象或颚下有锈时，可判为伤轨。

(4)看轨头是否下垂(图 2-27)

当轨头垂直纵向裂纹、水平纵向裂纹，下颚纵向水平裂纹等伤损严重时，都会出现颚部下垂。此时，可用小镜照下颚轨棱，使镜面与轨棱成 45°角，照射很容易发现轨颚下垂，也可趴在钢轨上用眼穿轨头下颚轨棱是否平直，如有下垂也易看出。

(5)看轨头侧面有无锈线

根据锈线的有无来判断钢轨是否有内伤最为准确。钢轨有内伤是由于车轮压力集中，引起局部的金属变形，这样会在相应部位的表面出现连续的剥离现象，不久会在剥落处盖上一层淡褐色铁锈，并逐步形成一道锈线。过一段时间，褐色变为红色，最后变为暗红色。如果轨面有“白光”扩大，“白光”中又有暗光，这时，应详细检查该处两侧面，如有锈线就是伤轨。“白光”向外扩大，锈线出现在内侧。“白光”向内扩大，锈线出现在外侧。

(6)看腹部有无鼓包或变形(图 2-28)

趴伏在钢轨上，用眼穿钢轨腹部，若发现有不平直处，用手摸有鼓包出现时，可用小锤敲击该处，若铁皮剥落，鼓包消失则是重皮，是假鼓包不是内伤。如锤向外弹，证明腹部确有竖裂内伤。哪一面鼓出，伤损就靠近哪一面；两面鼓出，则伤在中间。

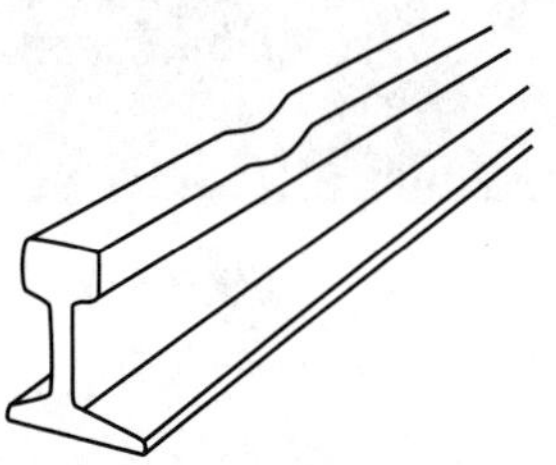

图 2-27　轨头下垂

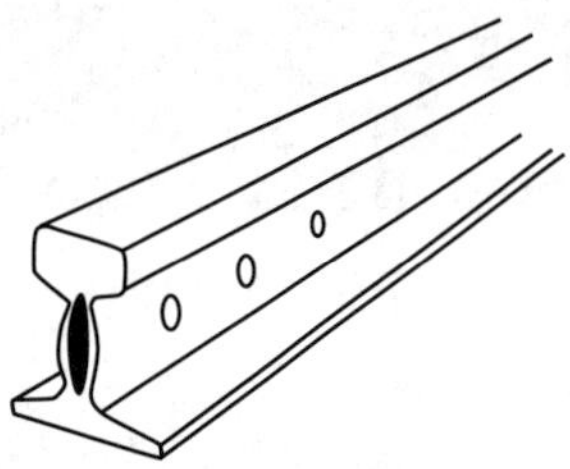

图 2-28　钢轨腹部变形

2. 敲

(1)眼看、耳听和手触法

用眼看、耳听和手触法敲击时要精神集中，眼看小锤跳动，耳听小锤声音，体会手中锤柄感觉来判断钢轨好坏。小锤落下能连跳 4～6 次，第一次跳起 20～25 mm，发音清脆，无浊音，最后一下的回声也较长，握锤的手感觉振动有力，则钢轨无伤损。如小锤落下只能跳 2～3 次，跳起高度不过 2～3 mm 甚至不跳动，手中锤把也很稳，没有向外晃动的倾向，就好像被钢轨吸住似的，同时发声破浊不清，回音不长或突然终止，手中锤柄振动无力则是有伤钢轨。可根据小锤跳动情况、声音变化及手内感觉判断伤损长度范围。

敲打轨面检查伤轨时，注意夹板与轨颚不密贴，螺栓松动，轨底与轨枕不密贴，钢轨肥边，轨枕空吊，上下错牙的暗影等均对小锤跳动次数和声音有影响，应慎重判断。

(2)砂粒实验法

如果在检查中遇到不易判断的伤损，可将干燥粗砂粒、玻璃碎片、金属硬币等放在踏面上，如果是好钢轨，用锤敲击时能跳动 4～6 次，而砂粒、碎玻璃、硬币等粘着不动；如果是伤轨，则会出现砂粒跳起、硬币翻转掉落现象。

(3)手指感觉法

当发现可疑钢轨用小锤敲打难以判断时，可用一只手的中指和食指轻轻触摸钢轨踏面，另一只手持锤平敲手指附近钢轨踏面，如感觉到有像人脉搏跳动一样的振动且手指感觉发麻时，说明钢轨有伤。

(4)粉笔实验法

在可疑的轨面上用粉笔涂满，经过列车碾压后，若粉笔印全无，说明不是伤轨，如留有痕迹，则表明是伤轨。

3. 照(图 2-29 和图 2-30)

照是检查钢轨不可缺少的一个步骤。有些钢轨裂纹发生在阴暗部分，用目力不易直接发现,此时要用镜子照。小型检查镜简易方便,用于检查轨缝内钢轨腹部螺栓孔。检查时可将镜子放在轨底下面,从轨缝向上反光。也可将小镜放在胸前,迎着阳光,借反射光观察轨缝或螺栓孔是否有裂纹。

图 2-29 小镜子照轨头下颚

图 2-30 小镜子照轨底

4. 卸

用看、敲、照的方法检查后,仍不能判断接头处的钢轨是否伤损时,应卸下螺栓或夹板进行检查确认,确认后,及时上好夹板,拧紧螺栓。

若遇有接头螺栓锈蚀严重,卸不下来而又无法确认时,可用探伤钩在轨缝、轨腹或端面处缓缓滑动,凭感觉进行确认,如图 2-31 所示。

图 2-31 探伤钩检查轨端

(四)重点部位的具体检查方法

1. 手工检查重点地段

(1)短轨地段的小腰、接头,特别是手工锯制轨接头。大轨缝、低接头、空吊板、翻浆冒泥、石砟颠白地段。

(2)长轨地段的各种焊接接头及其两侧 200 mm 范围内。

(3)超期服役钢轨及大修周转轨地段。

(4)小半径曲线及几何形状失格钢轨(如钢轨垂磨、侧磨严重,轨头过薄、过窄)。

(5)道口前后及道口内的钢轨及接头。

(6)锈蚀严重的钢轨。

(7)道岔各部钢轨,重点是尖轨、基本轨、护轨、辙叉等部位。

(8)钢轨踏面有油污的钢轨。

(9)钢轨焊补处所。

(10)手工人员认为可能是探伤死角的钢轨。

2. 五种暗伤特征表现

(1)钢轨顶面上被车轮磨光的白面(白光)与黑面相交的地方不成直线。

(2)轨面上的白光中有乌光或黑线。

(3)轨头肥大。

(4)轨头颚部有下垂现象。

(5)颚部透锈。

(五)手工检查道岔及其他设备

1. 手工检查道岔

(1)转辙部分

①除对整根尖轨进行细致的检查外,还应注意尖轨刨切部分的非作用面是否有裂纹或其他伤损。

②连接杆两端易发生裂纹,因电务涂油后,裂纹不容易从上面发现,故应从下面检查有无裂纹。

(2)连接部分

对连接部分的检查与钢轨的检查方法相同。

(3)辙叉部分

①检查锰钢辙叉,首先用锤敲击辙叉翼前端、叉心及叉心后端,然后再检查是否有孔裂和头部下颚裂纹(一般出现平裂)。用小镜照颚部以检查是否有平裂和断裂,如发现叉心后部踏面变形,应利用小镜子的反光进行仔细检查。在检查叉心底部凹槽处的裂纹时,还要检查钉孔部位自下而上的断裂情况。

②钢轨组合式辙叉的检查方法与钢轨相同,但考虑辙叉各部位的不同,所以应注意如下部位的检查:辙叉翼轨刨切受压部分和辙叉实际尖端往后至第一螺栓孔的翼轨上易发生断裂,辙叉心顶宽 30～50 mm 断面处易发生断裂。

③长心轨为吻合短心轨,则长心轨轨底被大量削弱,所以在切口处易发生折断。

④检查护轨是否有锈水、裂纹和其他伤损等。护轨螺栓必须齐全,作用良好,折断时必须立即更换,当同一部位同时有两根螺栓或可动心轨凸缘与接头铁螺栓有一根缺少或折损时,应停止使用。

2. 手工检查夹板和钢轨焊接接头

(1)手工检查夹板

用眼看中央锈线,当曲线外股有油污时,应擦掉油污,仔细观察,个别夹板螺栓孔易发生裂纹,夹板中央上下也易出现裂纹。

(2)手工检查钢轨焊接接头

钢轨焊接接头的范围为两侧各 200 mm 以内,特别是轨底要用小镜仔细观察,距轨枕边小于 40 mm 或在轨枕上的铝热焊缝要及时上报线路车间,进行轨枕方正。另外,遇有夹板加固接头要确认是否存在“刚性接触”,并要求线路车间进行打磨、更换,避免“刚性接触”造成的顶裂伤损。

3. 轨枕、道床、连接零配件状态的检查

(1)检查失效轨枕

混凝土轨枕采用一看二扒的方法,以确定轨枕失效和枕底的磨损程度。

(2)连接零配件的检查

以直观目视检查为主,检查零配件松动和水平螺栓要用小锤敲击。

(3)检查道床状态

采用直观目视的方法检查,检查项目有:道砟缺少、道床板结程度、塌砟、翻浆冒泥、道砟磨圆、颠白、冒烟、缺砟情况和外观。

二、利用钢轨探伤仪检查钢轨

钢轨探伤仪即超声波探伤仪，是利用超声波的反射或穿透原理检查工件缺陷的电子仪器，如图 2-32 所示。它的作用是产生电振荡并加于探头晶片，激励晶片发射超声波，同时将探头接收回来的电信号进行放大，通过一定的形式显示出来，从而得到被检工件内部有无缺陷及缺陷的位置和大小等信息。

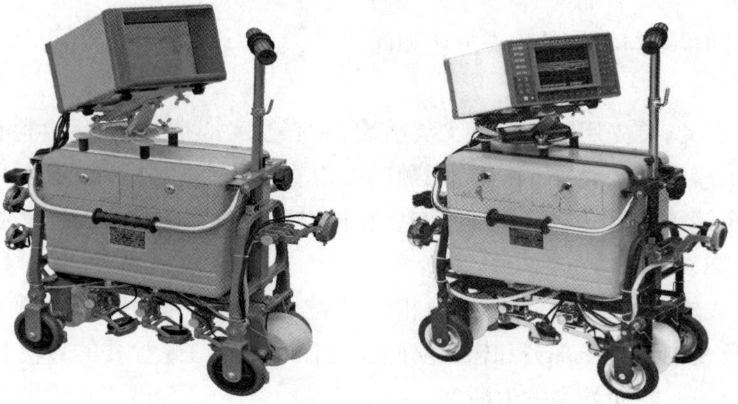

(a) 钢轨探伤小车

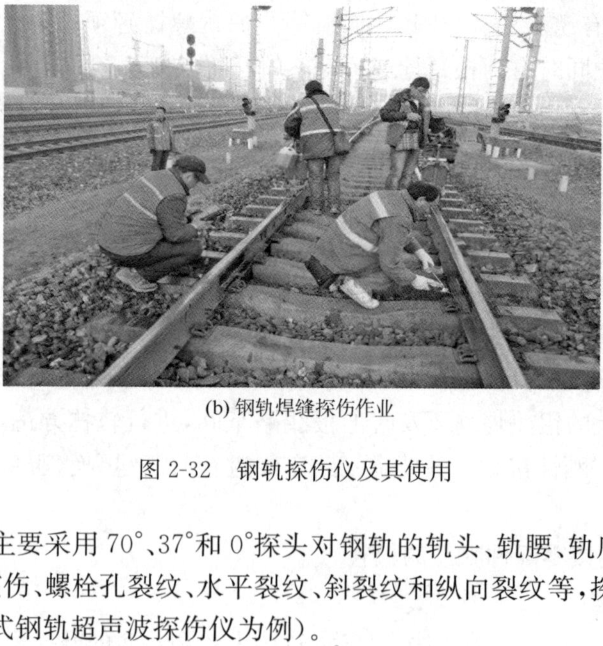

(b) 钢轨焊缝探伤作业

图 2-32　钢轨探伤仪及其使用

钢轨超声波探伤主要采用 70°、37°和 0°探头对钢轨的轨头、轨腰、轨底(轨腰投影区范围)进行扫查，可以发现核伤、螺栓孔裂纹、水平裂纹、斜裂纹和纵向裂纹等，探头布局如图 2-33 所示(以 GCT-8 型数字式钢轨超声波探伤仪为例)。

(一)钢轨探伤

钢轨伤损区域划分为Ⅰ、Ⅱ、Ⅲ区。其中轨头部分为Ⅰ区、轨腰部分为Ⅱ区(包括与轨腰同宽部分的轨头)、轨底部分为Ⅲ区，如图 2-34 所示。

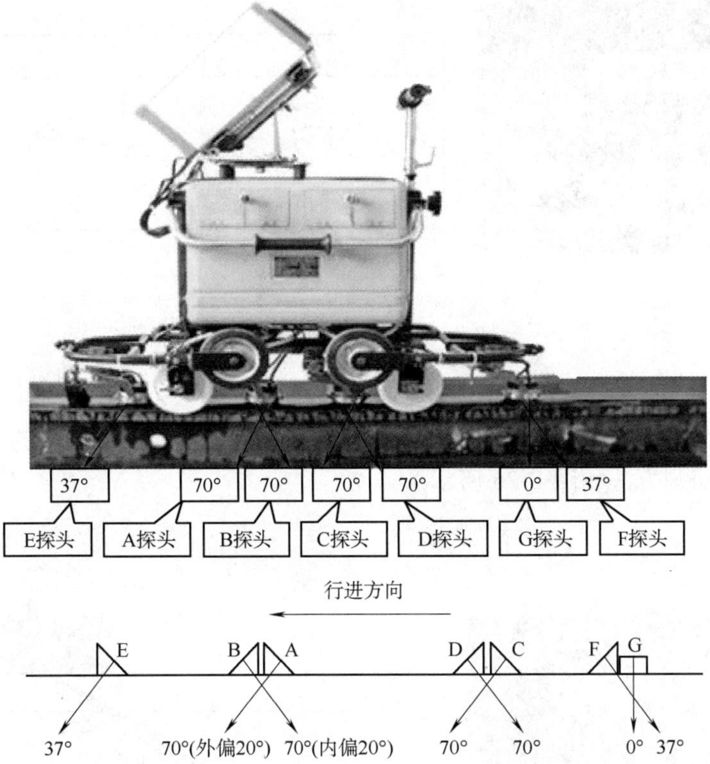

图 2-33　钢轨探伤小车的探头布局示意图

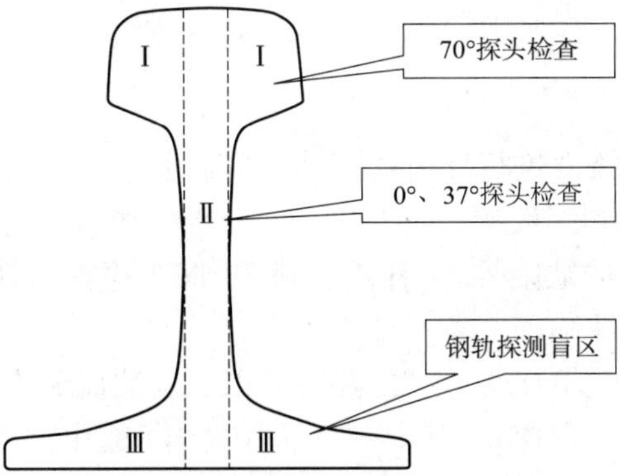

图 2-34　钢轨伤损区域划分

1. 0°探头

0°探头是依据穿透原理兼有反射功能的探测方法，0°探头主要用来检查螺孔裂纹，轨头至轨底间（轨腰投影范围）的水平裂纹、斜裂纹和纵向裂纹。灵敏度校准其探测方法如图 2-35 所示。

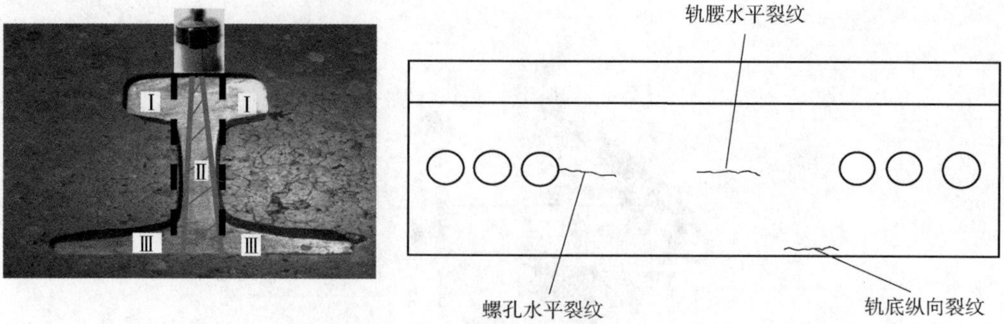

图 2-35　0°探头的探测方法

2. 37°探头

利用横波进行反射式探伤,主要检查螺栓孔裂纹、斜裂纹和特殊部位的水平裂纹(包括轨端水平裂纹),其探测方法如图 2-36 所示。

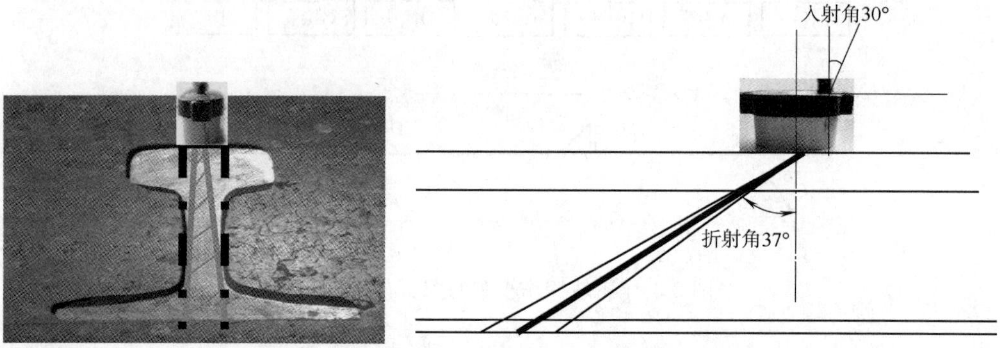

图 2-36　37°探头的探测方法

3. 70°探头

70°探头采用横波在钢轨内进行反射式探伤(指前后斜 70°),主要检测钢轨的轨头核伤和钢轨焊缝轨头的夹杂、气孔和裂纹等。前后直 70°主要检测轨腰Ⅱ区内的轨头核伤和焊缝内的夹杂、气孔及裂纹所形成的缺陷等,弥补前后斜 70°探头检查不到的部位。探测深度为螺孔上缘 10 mm 至钢轨轨面间缺陷。

70°探头有两种:普通 70°单探头,主要探外侧,以二次波探测为主,并适当提高一次波的检测能力;另一种为 70°+70°组合探头,其中一只晶片内斜 18°,以二次波探测为主;另一只为直打晶片,用一次波探轨头中部,并与另一只探头中的直打晶片共用一个通道,探测深度在 45 mm左右。

斜 70°探头和直 70°探头灵敏度校准如图 2-37 和图 2-38 所示。

(二)钢轨焊缝探伤

无缝线路铺设为列车提速提供了重要基础。目前,钢轨焊接主要有接触焊、气压焊和铝热焊三种方法。据统计有三分之二以上的断轨均发生在焊缝部位,焊缝已成为无缝线路的一大最薄弱环节。

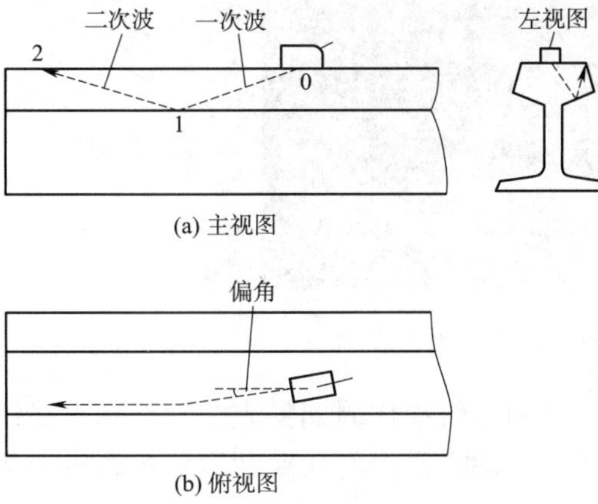

图 2-37　斜 70°探头灵敏度校准示意

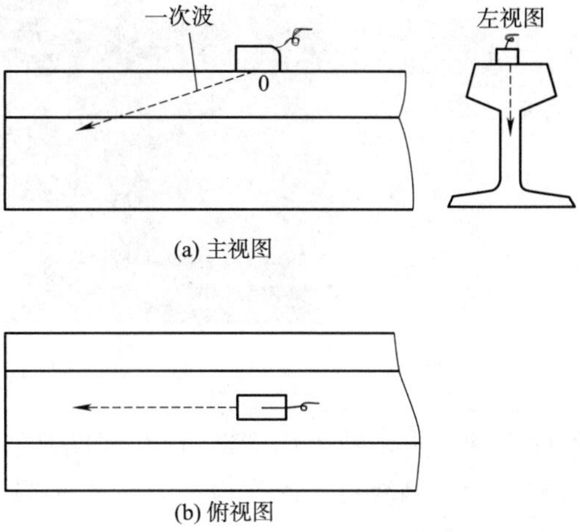

图 2-38　直 70°探头灵敏度校准示意

1. 焊缝缺陷

(1)体积状或点状缺陷包括夹杂、疏松、缩孔、气孔、过烧等。

(2)平面状缺陷包括光斑、灰斑、裂纹、未焊透等。平面状缺陷减小了有效截面，还可能造成应力集中，是最危险的缺陷。

(3)疲劳缺陷即疲劳裂纹。

2. 钢轨焊缝常用的探伤方法

(1)体积状缺陷采用单探头法。

(2)平面状缺陷的探伤方法有单探头法、双探头法和阵列探头。

三、大型钢轨探伤车

大型钢轨探伤车是指能够在铁路上运行并在运行时对两根钢轨中的伤损同时进行无损检测的专用车辆。一般自带动力，也可由其他车辆牵引，独立编组运行。

大型钢轨探伤车是一种集合了声学、机械、电子、自控和计算机等多种专业技术的大型高科技探伤设备，包括动力车辆系统、超声探头、模拟处理、数字处理、信息分析处理、系统控制、显示和存储系统、机械伺服系统及其他辅助系统等，自动化程度高、技术难度大。其研制初始最早可追溯到 1928 年，至今已有 90 多年的漫长发展历程。

大型钢轨探伤车的一个重要指标是探伤速度，探伤速度可反映出探伤车自身技术水平的高低。但探伤速度也不是一个完全独立的指标，它与线路状况、钢轨条件、探伤要求(如探伤灵敏度)、耦合方式、超声激励类型等其他许多因素有关。一般可达 40 km/h，较好的已能达到 60 km/h 甚至更高，可探测 5 mm 当量以上的缺陷。

大型钢轨探伤车比探伤小车通道数多、探头数也多，有轮式和滑靴式两种类型。超声波传感器有压电式和电磁式两种，只能从钢轨踏面进行检测，探头布局与探伤小车大同小异。轮式超声探头及探头机械架构如图 2-39 所示。

四、钢轨探伤检查周期

钢轨探伤检查应实行定期检查制度，依据年通过总质量、轨型、季节及钢轨的实际状态等

图 2-39　大型钢轨探伤车轮式超声探头及机械结构

条件合理确定钢轨探伤周期，正线线路和道岔(调节器)的钢轨探伤周期见表 2-21。到发线线路和道岔的钢轨每年探伤检查不少于 4 遍，其他站线、段管线、岔线的线路和道岔钢轨每半年探伤检查不少于 1 遍。

表 2-21　正线线路和道岔(调节器)钢轨探伤周期

年通过总质量/Mt	年探伤遍数		
	75 kg/m、60 kg/m 钢轨	50 kg/m 钢轨	43 kg/m 及以下钢轨
≥80	10	—	—
50～80	8	10	—
25～50	7	8	9
8～25	6	7	8
<8	5	6	7

下列重点地段应根据线路、钢轨的实际状态适当增加探伤遍数，具体办法由铁路局集团公司规定。

(1)在桥梁上、隧道内、小半径曲线、大坡道及钢轨状态不良地段。

(2)伤轨数量出现异常，连续两个探伤周期内都发现疲劳伤损(如核伤、鱼鳞伤、螺孔裂纹、水平裂纹等)地段。

(3)超过大修周期地段、钢轨与运量不匹配地段。

对无缝线路和道岔、调节器钢轨的现场焊缝除按规定周期探伤外，还应使用焊缝探伤仪进行全断面探伤，现场闪光焊、数控气压焊焊缝每两年检查不少于 1 遍，铝热焊焊缝每半年检查不少于 1 遍。工务段需依据《普速修规》明确检查的时间、数量、内容及要求，检查工区需“有计划地”开展年度、月度周期性检查。

国铁集团钢轨探伤车检查中发现的问题，应及时向有关单位发出通知，并按规定向国铁集团提报月度(或年度)检测、运用报告。铁路局集团公司钢轨探伤车检查中发现问题，应立即通知工务段处理，检查后向有关单位通报检查结果，并按规定向国铁集团提报月度(或年度)检测、运用报告。

五、伤损钢轨的监视和处理

线路上的伤损钢轨，由检查人员在轨腰上及时做出标记，见表 2-22。

表 2-22　钢轨伤损标记

伤损种类	伤损范围及标记		说　明
	连续伤损	一点伤损	
轻伤	|←△→|	↑△	用白色油漆做标记
重伤	|←△△△→|	↑△△△	用白色油漆做标记

六、钢轨伤损标准

钢轨伤损按程度分为轻伤、重伤和折断三类。

(一)钢轨轻伤和重伤标准

钢轨轻伤和重伤标准见表 2-23～表 2-25。探伤人员、线路(检查)工长认为钢轨有伤损时,也可判为轻伤或重伤。

表 2-23　钢轨轻伤和重伤标准

伤损项目	伤损程度						备　注
	轻　伤			重　伤			
	$v_{max}>$ 160 km/h	160 km/h≥ $v_{max}>$ 120 km/h	$v_{max}\leqslant$ 120 km/h	$v_{max}>$ 160 km/h	160 km/h≥ $v_{max}>$ 120 km/h	$v_{max}\leqslant$ 120 km/h	
钢轨头部磨耗	磨耗量超过表 2-24 所列限度之一者			磨耗量超过表 2-25 所列限度之一者			
轨端或轨顶面剥落掉块	长度超过 15 mm 且深度超过 3 mm	长度超过 15 mm 且深度超过 3 mm	长度超过 15 mm 且深度超过 4 mm	长度超过 25 mm 且深度超过 3 mm	长度超过 25 mm 且深度超过 3 mm	长度超过 30 mm 且深度超过 8 mm	
钢轨顶面擦伤	深度超过 0.5 mm	深度超过 0.5 mm	深度超过 1 mm	深度超过 1 mm	深度超过 1 mm	深度超过 2 mm	
钢轨低头	超过 1 mm	超过 1.5 mm	超过 3 mm	超过 1.5 mm	超过 2.5 mm	超过 3.5 mm	用 1 m 直尺测量最低处矢度,包括轨端轨顶面压伤和磨耗在内
波浪形磨耗	谷深超过 0.3 mm	谷深超过 0.3 mm	谷深超过 0.5 mm	—	—	—	
钢轨表面裂纹	—	—	—	有	有	有	包括螺栓孔裂纹、轨头下颚水平裂纹(透锈)、轨腰水平裂纹、轨头纵向裂纹、轨底裂纹等(不含轮轨接触疲劳引起轨顶面表面或近表面的鱼鳞裂纹)
钢轨内部裂纹	—	—	—	有	有	有	包括核伤(黑核、白核)、钢轨纵向裂纹等
钢轨变形	—	—	—	有	有	有	轨头扩大、轨腰扭曲或鼓包等,经判断确认内部有暗裂

续上表

伤损项目	伤损程度						备　注
	轻　伤			重　伤			
	$v_{max}>$ 160 km/h	160 km/h≥ $v_{max}>$ 120 km/h	$v_{max}\leqslant$ 120 km/h	$v_{max}>$ 160 km/h	160 km/h≥ $v_{max}>$ 120 km/h	$v_{max}\leqslant$ 120 km/h	
钢轨锈蚀	—	—	—	经除锈后,轨底厚度不足 8 mm 或轨腰厚度不足 14 mm		经除锈后,轨底厚度不足 5 mm 或轨腰厚度不足 8 mm	

表 2-24　钢轨头部磨耗轻伤标准

钢轨/(kg/m)	总磨耗/mm				垂直磨耗/mm				侧面磨耗/mm			
	$v_{max}>$ 160 km/h 正线	160 km/h≥ $v_{max}>$ 120 km/h 正线	$v_{max}\leqslant$ 120 km/h 正线及到发线	其他站线	$v_{max}>$ 160 km/h 正线	160 km/h≥ $v_{max}>$ 120 km/h 正线	$v_{max}\leqslant$ 120 km/h 正线及到发线	其他站线	$v_{max}>$ 160 km/h 正线	160 km/h≥ $v_{max}>$ 120 km/h 正线	$v_{max}\leqslant$ 120 km/h 正线及到发线	其他站线
75	9	12	16	18	8	9	10	11	10	12	16	18
75 以下～60	9	12	14	16	8	9	9	10	10	12	14	16
60 以下～50	—	—	12	14	—	—	8	9	—	—	12	14
50 以下～43	—	—	10	12	—	—	7	8	—	—	10	12
43 以下	—	—	9	10	—	—	7	7	—	—	9	11

注:(1)总磨耗＝垂直磨耗＋1/2 侧面磨耗。
(2)垂直磨耗在钢轨顶面宽 1/3 处(距标准工作边)测量。
(3)侧面磨耗在钢轨踏面(按标准断面)下 16 mm 处测量。

表 2-25　钢轨头部磨耗重伤标准

钢轨/(kg/m)	垂直磨耗/mm			侧面磨耗/mm		
	$v_{max}>$ 160 km/h 正线	160 km/h≥ $v_{max}>$ 120 km/h 正线	$v_{max}\leqslant$120 km/h 正线、到发线及其他站线	$v_{max}>$ 160 km/h 正线	160 km/h≥ $v_{max}>$ 120 km/h 正线	$v_{max}\leqslant$120 km/h 正线、到发线及其他站线
75	10	11	12	12	16	21
75 以下～60	10	11	11	12	16	19
60 以下～50	—	—	10	—	—	17
50 以下～43	—	—	9	—	—	15
43 以下	—	—	8	—	—	13

(二)钢轨折断标准

钢轨折断是指发生下列情况之一者:

(1)钢轨全截面断裂。

(2)裂纹贯通整个轨头截面。

(3)裂纹贯通整个轨底截面。

(4)允许速度不大于 160 km/h 区段钢轨顶面上有长度大于 50 mm 且深度大于 10 mm 的掉块,允许速度大于 160 km/h 区段钢轨顶面上有长度大于 30 mm 且深度大于 5 mm 的掉块。

普通线路和无缝线路缓冲区的重伤和折断钢轨应及时更换。换下的重伤和折断钢轨应有明显的标记,防止再用。无缝线路钢轨重伤和折断,应按《普速修规》第 4.8.10 条的规定处理。

七、曲线钢轨更换标准

曲线半径 2 000 m 及以下地段,75 kg/m 钢轨应在侧面磨耗达到重伤前及时换轨,更换周期见表 2-26。

表 2-26　曲线钢轨更换周期

曲线半径/m	周期(通过总质量,Mt)	轨道结构
$R \leqslant 400$	200～250	75 kg/m 钢轨、无缝线路、混凝土枕
$400 < R \leqslant 800$	250～500	
$800 < R \leqslant 1\ 200$	500～1 000	
$1\ 200 < R \leqslant 2\ 000$	1 000～1 500	
$R > 2\ 000$ 或直线	1 500	

八、异型钢轨使用规定

(一)对称断面异型钢轨使用应符合下列规定:

(1)上道使用的对称断面异型钢轨应符合《钢轨　第 3 部分:异型钢轨》(TB/T 2344.3)规定。

(2)不同轨型的钢轨应使用对称断面异型钢轨联结。对称断面异型钢轨的强度等级应不低于两端联结钢轨。

(3)客货共线Ⅰ级铁路正线不应铺设除 75-60 对称断面异型钢轨外的其他对称断面异型钢轨。

(4)对称断面异型钢轨不应设置在道口、平过道、轨下基础状态不良地段以及正线桥梁、隧道、半径小于 600 m 曲线地段。

(5)正线、客车径路到发线设置的对称断面异型钢轨,其成型段应与联结钢轨冻结、胶接或焊接,不得使用普通夹板联结。

已上道使用的对称断面异型钢轨不符合上述规定的应逐步改造。

(二)对称断面异型钢轨累计通过总质量应符合下列规定:

(1)无缝线路:75-60 对称断面异型钢轨不大于 700 Mt,60-50 对称断面异型钢轨不大于 550 Mt。

(2)普通线路:75-60 对称断面异型钢轨不大于 600 Mt,60-50 对称断面异型钢轨不大于 450 Mt,50-43 对称断面异型钢轨不大于 250 Mt。

九、联结零件伤损标准

(一)扣件

扣件伤损达到下列标准,应有计划地修理或更换:

(1)螺旋道钉折断、浮起,螺帽或螺杆丝扣损坏,严重锈蚀。

(2)垫圈损坏或作用不良。

(3)弹条、扣板(弹片)损坏或不能保持应有的扣压力。

(4)扣板、轨距挡板严重磨损、锈蚀,扣板、轨距挡板前后离缝超过 2 mm。

(5)挡板座、铁座损坏或作用不良。

(6)预埋套管损坏。

(二)高弹性橡胶垫板

钢轨接头两端各 2 根轨枕应铺设高弹性橡胶垫板。橡胶垫板压溃或变形(两侧压宽合计:厚度为 7 mm 的橡胶垫板超过 15 mm,厚度为 10 mm 的橡胶垫板超过 20 mm)丧失作用,橡胶垫片损坏时,应进行更换。小阻力扣件使用的复合垫板,橡胶与不锈钢片分离时应及时更换。

(三)铁垫板和道钉

铁垫板和道钉应齐全,作用良好,缺少时应及时补充,道钉浮起或松动时应及时整治。伤损达到下列标准,应有计划地更换:

(1)铁垫板折断、变形、严重磨损、严重锈蚀或丧失固定立柱螺栓功能。

(2)道钉钉头脱落、严重锈蚀或下颚磨耗达 3 mm 及以上。

(四)接头夹板

接头夹板伤损达到下列标准,应及时更换:

(1)折断。

(2)中间两螺栓孔范围内裂纹:正线、到发线有裂纹;其他站线平直及异型夹板超过 5 mm,双头及鱼尾型夹板超过 15 mm。

(3)其他部位裂纹发展到螺栓孔。

(4)胶接绝缘夹板性能不良。

(五)接头螺栓及垫圈

接头螺栓及垫圈伤损达到下列标准,应及时更换:

(1)螺栓折断、变形,严重锈蚀、丝扣损坏或杆径磨耗超过 3 mm 不能保持规定的扭矩。

(2)垫圈折断或失去弹性。

十、轨道加强设备的伤损标准

轨道加强设备伤损达到下列标准,应有计划地修理或更换:

(1)轨距杆折断或丝扣损坏,螺帽、垫圈、铁卡损坏或作用不良。

(2)轨撑损坏或作用不良。

(3)防爬器折损,穿销不紧或作用不良。

(4)防爬支撑断面小于 110 cm^2,损坏、腐朽或作用不良。

十一、道岔伤损标准

(一)尖轨、可动心轨

尖轨、可动心轨有下列伤损或病害,应及时修理或更换:

(1)尖轨尖端与基本轨或可动心轨尖端与翼轨间隙大于 1 mm,短心轨与叉跟尖轨尖端间隙大于 1.5 mm。

(2)尖轨、可动心轨侧弯造成轨距不符合规定。

(3)尖轨、可动心轨顶面宽 50 mm 及以上断面处，尖轨顶面低于基本轨顶面、可动心轨顶面低于翼轨顶面 2 mm 及以上。

(4)尖轨、可动心轨顶面宽 50 mm 及以下断面处，尖轨顶面高于基本轨顶面、可动心轨顶面高于翼轨顶面 2 mm 及以上。

(5)尖轨、可动心轨工作面伤损，继续发展，轮缘有爬上尖轨、可动心轨的可能。

(6)内锁闭道岔两尖轨相互脱离时，分动外锁闭道岔两尖轨与连接装置相互分离或外锁闭装置失效时。

(7)其他伤损达到钢轨轻伤标准时。

(二)基本轨

基本轨有下列伤损或病害，应及时修理或更换：

(1)曲股基本轨的弯折点位置或弯折尺寸不符合要求，造成轨距不符合规定。

(2)基本轨垂直磨耗，50 kg/m 及以下钢轨，在正线上超过 6 mm，到发线上超过 8 mm，其他站线上超过 10 mm；60 kg/m 及以上钢轨，在允许速度大于 120 km/h 的正线上超过 6 mm，其他正线上超过 8 mm，到发线上超过 10 mm，其他站线上超过 11 mm(33 kg/m 及以下钢轨由铁路局集团公司规定)。

(3)其他伤损达到钢轨轻伤标准时。

(三)辙叉

辙叉有轻伤时，应注意检查观测，达到重伤标准时，应及时更换。

1. 高锰钢整铸辙叉轻伤标准(含可动心轨辙叉中高锰钢整铸翼轨、叉跟座)

(1)辙叉心宽 40 mm 断面处，辙叉心垂直磨耗(不含翼轨加高部分)，50 kg/m 及以下钢轨，在正线上超过 4 mm，到发线上超过 6 mm，其他站线上超过 8 mm；60 kg/m 及以上钢轨，在允许速度大于 120 km/h 的正线上超过 4 mm，其他正线上超过 6 mm，到发线上超过 8 mm，其他站线上超过 10 mm；可动心轨宽 40 mm 断面及可动心轨宽 20 mm 断面对应的翼轨垂直磨耗(不含翼轨加高部分)超过 4 mm。

(2)辙叉顶面和侧面的任何部位有裂纹。

(3)辙叉心、辙叉翼轨面剥落掉块，在允许速度大于 120 km/h 的线路上长度超过 15 mm，且深度超过 1.5 mm；在其他线路上长度超过 15 mm，且深度超过 3 mm。

(4)钢轨探伤人员或线路(检查)工长认为有伤损的辙叉。

2. 高锰钢整铸辙叉重伤标准(含可动心轨辙叉中高锰钢整铸翼轨、叉跟座)

(1)辙叉心宽 40 mm 断面处，辙叉心垂直磨耗(不含翼轨加高部分)，50 kg/m 及以下钢轨，在正线上超过 6 mm，到发线上超过 8 mm，其他站线上超过 10 mm；60 kg/m 及以上钢轨，在允许速度大于 120 km/h 的正线上超过 6 mm，其他正线上超过 8 mm，到发线上超过 10 mm，其他站线上超过 11 mm；可动心轨宽 40 mm 断面及可动心轨宽 20 mm 断面对应的翼轨垂直磨耗(不含翼轨加高部分)超过 6 mm(33 kg/m 及以下钢轨由铁路局集团公司规定)。

(2)垂直裂纹长度(含轨面部分裂纹长度)超过表 2-27 所列限度者。

表 2-27　垂直裂纹　　单位:mm

项　目	辙叉心		辙叉翼
	宽 0～50	宽 50 以后	
一条裂纹长度	50	50	40
两条裂纹相加	60	80	60

(3)纵向水平裂纹长度超过表 2-28 所列限度者。

表 2-28　纵向水平裂纹　　单位:mm

项　目	辙叉心	辙叉翼	轮缘槽
一侧裂纹长度	100	80	200
一侧裂纹发展至轨面(含轨面部分裂纹长度)	60	60	—
两侧裂纹贯通(指贯通长度)	50	—	—
两侧裂纹相对部分长度	—	—	100

(4)叉趾、叉跟轨头及下颚部位裂纹超过 30 mm。

(5)叉趾、叉跟浇注断面变化部位斜向或水平裂纹长度超过 120 mm,或虽未超过 120 mm,但裂纹垂直高度超过 40 mm。

(6)底板裂纹向内裂至轨腰,并超过轨腰与圆弧的连接点。

(7)螺栓孔裂纹延伸至轨端、轨头下颚或轨底,两相邻螺栓孔裂通。

(8)辙叉心、辙叉翼轨面剥落掉块长度超过 30 mm,且深度超过 6 mm。

(9)钢轨探伤人员或线路(检查)工长认为有影响行车安全的其他缺陷。

3. 合金钢组合辙叉的垂直磨耗比照高锰钢整铸辙叉办理,其他伤损比照钢轨轻重伤标准办理。辙叉有轻伤时,应加强检查观测,达到重伤标准时应及时更换。

(四)道岔零配件

1. 道岔各种零件应齐全,作用良好,缺少时应及时补充。有下列伤损或病害,应有计划地进行修理或更换。

(1)各种螺栓、连杆、顶铁和间隔铁损坏、变形或作用不良,顶铁和轨腰离缝大于 2 mm。

(2)滑床板损坏、变形或滑床台磨耗大于 3 mm。

(3)轨撑损坏、松动,轨撑与轨头下颚或轨撑与垫板挡肩离缝大于 2 mm。

(4)护轨垫板折损。

(5)钢枕和钢枕垫板下胶垫及防切垫片损坏、失效。

(6)弹片、销钉、挡板损坏。弹片与滑床板挡肩离缝、挡板前后离缝大于 2 mm,销钉帽内侧距滑床板边缘大于 5 mm。

(7)其他各种零件损坏、变形或作用不良。

2. 道岔特殊螺栓。道岔护轨螺栓、可动心轨咽喉和叉后间隔铁螺栓、长心轨与短心轨联结螺栓、钢枕立柱螺栓、可动心轨凸缘与接头铁联结螺栓、合金钢组合辙叉间隔铁螺栓必须齐全,作用良好,折断时必须立即更换。同一部位同时有两条螺栓或可动心轨凸缘与接头铁螺栓有一条缺少或折损时,道岔应停止使用。

十二、道岔钢轨头部磨耗标准

道岔钢轨头部磨耗分轻伤和重伤两类，具体见表 2-29～表 2-34。道岔钢轨头部磨耗达到重伤应及时更换。更换道岔钢轨时，应使道岔几何形位、各部间隔尺寸、钢轨密贴、尖轨相对基本轨降低值、心轨相对基本轨降低值、心轨相对翼轨降低值等偏差满足现行标准要求。

表 2-29　200 km/h 以下铁路(不含 200 km/h 以下仅运行动车组列车的铁路)
正线道岔钢轨头部磨耗轻伤限值

名　称		总磨耗/mm	垂直磨耗/mm	侧面磨耗/mm
基本轨、可动心轨辙叉翼轨、导轨		9	6	8
尖轨、可动心轨、叉跟尖轨	顶宽 10 mm 断面	—	—	3
	顶宽 15 mm 及以上断面	6	4	6

表 2-30　200 km/h 以下铁路(不含 200 km/h 以下仅运行动车组列车的铁路)
正线道岔钢轨头部磨耗重伤限值

名　称		垂直磨耗/mm	侧面磨耗/mm
基本轨、可动心辙叉翼轨、导轨		8	10
尖轨、可动心轨、叉跟尖轨	顶宽 10 mm 断面	—	4
	顶宽 15 mm 及以上断面	6	8

表 2-31　200 km/h 以下铁路(不含 200 km/h 以下仅运行动车组列车的铁路)
站线道岔钢轨头部磨耗轻伤限值

名　称		总磨耗/mm	垂直磨耗/mm	侧面磨耗/mm
基本轨、可动心轨辙叉翼轨、导轨		9.5	6	9
尖轨、可动心轨、叉跟尖轨	顶宽 10 mm 断面	—	—	4
	顶宽 15 mm 及以上断面	6	4	6

表 2-32　200 km/h 以下铁路(不含 200 km/h 以下仅运行动车组列车的铁路)
站线道岔钢轨头部磨耗重伤限值

名　称		垂直磨耗/mm	侧面磨耗/mm
基本轨、可动心辙叉翼轨、导轨		8	11
尖轨、可动心轨、叉跟尖轨	顶宽 10 mm 断面	—	5
	顶宽 15 mm 及以上断面	6	8

表 2-33　固定型辙叉心轨和翼轨垂直磨耗限值

伤损等级	正线道岔(v>120 km/h)	正线道岔($v \leqslant 120$ km/h)	到发线道岔	其他站线道岔
轻伤/mm	4	6	8	10
重伤/mm	6	8	10	11

表 2-34　固定型辙叉翼轨侧面磨耗限值

伤损等级	正线道岔	到发线道岔	其他站线道岔
轻伤/mm	6	8	9
重伤/mm	8	10	11

注:(1)道岔钢轨总磨耗=垂直磨耗+1/2 侧面磨耗。

(2)对于基本轨、导轨、翼轨及尖轨、心轨、叉跟尖轨全断面区段，垂直磨耗在钢轨顶面宽 1/3 处(距标准工作边)测量；对于尖轨、心轨、叉跟尖轨机加工区段，垂直磨耗自轨头最高点测量。随着心轨顶宽增大而翼轨光带逐渐减小时，翼轨垂直磨耗测量点为光带中心。

(3)固定型辙叉心轨和翼轨垂直磨耗在心轨顶宽 30 mm 位置量取。

(4)侧面磨耗在钢轨踏面(按标准断面)下 16 mm 处测量。

(5)磨耗影响转换设备安装时，按重伤处理。

【训练内容】

视频
更换夹板

1. 掌握夹板结构，扫描二维码观看更换夹板作业、夹板涂油作业过程，在实训基地进行分组训练完成更换夹板作业或夹板涂油作业。

2. 熟悉钢轨检查手工工具，独立检查钢轨 100 m。

3. 对照钢轨伤损标准，分析如图 2-40 所示的伤损钢轨图片，并判断每张图片的伤损类型。

文本
部分答案
(三)

(a)

(b)

(c)

(d)

(e)

(f)

(g)

(h)

图 2-40　伤损钢轨图片

4. 现在工务维修需要大量的钢轨探伤工，上网查找有关探伤工作岗位职责和探伤仪的基本操作要领。

5. 违章作业事例。

某年 10 月 6 日，某铁路局集团公司《关于××线上行 K1040＋850 断轨通报》要求，在 10 月 30 日前各段必须完成管内焊缝探伤任务。因时间紧任务重，为按时完成任务，10 月 6 日，该局探伤工区一组班长×××带领职工共 7 人，在未请示车间同意、未办理驻站登记、未设驻站联络员的情况下违章上道作业，被铁路局集团公司专项检查组检查发现，并通报全局。这是一起非常典型的为抢生产任务而忽视人身安全的违章蛮干行为，也暴露出探伤车间日常检查教育管理不到位，现场作业管理处于失控状态。该起严重违章问题，工务段已组织责任车间进行了交班，对相关责任者进行了严肃处理，并通报全段。

试分析该起违章作业若不被及时发现有可能导致的后果。我们应从中吸取哪些教训？

任务四　分析轨道检测数据

【任务描述】

轨道检查车(以下简称轨检车)动态检测是轨道状态检测最主要的方式，相比静态检查，更准确，也更能反映线路真实情况，随着铁路运输向高速、重载的方向发展，列车对轨道的冲击和破坏日益严重，轨道几何形位变化越来越快，轨检车资料对准确评价线路质量，掌握轨道变化规律，指导工务养护维修有着非常重要的作用和意义。

【学习重点】

1. 了解并掌握动态检测原理。
2. 了解并熟悉动态图谱。
3. 提升数据驱动决策与科学分析能力。

【学习内容】

轨检车是检查轨道状态，查找轨道病害，评定线路动态质量，指导线路维修的动态检查设备，其作用是通过检查了解和掌握线路局部不平顺(峰值管理)、线路区段整体不平顺(均值管理)的动态质量，对线路养护维修工作进行指导，实现轨道科学管理。

一、动态检测项目及原理

(一)轨距

轨检车采用激光光电伺服跟踪轨距测量装置,在测量梁上安装有激光光电传感器、位移计、驱动马达及伺服机械。光电传感器发出的光束投射到左右股钢轨顶面下 16 mm 处,经计算显示轨距,如图 2-41 所示。

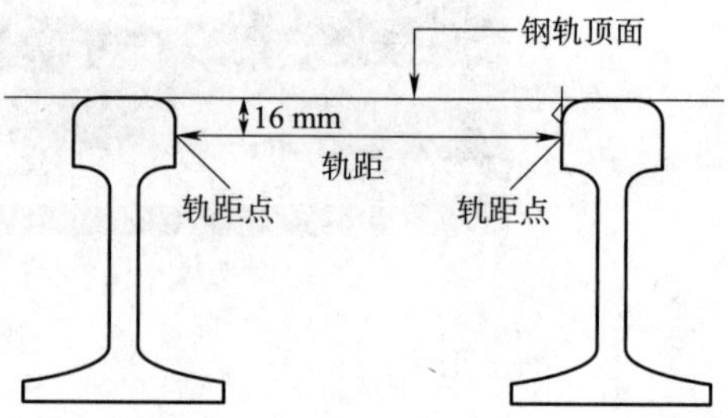

图 2-41　轨距测量位置

(二)轨向不平顺

轨向指钢轨内侧轨距点沿轨道延长方向的横向凹凸不平顺(图 2-42),使用激光摄像技术和惯性基准原理进行测量。利用左右股轨距测量装置所测的左右股轨距变化或位移,轨距点相对纵向轨迹原理测量轨向。轨向不平顺分为短波不平顺和长波不平顺。短波不平顺检测基长为 1.5～42 m,长波不平顺检测基长为 1.5～70 m(也就是常说的 70 m 轨向,主要在 160 km/h 及以上速度的线路),图 2-43 所示为轨向波形图。需要说明的是,轨向是左(右)轨的方向,而非轨道中心线的方向。

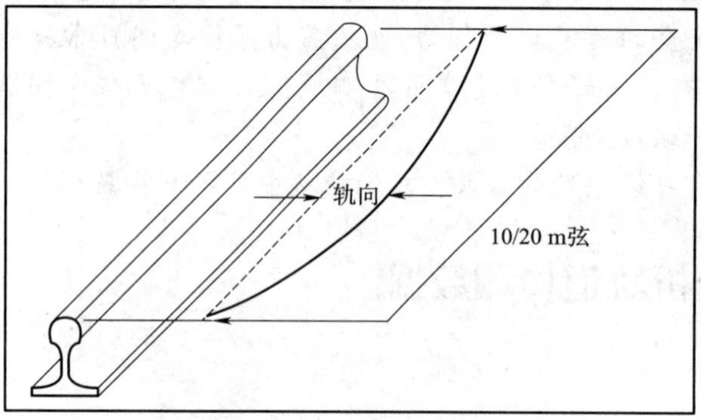

图 2-42　轨向示意

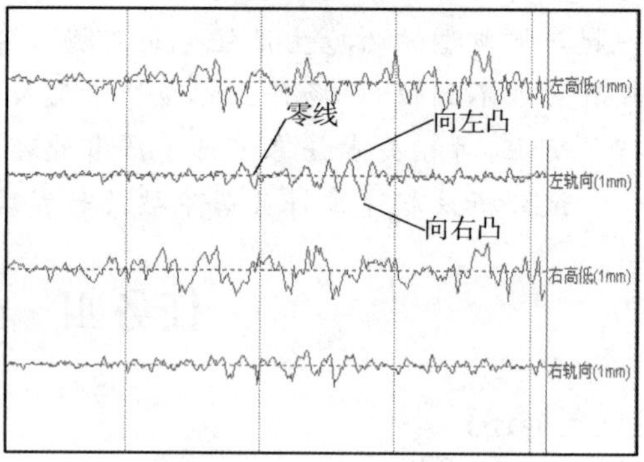

图 2-43　轨向波形

(三)高低不平顺

轨检车采用惯性基准的原理测量轨道变化的实际波形,得到高低变化的空间曲线,数据采集处理系统实时采集数据的间隔距离为 250 mm,同时可换算成 5 m、10 m、20 m 或其他弦长之测量法测量。测量高低的传感器除了测量曲率、水平外,另外还有 2 个垂直加速度计。通过车体位移,计算出轨面相对惯性空间的位移变化,进行必要的处理,得到高低数值。高低不平顺分为短波不平顺和长波不平顺。短波不平顺检测基长为 1.5～42 m,长波不平顺检测基长为 1.5～70 m(也就是常说的 70 m 高低,主要在 160 km/h 及以上速度的线路)。图 2-44 所示为高低示意,图 2-45 所示为高低波形。

(四)水平

水平为轨道同一横断面内钢轨顶面之高差(图 2-46)。曲线水平称为超高。采用补偿加速度系统测量水平,利用补偿加速度系统测量车体对地垂线滚动角,利用位移计测量车体与轨道相对滚动角,二者结合计算出轨道倾角。利用两轨道中心线间距(1 500 mm)计算出水平值。动态检测分析不含圆曲线上设置的超高和缓和曲线上超高顺坡量。图 2-47 所示为水平(曲线超高)波形图,其中曲率单位 rpk 为 1/km。

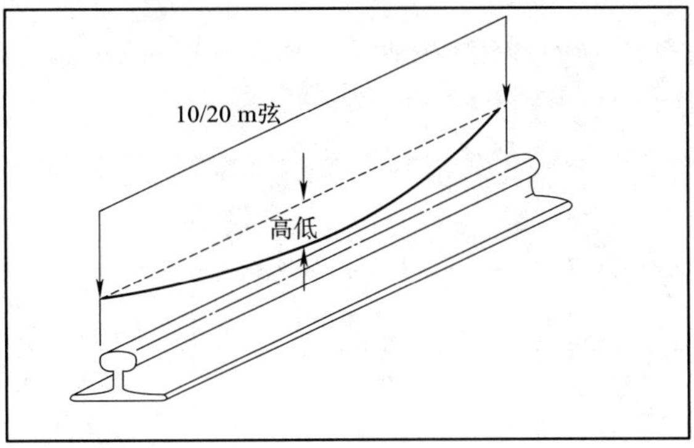

图 2-44　高低示意

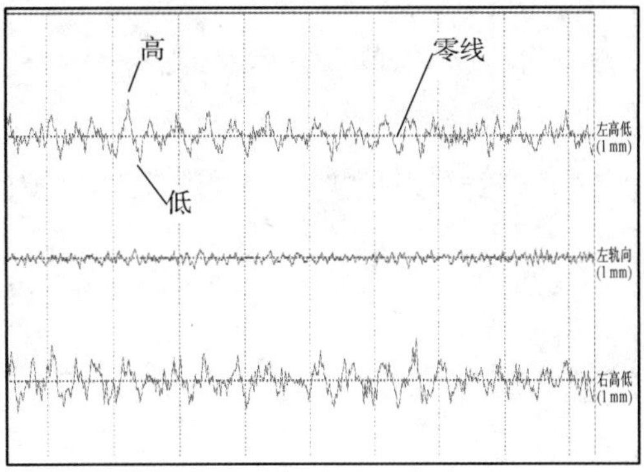

图 2-45　高低波形

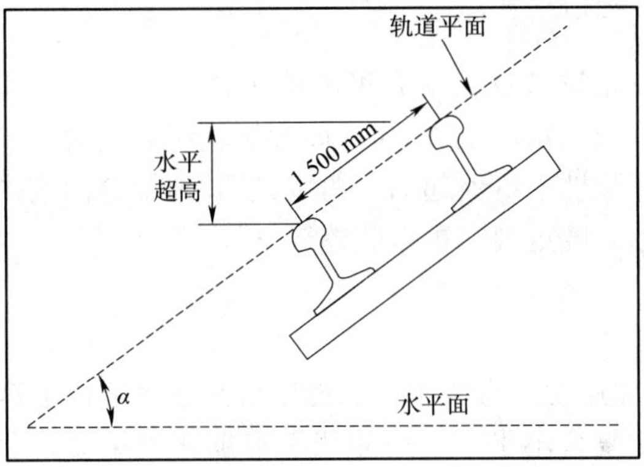

图 2-46　水平示意

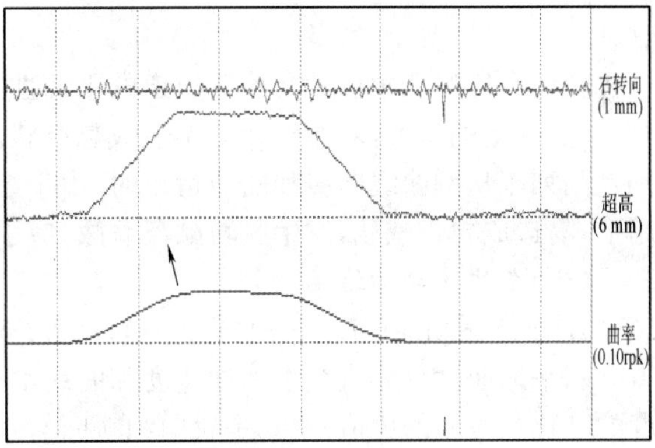

图 2-47　水平(曲线超高)波形

(五)扭曲(三角坑)

三角坑是指左右两股钢轨顶面相对于轨道平面的扭曲(图 2-48),用相隔一定距离的两个横截面水平峰值的代数差表示。一定距离是指“车辆的轴距或心盘距”。图 2-49 所示为三角坑波形。

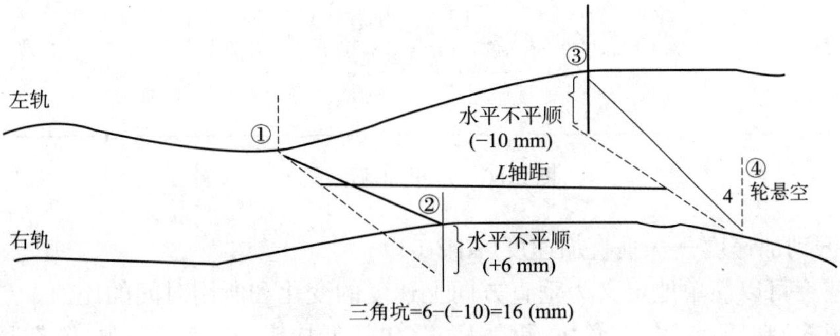

图 2-48　扭曲(三角坑)示意

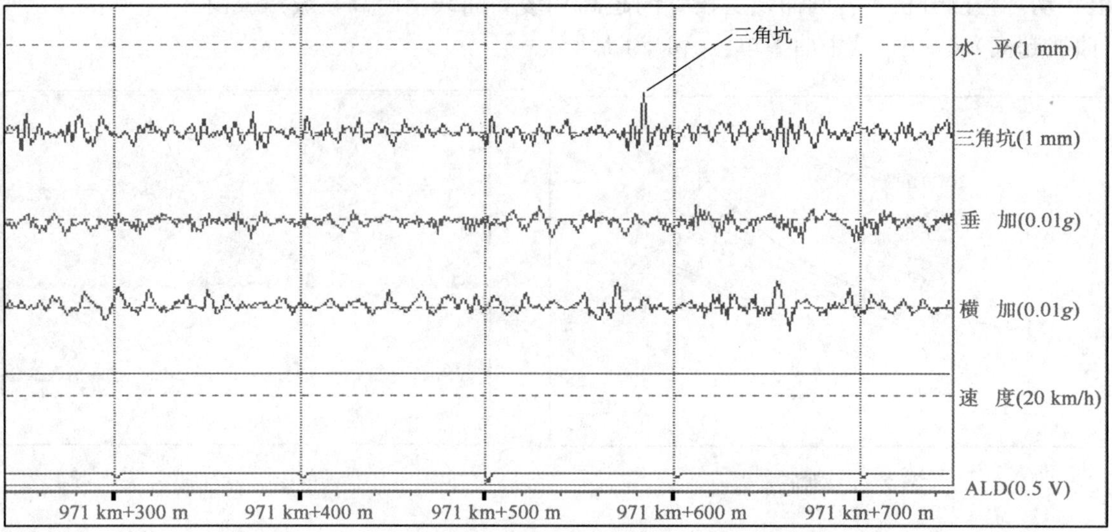

图 2-49 三角坑波形

轨检车检测三角坑就是检测轨道的平面性,三角坑值过大就有可能使车辆轮对呈三点接触,一点悬空的状态,对车辆转向架造成悬空状态,当三角坑足够大时(如大于轮缘高度时),特别是当列车从圆曲线向缓和曲线运行时,由于超高顺坡不良引起的三角坑,在其他综合因素作用下,易造成轮重减载,发生脱轨颠覆事故,应引起高度重视和重点监控。

(六)车体振动加速度

1. 车体振动加速度——水平加速度(图 2-50)

水平加速度分为直线水平加速度和曲线水平加速度。直线水平加速度就是水平方向上速度的变化和时间的比值,主要是轨向和轨向与水平复合不平顺。而曲线水平加速度主要是曲线上存在过超高或欠超高,同时还要考虑离心加速度的影响。

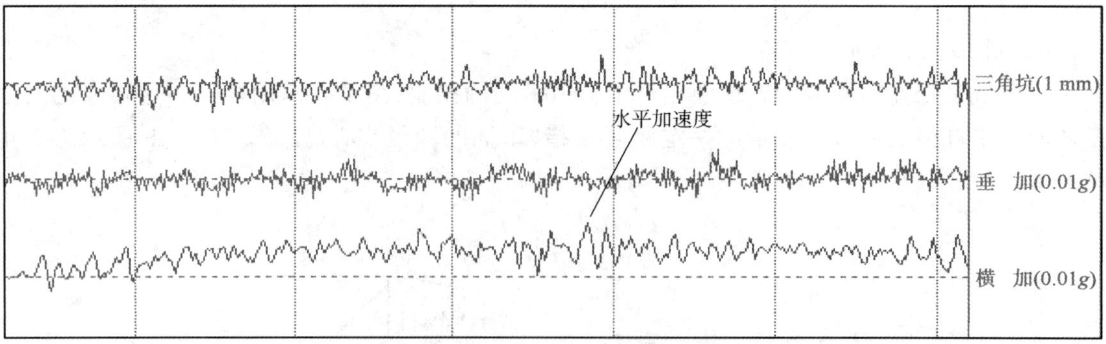

图 2-50 水平加速度波形

2. 车体振动加速度——垂直加速度(图 2-51)

垂直加速度可以简单地定义为垂直方向上速度的变化和所用时间的比值。引起垂直加速度的原因有很多,高低、水平、三角坑、钢轨病害(包括低接头、焊缝不平顺)等都是出现垂直加速度的原因。

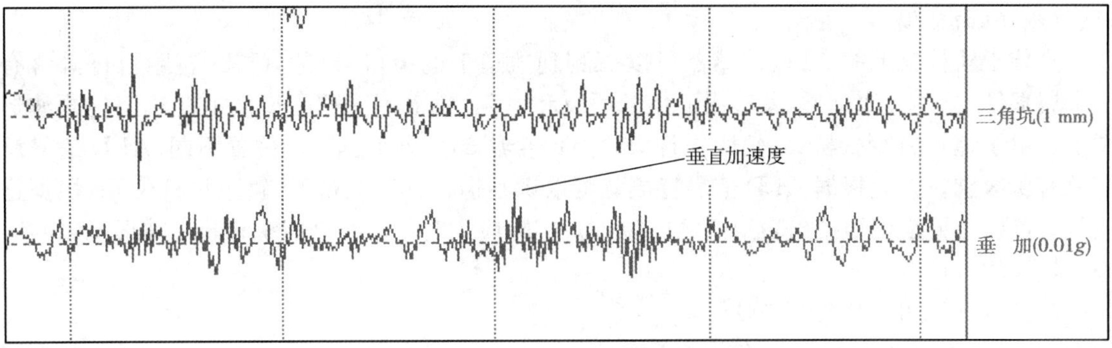

图 2-51　垂直加速度波形

（七）曲率

曲率定义为曲线半径的倒数。实际测量时用单位距离的曲线轨道所对应的圆心角来表示。度数越大，曲率越大，半径越小。

曲率本身是衡量曲线圆顺度的，但有时在直线段也会出现曲率。如果波形显示直线段有曲率，因为有曲率必然有矢度，有矢度必然有方向，所以在直线段出现曲率，就说明此处直线段存在碎弯轨向不好，应加以重视。

图 2-51 为一曲率波形图，从图中可知，圆曲线部分的曲率是一个固定值。图中曲线半径是4 km，所以曲率理论上是一个固定值，1/4＝0.25。但是从图上可以很直观地看出来圆曲线部分并不是一条平直的直线，而是一条中间有很多折点的折线。从分析软件上可以量出圆曲线部分最大曲率为 0.29（反算半径为 3 450 m，则正矢为 14.5 mm），最小曲率为 0.20（反算半径为 5 000 m，则正矢为 10 mm），所以可以计算出该曲线圆曲线部分最大、最小正矢差肯定≥4.5（因为测点间可能有方向）。现将图 2-52 上的曲率放大（图 2-53），以便看地更清楚。

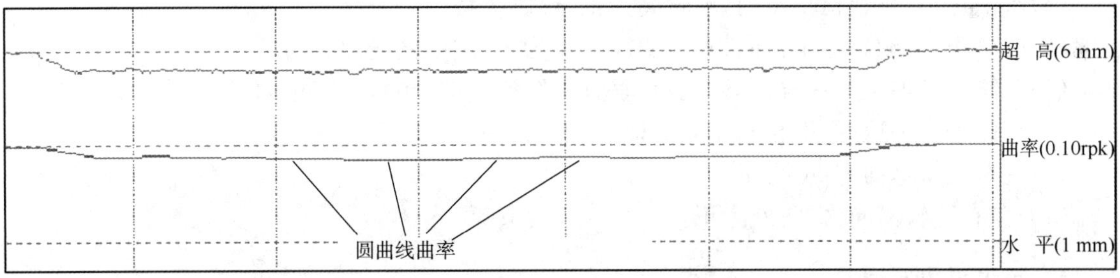

图 2-52　曲率图例（圆曲线上的曲率）

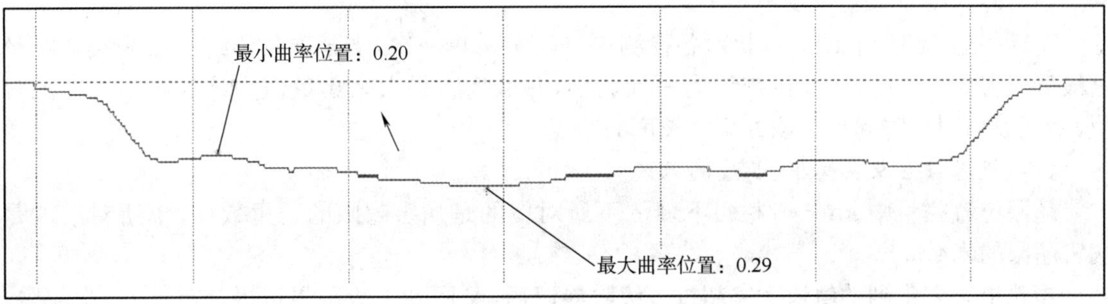

图 2-53　圆曲线上的曲率放大图示

(八)地面标记

安装于轨检梁上的ALD传感器可以探测到轨道上的道口、道岔、桥梁、轨距拉杆等含有的金属部件,这些金属部件,其输出的信号可以和里程、轨道不平顺同步显示在轨道检测波形图上。由于道口、道岔、桥梁、轨距拉杆等含有的金属部件大小、形状、位置不同,ALD信号反应就有所区别。因此根据ALD信号特征就可以识别道口、道岔、桥梁、轨距拉杆位置,根据这些位置可以方便准确地找出轨道病害的位置。实际应用时可以结合曲率和超高波形图来共同确定轨道病害位置。

(九)各个检测项目的关联性

(1)三角坑与高低、水平(超高)相关联。

(2)轨向与轨距、轨距变化率相关联。

(3)垂直加速度与高低相关联。

(4)水平加速度与轨向、水平、三角坑、曲线超高、曲线半径、轨向水平复合不平顺、曲线头尾的几何偏差相关联。

(5)轨向与曲率相关联。

(6)轨距变化率与轨向相关联。

(十)轨检车检测项目正号定义

(1)轨检车检测正向:检测梁位于轨检车二位端,定义二位端至一位端(一般以手制动机一端为一位端)方向为轨检车正向,轨检车行驶方向与轨检车正向一致时为正向检测,反之为反向检测。

(2)轨距(偏差)正负:实际轨距大于标准轨距时轨距偏差为正,反之为负。

(3)高低正负:高低向上为正,向下为负。

(4)轨向正负:顺轨检车正向,轨向向左为正,向右为负。

(5)水平正负:顺轨检车正向,左轨高为正,反之为负。

(6)曲率正负:顺轨检车正向,右拐曲线曲率为正,左拐曲线曲率为负。

(7)车体水平加速度:平行车体地板,垂直于轨道方向,顺轨检车正向,向左为正。

(8)车体垂直加速度:垂直于车体地板,向上为正。

(9)左右轮轨垂向力:压为正。

(10)左右轮轨横向力:向外为正。

二、超限采集原理

(一)超限处所采集原理

车辆每运行250 mm计算机对各检测项目电量采集一次,当某项目连续三次采集量都超过最低病害界限值时,计算机统计为一处病害,并取病害最大采集量值为该处超限病害的峰值,最低级超限病害起点为该处病害长度的起点。

(二)超限位置及其峰值、长度的只读

超限位置栏目中km+m栏目下,km下所对应的是病害超限的公里数,m下所对应的是病害超限的米数。

当轨检车采集到的轨道病害超过Ⅰ级限界以后,又回到Ⅰ级限界以内,统计为一次超限。对于Ⅲ级超限而言,即为当轨检车采集到的轨道病害超过Ⅰ级限界以后,又回到Ⅰ级限界以内，统计为一次Ⅲ级超限。GJ-4 型Ⅲ级超限位置的里程实际上是该Ⅲ级超限的终点里程，即该Ⅲ级超限又回到Ⅰ级限界以内时的里程，如图 2-54 所示。GJ-5 型Ⅲ级超限位置的里程为此处超限的最大峰值里程，如图 2-55 所示。其项目下峰值一栏所列为该病害的最大超限数值。长度一栏所列为该病害的延长里程，即为该病害超过Ⅰ级限界以后，又回到Ⅰ级限界以内所经过的线路长度。病害峰值点的具体位置则需根据波形图和超限位置、长度等数据相结合来确定。比如一个Ⅲ级超限的长度，并不是指在这个长度内，超限值都达到Ⅲ级，而是其最大超限值达到或超过Ⅲ级，峰值一栏所列为该病害的最大超限数值。

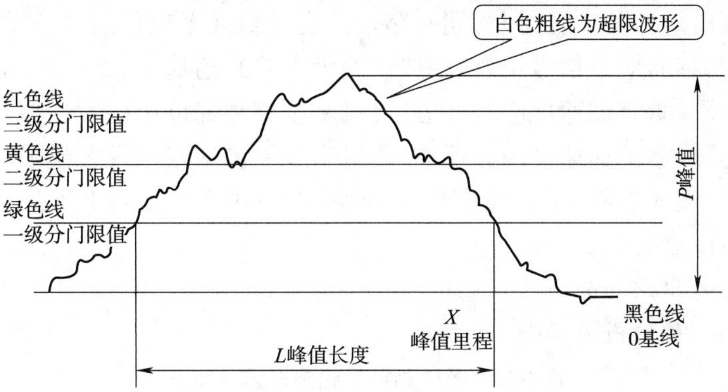

图 2-54　GJ-4 型超限位置及其峰值、长度示意

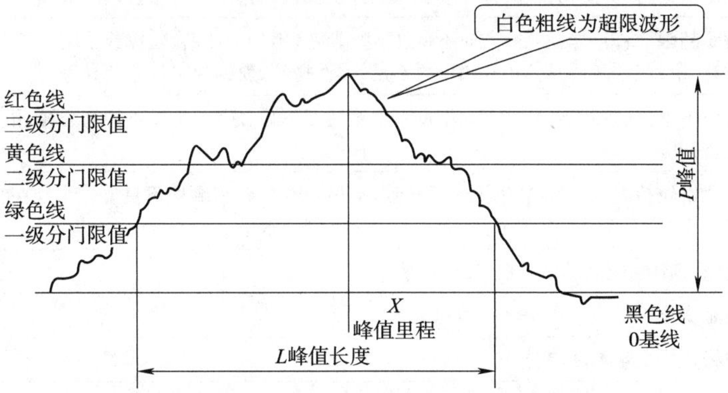

图 2-55　GJ-5 型超限位置及其峰值、长度示意

三、动态检测图幅分析

（一）轨检车图纸的认识

1. 波形图查看工具的使用

轨检车提供的 *. ste 文件是波形文件，采用专用看图软件（波形查看工具 IAE）打开浏览，波形图各项目零线以上为正。

（1）轨检车波形图自上而下共有 12 个波形通道，分别为左高低、左轨向、右高低、右轨向、水平（超高）、曲率、轨距、三角坑、垂直加速度、水平加速度、速度、地面标志。

（2）波形比例尺：高低、轨向、轨距、三角坑为 1 mm，水平（超高）为 6 mm，垂直加速度、水平加速度为 0.01g；高低、轨向、水平、三角坑、轨距的中线即为 0 mm。

(3)地面标志:一种为轨检车 ALD 感应识别的标志。轨检车车底装有电涡流传感器,在运行过程中能自动检测记录轨道标志物(金属部件),包括:道口、道岔、桥梁、轨距拉杆等。另一种为轨检车逻辑计算标志,如里程标。图形每一格为 100 m。地面标志很重要,对消除轨检车累积误差,现场准确查找超限病害有着非常重要的作用。

说明:根据车型的不同,波形图波形通道的设置和比例有所不同。

2. 波形图分析及病害的确认

轨道检测车检出的病害,可以通过对波形图的分析来最后确认。应对比相关的项目,但不要对比相同传感器所对应的项目,因为同一路信号会导致几个项目出现一样的情况。

单个项目出现尖刺,应是信号干扰,一般情况下不是轨道病害。

高低出现大超限,垂直加速度应有反应,反过来垂直加速度出现大超限,高低应有反应。

轨向出现大超限,水平加速度应有反应,反过来水平加速度出现大超限,轨向应有反应。

水平、三角坑出现大超限,超高应有反应,此时不应去看高低,因为三角坑由水平计算而来,而水平由高低计算而来。

(二)各种病害的识别和分析

各种病害的识别和分析见表 2-35。

表 2-35　各检测项目超限成因一览表

检测项目		超限病害成因
高低		起道过量,接头低扣、大轨缝、轨面坍塌、掉块、鞍形磨耗,桥头、道口、隧道、涵洞等路基软硬接合部
轨距		轨距超限、轨距递减不顺、方向不良、肥边、硬弯、不均匀侧磨、轨撑或轨距拉杆失效、扣件爬离、轨距挡板磨耗、道岔基本轨刨切、扣件扣压力不足、弹性挤开、轨距加宽设置差异等
轨向		直线不平直、曲线不圆顺(正矢不良)、轨距递减不顺、硬弯、钢轨不均衡磨耗、扣件扣压力不足、不均匀弹性挤开等
水平		一股钢轨抬高、两股钢轨下沉量不一致、空吊、暗坑、超高顺坡不良等。个别在直缓点附近,由于曲线正矢不良,造成直线和曲线分界不明,而将超高判为水平
扭曲(三角坑)		空吊、暗坑、超高顺坡不良、反撬水平
轨距变化率		轨距变化不良
曲率变化率		曲线正矢变化不良,交替变化
振动加速度	垂直加速度	高低不平顺、波浪磨耗、接头错牙、低扣、大轨缝、轨面坍塌、掉块、鞍形磨耗、板结、翻浆、线桥(线隧、线道、线涵、新老路基)结合部、多种病害叠加、病害变化率、病害分布等
	水平加速度	轨向不平顺、正矢不良、道岔区连续小方向、轨距递减不顺、钢轨交替不均匀磨耗、逆向位复合不平顺(如水平、方向)、多种病害叠加、病害变化率、病害分布、欠超高过超高等

1. 高低病害的识别和分析

高低不平顺会增加列车通过时的冲击动力,加速轨道结构和道床的变形,对车辆设备、列车行车安全构成危害,其危害大小与高低的峰值、变化率成正比,与高低波长成反比。常见的高低病害有三种。

(1)第一种:波长在 2 m 以内的高低。其特征幅值较小、波长较短,但变化率较大,对车轮的作用力也较大,如列车速度为 60～110 km/h 时,高低引起的激振频率接近客车转向架的自振频率,将产生很大的轴箱垂直振动加速度。引起这种类型高低的因素主要为接头低塌、大轨缝及钢轨压溃、掉块、鞍形磨耗等。

(2)第二种:波长在 10 m 左右的高低,现场较常见。其特征幅值较大、波长较长,能使车体产生沉浮和点头振动。如列车速度为 60～110 km/h 时,高低引起的激振频率接近客车车体自振频率,将产生较大的车体垂直振动。这种类型的高低易产生在桥头、道口、隧道、涵洞、道床翻浆地段软硬接合部。

(3)第三种:波长在 20 m 左右的高低。其特征是幅值较大、波长较长,能使车体产生点头振动,当车体振幅方向与高低振幅方向相同时,将使车体产生较大振动,这种高低较少,现场工作人员容易忽视。

图 2-56 所示为线路严重翻浆冒泥,养护未跟进,轨面呈现严重的高低不良波形。

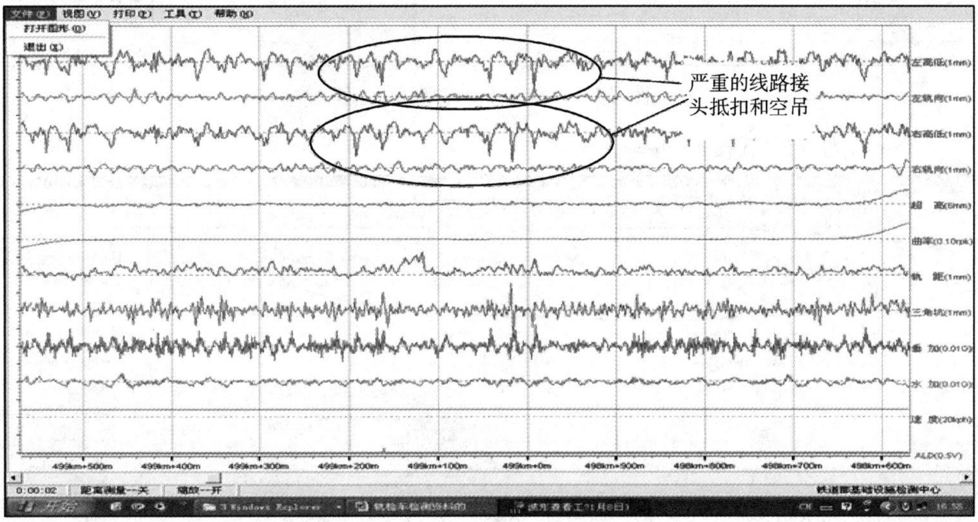

图 2-56　高低不良波形

图 2-57 所示为某线连续的接头低塌波形,动态添乘明显感觉到高低短波不平顺起伏和车轮对接头轨端的剧烈撞击。

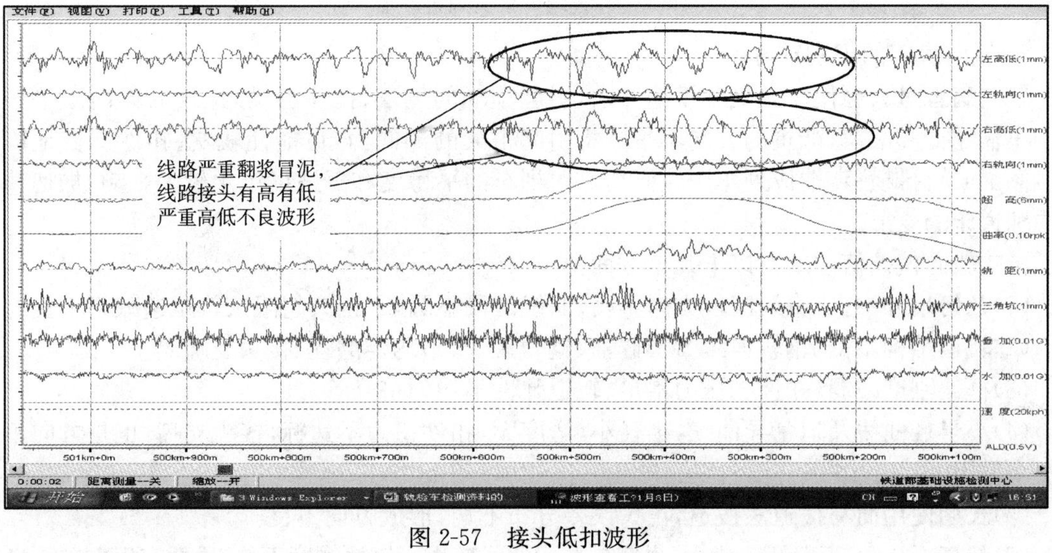

图 2-57　接头低扣波形

图 2-58 所示为某线下行 K1657＋725 右高低超限,超限峰值为 19.4 mm,超限长度为

2 m,现场位于钢轨接头,右股高低 8 mm、暗吊 2 mm,动态三角坑 10 mm。

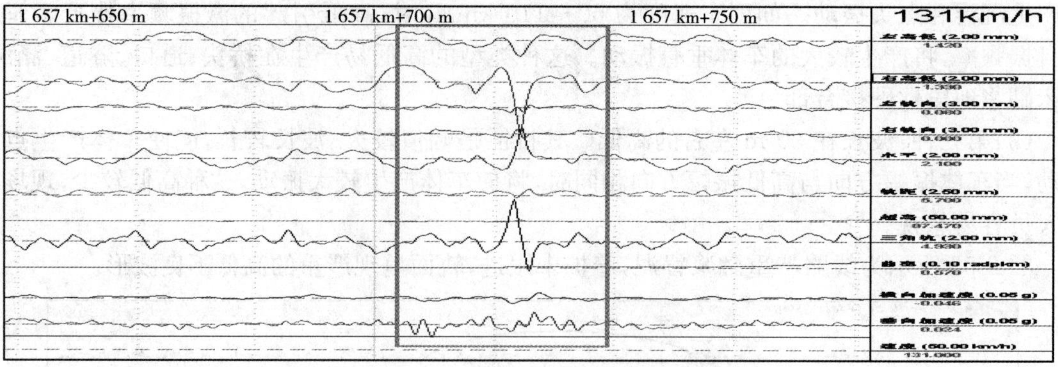

图 2-58　某线下行右高低波形

图 2-59 所示为连续低接头病害。

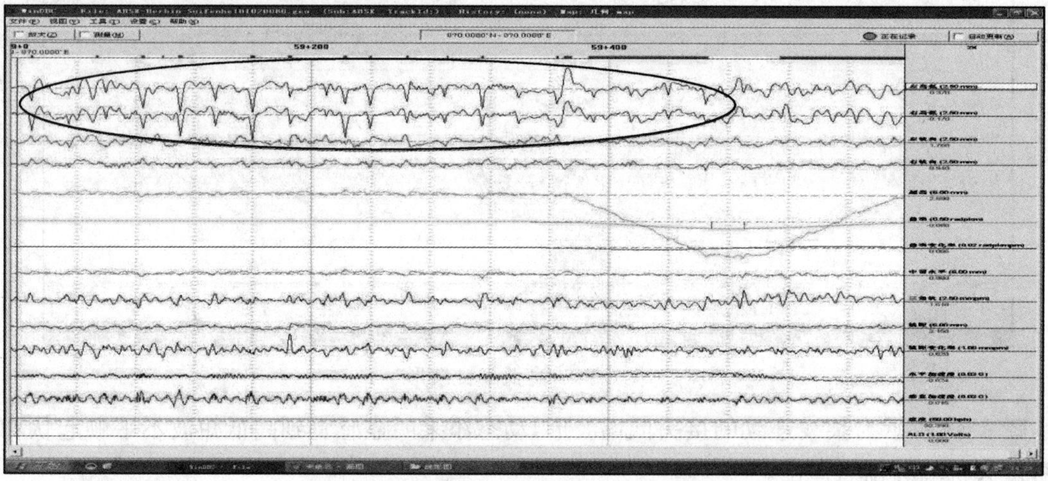

图 2-59　连续低接头病害波形

2. 轨向病害的识别和分析

轨向病害过大会使车轮受到横向冲击,引起车辆的侧摆、摇头振动,连续的方向不平顺将加剧车辆蛇行和滚摆;严重的方向不平顺将引起很大的侧向力,可能使轨枕、扣件不良地段的钢轨倾翻或轨排横移,造成列车脱轨倾覆。对列车的平稳度和舒适度产生较大影响,加速轨道结构和道床的变形。

影响轨向偏差值主要有以下几个方面:

(1)几何尺寸不良:直线区段方向不良、曲线区段不圆顺(正矢超限)、轨距递减率不良等。

(2)轨道结构不良:钢轨连续 S 形碎弯、钢轨硬弯、不均匀磨耗、接头支嘴等。

(3)框架刚度减弱:扣件扣压力不足、轨道弹性不均匀挤开等。

(4)小半径曲线及道岔导曲线,半径小,弯度大,扣件扭力不达标,接头支嘴,也是方向不良的一个原因。

(5)长期使用简易拨道法拨道,正矢误差分布不均,形成方向不良。

(6)超高不合适,下股压力增大,也容易造成曲线变形。钢轨侧磨不均,导致产生方向不良。

(7)无缝线路地段轨温升高,轨条内部应力分布不均。

轨向波形的识别，一定要与轨距和水平相结合，以确认拨或改以及是否为逆向复合不平顺。

根据现场实践经验，我们可以将轨向分为以下几类：

(1)单波(半波)轨向：如图 2-60 所示，可以看出单波轨向对行车影响有限，不会引起列车连续晃动。

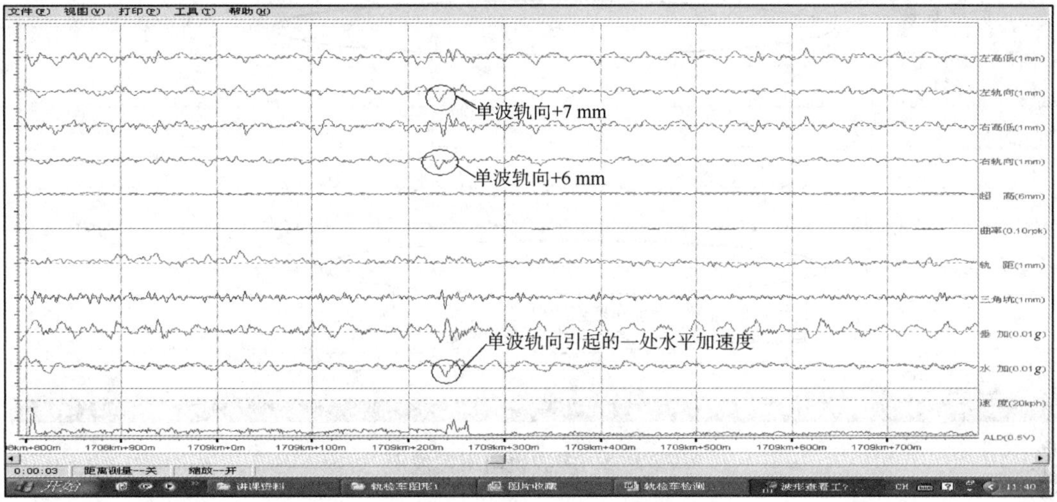

图 2-60　单波轨向

(2)形轨向：图 2-61 所示为 2024 年 2 月 7 日轨检车检查某下行线的波形图。K1557＋825 处的轨向在＋6 mm 与－6 mm 幅值间振荡形成 S 形，连续引起出现两处水平加速度，水平加速度波形与轨向波形的波峰、波谷对应，列车在进入缓和曲线时车体来回摆动，对行车舒适度影响很大。

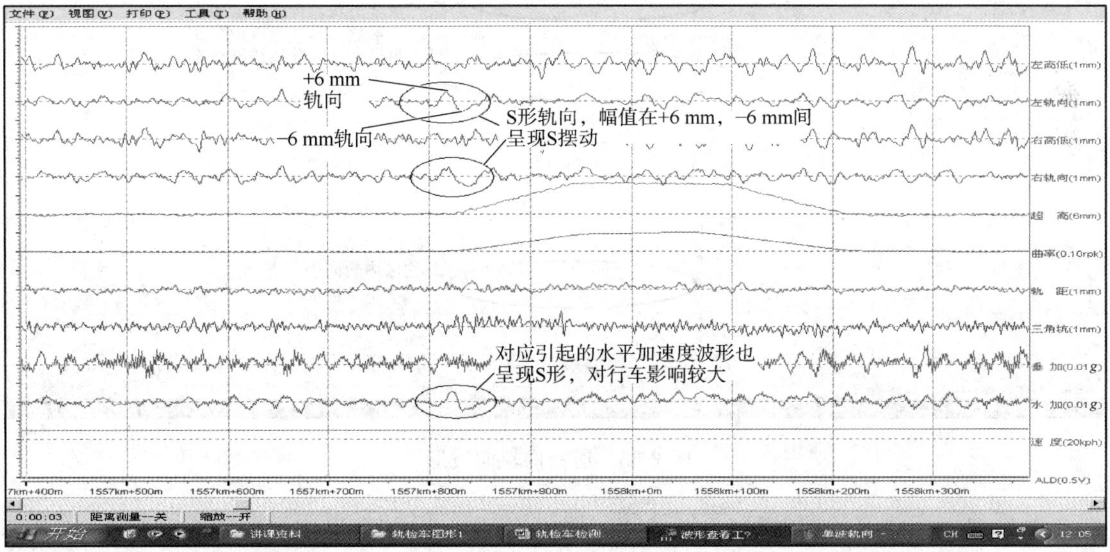

图 2-61　某线下线 S 形轨向波形图

(3)多波轨向：连续多波轨向必然导致车轮产生蛇形运动，使车体连续左右摇晃，出现激振，严重影响运行品质。图 2-62 所示为 2024 年 2 月轨检车检查某下行 K1488 处出现的多波轨向不良波形图。

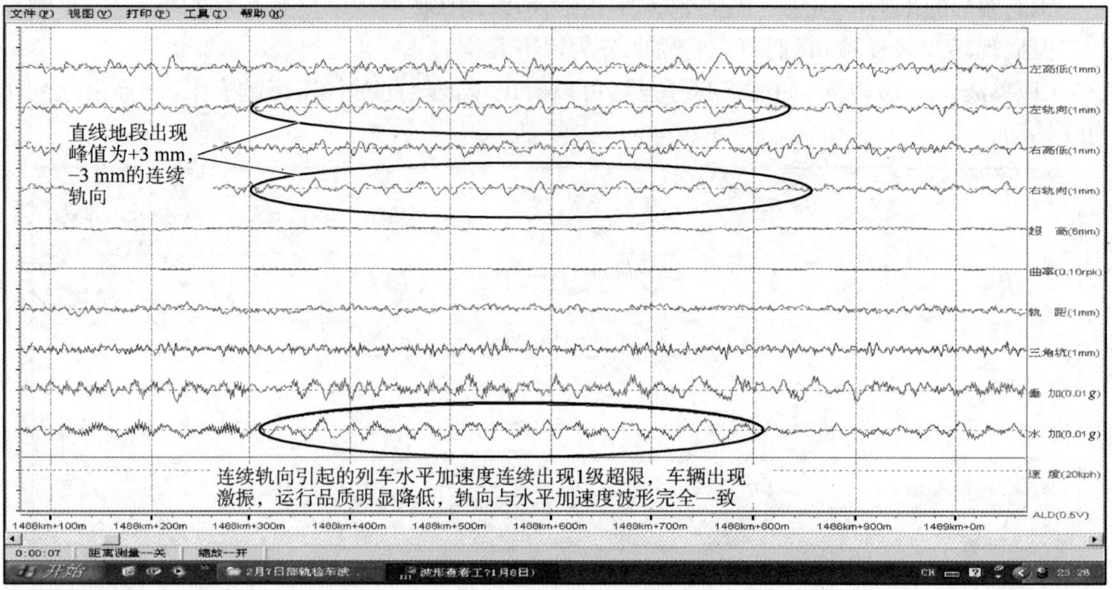

图 2-62　多波轨向不良波形

道岔内轨向不良是当前引起道岔晃车的主要原因。图 2-63 所示为某站南端岔区添乘检查晃车,轨检车检查波形显示,道岔内连续轨向较多,造成行车不平稳。

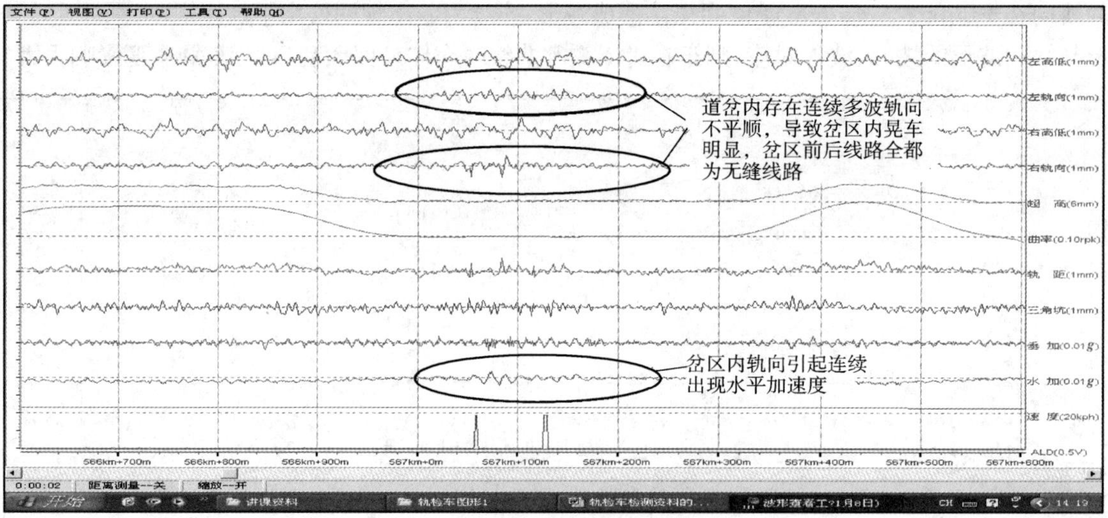

图 2-63　道岔内轨向波形

(4)低速侧向过岔轨向:轨检车低速侧向通过道岔导曲线时,由于导曲线不设超高,超高通道信号较小,但导曲线一般半径较小,曲率信号较大,因此结合 ALD 信号比较容易确定侧向过岔位置。同时由于没有设超高和导曲线半径较小,惯性包内轨向加速度变化较大,轨向平衡能力差,同时由于滤波原因,把小半径曲线的部分成分当作轨向输出,因此低速侧向道岔时的轨向不真实,如图 2-64 所示。

(5)曲线轨向:轨向不良不仅发生在直线上,曲线内轨向(正矢)不良也导致曲线大量出现水平加速度，是曲线晃车的一个重要原因，因此要结合波形图认真检查现场曲线的正矢，结合整个曲线的情况进行拨道整治病害。图 2-65 所示为某线下行 K1597 处曲线波形。

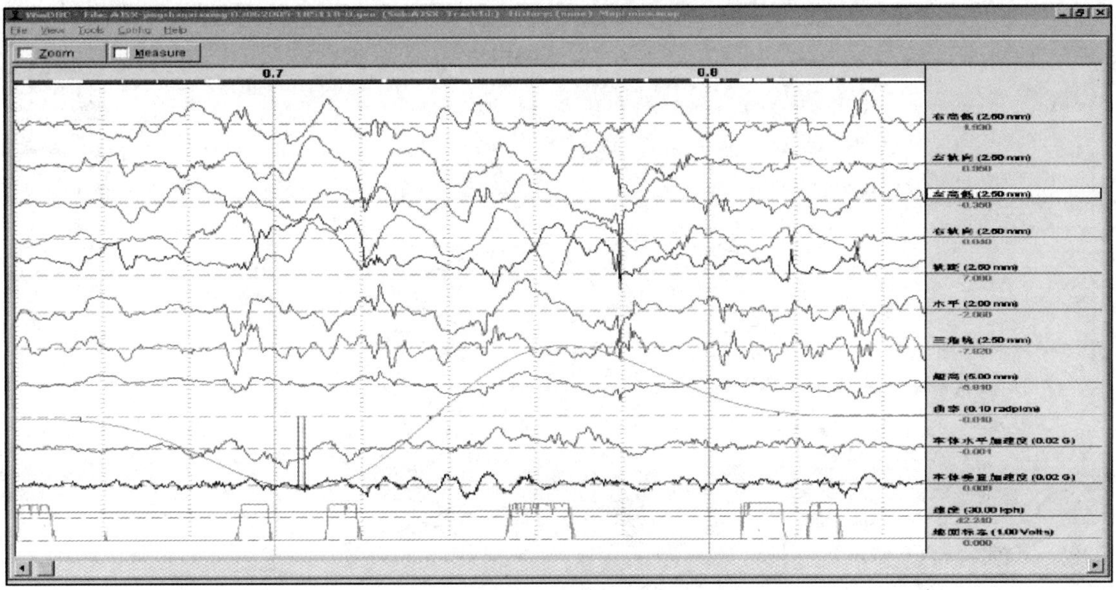

图 2-64　低速侧向道岔轨向波形

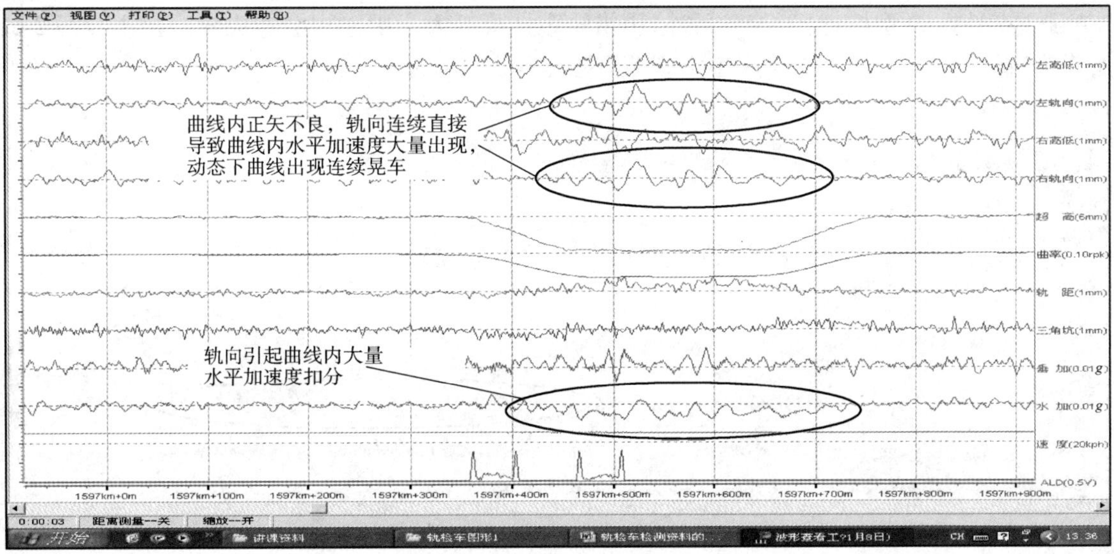

图 2-65　某线下行曲线轨向波形

3. 轨距病害的识别和分析

轨距病害峰值过大或过小，在其他因素作用下，可能会引起列车脱轨或爬轨。轨距主要病害有：大轨距、小轨距、轨距变化率不良。

(1) 轨距扩大的主要原因

①曲线半径小，轨道加强设备不足，特别是在超高设置不当，正矢不良受列车车轮冲击横

向压力时,轨距容易扩大。图 2-66 所示为轨检车检查某线 K500 处曲线时的轨距扩大波形,最大峰值达 20 mm。

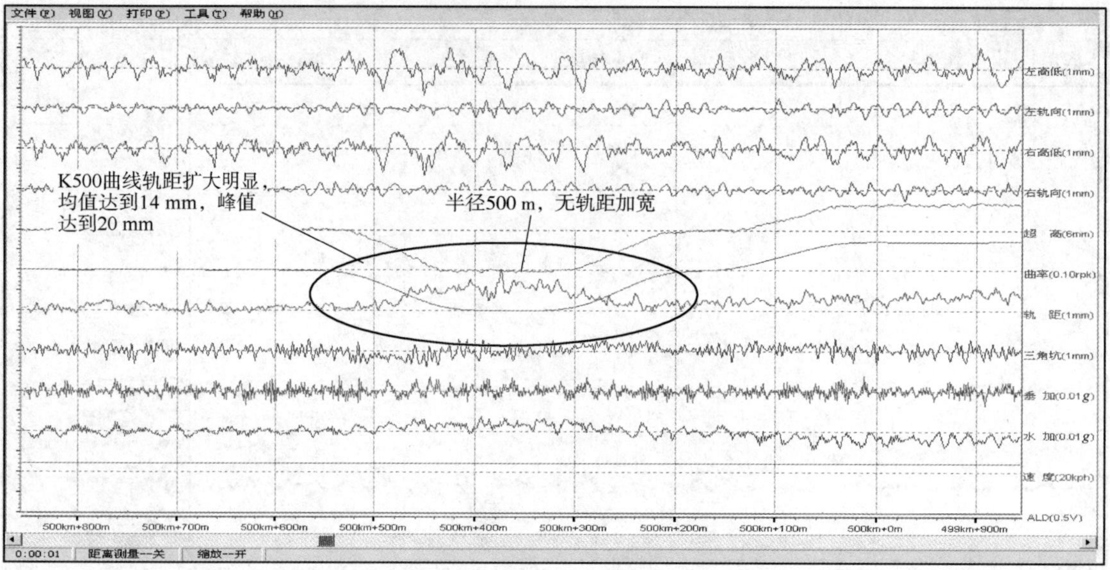

图 2-66 轨距扩大波形

②扣件扣压力不足、轨道外侧扣件离缝弹性挤开、曲线地段混凝土枕挡肩破损或外口尼龙挡座翘起(特别是 69 型枕地段)等。另外,用错轨距挡板等人为因素也会造成轨距扩大。图 2-67 所示为直线段连续出现的轨距扩大和轨距不良、不顺的病害。

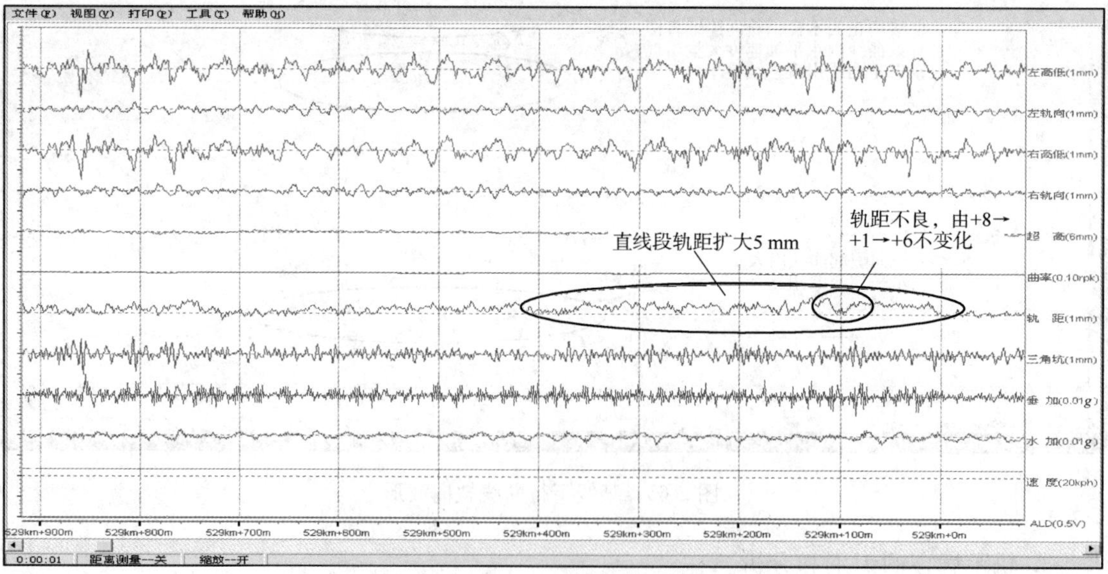

图 2-67 直线段连续出现轨距扩大和轨距不良波形

③钢轨硬弯、接头错牙或焊接钢轨时轨头位置没有对正,严重时一端轨距过大,一端轨距过小。

④线路一侧有暗坑，没有及时整治，列车长期通过时加大钢轨横向压力，造成轨距扩大。

⑤轨距加宽值设置差异——轨检车曲线轨距加宽值扣除与《普速修规》一致，道岔区轨距加宽值一般不进行扣除，目前大部分道岔在基本轨内侧轨头处存在 1∶3 的刨切量，动态检测时按照正常检测，没有考虑刨切量对轨距的影响；设计曲线半径与现场实际曲线半径不一致，引起轨距加宽值扣除不一致。

图 2-68 所示为尖轨处轨距不平顺，9 号、12 号道岔尖轨尖端大轨距。尖轨处因基本轨刨切或轨检车通过时尖轨与基本轨不密贴，检测轨距和单侧轨向波形不连续。对于 9 号和 12 号道岔尖轨处的轨距加宽量，由于轨检车无法自动识别道岔类型，其所显示的轨距值为实际量取值(包含了轨距加宽量)。

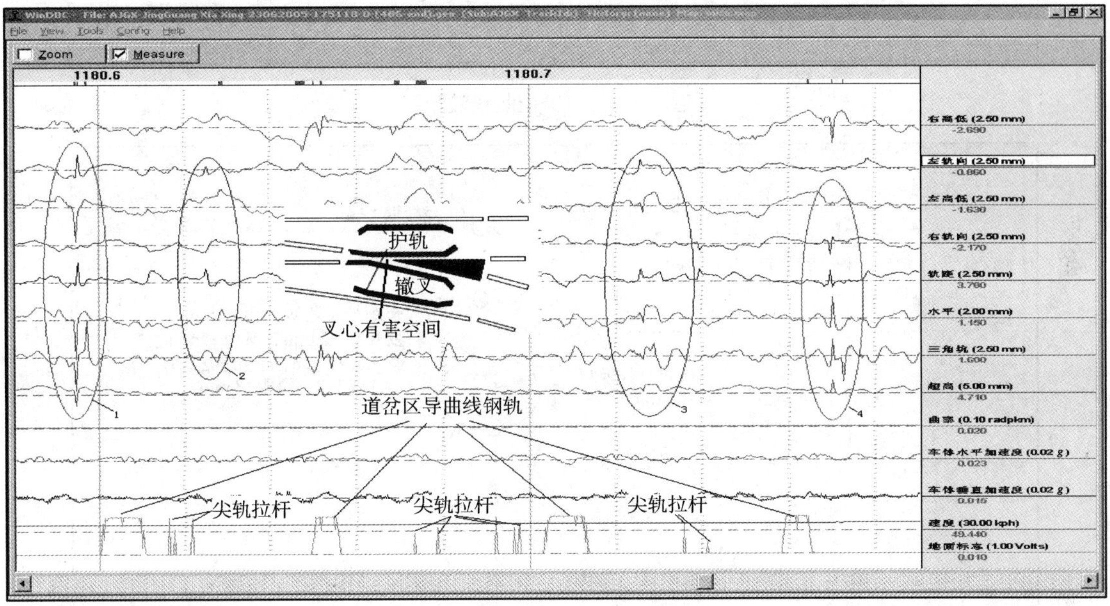

图 2-68　尖轨处轨距不平顺波形

(2)轨距缩小的原因

①钢轨肥边、硬弯、轨顶磨耗、压溃。

②曲线外股钢轨侧磨严重。

③小半径曲线轨距。

按《普速修规》中规定，曲线半径 295 m$>R\geqslant$245 m 时，轨距加宽为 5 mm，曲线半径 $R<$ 195 m 时，轨距加宽为 15 mm。

在检测小半径曲线时，轨检车根据测量的曲率自动识别曲线半径，根据半径大小考虑扣除加宽量后再进行超限判断。但要实际曲率测量总会有误差，容易误判为小轨距，因此编辑时应删除。但要注意波形图上轨距为实际轨距偏差，并没扣除加宽量的影响，如图 2-69 所示。

(3)轨距对轨向的影响

轨距不良，也会造成一股钢轨的方向不顺直。应先安排改道作业整治该段线路的轨距病害，使轨距值及其递减率满足要求后再安排整正线路方向。图 2-70 为 2024 年 2 月轨检车检查某下行线 K1462 km 处轨距对轨向的影响。图 2-71 所示为道岔处轨距不对轨向的影响。

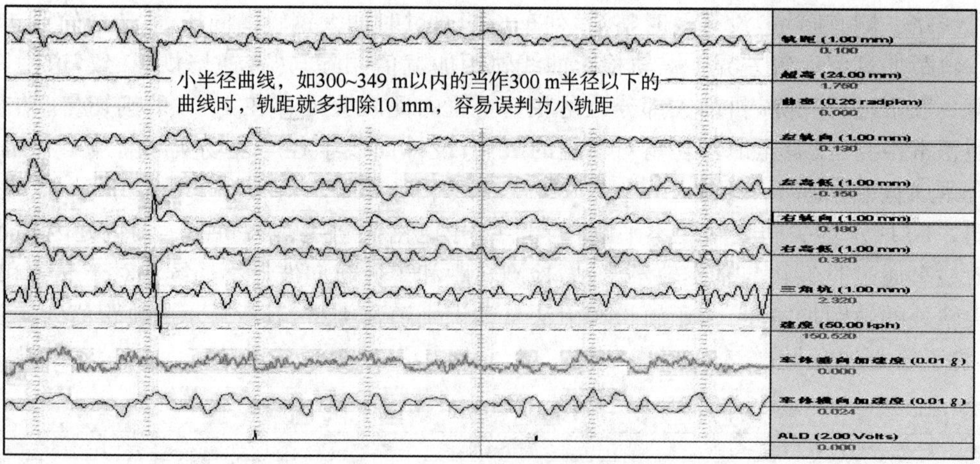

图 2-69　小半径曲线波形

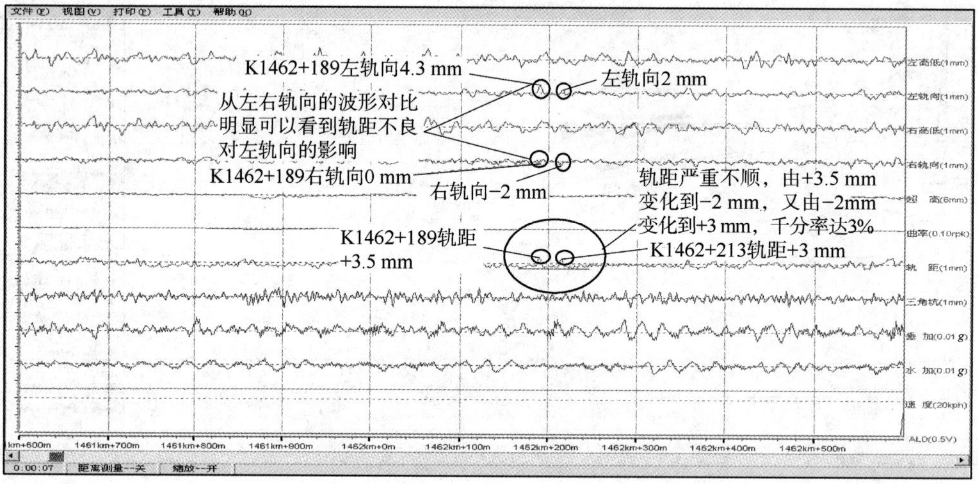

图 2-70　轨距时轨向产生影响的波形

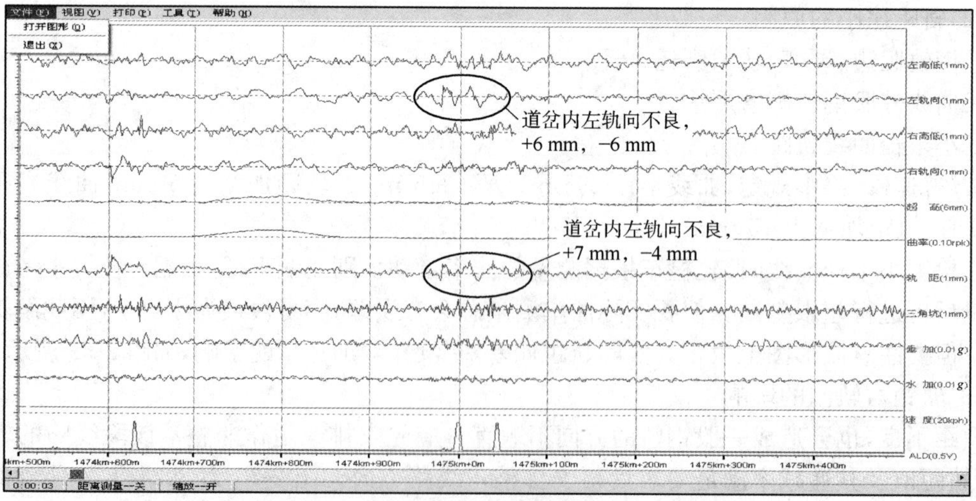

图 2-71　道岔处轨距不良对轨向影响的波形

(4)影响轨距检测的因素

一是由于轨距为光电测量，当轨道上有杂物(如塑料袋、废纸片、白色污染)等粘连在光电探头前时将无法正常检测轨距；二是油污沾在钢轨内侧轨距测量点上时将导致测量出虚假轨距值，应予以人工删除；三是轨距检测受标定误差影响，常产生检测系统误差；四是轨距的检测有时受到侧磨的影响，有时候在波形图中会出现假轨距，这就要求将波形图纸和现场实际结合起来分析，否则容易得出错误结论；五是当轨检车检测到固定辙岔的有害空间时，会打出一个假轨距和一个假轨向(图 2-72)，可动心轨道岔不存在这个问题。

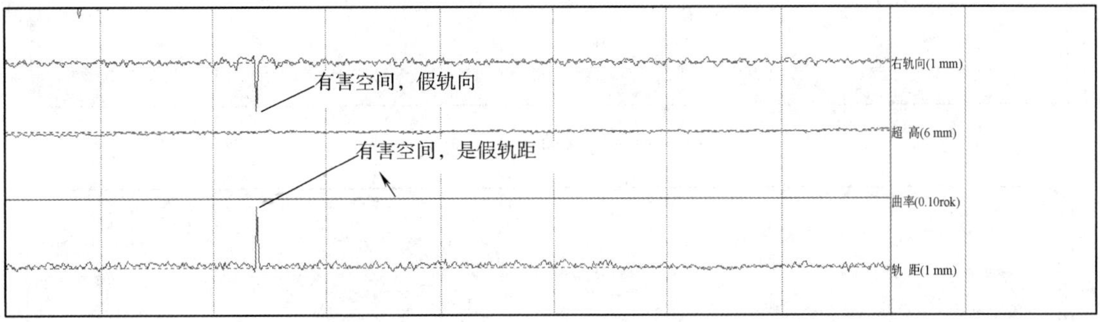

图 2-72　道岔轨距波形

4. 水平病害的识别和分析

(1)水平不平顺将使车辆产生侧滚振动，导致一侧车轮增载，一侧减载。水平病害不仅表现为静态时的水平误差，更多地表现为因轨道存在暗坑、吊板而造成的水平误差。暗坑、吊板在轨检车动态下能够准确测得，所以现场应充分利用轨检车资料进行整治。但是由于轨检车波形比例的影响(1∶6)，容易导致识读人员对水平超限的忽视。

水平病害偏差值过大将使车辆产生倾斜和侧滚振动，引起轮轨作用力变化。当水平超限峰值和运行速度一定时，其短波水平超限比长波水平超限对车辆产生的影响大。

(2)影响水平偏差值主要有以下几个方面：

①现场作业人员习惯将轨道做成一股高，人为造成水平偏差值。

②两股钢轨下沉量不一致。

③一股钢轨有空吊、暗坑现象。

④缓和曲线超高顺坡不良。

⑤道口、桥头、桥尾、曲线头尾和缓和曲线、道岔前后、尖轨跟端、辙叉心、接头和翻浆冒泥等处所，都是水平最容易变化的地段。

图 2-73 所示为直线段水平病害。图 2-74 所示为曲线上严重的水平(超高)不平顺。

将图 2-74 所示的部分图放大成如图 2-75 所示，可以明显发现曲线内超高不稳，水平连续反复变化，曲线内还出现较大反超高，对曲线内行车平稳性影响很大。

5. 三角坑病害的识别和分析

三角坑病害偏差值过大，会引起轮轨作用力变化，使转向架出现减载甚至悬浮的情况，从而影响行车平稳性。其高点会使车辆出现侧滚，同时对车体附加一个垂直力，使车辆产生垂直振动加速度；其低点会使车轮悬空减载，同时使车辆转向架扭曲变形，当车轮减载率过大时，还有脱轨的危险。

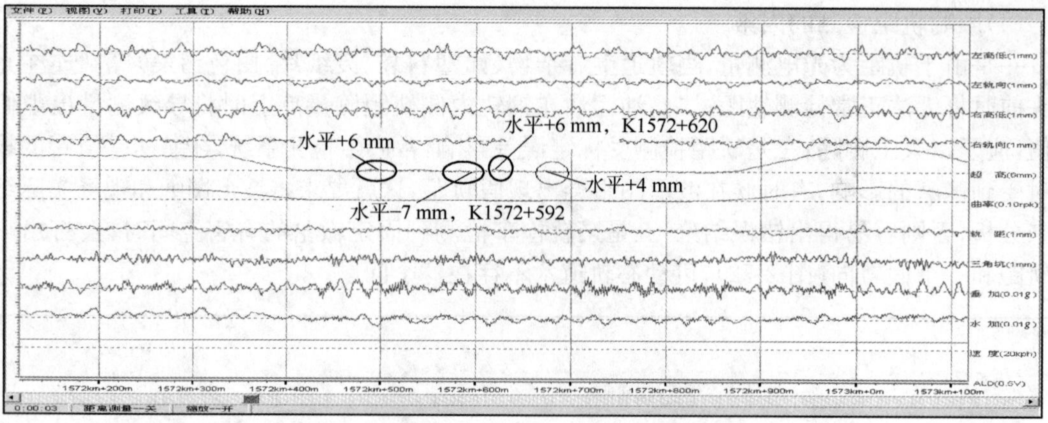

图 2-73　直线段水平病害波形

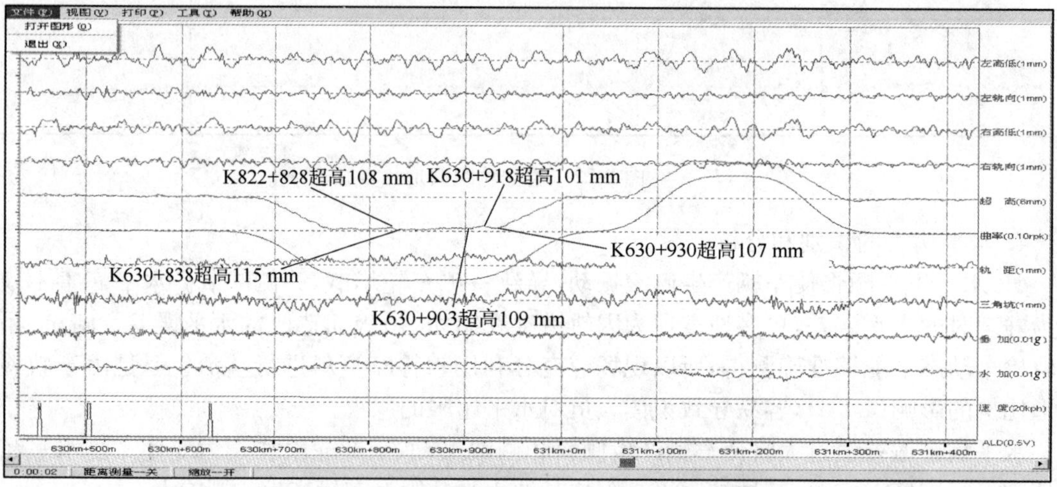

图 2-74　曲线上严重的水平(超高)不平顺波形

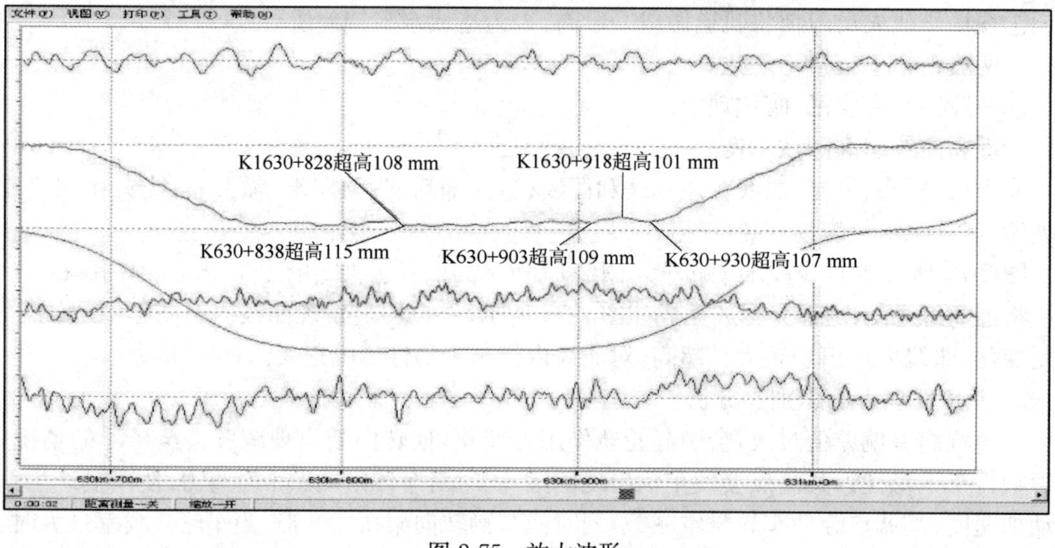

图 2-75　放大波形

影响三角坑偏差值主要有以下几个方面：

①曲线内三角坑：由于小半径曲线超高大，缓和曲线短，造成缓和曲线内超高顺坡率大，缓和曲线超高顺坡不良(直缓点、缓曲点易出三角坑)形成构造三角坑，此外如曲线内水平正负反复较大，出现反超高容易形成三角坑，严重时将危及行车安全。图 2-76 所示为连续两个小半径曲线波形。

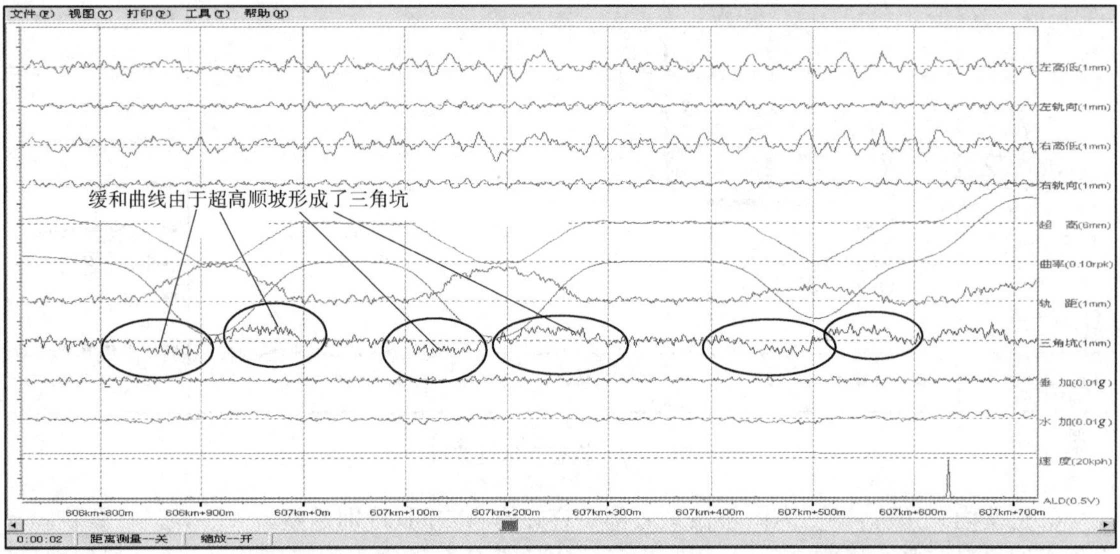

图 2-76　连续两个小半径曲线波形

图 2-77 所示为某线下行 K380＋785 处三角坑超限，超限峰值为 14.1 mm，超限长度为 3 m，现场 6 m 范围内水平－1 mm、＋4 mm，左高低－3 mm、吊板 2 mm，形成动态三角坑 10 mm。

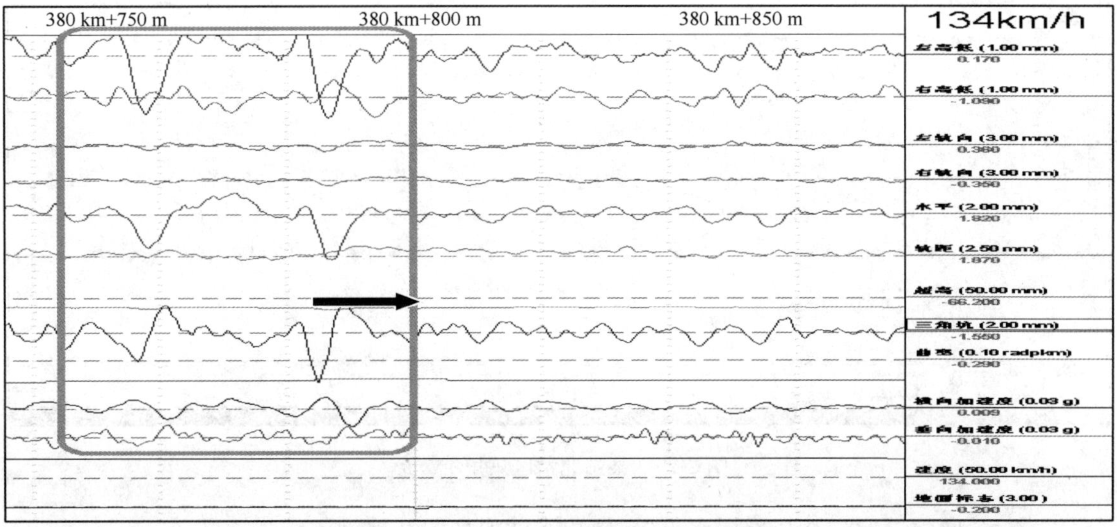

图 2-77　三角坑超限波形

如图 2-78 所示为某线上行 K1876＋264 处三角坑超限，超限峰值为 14.9 mm，超限长度为 2 m，现场 6 m 水平：＋2 mm、＋4 mm、－8 mm、－8 mm、－3 mm、－2 mm、－8 mm、－12 mm、－13 mm、－6 mm、－4 mm、－2 mm，形成静态三角坑 11 mm。

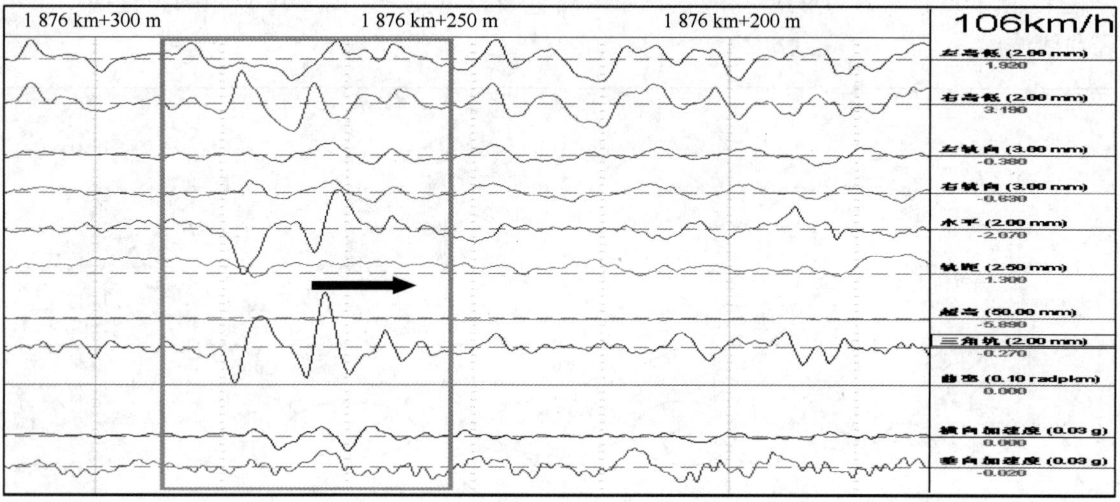

图 2-78　静态三角坑波形

②道岔内三角坑：道岔内由于辙叉心部位存在有害空间，特别是整铸叉心，心轨、翼轨容易出现垂磨、打塌现象，形成三角坑，同时由于岔内轨件分布较密影响捣固作业，道岔部位空吊、暗坑较多，容易加大三角坑的峰值，对行车平稳性影响较大。图 2-79 所示为某站北岔区三角坑波形。

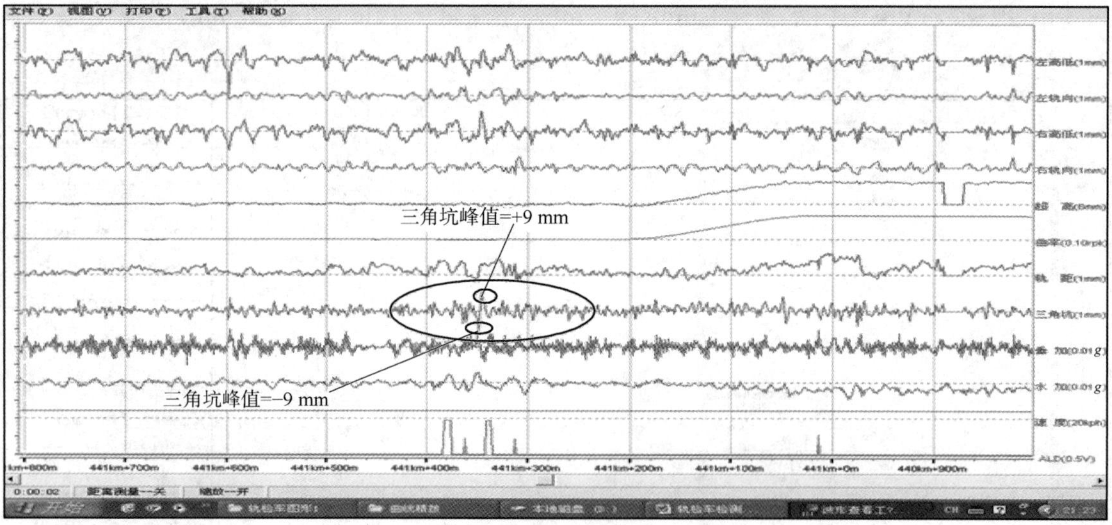

图 2-79　某站北岔区三角坑波形

③空吊、暗坑、翻浆冒泥、反撬水平等，轨检车波形如图 2-80 所示。

6. 垂直加速度病害的识别和分析

车体垂直振动加速度是机车车辆对轨道几何偏差的动力响应，也是对机车车辆运行平稳性评价的指标。产生垂直加速度的原因主要是轨道高低不良(图 2-81),捣固质量不好,空吊、高低接头、低扣等。道岔、曲线是产生车体振动加速度的主要场所。

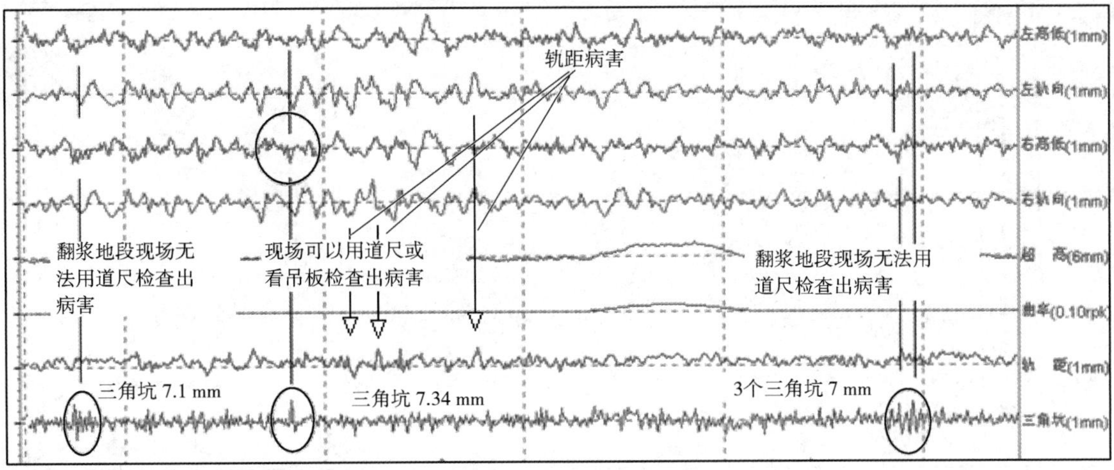

图 2-80 病害波形

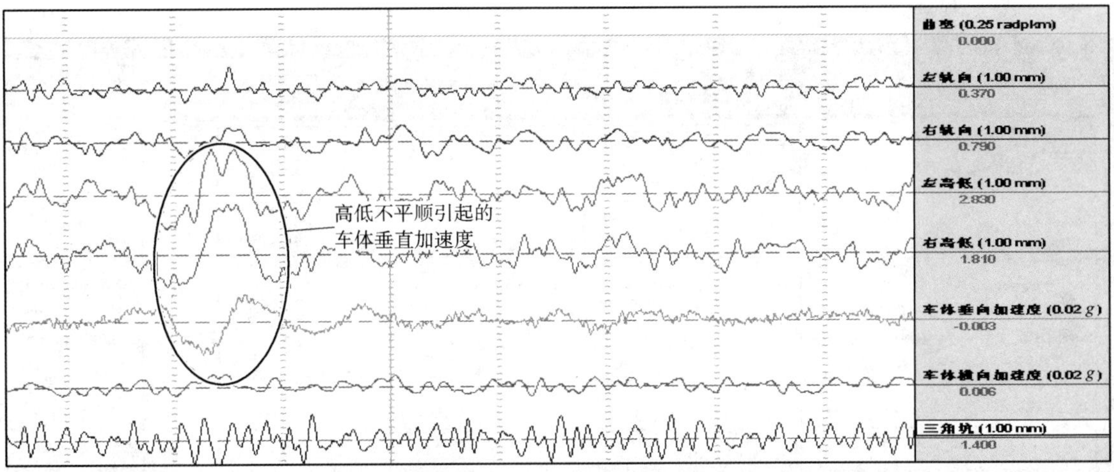

图 2-81 高低不平顺引起的车体垂直加速度波形

7. 水平加速度波形的识别和分析

直线上轨向不平顺,同样会产生离心力,由于不存在超高,使得列车产生了相应的未被平衡离心力及水平加速度。事实上,当列车通过轨向不平顺区域时,车体会倾向不平顺方向一侧,从而该侧弹簧压缩,相当于增大了未被平衡离心加速度,轨检车在动态检测中测得的实际水平加速度也包含这个数值。

原因:轨向不平顺、曲线正矢不良(连续差超限)、岔区连续小方向、轨距变化率不好、钢轨交替不均匀磨耗、逆向复合不平顺(轨向和水平)、曲线欠超高、多种病害叠加等。在曲线上水平加速度与未被平衡的欠超高有直接关系,如图 2-82 所示。

图 2-83 显示了在水平加速度不良地段,轨向、轨距、三角坑、水平也存在病害。

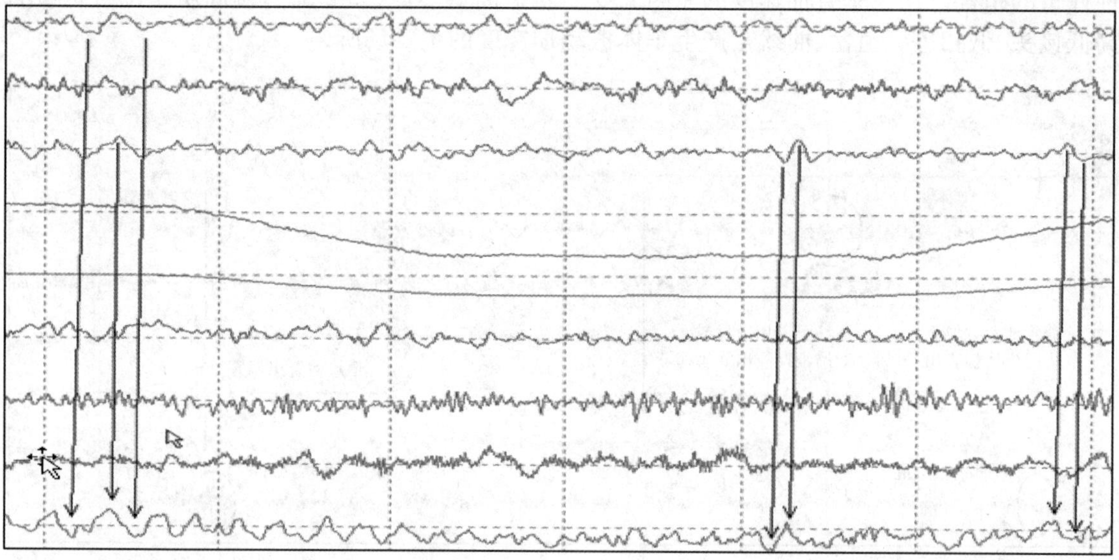

图 2-82　曲线上水平加速度与未被平衡欠超高波形

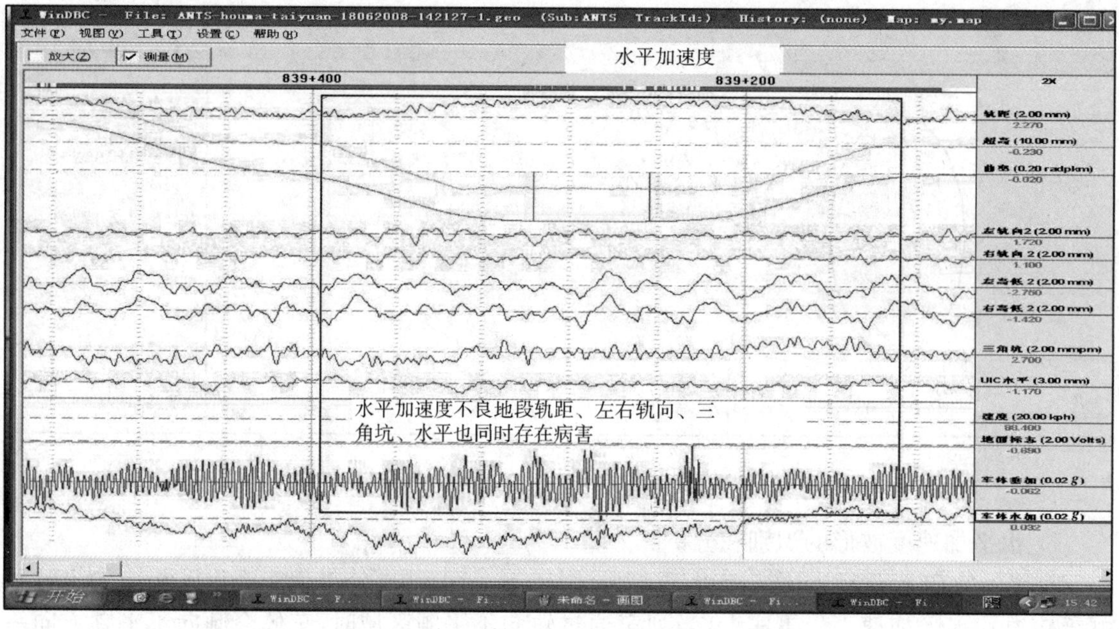

图 2-83　水平加速度不良地段及其他病害波形(一)

图 2-84 所示为曲线地段水平加速度不良。

现场有时可采用特征点法定位病害位置，采用此方法时，图中的超高突变位置在现场比较好找，根据此点可以知道三级偏差准确里程。

分析图 2-84 可知：

(1)曲线北半部左右高低都不良，水平也不良。

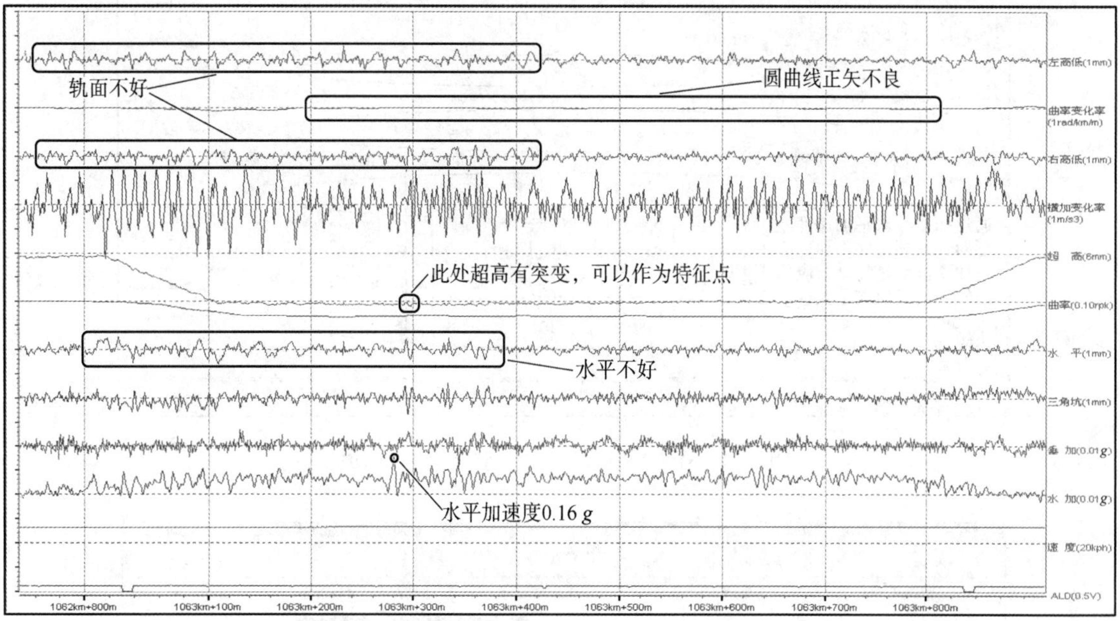

图 2-84　水平加速度不良地段及其他病害波形(二)

(2)曲线正矢大小不均。

(3)曲线超高,南北两部分的超高大小不一样,北大南小。

(4)根据现场复核:现场有 2 mm 的不均匀侧磨,有 4 mm 高低两处,正矢连续差 5 mm。

8. 曲率波形的识别和分析

曲率不但有指导曲线维修的作用,还能够判断直线大方向的好坏。通过曲率公式 $1/R$ 可以反算出线路大方向的曲线半径,实施激光精确拨道整治。如图 2-85 所示为某线下行 K839+867～K841+414 处曲线,半径 R=2 800 m,轨检车以 170 km/h 的高速检查时,该曲线出现大量超限:Ⅲ级超限 1 处,Ⅱ级超限 11 处,Ⅰ级超限 54 处。但现场静态检查发现该曲线正矢仍符合《普速修规》规定的曲线正矢容许偏差范围,并无严重超限。轨检车资料显示整个曲线曲率严重不良,曲率最小=0.27 rpk,最大=0.44 rpk,根据曲率与半径的换算公式 $K=1/R$,得到整个曲线半径在 R=3 700 m 至 R=2 270 m 间来回反复振荡,曲线 R 变化幅度达到了1 430 m,曲率波形图呈大振幅的正弦波,曲线线形严重不良。就如同列车在无缓和曲线的复曲线穿行一样,每个波峰或波谷处就出现一个水平加速度超限,动态晃车严重。

9. 70 m 长波高低和轨向不平顺

1.5～70 m 是长波高低和轨向不平顺随机信号所包含的波长范围。以往轨检车检测输出和评价的高低和轨向波长范围是 1.5～42 m。对于 160 km/h 以下线路,1.5～42 m 波长范围的高低和轨向不平顺足以反映影响行车安全和舒适性。但 160 km/h 以上线路,1.5～42 m 波长范围的高低和轨向不平顺主要反映行车安全影响,考虑舒适性时必须而且应重点考虑 70 m 波长范围的高低和轨向不平顺,如图 2-86～图 2-89 所示。

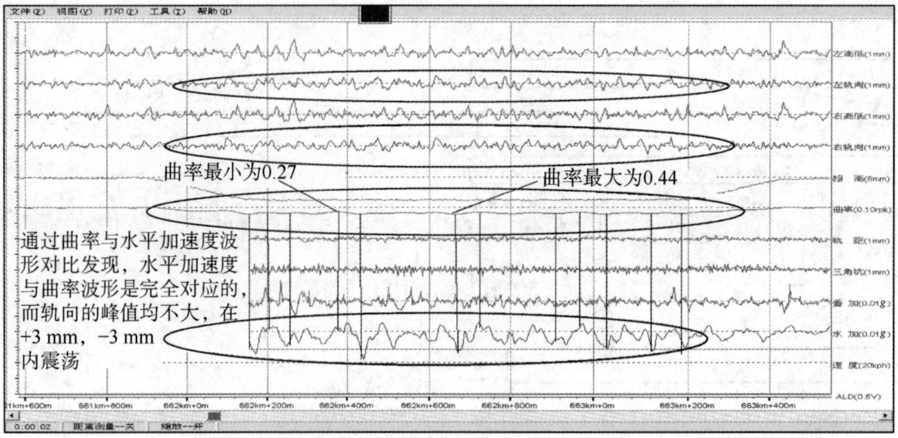

图 2-85　半径为 2 800 mm 曲线的曲率波形

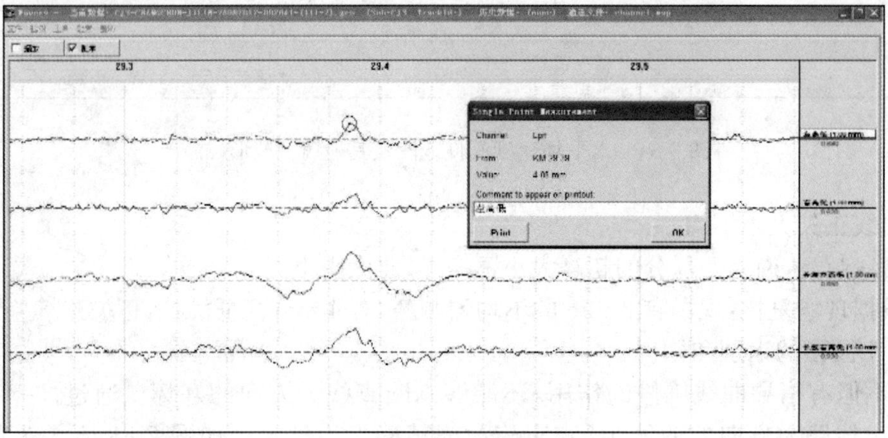

图 2-86　左高低波形(1.5～42 m)

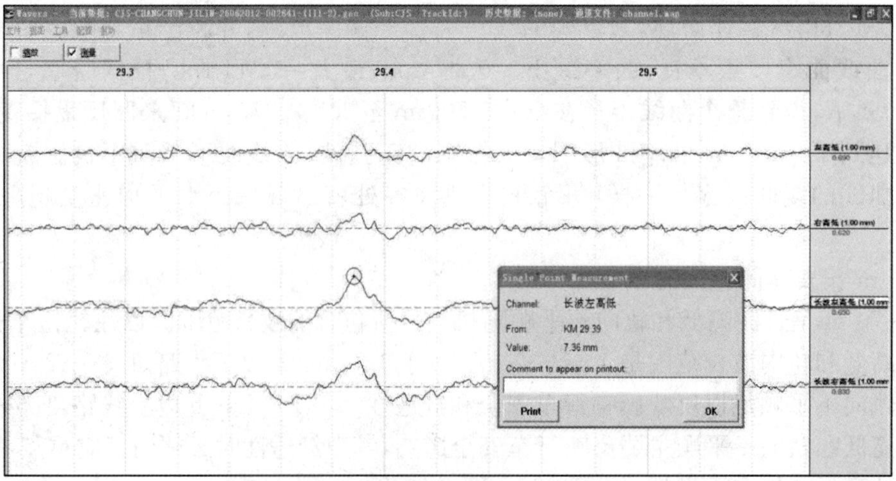

图 2-87　长波左高低波形(1.5～70 m)

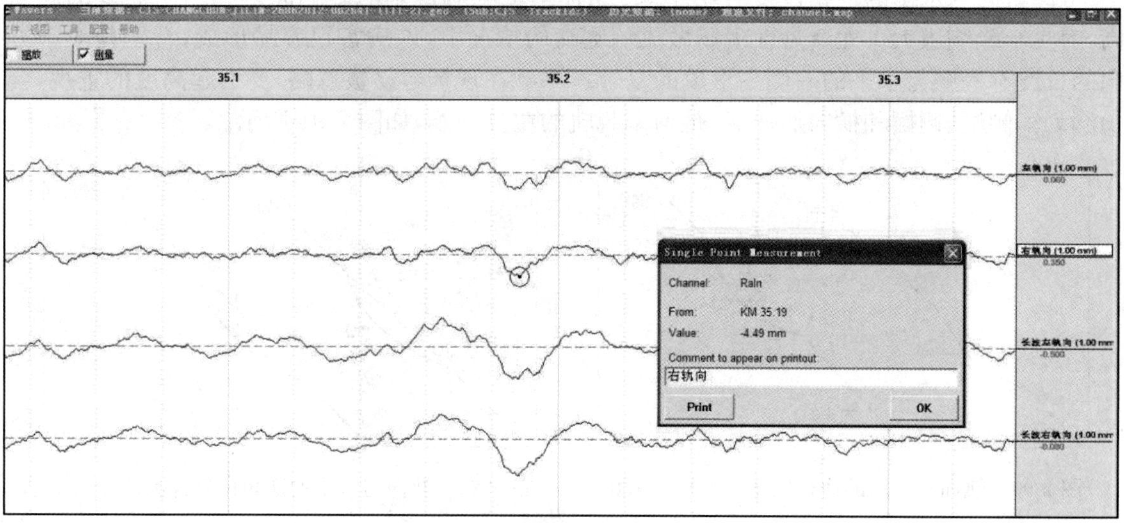

图 2-88　右轨向(1.5～42 m)波形

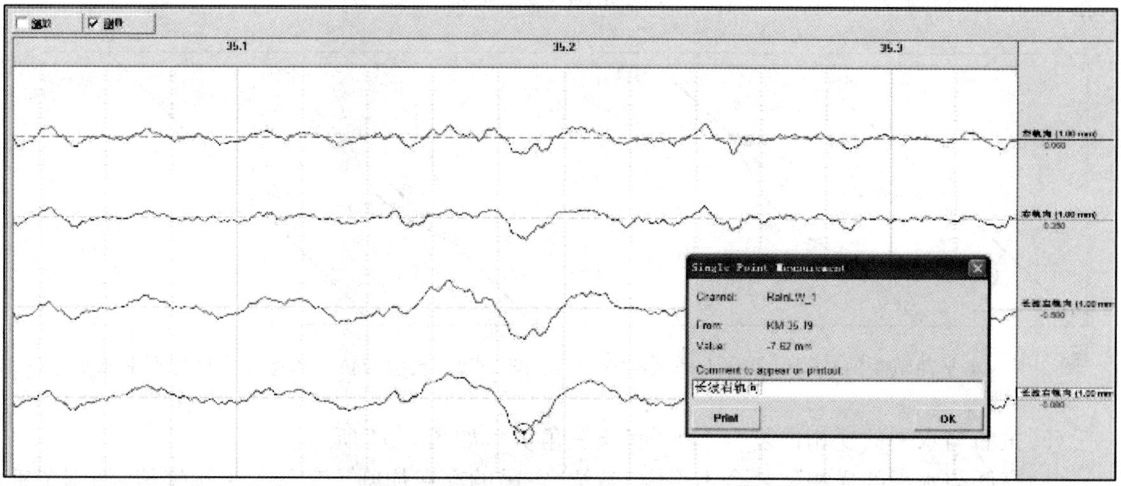

图 2-89　长波右轨向波形(1.5～70 m)

10. 复合不平顺病害的危害及成因分析

复合不平顺是指在轨道同一位置或在影响机车车辆系统性能的长度范围内,共同存在垂向和横向轨道不平顺,形成的双向不平顺;存在两个以上垂向或横向不平顺,形成的单向的叠加不平顺。对行车影响较大的主要有轨向与轨向的逆相位复合不平顺、轨向与水平的逆相位复合不平顺、轨向与轨距的逆相位复合不平顺、水平与轨距的逆相位复合不平顺、高低与水平的逆相位复合不平顺、扭曲与水平的逆相位复合不平顺。

几种复合不平顺表现形式如下:

(1)轨向与轨向的逆相位复合不平顺:此种复合不平顺病害会加剧列车侧摆和横向加速度,如图 2-90 所示。

(2)轨向与水平的逆相位复合不平顺:此种不平顺对行车的影响原理相当于曲线的反超高,对晃车影响很大。尤其是在现场做成一侧高的情况下,该病害很容易形成,特别是对于方向的长波不平顺与水平的一侧高形成的复合不平顺在现场容易被忽略,要引起高度的重视,会加剧列车侧滚、侧摆和横向加速度,是列车脱轨的主要因素,如图 2-91 所示。

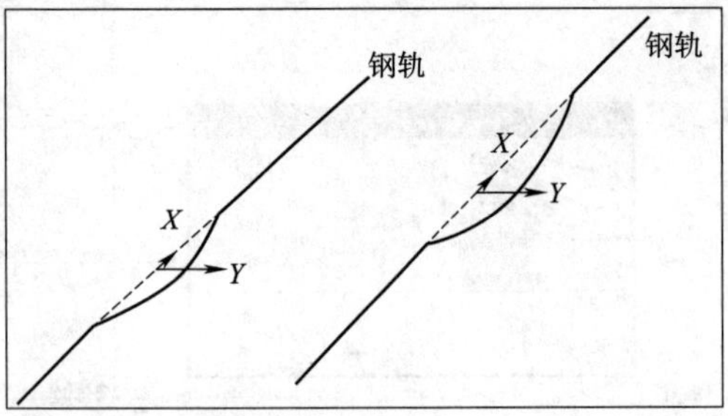

图 2-90　轨向与轨向的逆相位复合不平顺示意

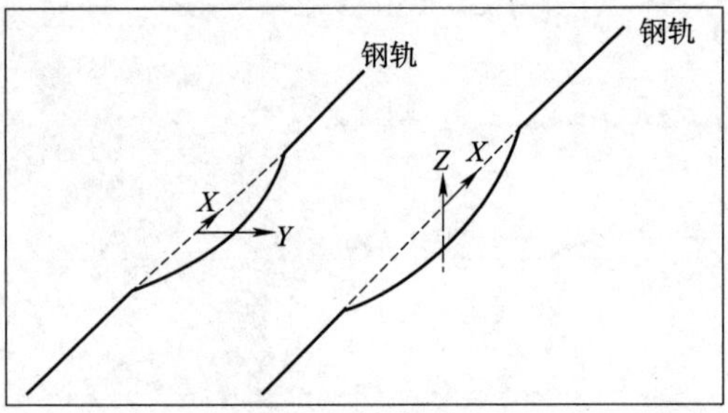

图 2-91　轨向与水平的逆相位复合不平顺示意

(3)水平与轨距的逆相位复合不平顺:此种复合不平顺会加剧列车的侧滚和横向加速度,如图 2-92 所示。

(4)轨向与轨距的逆相位复合不平顺,如图 2-93 所示。

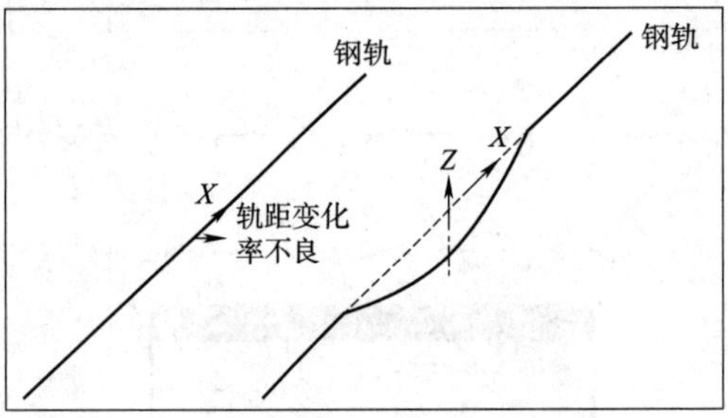

图 2-92　水平与轨距的逆相位复合不平顺示意

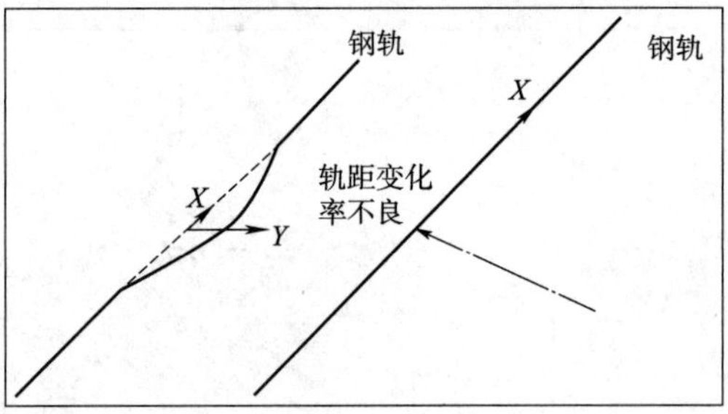

图 2-93　轨向与轨距的逆相位复合不平顺示意

(5)扭曲与水平的逆相位复合不平顺(长三角坑),如图 2-94 所示。

(6)高低与水平的逆相位复合不平顺:暗坑、空吊的存在加剧了高低不平顺峰值,加剧了垂直加速度,如图 2-95 所示。

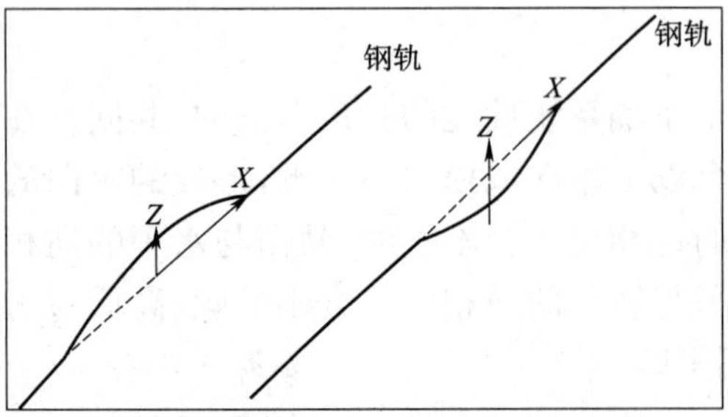

图 2-94　扭曲与水平逆相位复合示意

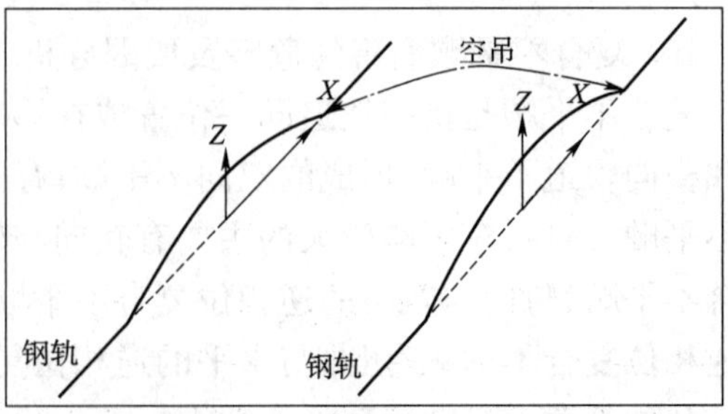

图 2-95　高低与水平的逆相位复合不平顺示意

11. 各种因素对检测波形图的干扰

(1)阳光干扰。对于采用图像处理轨道检测系统,当阳光照射在激光切割断面上时,将引起图像处理困难,很难识别实际的钢轨轮廓,使得检测波形出现剧烈变化。这种情况一般只出现在单侧钢轨,遇到这种情况时应删除相应区段超限,如果判断持续时间较长,应关闭相应检测通道的超限判断,如图 2-96 所示。

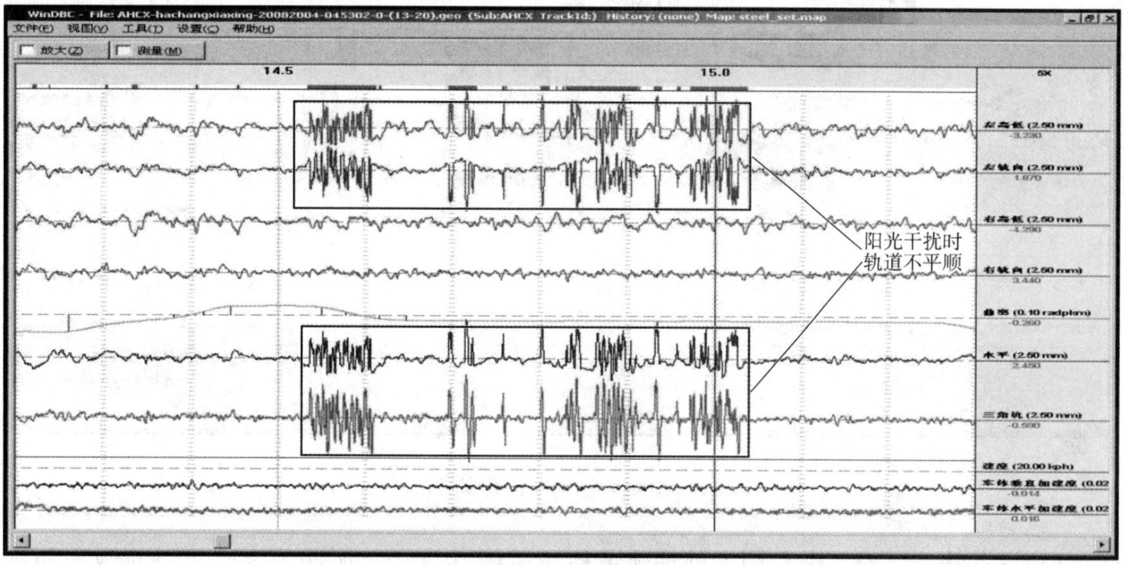

图 2-96　阳光干扰波形

(2)设备故障。检测梁松动也是常发生的设备故障,这种故障引起的超高和曲率变化较明显,高低和轨向因滤波常常不易觉察,如图 2-97 和图 2-98 所示。

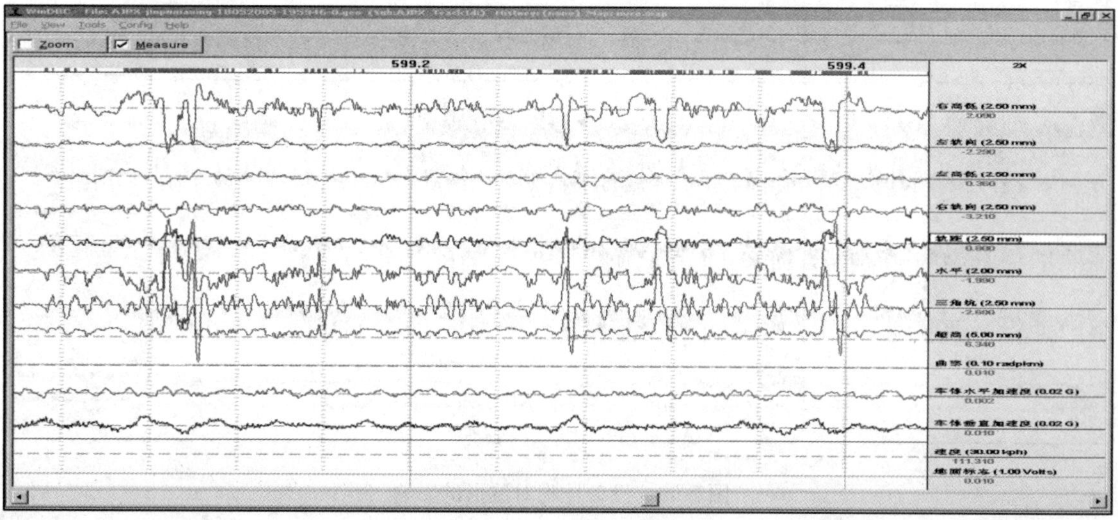

图 2-97　检测梁松动对波形的干扰(一)

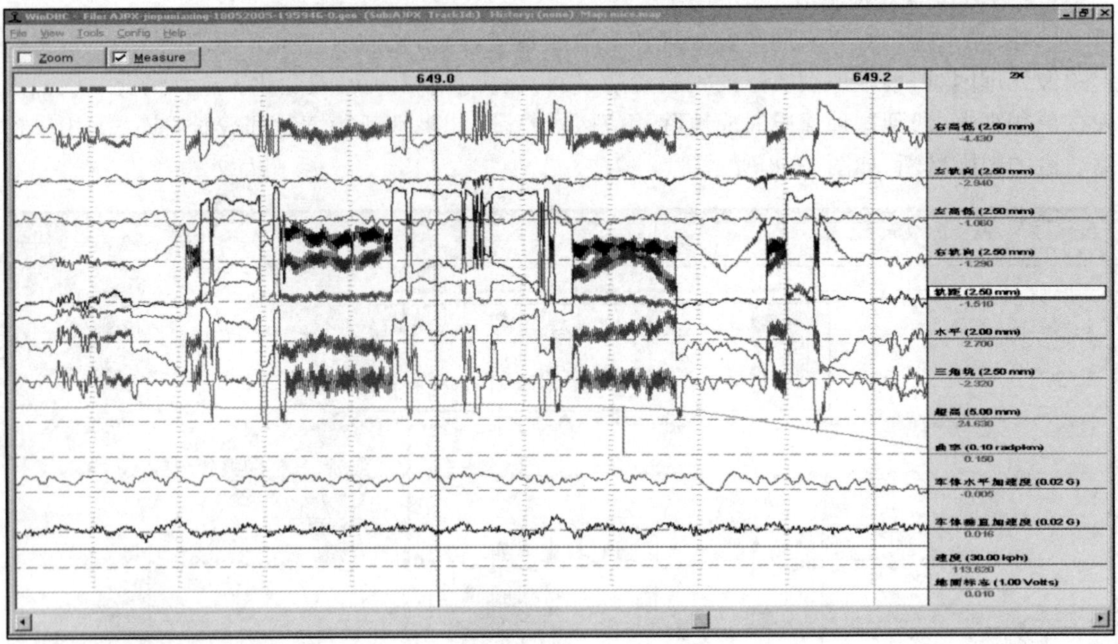

图 2-98 检测梁松动对波形的干扰(二)

(3)设备挂物。对于采用图像处理轨道检测系统,因挂纸、泥沙雪等干扰引起激光和检测图像不正常,检测波形产生异常,这种情况为表现单侧钢轨不平顺出现异常,如图 2-99 所示。

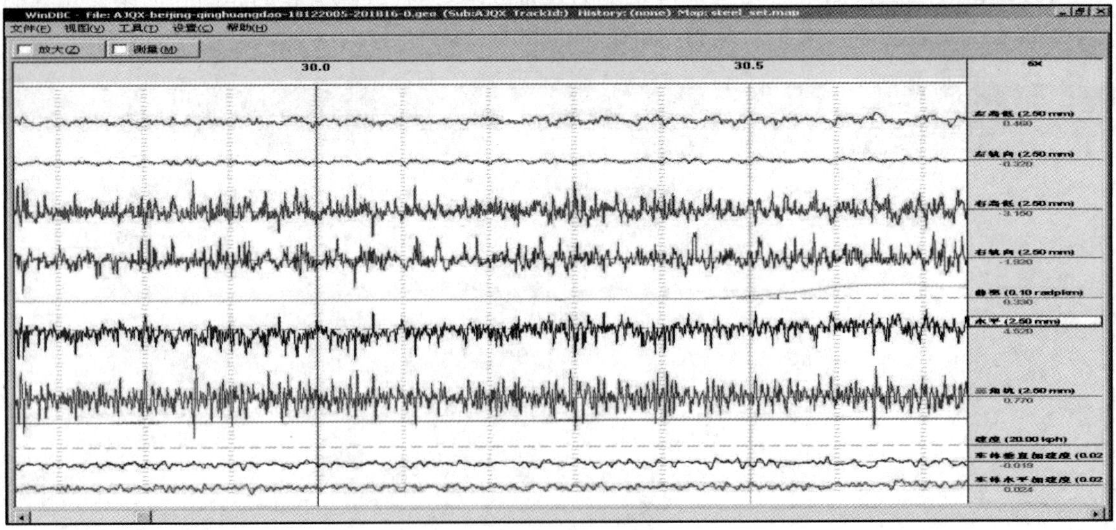

图 2-99 设备挂物对波形的影响

(4)检测速度。检测速度也会对波形图产生影响,如图 2-100 所示。

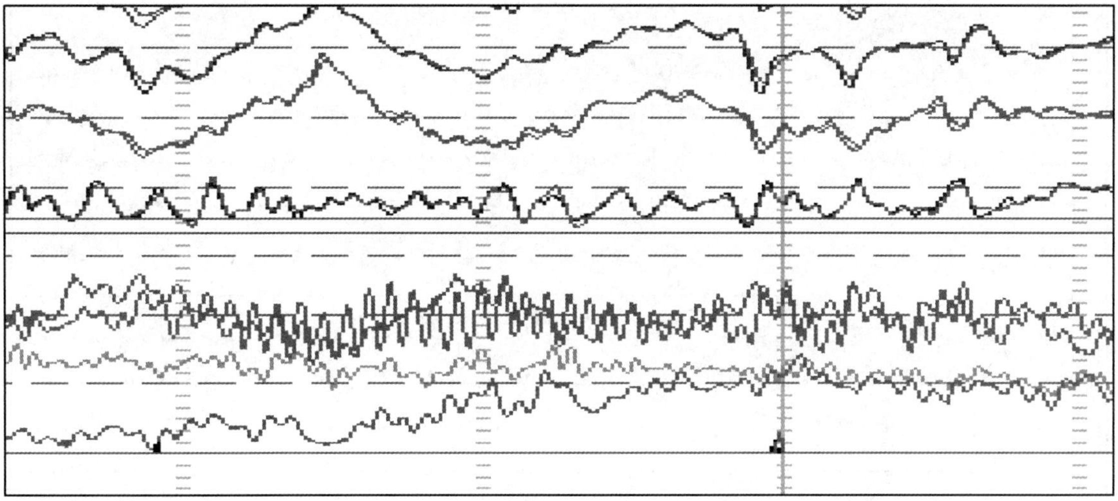

图 2-100　检测速度对波形图的影响

【训练内容】

文本

部分答案（四）

1. 利用轨检车分析软件分析波形图。

2. 在图 2-101 中找出高低与垂加、轨向与轨距之间的关系。

3. 在图 2-102 中找出二处轨向与轨距之间的关系，并说明产生的地点和原因。

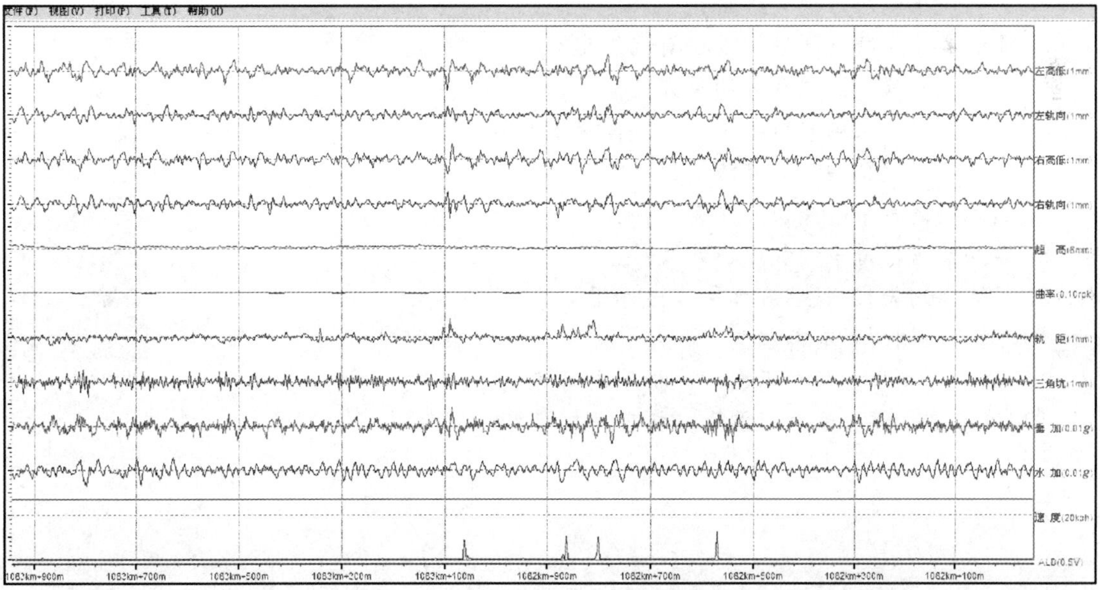

图 2-101　训练 2 题图

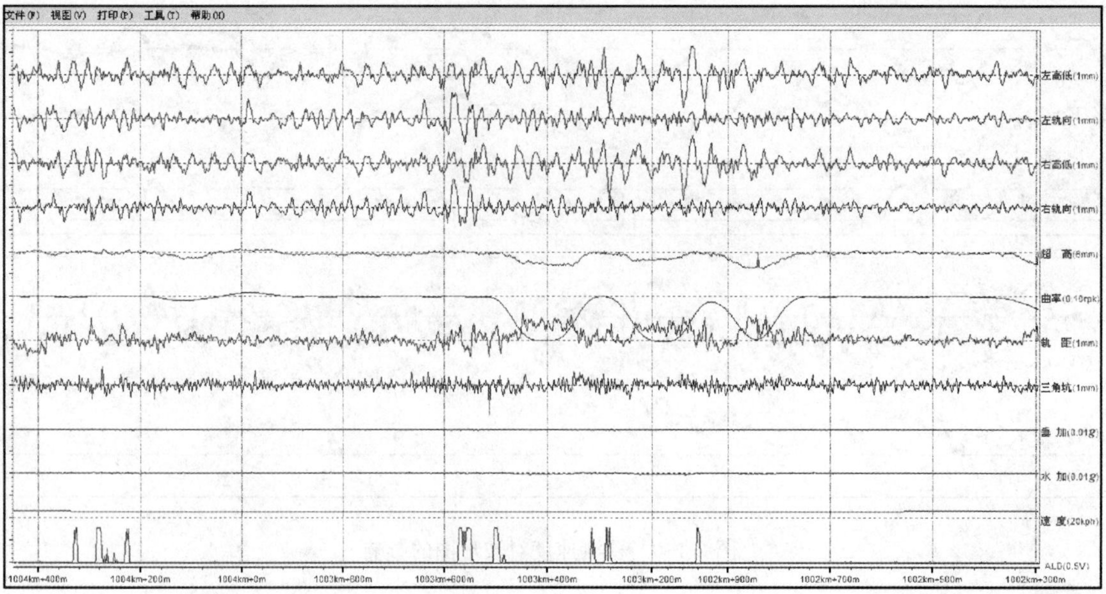

图 2-102　训练 3 题图

复习思考题

1. 直线线路的检查方法是什么?
2. 怎样使用轨距尺检查线路?
3. 无缝线路位移观测桩的设置有何规定?
4. 简述准直仪的组成及其测量方法。
5. 如何用绳正法测量曲线正矢?具体要求有哪些?
6. 手工检查钢轨的基本方法是什么?
7. 钢轨焊缝常用的探伤方法有哪些?
8. 哪些情况应适当增加探伤遍数?
9. 线路上的伤损钢轨,应如何作出标记?
10. 动态检测项目有哪些?
11. 在动态图幅上怎样识别和分析轨向病害?
12. 在动态图幅上怎样识别和分析三角坑病害?

项目三　线路作业安全与管理

【项目介绍】

铁路线路维护的工作处于列车运行的环境之中，工作人员的人身安全不仅与生产安全管理有关，还与线路设备状况和机车车辆的运行情况相联系。线路作业安全是确保行车和人身安全的一项重要工作。班组是企业最基本的生产单位，班组安全建设的好坏，直接影响着企业的生产经营工作。

任务一　轨道电路安全认知

【任务描述】

工务部门在线路修理作业中要接触很多轨道电路设备，轨道电路状态正常与否直接影响到铁路运输。轨道电路红光带是工务和电务部门在作业时易发的一种事故，尤其是工务在站场进行道岔的捣固、清筛、换枕等作业后，对设备未及时固定而造成红光带。现场作业人员违章作业或缺乏轨道电路方面的知识也是造成事故的主要原因，所以，维修作业人员一定要加强学习轨道电路方面的知识，避免此类事故的发生。

【学习重点】

1. 钢轨、道岔绝缘设备及轨道电路接续线安装的位置。
2. 哪些作业可能造成轨道电路红光带现象？
3. 轨道电路作业应该注意的事项。
4. 建立联防联控意识。

【事故案例】

案例一：某年 4 月 11 日上午 9 点 30 分左右，广梅汕铁路公司辖下的龙川段发生两列客车追尾事故，T×××次（青岛至广州东）从后方撞上已停车的××××次（武昌至汕头），造成数节车厢脱轨。被追尾的××××次最后一节车厢为宿营车，该节车厢内有 2 名乘务员死亡，20 余人受伤。造成该事故的直接原因是相关路段由于雨季道砟电阻低而发生红光带现象。

案例二：某站 6 月 27 日 5 时 28 分在 6-12DG 出现红光带，影响 2189 次站内停车。6 时 11 分故障恢复。事故原因：站场 8 号道岔右侧岔后极性绝缘一侧的轨距杆与岔枕的钢板拉带接触。6 月 25 日，工务又在该极性绝缘的另一侧新安装了 3 根绝缘轨距杆，其中一根又与岔枕的钢板拉带接触，因极性绝缘被岔枕钢板拉带短路将岔后极性绝缘封连而造成红光带，如图 3-1 所示。

图 3-1　轨距杆与钢板接触

【学习内容】

一、轨道电路的基本知识

(一)轨道电路的概念

轨道电路是以一段铁路线路的钢轨为导体构成的电路,用于自动、连续检测这段线路是否被机车车辆占用,也用于控制信号装置或转辙装置,以保证行车安全的设备。整个轨道系统路网以适当距离划分成许多闭塞区间,各闭塞区间以轨道绝缘接头区隔,形成一个独立的轨道电路。各区间的起始点皆设有信号机,当列车进入闭塞区间后,轨道电路立即反应,并传达本区间已有列车通行,禁止其他列车进入的信息至信号机,此时,位于区间入口的信号机立即显示禁行的信息。

(二)轨道电路的组成

轨道电路由钢轨、钢轨绝缘、钢轨引接线、轨端接续线(导接线)、送电端、受电端(轨道继电器)等组成,如图 3-2 所示。

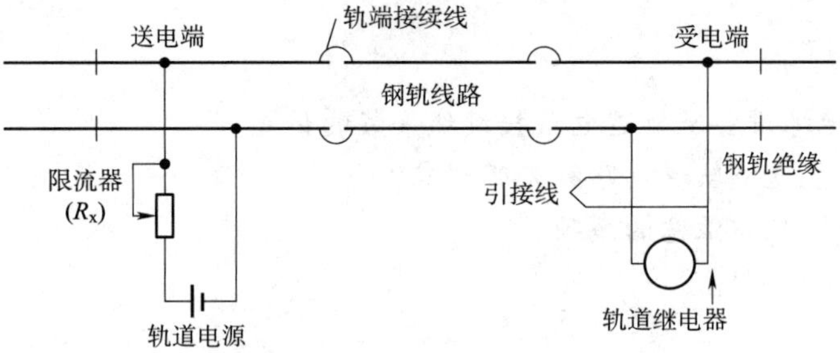

图 3-2　轨道电路

(三)轨道电路各组成部分的作用

钢轨——传送电信息;

钢轨绝缘——划分各轨道区段;

轨端接续线——保持电信息延续;

轨道继电器——反映轨道的状况。

(四)轨道电路基本工作状态

(1)调整状态——空闲。

(2)分路状态——占用。

(3)断轨状态——故障。

二、轨道电路的作用

(1)监督列车的占用(含断轨),反映线路的空闲状况,为开放信号,建立进路或构成闭塞提供依据。

(2)传递行车信息,如移频自动闭塞利用轨道电路传递不同的频率信息来反映列车的位置,决定通过信号机的显示或决定列车运行的目标速度,从而控制列车运行。

三、轨道电路的分类

(1)按分割方式分:有绝缘轨道电路、无绝缘轨道电路。

(2)按所处的位置分:站内轨道电路、区间轨道电路。

(3)按轨道电路内有无道岔分:无岔轨道电路、道岔轨道电路(图 3-3)。

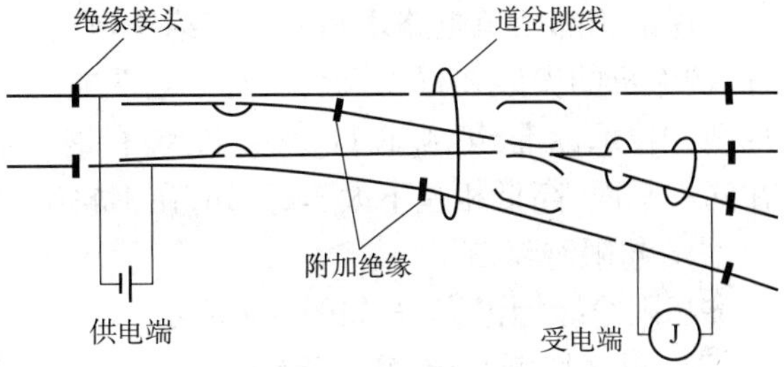

图 3-3　道岔轨道电路

(4)按适用的区段分:电化区段、非电化区段。

(5)按受电端数量分:一送一受和一送多受。

一送多受轨道电路设有一个送电端,在每个分支轨道电路的另一端各设一受电端。

一送多受轨道电路受电端的设置原则:

①与到发线相衔接的道岔轨道电路的分支末端应设受电端。

②所有列车进路上的道岔区段,其分支长度超过 65 m 时,在该分支的末端应设受电端。

③一送多受轨道电路最多不应超过三个受电端。

④任一地点有车占用时,必须保证有一个受电端被分路。

四、钢轨绝缘的分类

钢轨绝缘分为分割绝缘、超限绝缘、极性绝缘三种。

1. 分割绝缘

分割绝缘一般是位于信号机处的绝缘或接近区段远端处的绝缘,或道岔渡线处的绝缘。电气化区段的分割绝缘均视为极性绝缘。

2. 超限绝缘(也称侵限绝缘)

超限绝缘是指在道岔区段设于警冲标内方的绝缘,其安装位置距警冲标不得少于 3.5 m,当不得已必须装于警冲标内方小于 3.5 m 处时,应按照侵入限界考虑。超限绝缘应在信号联锁上作特殊处理才能保证安全,否则,易造成机车车辆侧面冲突。

3. 极性绝缘

极性绝缘是为了防止辙叉短路而设的。因这种绝缘两边的钢轨有不同的电源极性而被称为极性绝缘。如单轨车在极性绝缘上通过时,虽然只在一股钢轨上行驶,但也能将轨道电路分路,此时如果信号开放,则导致信号关闭,造成信号机外停车,甚至造成险性事故。

五、轨道电路的应用

(1)区间轨道电路通常是与自动闭塞制式相一致的轨道电路,按照自动闭塞通过信号机分区,每个闭塞分区构成一段轨道电路。

(2)站内轨道电路应用更为广泛。对于电气集中联锁的道岔来说,列车进路和调车进路都必须安装轨道电路。

(3)道口轨道电路设在铁路与公路的平交道口,用于列车接近报警或离去解除报警。

(4)对于机车信号来说,各种制式的区间轨道电路和站内电码化以后的轨道电路,就是地面发送信息的设备,也就是信息来源。对于列车超速防护来说,带有编码信息的轨道电路是列车与地面之间传输信息的通道之一。

六、钢轨、道岔绝缘及轨道电路接续线

(一)钢轨、道岔绝缘设置的目的

保证相邻轨道电路之间的电气绝缘,在轨道电路区段,轨距杆、道岔连接杆、道岔垫板、拉杆、转辙机的安装装置以及其他有导电性能的配件,均应保持绝缘良好。《普速铁路信号维护规则　技术标准》第 4.1.11 条规定:装有钢轨绝缘处的轨缝应保持 6～10 mm,两钢轨头部应在同一平面,高低相差不大于2 mm;在钢轨绝缘处的轨枕应保持坚固,道床捣固良好。

1. 超限绝缘节

超限绝缘标记为⊕,如图 3-4 所示。

2. 道岔切割绝缘(岔后绝缘)

道岔区段除了对各种杆件、转辙机装置等加装绝缘外,还要再加装切割绝缘,以防止辙叉将轨道电路短路。道岔绝缘根据需要,可以设在直股,也可以设在曲股,如图 3-5 所示。

图 3-4　超限绝缘

图 3-5　岔后绝缘

(二)轨道电路连接线

1. 钢轨引接线

钢轨引接线是连接轨道电路送受端变压器箱或电缆盒与钢轨的导线,一般用涂有防腐油的多股钢丝绳制成,如图 3-6 所示。

图 3-6　钢轨引接线

2. 轨端接续线

轨端接续线用于轨道电路钢轨接头处的连接,以减小接触电阻。有塞钉式(现场广泛使用)和焊接式,如图 3-7 所示。

3. 道岔跳线

指连接道岔岔心等处的导线,如图 3-8 所示。

图 3-7　塞钉式轨端接续线

图 3-8　道岔跳线

七、轨道电路红光带现象

(一)红光带

红光带是铁路的专业术语。铁路控制系统中,以线路钢轨为导体构成了轨道电路,两条轨道被列车的轮对短接,在控制系统中的控制台上这段线路就会显示为红色,从而指示车辆的位置。但潮湿、绝缘损坏、雷电冲击等因素可能也造成无车时线路的钢轨被短接,显示出异常红光带或“闪红”,令控制台难以判断实际情况。

(二)造成轨道电路异常红光带的原因

(1)钢轨扣件顶到夹板上,当同一块夹板与两侧的扣件相连时,将会造成相邻轨道区段红光带,如图 3-9 和图 3-10 所示。

图 3-9　扣件与夹板螺栓连接

图 3-10　扣件与夹板连接

(2)道岔作业时,在钢轨轨面上推动液压起拨道器或单轨车经过钢轨绝缘接头时,有可能造成红光带。

(3)在极性绝缘处紧固螺栓,将绝缘两侧的螺栓混接后也会出现红光带。

(4)作业中使用的撬棍连接两根钢轨时也会造成红光带。

(5)安装轨距杆、护轮轨绝缘、绝缘接头等设备后,必须经过仪表测试,才能判断绝缘是否良好,否则容易出现红光带。

(6)绝缘接头的扣件与夹板要保持一定距离,必须加装绝缘垫板防护,当两扣件同时搭连夹板时会造成连电,出现红光带。

(7)钢轨绝缘处轨端肥边、基本轨的侧磨肥边搭连在两钢轨上,也是造成红光带的隐患。

(8)绝缘接头轨缝小于 6 mm,再加上轨端有肥边,在轨温升高时,轨缝顶死容易发生红光带,如图 3-11 和图 3-12 所示。

图 3-11　绝缘接头轨端肥边搭连在两钢轨上

图 3-12　绝缘接头轨缝顶死

八、轨道电路区段作业注意事项

(1)绝缘接头的轨缝最小不应小于 6 mm,最大不得大于构造轨缝。《普速修规》规定:对正线、到发线道岔和绝缘接头前后 75 m 线路可按具体情况适当安装防爬设备,加强锁定。对失效防爬设备要及时更换或修理。

(2)在更换高锰钢整铸辙叉时,应检查辙叉趾端及跟端导电销有无脱焊松动现象,如发现不良应在更换前焊好。

(3)对绝缘接头及其邻近的轨枕要加强捣固,消灭吊板。捣固时,要特别注意不得损坏轨端接续线及其他信号导线。起道时,液压起拨道器应避开绝缘接头轨缝。液压起拨道器在钢轨上滑行时,不得滑过绝缘接头。图 3-13 为绝缘接头捣固作业。

(4)绝缘接头应使用高强度螺栓。高强度绝缘接头螺栓的扭矩不小于 700 N · m。在拧紧轨端螺栓时,螺栓扳手不要搭在另一节轨端螺栓上,否则,当两轨端螺栓都弯曲且与钢轨孔壁接触时,就会在绝缘接头处将轨道电路短路,造成信号关闭。图 3-14 为绝缘接头螺栓加固作业。

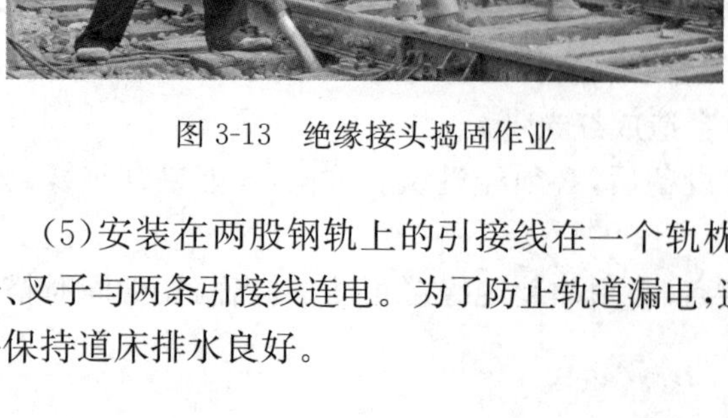

图 3-13　绝缘接头捣固作业

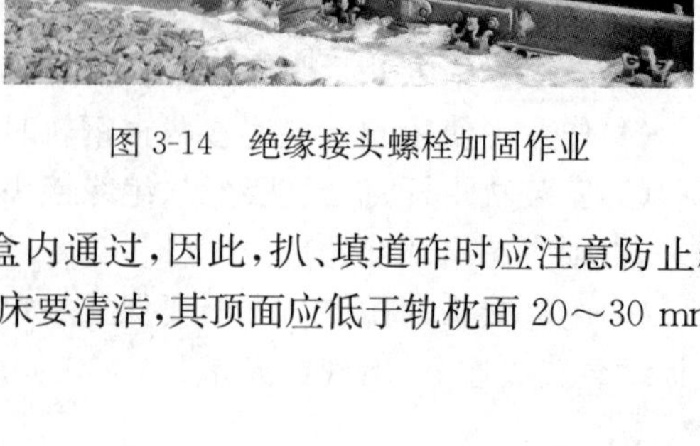

图 3-14　绝缘接头螺栓加固作业

(5)安装在两股钢轨上的引接线在一个轨枕盒内通过,因此,扒、填道砟时应注意防止耙子、叉子与两条引接线连电。为了防止轨道漏电,道床要清洁,其顶面应低于轨枕面 20～30 mm,并保持道床排水良好。

(6)在绝缘接头处改道时,扣件不得与夹板接触。增设或更换绝缘轨距杆时,应事先经电务部门检查其绝缘程度是否符合要求。在两轨枕间安装信号导线时,不容许再安装轨距杆或防爬器。应及时打磨绝缘接头处或钢轨作用边的肥边。

(7)在抽换附有引接线、跳线的岔枕,更换尖轨、基本轨、辙叉及调整轨缝等作业时,必须由电务部门配合方能施工。

(8)不容许手工具、机具、线上料等压住跳线或引接线上,以防发生短路,如图 3-15 所示。

(9)轨道电路区段作业使用的各种工具,如撬棍、支距尺、轨距尺等均要有良好的绝缘装置。

(10)更换钢轨前,螺栓孔必须倒棱,防止拉伸受力时损坏绝缘套管而发生混电。

(11)在更换夹板、螺栓涂油、捣固机作业时,应注意不要损坏轨端接续线。

(12)复式交分道岔的两根曲尖轨为两个极性,日常作业时容易混电。两曲尖轨尖端处为两个极性垫板,距离较近,要注意防止联电。

(13)接头铁螺栓松动会使道岔密贴在振动过程中发生变化,从而带动表示杆走行发生位移,引发道岔表示缺口卡口发生故障。如果接头铁螺栓松动没有及时发现,尖轨有可能在列车振动过程中加快了绝缘装置的磨耗,引发绝缘不良,如果遇到另一侧也绝缘不良时将引发轨道电路红光带故障,如图 3-16 所示。

图 3-15 手工具连接引线

图 3-16 道岔方钢接头铁松动

九、工务与电务部门密切配合

在轨道电路区段作业时,必须与电务部门取得联系,主动沟通,向电务学习轨道电路的有关知识,防止连电现象发生。工务的各项维修作业必须纳入天窗,工电应密切配合,避免随意作业、盲目作业给设备正常运用带来的危害,确保行车安全。

【训练内容】

1. 利用多媒体了解列车在四显示自动闭塞区间运行时的信号显示信息。
2. 在有轨道电路的道岔上用万用表测量绝缘接头。
3. 在钢轨和道岔上认识工务与电务部门需要配合的设备。
4. 在图 3-17 的道岔图上标注绝缘位置。
5. 在图 3-18 的道岔图上标注轨道电路连接线名称。

图 3-17　单开道岔

图 3-18　辙岔心

•文本
部分答案
(五)

6. 如图 3-19 中的 1 号和 3 号道岔及 5 号和 7 号道岔都是联动道岔,即一组道岔动作后,另一组道岔也动,只有两组道岔都转到规定位置并落锁后该组道岔才能回位。一般都是大号码(靠近站内)道岔先动。如果办理了经由 3 号道岔的定位排列进路,一旦 1 号道岔因作业等原因导致 1 号和 3 号道岔失去表示,会出现什么现象?

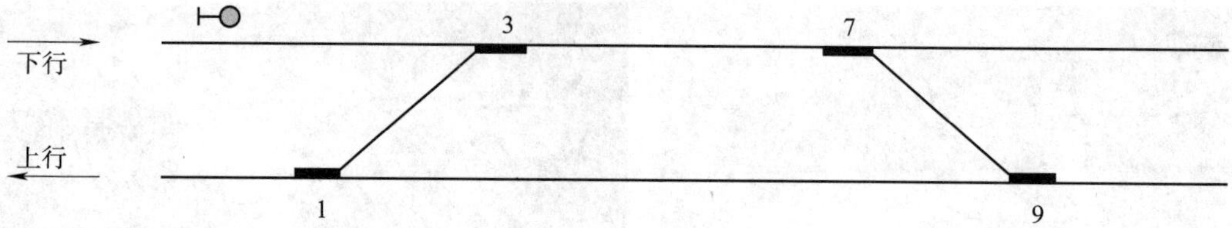

图 3-19　道岔示意

7. 上网查找有关工务维修造成红光带的事故案例,分组讨论事故发生的原因。

任务二　天窗修的实施

【任务描述】

随着高速铁路(客运专线)大规模的投入运营,标志着我国铁路已进入高速发展时代。铁路现代化进程的不断加快,也给工务维修作业提出了新的挑战。为了减少工务作业对运输的影响,工务维修作业应实施天窗修。

【学习重点】

1. 天窗的概念。
2. 工务维修时如何实施天窗修。
3. 工务纳入天窗修的作业项目。
4. 天窗修的组织实施。
5. 高效协同与精准作业。

【学习内容】

一、天窗概念及使用原则

（一）天窗及天窗修的概念

天窗是指铁路列车运行图中，不铺画或调整、抽减列车运行线而为施工和维修作业预留的时间，即行车设备管理单位及其他施工作业单位，在运营线上进行不同性质的施工和日常维修作业时所需的某一区段所能利用的时间。

天窗修是指利用天窗进行设备施工、维修作业，即行车设备管理单位及施工作业管理单位，在天窗时间内进行的一切影响行车设备正常使用的施工和维修作业。天窗修的时间有限，所以对天窗修的时间管理和作业组织尤为重要，这需要多工种、多部门协同配合，确保天窗时间内完成预定任务。

（二）天窗的使用原则

凡在营业线上影响设备稳定、设备使用和行车安全的施工、维修作业，必须纳入天窗，不准利用列车间隔进行。为提高天窗的利用效率，各有关部门要密切配合，减少天窗的空费时间，并应对天窗进行充分的综合利用，集中力量采取平行作业方式安排多项作业，以减少对运输的干扰。利用天窗修作业必须满足四个基本条件：

（1）施工或维修作业开始前及结束后，列车根据现场实际情况确定是否需要慢行。

（2）施工或维修作业开始前及结束后不影响信号使用。

（3）施工或维修作业时不影响邻线正常行车。

（4）天窗时间内能够完成相关作业内容。

二、天窗分类和时间规定

天窗分为施工天窗和维修天窗。

（1）施工天窗：技术改造工程、线路大中修、桥隧涵大修、路基大修、大型养路机械作业，不应少于 180 min。

（2）维修天窗：双线不少于 120 min，单线宜不少于 120 min，能力紧张区段不满足天窗条件时在列车运行图文件中公布。维修天窗在时间安排上应与施工天窗重叠套用。

三、综合利用天窗规定

（1）两个及以上单位在同一区间或站内作业时，施工由施工办、维修由车务段（直属站）指定施工（维修）主体单位，明确主体施工（维修）负责人。主体施工（维修）负责人负责协调各单位施工（维修）组织，各单位必须服从主体施工（维修）负责人指挥，按时完成施工和维修任务，确保达到规定的放行列车条件。

（2）两个及以上单位作业车进入同一个区间移动作业时，由主体施工（维修）负责人统一划分各单位作业车作业范围及分界点，作业单位必须按规定分别设置防护。

（3）同一区间或站内施工和维修综合利用天窗时，维修组织由主体施工负责人统一指挥，维修单位参加施工预备会和总结会。

(4)同一单位在同一区间或站内安排两项及以上施工(维修)作业、或两个及以上车间参加同一项施工(维修)作业时,工务段或工务机械段应指定施工(维修)主体,明确主体施工(维修)负责人,还应安排安全技术管理人员负责协调。主体施工(维修)负责人应负责施工(维修)作业总体组织及安全管理。

四、天窗修的组织与管理

为强化天窗修工作管理,铁路局集团公司应成立天窗修领导小组,下设天窗修管理办公室,负责规章制度的修订、运输与施工协调、安全检查监控及天窗修考核。健全完善天窗修管理制度和办法,及时研究解决天窗修实施过程中出现的问题,及时检查指导天窗修组织实施过程,严格考核天窗修兑现率和综合利用率。

五、工务天窗修的作业项目

维修项目是指作业开始前不需对行车条件进行限制,结束后须达到正常放行列车条件的作业。按组织方式分为应纳入天窗和可不纳入天窗的维修作业。

(一)纳入天窗作业项目

纳入天窗的维修等级分为二级。按照作业复杂程度和设备影响范围,维修项目分为Ⅰ级维修和Ⅱ级维修。

(1)Ⅰ级维修项目:更换道岔尖轨、辙叉、基本轨,更换道岔扳道器下长岔枕、可动心轨道岔钢枕及两侧相邻岔枕或辙叉短心轨转向轴处轨枕。开行路用列车运送作业人员、装卸机具路料等。利用小型爆破开挖侧沟或基坑(限于不影响路基稳定的范围)。更换和整正桥梁梁缝挡砟板。

(2)Ⅱ级维修项目:利用小型养路机械整治线路病害,对轨道(道岔)伤损零部件进行更换或修理。胶接、焊接钢轨,非成段更换钢轨。一次起道量、拨道量不超过 40 mm 的起道、拨道作业。螺栓扣件涂油。桥梁施工进行试顶需要起动梁身并回落原位。拨正支座,支座垫砂浆厚度在 50 mm 及以下时。更换桥梁护轨,钢梁明桥面单根抽换桥枕、更换护木。隧道漏水整治、衬砌裂损修补。整修道口铺面。不破底处理道床翻浆冒泥、清筛道床。破底清筛道床以及更换、方正轨枕连续不超过 2 根。可能影响行车安全的清理危石、砍伐危树及隧道内刨冰作业。更换桥梁挡砟块、作业通道步行板。箱梁支座脱空、翻浆整治。在天窗内可以完成的其他作业项目。

(二)可不纳入天窗的维修项目

下列维修作业可在天窗点外进行,但严禁利用速度 160 km/h 及以上的列车与前一趟列车之间的间隔时间作业。其他维修项目必须纳入天窗,严禁利用列车间隔时间作业。

(1)使用轨道检查仪、钢轨探伤仪(双轨探伤仪除外)等随时能撤出线路的便携设备进行上线检查、检测作业;预卸路料的加固;标志涂刷;整理道床;栏杆油漆;不移动桥枕进行钢梁上盖板涂装;不影响行车安全的隧道除冰;清理垃圾或弃物。其他在道床坡脚以外不影响线桥设备正常使用的作业。

(2)本线施工限速小于等于 60 km/h 的地段或除正线外允许速度小于等于 60 km/h 的站内线路,允许使用单人能随时撤出线路的轻便小型机具进行螺栓涂油、捣固、改道、补充或紧固轨道联结零件、垫入或撤出垫板作业，但严禁利用旅客列车与前一趟列车之间的间隔时间作业。

天窗点外上道作业严禁使用齿条压机，天窗点外上道检查作业不得携带起、拨道器等机具。

六、天窗修计划的取消或变更

在铁路春运、“黄金周”等特殊运输时期，以及遇有自然灾害、事故抢险等特殊情况，跨铁路局集团公司天窗根据国家铁路集团公司的命令可以取消或变更。取消或变更管内天窗，影响相邻局时需经铁路局集团公司同意。其他情况，若需取消天窗修计划，必须经主管运输领导批准方可，其他部门不得擅自更改或取消天窗。

七、天窗修的组织实施

（一）施工天窗作业计划的提报与安排

施工天窗作业计划按月度施工方案的程序提报，并按正常施工组织实施。

（二）设备维修天窗作业的配合及协调

（1）凡设备维修作业需要其他部门配合时，在周计划提报前，必须提前与配合单位协商。

（2）维修及配合单位均须在作业前到达现场，其中一方未到，另一方不得作业，影响作业时，由未到方承担相应责任。

（3）维修及配合单位须分别在车站行车室（信号楼）设驻站联络员。

（三）天窗作业程序

（1）天窗修计划每周申报一次。工区于规定时间（如每周二 18 时前）向车间汇报下周天窗修工作安排；车间审核汇总后于规定时间（如每周三 18 时前）向工务段调度申报；工务段调度审核汇总后于规定时间（如每周四上午 8 时前）上报铁路局集团公司工务部。段调度在收到工务部审核反馈的周计划后，于规定时间（如每周五 10 时）前将加盖本单位公章的周计划电传给相关直属站及车务段，并于当晚 20 时前将铁路局集团公司批准的下一周综合维修天窗计划电传到各车间，同时在设备示意图上揭挂。

（2）工区以天窗区间提报周作业计划，在批准的天窗区间内，将具体作业地点、作业项目、使用机具、作业负责人等内容提前一天向工务段汇报。

（3）需电务配合的综合维修天窗作业计划，提报前必须征得电务部门的同意（书面回复）。

（4）天窗修周计划上报并确认反馈后，需临时变更计划且需其他单位配合时，必须在实施前两日通知配合单位，并取得同意配合的书面答复后方可实施该项目。

（5）由于特殊情况，需取消已批准的天窗时间时，工区必须在前一日的 11 时前到指定要点车站登记取消。

（四）注意事项

（1）作业单位应切实加强天窗作业前、中、后的联系和防护工作；对封锁线路、接触网停电、移动作业车等关键环节的作业，必须严格按规定设置防护。

（2）工务、电务、供电（水电）、工程等单位，在电气化区段停电单元进行作业时，必须分别确认列车调度员发布的天窗修命令和供电调度员发布的停电调度命令后，方可进行作业。

（3）多个单位综合利用天窗在同一区间作业时，必须制定安全控制措施。运输部门在审批施工方案时，要指定施工主体单位。没有列入方案的，由车站值班员在作业开始前负责指定施工主体单位，明确施工负责人，明确安全责任。施工主体单位负责协调、组织天窗修工作，掌握作业进度，明确各单位间联系及防护办法。各单位必须服从施工主体单位负责人的指挥，按时完成维修或施工作业任务，确保达到规定的列车放行条件。

(4)多个单位作业车辆进入同一区间移动作业时，由主体单位负责统一划分各单位作业车辆的作业范围及分界点，两个单位作业车辆之间的间隔不得小于 500 m，各作业单位必须按规定分别进行防护。

(5)为恢复列车运行秩序以及特殊运输等因素，需要占用或影响天窗作业时，跨铁路局集团公司的天窗作业应由铁路总公司批准。

(6)对利用列车间隔进行危及行车安全的“抢点、偷点、骗点”施工，擅自扩大施工内容和范围的责任单位，将追究站段主管领导责任，对施工负责人给予处分。

(7)对擅自做主停止已确实的综合维修天窗和垂直天窗作业的列车调度员、车站值班将追究调度部、车站有关领导的责任，对责任列车调度员、车站值班员给予处分。

【训练内容】

1. 将班级分为 2～3 组，每组相当于工务的一个线路工区，确定每个工区的设备管辖范围(上网查找，也可模拟)，根据工区人员情况，制定一周的天窗修计划。

2. 根据列车运行图确定线路天窗修计划和作业项目，根据设备和人员情况确定施工或维修天窗。

任务三　线路防护作业

【任务描述】

防护作业是确保线桥维修和施工安全的关键环节。在铁路运输日益繁忙的情况下，工务维修不可能长时间封锁区间或限速运行。如果防护措施不到位，就会严重威胁铁路运输安全，给国家和人民的生命财产造成严重损失。因此，正确设置防护意义十分重大。

防护是保证人身安全和行车安全的重要前提。防护员被形象地称之为施工人员的“眼睛”。近年来血的教训告诉我们，要杜绝行车事故的发生，必须建立起一支作风过硬、责任心强、业务熟练、遵章守纪的专业防护队伍，确保维修作业和施工安全真正落到实处。

【事故案例】

1. 事故经过

某日 15 时 54 分，××工务段×工区班长带领 6 名职工在编组站场(第三缓行器入口处)，利用“天窗”外时间进行紧固扣件和螺栓涂油作业。15 时 50 分～16 时 00 分解体××次车组，当驼峰溜放作业时，溜放车组将 3 道正在作业的 5 人撞轧，其中带班班长当场死亡，一名线路工经医院抢救无效于当日死亡，另外 3 名线路工被刮碰，构成轻伤。现场防护员惊惶失措，沿场内平过道跑向车间报信，横越 14 道时被解体溜放的车组撞上，当场死亡。该事故共造成作业人员3人死亡、3人轻伤，构成较大事故。

2. 事故原因

(1)现场防护员作业严重违反《普速铁路工务安全规则》(TG/GW 101—2023)(以下简称《普速安规》)有关规定，中断瞭望，溜放车组到来时未及时报警，没有立即通知现场施工负责人停止作业，指示作业人员下道，失去了现场作业防护作用，是造成这起事故的直接原因。

(2)现场防护员违反《普速安规》有关规定。在3道伤亡事故发生后，惊慌失措，急步横越线路向车间跑去，当场死亡，是造成本人死亡事故的直接原因。

(3)驻站联络员违反《普速安规》有关规定及本集团公司《驻站联络员一日作业标准》中第五项的规定，没有及时与3道作业的现场防护员保持适时联系，当他与现场防护员中断联系后，没有及时通知身边的调车区长，没有在驼峰楼确认现场情况，特别是当最先收到受伤人员用对讲机报告现场出了事故后，依然没有向车站提出停轮的要求，导致现场防护员被溜放车轧过，是造成这起事故的重要原因。

(4)××工务段×工区严重违反《普速安规》之“在站内其他线路作业，躲避本线列车时，下道距离不小于500 m”的规定，明知防护距离不够，溜放作业频繁，仍组织职工在距离峰下最后一组道岔仅80 m处冒险作业，是造成这起事故的重要原因。

【学习重点】

1. 在区间线路上施工时，使用移动停车信号的防护办法。
2. 线路发生危及行车安全故障时的防护办法。
3. 短路铜线的设置。
4. 防护人员的作业标准。
5. 安全责任意识与规范执行能力。

【学习内容】

一、信号及标志

信号是指示列车运行及调车作业的命令，有关行车人员必须严格执行。

信号的显示方式及使用方法，应按《铁路技术管理规程》(以下简称《技规》)的规定执行。

(一)信号分类

铁路信号分为视觉信号和听觉信号。视觉信号又分为昼间、夜间及昼夜通用信号。在昼间遇降雾、暴风雨雪及其他情况，致使停车信号显示距离不足1 000 m，注意或减速信号显示距离不足400 m，调车信号及调车手信号显示距离不足200 m时，应使用夜间信号。隧道内只采用夜间或昼夜通用信号。

1. 视觉信号的基本颜色

红色——停车；黄色——注意或减低速度；绿色——按规定速度运行。

2. 听觉信号

号角、口笛发出的音响和机车、自轮运转特种设备的鸣笛声。

(二)防护中使用的移动信号

1. 停车信号

昼间——表面有反光材料的红色方牌(图 3-20);夜间——柱上红色灯光。

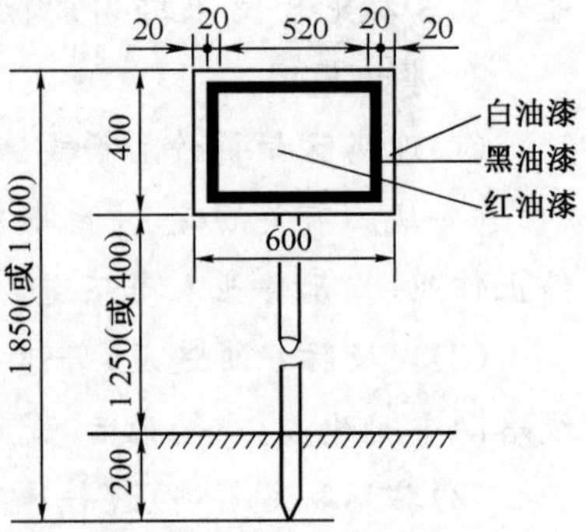

图 3-20　移动停车信号(单位:mm)

2. 减速信号

(1)表面有反光材料的黄底黑字圆牌,标明列车限制速度,如图 3-21(a)所示。

(2)施工及其限速区段,在减速信号牌外方增设的特殊减速信号牌为表面有反光材料的黄底黑"T"字圆牌(图 3-22)。

3. 减速防护地段终端信号

表面有反光材料的绿色圆牌[图 3-21(b)]。在单线区段,司机应看线路右侧减速信号牌背面的绿色圆牌。

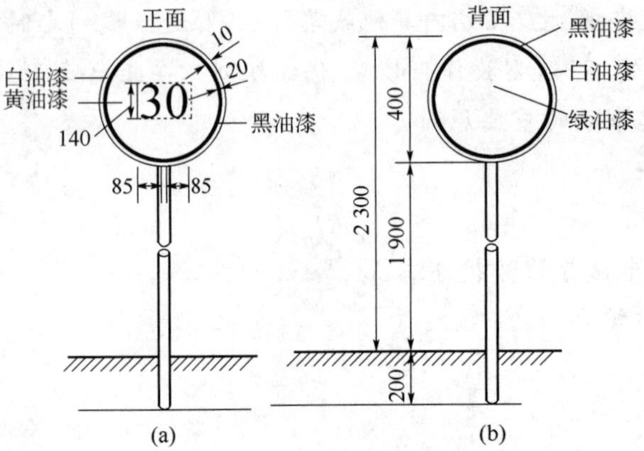

图 3-21　移动减速信号(单位:mm)

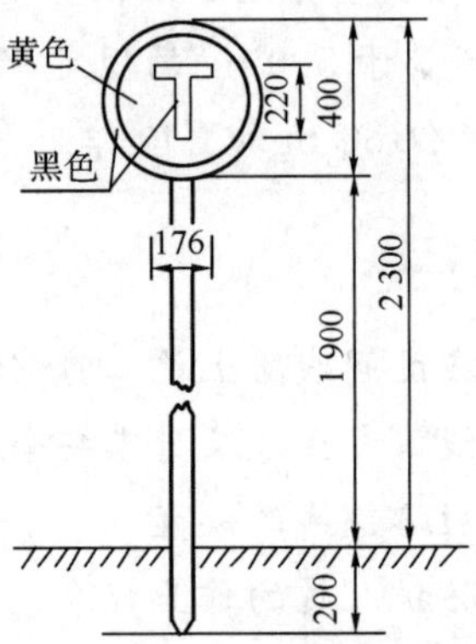

图 3-22　"T"字圆牌(单位:mm)

在有 1 万 t 或 2 万 t(含 1.5 万 t)货物列车运行的线路增设的 1 万 t、2 万 t(含 1.5 万 t)减速防护地段终端信号牌为表面有反光材料的绿底黑"W"字(1 万 t)或黑"L"字(1.5 万 t 和 2 万 t)圆牌(图 3-23)。

图 3-23　减速防护地段终端信号牌的"W"和"L"作业标

(三)防护中使用的信号标志

1. 作业标

设在施工线路及其邻线距施工地点两端 500～1 000 m 处(图 3-24)。司机见此标志须长声鸣笛,注意瞭望。

2. 减速地点标

设在需要减速地点的两端各 20 m 处。正面表示列车应按规定限速通过地段的始点,背面表示列车应按规定限速通过地段的终点(图 3-25)。

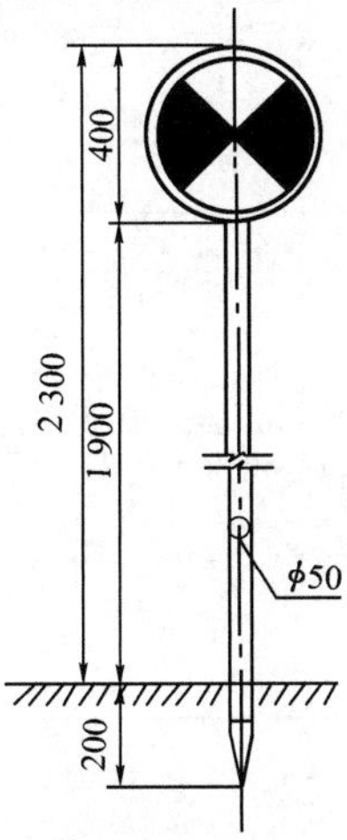

图 3-24　作业标(单位:mm)

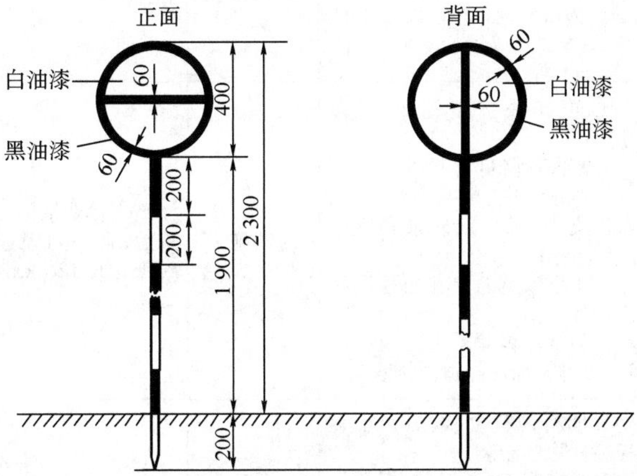

图 3-25　减速地点标(单位:mm)

二、线路施工防护条件

1. 施工天窗结束后放行列车条件按表 3-1 执行。表中所列项目以外的影响行车安全的较复杂施工,列车或单机运行速度按设计文件执行。

表 3-1　施工作业放行列车条件

项　　目		施工条件	作业方式	放行列车条件
一、影响道床路基稳定的施工作业	1. 破底清筛; 2. 更换道床石砟; 3. 成段更换轨枕(板); 4. 成组更换道岔; 5. 基床换填; 6. 一次起道量或拨道量超过 40 mm的成段起道或拨道; 7. 利用小型爆破开挖侧沟或基坑(限于影响路基稳定范围)	封锁施工	大型养路机械捣固、稳定车作业	1. 两捣一稳作业后,开通后第一列 35 km/h,第二列 45 km/h,自第三列起限速 60 km/h,至次日捣固后第一列限速60 km/h,第二列起限速80 km/h,至第三日捣固后第一列限速80 km/h,第二列限速120 km/h,至第四日捣固后恢复常速; 2. 三捣两稳作业后,开通后第一列 45 km/h,第二列 60 km/h,自第三列起限速80 km/h,至次日捣固后第一列限速80 km/h,第二列起限速120 km/h,至第三日捣固后恢复常速; 道岔施工后直向、侧向按此标准分别阶梯提速; 未达到上述捣固、稳定遍数的,应相应降低列车放行速度
			小型养路机械捣固	开通后第一列35 km/h,第二列45 km/h,不少于4 h,以后限速 60 km/h,至次日捣固后第一列限速60 km/h,第二列起限速80 km/h,至第三日捣固后第一列限速80 km/h,第二列限速120 km/h,至第四日捣固后恢复常速
			人工捣固	1. 施工期间当日第一列15 km/h,第二列25 km/h,第三列 45 km/h,不少于 4 h,以后限速60 km/h至下次封锁前; 2. 施工结束,开通后第一列 15 km/h,第二列25 km/h,第三列45 km/h,不少于4 h,以后按 60 km/h、80 km/h、120 km/h 各不少于 24 h 捣固后阶梯提速,其后正常

续上表

项目		施工条件	作业方式	放行列车条件
二、不影响道床稳定的施工作业	1. 成段更换钢轨； 2. 无缝线路应力放散； 3. 成段调整轨缝，拆开接头并插入短轨头； 4. 成段修整轨底坡	封锁施工		开通后第一列45 km/h，第二列60 km/h，第三列120 km/h，其后恢复常速
	1. 使用冻害垫板一次总厚度超过 40 mm； 2. 长大隧道宽轨枕垫砟； 3. 道口大修(若影响道床稳定，比照第一大项办理)	封锁施工		开通后第一列35 km/h，第二列45 km/h，第三列60 km/h，其后恢复常速
三、桥隧涵施工作业	1. 更换或拨正钢梁、混凝土梁； 2. 抬高或降低桥梁； 3. 拨正支座、更换桥梁支座、翻修支承垫石、垫砂浆厚度超过50 mm； 4. 不拆除钢轨整孔更换明桥面桥枕； 5. 明桥面移动桥枕； 6. 翻修、加深隧道内排水沟	封锁施工		施工作业期间，封锁开通后限速45 km/h至下次天窗前；施工作业结束后，第一列限速45 km/h，以后限速 60 km/h 不少于24 h，再限速80 km/h、120 km/h 各一列后恢复常速
	1. 明桥面移动桥枕后，上盖板喷砂除锈涂装； 2. 架空施工中，安装、拆除纵横梁体系的横梁，安装 D 型便梁的横梁； 3. 修补或重新施作有砟轨道桥面、桥台顶面防水层	慢行施工		施工作业期间，限速 45 km/h
	线路架空或加固后桥涵顶进	慢行施工		施工作业期间，限速 45 km/h；施工结束后，第一列限速45 km/h不少于12 h，后限速 60 km/h、80 km/h各不少于24 h、后 120 km/h 一列后恢复常速
	新建明、棚洞的基础施工	慢行施工		施工作业期间，本线限速45 km/h，邻线列车限速160 km/h；基础施工结束后恢复常速
	1. 在线路上安装或拆除轨束梁、工字钢纵梁、D型便梁的纵梁、纵横梁体系的纵梁，拆除D型便梁的横梁； 2. 喷锚加固隧道衬砌； 3. 整治隧道仰拱破损及换填隧道铺底； 4. 隧道整体道床翻修； 5. 影响行车安全的其他复杂桥隧施工	封锁施工		按经审查批准的施工作业设计文件所确定的列车放行条件
	1. 路基注浆，挖孔桩、旋喷桩施工，路基降水； 2. 隧道内增设密井暗管施工	按经审查批准的施工设计文件所确定的施工条件和列车放行条件执行		

注：表内未列出的其他施工作业项目，可由铁路局集团公司比照本表类似施工作业确定施工条件和放行列车条件。

2. 施工地段放行列车，轨道静态几何尺寸偏差不得超出下次施工前最高行车速度等级的计划维修容许偏差管理值。列车速度 $v_{max}>45$ km/h 时，工务设备状态符合铁路线路、桥隧修理有关规定。列车限速 $v_{max}\leq 45$ km/h 时，线路状态应符合下列要求：

(1)轨枕盒内及轨枕头部道砟不少于1/3。

(2)枕底道砟串实。

(3)轨枕每隔6根可空1根。

(4)道钉或扣件:

①钢轨接头两根轨枕和桥枕上道钉、扣件齐全、有效。

②半径不大于800 m曲线地段,混凝土枕、复合材料桥枕可每隔1根拧紧3根,木枕可每隔1根钉紧6根。

③半径大于800 m曲线及直线地段,混凝土枕、复合材料桥枕可每隔2根拧紧1根,木枕可每隔1根钉紧1根。

(5)接头螺栓:每个接头至少拧紧4个(每端2个)。

(6)钩螺栓:每隔3根桥枕拧紧1根。

(7)起道(含垫砟)顺坡长度不得不小于起道量的200倍。

(8)冻害垫板平台两端的顺坡长度不得不小于冻起高度的200倍。

3. 下列作业应办理临时封锁施工手续,设置停车手信号防护。封锁完毕,放行列车或单机的限速条件由作业负责人根据具体情况决定。

(1)危及行车安全的突发性灾害的紧急抢修。

(2)钢轨、辙叉或夹板折断后的紧急处理。

(3)线路胀轨的紧急处理。

(4)更换重伤钢轨、辙叉或联结零件等紧急处理。

(5)其他危及行车安全的故障处理。

三、线路防护作业

1. 在区间线路上施工时,使用移动停车信号的防护办法如下。

(1)单线区间施工时如图3-26所示。

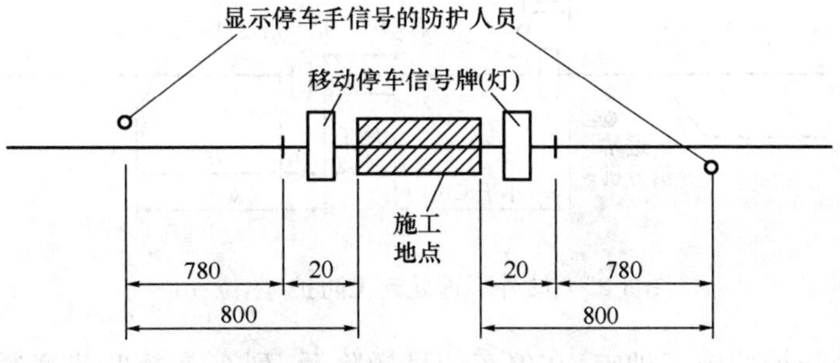

图3-26　单线区间施工防护(单位:m)

(2)双线区间一条线路施工时如图3-27所示。

(3)双线区间两条线路同时施工时如图3-28所示。

(4)作业(施工)地点在站外,距离进站信号机(反方向进站信号机)小于820 m时,如图3-29所示。

现场防护人员应站在距施工地点800 m附近,且瞭望条件较好的地点显示停车手信号;施工作业地点在站外,距离进站信号机(反方向进站信号机)小于820 m时,现场防护人员应站在距进站信号机(反方向进站信号机)20 m附近;在尽头线上施工,施工负责人经与车站值班员联系确认尽头一端无列车、轨道车时,则尽头一端可不设防护。

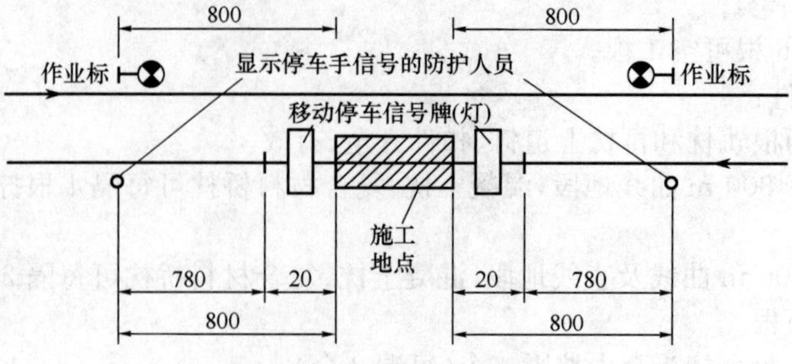

图 3-27　双线区间一条线路施工防护(单位:m)

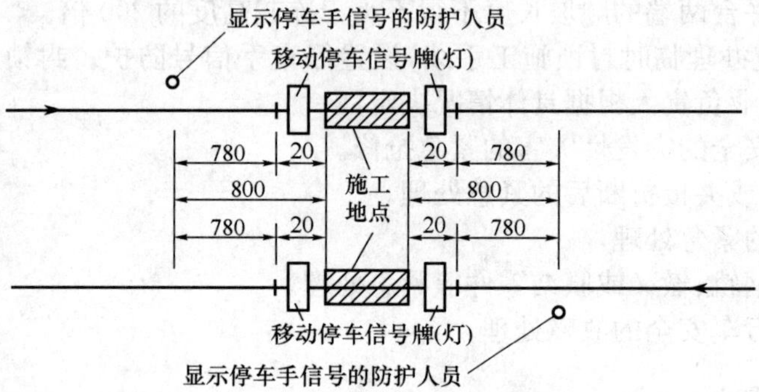

图 3-28　双线区间两条线路同时施工防护(单位:m)

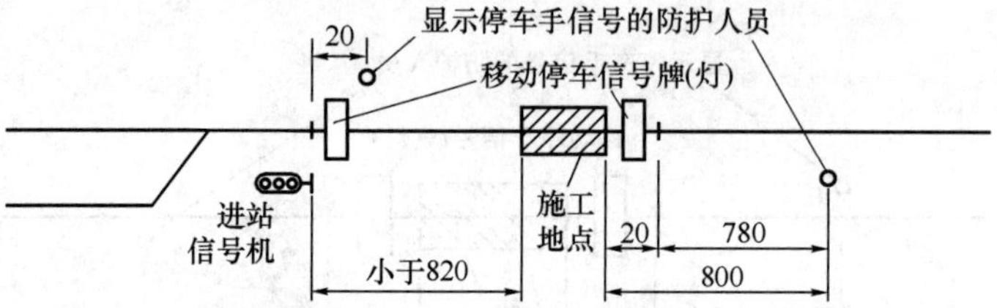

图 3-29　站外不远处施工防护(单位:m)

凡用停车信号防护的施工地点,在停车信号撤除后,列车需减低速度通过施工地点时,应按减速信号防护办法防护。

2. 在站内线路或道岔上施工,使用移动停车信号的防护办法如下。

(1)在站内线路上施工

①将施工线路两端道岔扳向不能通往施工地点的位置,并加锁或紧固,可不设置移动停车信号牌(灯);当施工线路两端道岔只能通往施工地点的位置时,在施工地点两端各 50 m 处线路中心设置移动停车信号牌(灯)防护,如图3-30 所示。

②如施工地点距离道岔小于 50 m 时,在警冲标相对处线路上,设置移动停车信号牌(灯)防护,如图 3-31 所示。

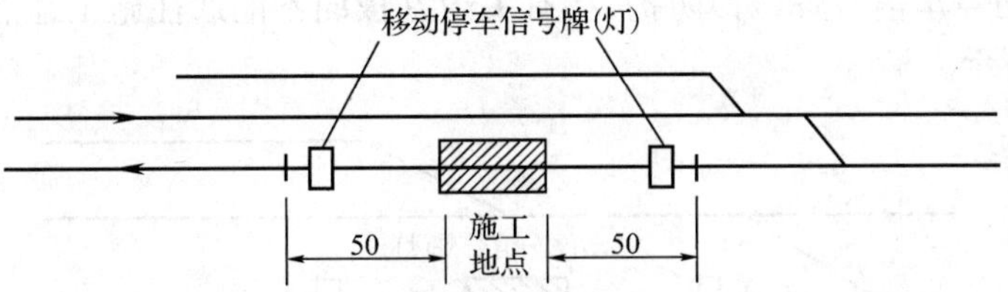

图 3-30　站内施工防护一(单位:m)

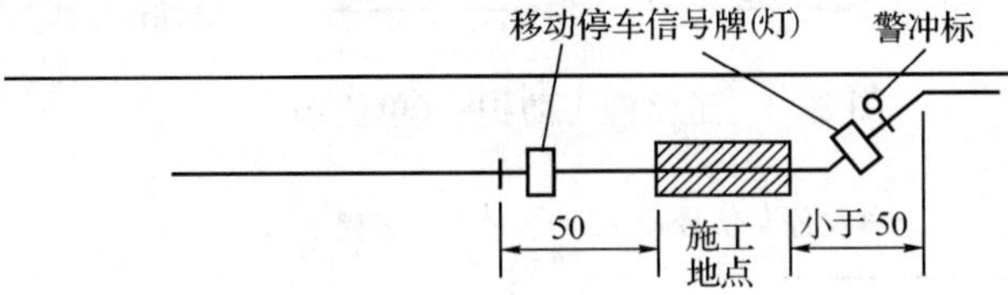

图 3-31　站内施工防护二(单位:m)

③在进站道岔外方线路上施工,对区间方向,以关闭的进站信号机防护;对车站方向,在进站道岔外方基本轨接头处(顺向道岔在警冲标相对处)线路上,设置移动停车信号牌(灯)防护,如图 3-32 所示。

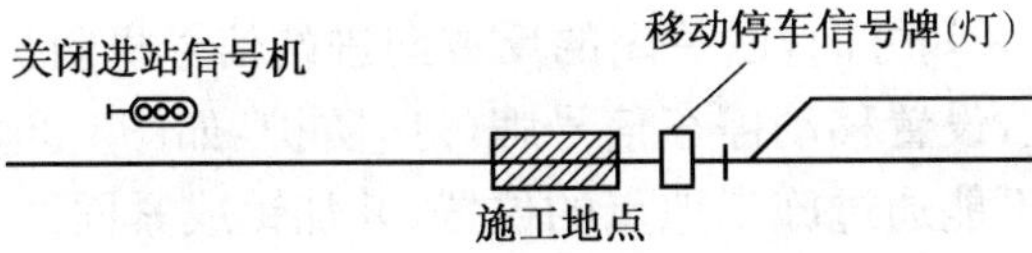

图 3-32　站内施工防护三

④双线区段,在反方向进站信号机至出站道岔的线路上施工,对区间方向,以关闭的反方向进站信号机防护。对车站方向,在出站道岔外方基本轨接头处(对向道岔在警冲标相对处)线路上,设置移动停车信号牌(灯)防护,如图 3-33 所示。

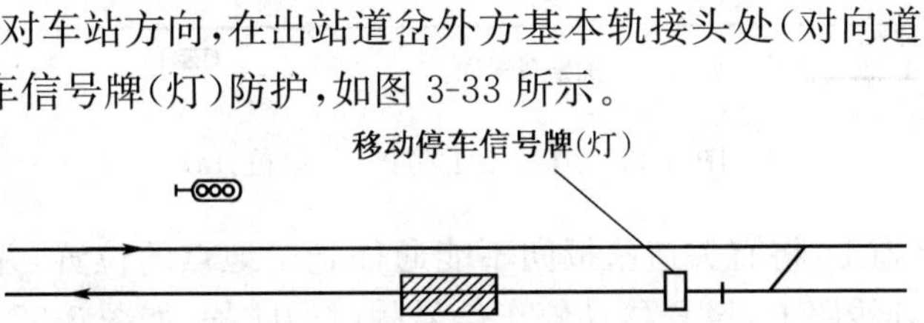

图 3-33　站内施工防护四

(2)在站内道岔上(含警冲标至道岔尾部线路、道岔间线路)施工

①在站内道岔上施工,一端距离施工地点 50 m,另一端两条线路距离施工地点 50 m(距出站信号机不足 50 m 时,为出站信号机处)时,分别在线路中心设置移动停车信号牌(灯)防护,如图 3-34 所示。如一端距离外方道岔小于 50 m 时,将道岔扳向不能通往施工地点的位置,并加锁或紧固。

②在进站道岔上施工,对区间方面,以关闭的进站信号机防护;对车站方面,在距离施工地点 50 m 线路上,设置移动停车信号牌(灯)防护;距邻近道岔不足 50 m 时,在邻近道岔后基本

轨接头处设置移动停车信号牌(灯)防护,将有关道岔扳向不能通往施工地点的位置,并加锁或紧固,如图 3-35 所示。

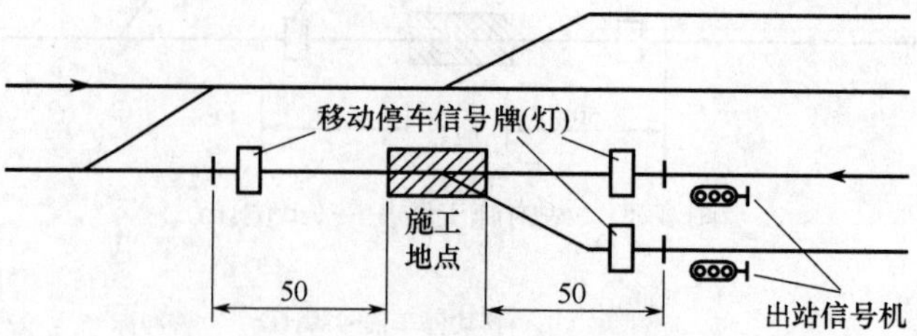

图 3-34　道岔施工防护一(单位:m)

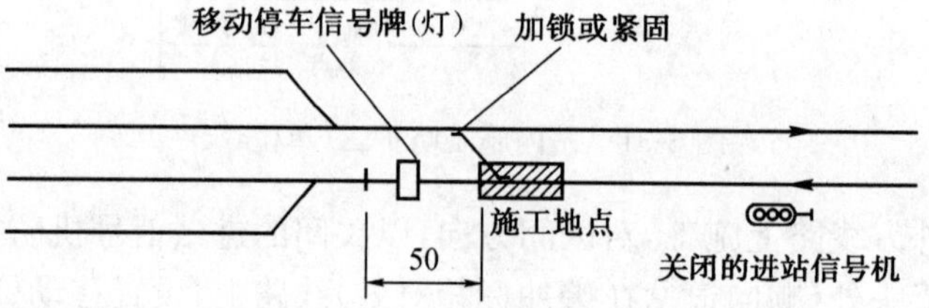

图 3-35　道岔施工防护二(单位:m)

③在出站道岔上施工,对区间方向,以关闭的反方向进站信号机防护;对车站方向,在距离施工地段不少于 50 m 线路上,设置移动停车信号牌(灯)防护,如图3-36 所示。距邻近道岔不足 50 m 时,将有关道岔扳向不能通过施工地点的位置,并加锁或紧固。

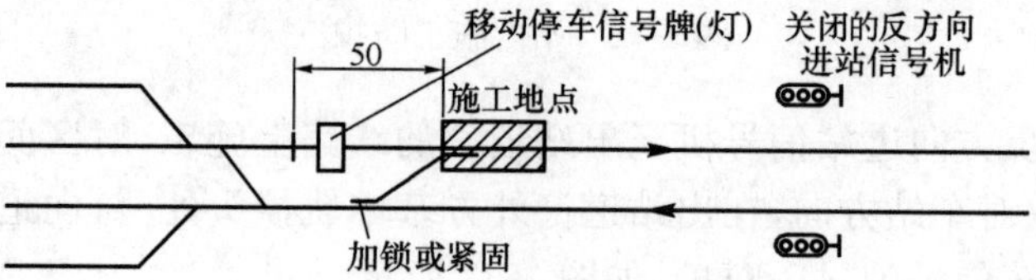

图 3-36　道岔施工防护三(单位:m)

④在交分道岔上施工,将有关道岔扳向不能通往施工地点的位置,并加锁或紧固,在距离施工地点两端 50 m 处线路上,设置移动停车信号牌(灯)防护,如图 3-37 所示。

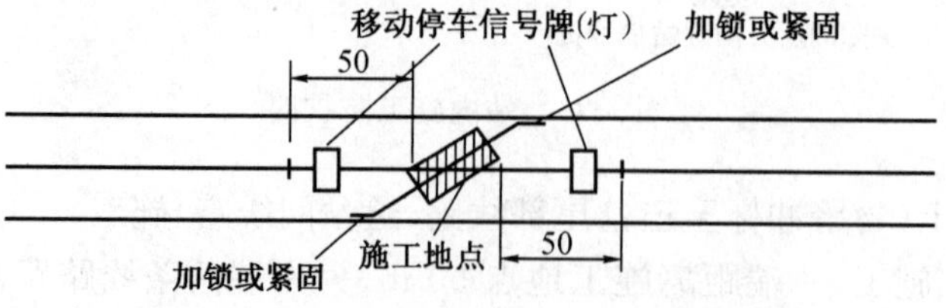

图 3-37　道岔施工防护四(单位:m)

⑤在交叉渡线的一组道岔上施工,一端在菱形中轴相对处线路上,另一端在距离施工地点 50 m 处线路上,分别设置移动停车信号牌(灯)防护,将有关道岔扳向不能通往施工地点的位置,并加锁或紧固,如图 3-38 所示。

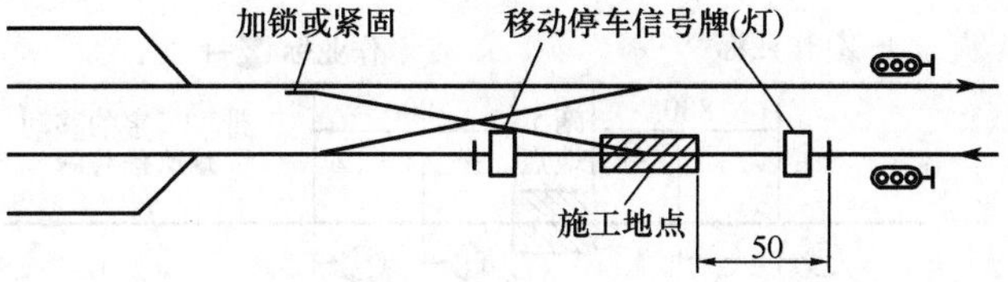

图 3-38　道岔施工防护五(单位:m)

⑥在道岔上进行大型养路机械施工时,如延长移动停车信号牌(灯)防护距离后占用其他道岔时,对相关道岔应一并防护。

3. 在区间线路上施工时,根据线路速度等级,使用移动减速信号的防护办法如下。

①单线区间施工时,设立位置如图 3-39 所示。

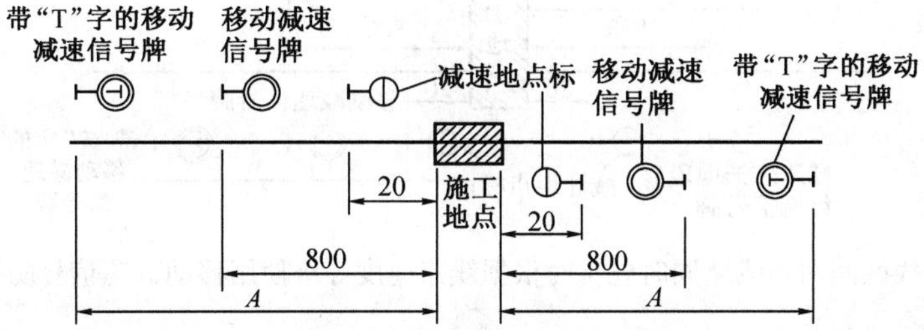

图 3-39　单线区间施工时根据线路速度等级使用移动速度信号防护(单位:m)

注:(1)A 为不同线路允许速度的列车紧急制动距离(下同),见表 3-2。

(2)允许速度 120 km/h$<v<$200 km/h 的线路,在移动减速信号牌外方增设带“T”字的移动减速信号牌,以下同。

表 3-2　列车紧急制动距离限制

列车类型	最高运行速度/(km/h)	紧急制动距离/m
旅客列车(动车组列车除外)	120	800
	140	1 100
	160	1 400
特快货物班列	160	1 400
快速货物班列	120	1 100
货物列车(货车轴重<25 t,快速货物班列除外)	90	800
	120	1 400
货物列车(货车轴重≥25 t)	100	1 400

②双线区间在一条线路上施工时,设立位置如图 3-40 所示。

③双线区间两条线路同时施工时,设立位置如图 3-41 所示。

④施工地点距离进站信号机(或站界标)小于 800 m 时,设立位置如图 3-42 所示。

4. 在站内线路或道岔上施工,根据线路速度等级,使用移动减速信号的防护办法如下。

①在站内正线线路上施工,当施工地点距进站信号机大于或等于 800 m 时,单线设立位置如图 3-43 所示,双线设立位置如图 3-44 所示。

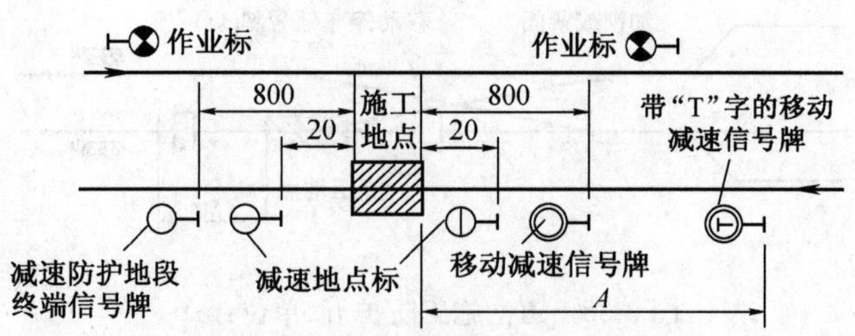

图 3-40　双线区间一条线路施工根据线路速度等级使用移动减速信号防护(单位:m)

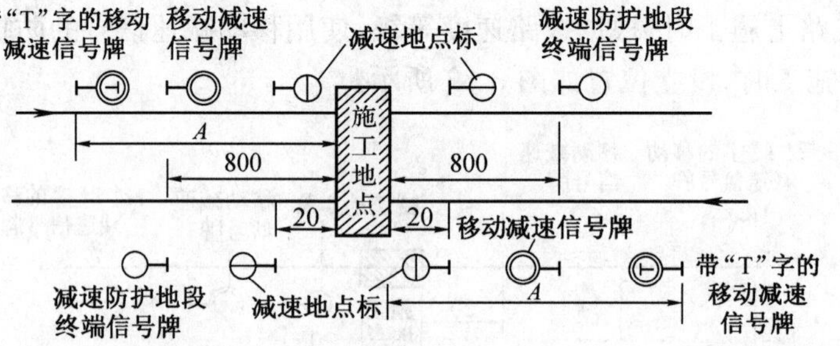

图 3-41　双线区间两条线路同时施工时根据线路速度等级使用移动减速信号防护(单位:m)

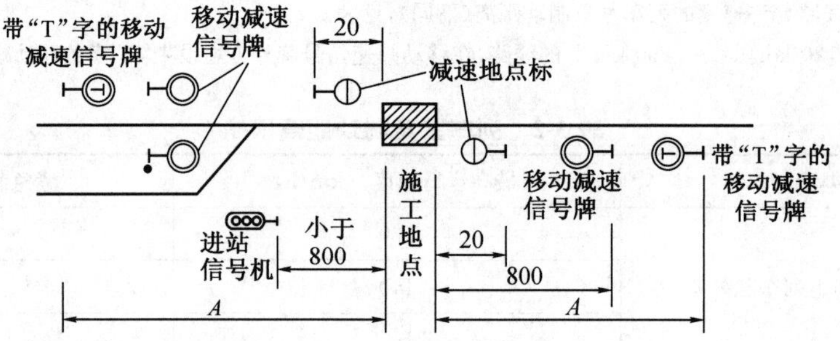

图 3-42　站外距进站信号机小于 800 m 时根据线路速度等级使用移动减速信号防护(单位:m)

注:当站内正线警冲标距离施工地点小于 800 m 时,按 800 m 设置移动减速信号牌;当站内正线警冲标距离施工地点大于或等于 A 时,不设置带"T"字的特殊移动减速信号牌。

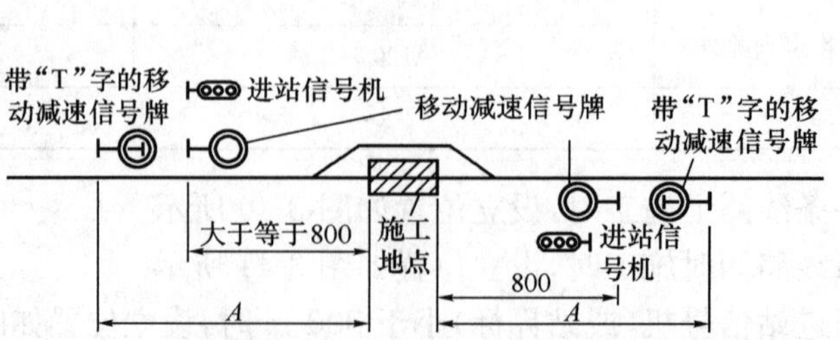

图 3-43　站内正线线路上施工时单线使用移动减速信号防护(单位:m)

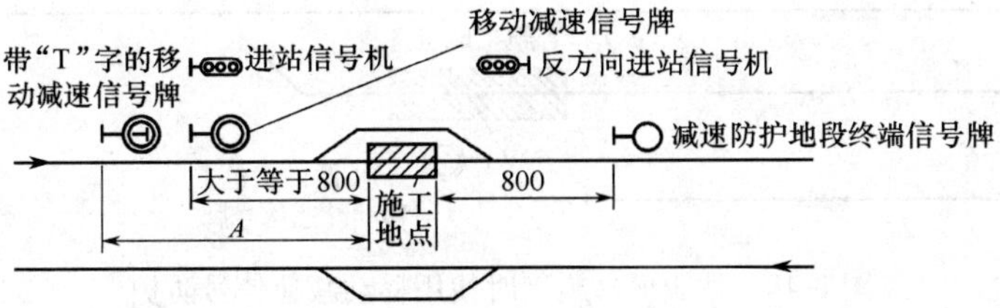

图 3-44　站内正线线路上施工时双线使用移动减速信号防护(单位:m)

注:当施工地点距进站信号机不足 800 m 时,自施工地点起至 800 m 处区间线路列车运行方左侧,设移动减速信号牌防护;当施工地点距进站信号机大于或等于 A 时,不设置带“T”字的移动减速信号牌;当施工地点距反方向进站信号机不足 800 m 时,自施工地点起至 800 m 处区间线路列车运行方左侧,设减速防护地段终端信号牌;当施工地点距反方向进站信号机大于或等于 800 m 时,在反方向进站信号机处,设减速防护地段终端信号牌。

②在站内正线道岔上施工,当施工地点距进站信号机大于或等于 800 m 时,单线设立位置如图 3-45 所示,双线设立位置如图 3-46 所示

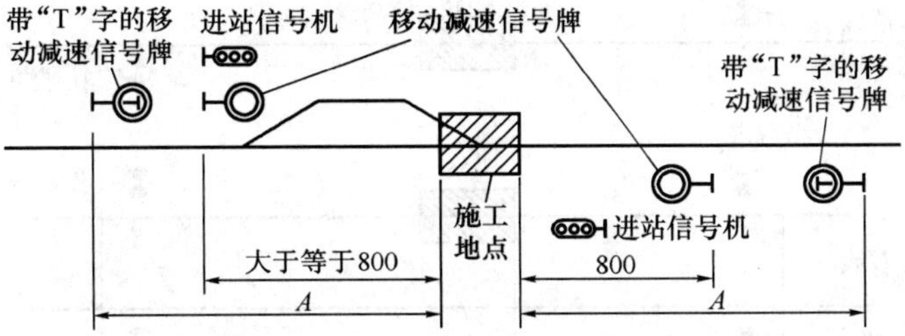

图 3-45　站内正线道岔上施工时单线使用移动减速信号防护(单位:m)

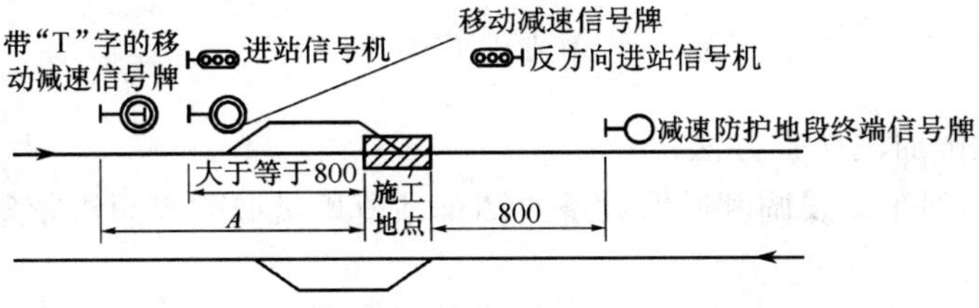

图 3-46　站内正线道岔上施工时双线使用移动减速信号防护(单位:m)

注:同图 3-44。

③在站线线路上施工,设立位置如图 3-47 所示。

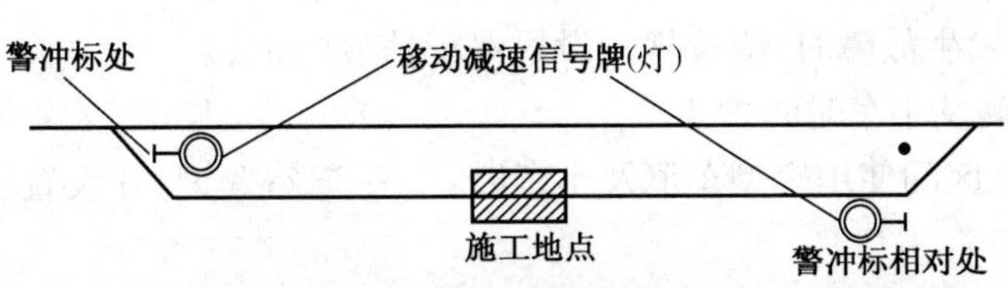

图 3-47　站线线路施工时使用移动减速信号防护

④在站线道岔上施工,该道岔中部线路旁,设置两面黄色的移动减速信号牌,设立位置如图 3-48 所示。

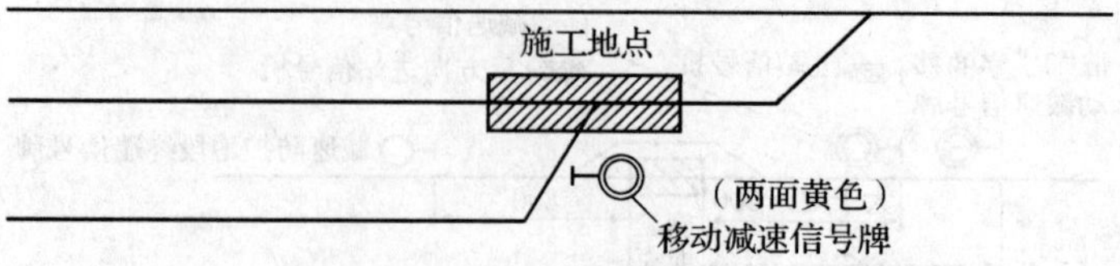

图 3-48　站线道岔施工时使用移动减速信号防护

凡线间距离不足规定时,应设置矮型(1 m 高)移动减速信号牌。

在移动减速信号牌上,应注明规定的慢行速度。

5. 在区间线路上进行不影响行车的作业,不需要以停车信号或移动减速信号防护,应在作业地点两端 500～1 000 m 处列车运行方向左侧(双线在线路外侧)的路肩上设置作业标,设立位置如图 3-49 所示,显示方式如图 3-24 所示。列车接近该作业标时,司机须长声鸣笛,注意瞭望。

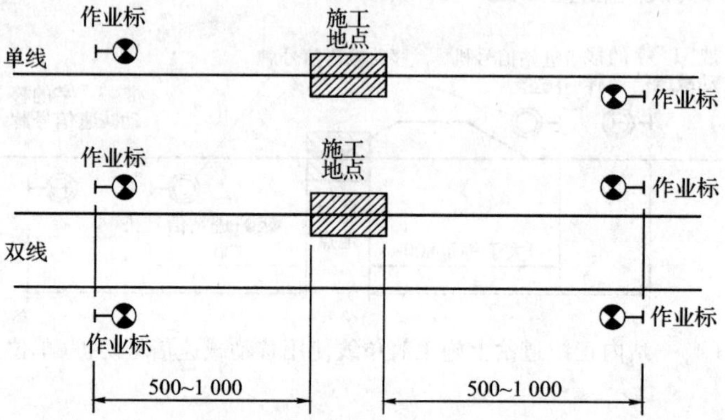

图 3-49　作业标防护(单位:m)

6. 线路发生故障时的防护办法:

(1)应立即使用列车无线调度通信设备通知车站值班员或列车司机紧急停车,同时在故障地点设置停车信号。

(2)当确知一端先来车时,应急速奔向列车,用手信号旗(灯)或徒手显示停车信号。

(3)如不知来车方向,应在故障地点注意倾听和瞭望,发现来车,应急速奔向列车,用手信号旗(灯)或徒手显示停车信号。

设有固定信号机时,应先使其显示停车信号。

站内线路、道岔发生故障时,应按规定设置停车信号防护。

7. 使用轻型车辆及小车时防护要求。

利用列车间隔在区间使用轻型车辆及小车时,应在车站登记,并设置驻站联络员,按下列规定防护:

(1)轻型车辆运行中,须显示停车手信号,并注意瞭望。

(2)在线路上人力推行小车时,应派防护人员在小车前后方向,按线路最大速度等级的列车紧急制动距离位置显示停车手信号,随车移动,如瞭望条件不良,应增设中间防护人员。

(3)在双线地段遇有邻线来车时,应暂时收回停车手信号,待列车过后再行显示。

(4)轻型车辆遇特殊情况不能在承认的时间内撤出线路，或小车不能立即撤出线路时，在轻型车辆或小车前后方向按线路最大速度等级规定的列车紧急制动距离位置以停车手信号防护，自动闭塞区段还应使用短路铜线短路轨道电路。在设置防护的同时，应立即使用列车无线调度通信设备报告车站值班员或通知列车司机紧急停车。

(5)小车跟随列车后面推行时，应与列车尾部保持大于 500 m 的距离。

四、作业安全防护的基本原则

(1)坚持“行车不施工、施工不行车”原则，严禁天窗内作业项目在天窗外进行，严禁天窗外作业使用禁止使用的小型机具。

(2)坚持“有人上道就防护”原则，无论天窗内还是天窗外作业，都必须设置专职驻站联络员和现场防护员，严禁未设好防护即上道作业。

(3)坚持“先防护后处理”原则，当发生事故、故障或突发事件时，必须先设置好防护，然后再处理。

(4)坚持“作业防护专业化管理”原则，落实段、车间两级管理分工和职责，实行防护队伍专业化管理。

(5)坚持“作业防护标准化”原则，防护设置、防护设备(备品)、防护人员准入、防护人员作业等都必须有标准，实行标准化管理。

(6)坚持“防护人员专职化”原则，防护人员必须是经过培训合格、持证上岗的专职人员，严禁安排无证人员担任防护人员，严禁任何干部、工班长代替防护人员。

五、防护员作业标准

铁路局集团公司应制定施工(维修)负责人、驻站联络员、现场防护员之间的联控办法，对联控时机、联控内容、联控对象、联控标准用语及复诵确认等环节进行规范。建立音(视)频采集设备管理、回放分析制度。

(一)现场防护员、驻站联络员和作业人员上岗前的准备工作

(1)所有施工作业及设备检查人员上道必须穿着黄色反光马夹或作业服，如图 3-50 所示。

(2)现场防护员和驻站联络员穿着橙色反光马甲或作业服，带齐防护信号、备品，佩戴胸牌，持证上岗，如图 3-51～图 3-55 所示。

图 3-50　作业人员穿上防护服

图 3-51　马甲

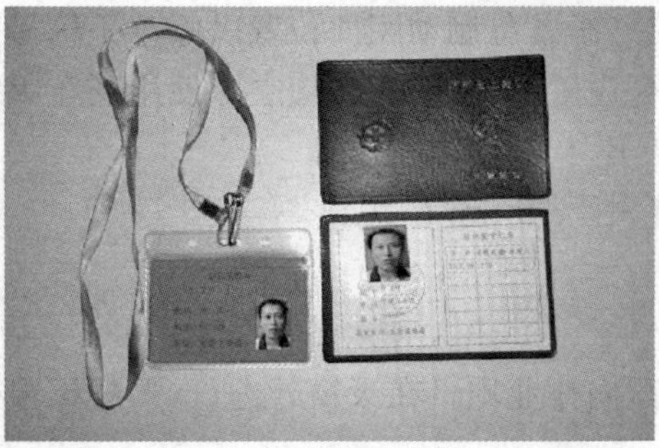

图 3-52　胸牌

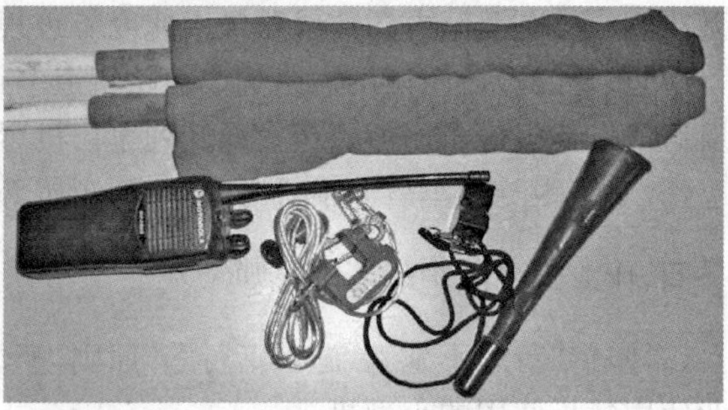

图 3-53　防护用品

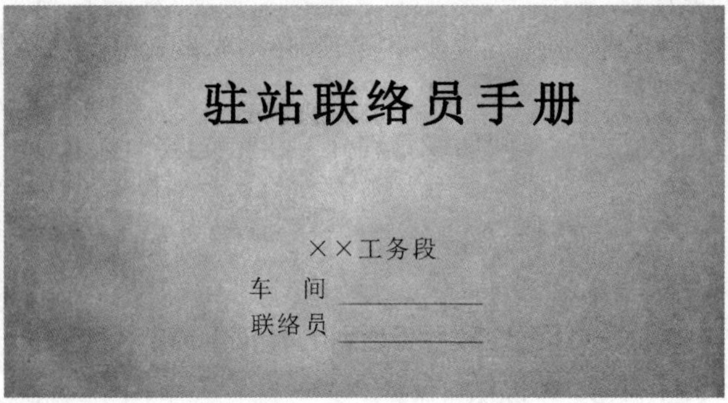

图 3-54　驻站联络员手册封面

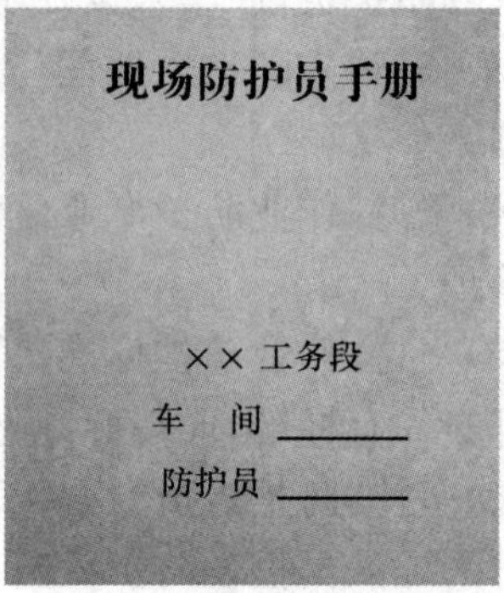

图 3-55　现场防护员手册封面

(3)施工负责人、现场防护员和驻站联络员在每天施工作业前需与车站运转室核对钟表，并带齐作用良好的通信设备和信号备品。驻站联络员或现场防护员在早点名会后不得临时调换。

(二)现场防护员作业标准

1. 具体要求

(1)现场防护员必须及时准确地传达施工负责人的指示命令和驻站联络员的通知，如图 3-56 所示。如遇通信设备故障，现场防护员立即通知施工负责人将机具、人员撤出线路，在人员、机具未撤出前，不得撤除停车防护信号。

图 3-56　现场防护员防护

(2)现场防护员在防护时，除掌握驻站联络员通报信息外，应以瞭望防护为主；如联系中断，现场防护员应立即通知作业负责人停止作业，必要时将线路恢复到准许放行列车的状态。

(3)现场防护员应根据作业现场地形条件、列车运行特点、作业人员和机具布置等情况确定站位及移动路径，并做好自身防护。

在区间线路、站内线路、道岔上维修时，现场防护员应站在维修地点附近且瞭望、通信信号、监听条件较好的安全地点进行防护，在天窗内作业时，显示停车手信号。

现场防护员应以瞭望防护为主，并掌握驻站联络员通报的信息，每 3～5 min 联系确认一次；垂直天窗、单线天窗点内无作业车辆时，防护员应加强瞭望，保持通信畅通，严禁擅自离岗或从事与防护无关工作。

(4)线路上施工作业设置或撤除移动停车信号防护程序执行《普速安规》第 2.5.11 条规定。

(5)防护员要站在本线来车方向的路肩上或本线瞭望条件较好的位置面向来车方向防护，与作业人员保持 5～20 m 的距离。双线地段(线间距小于 10 m)禁止站在两线间防护。

(6)现场防护员应按照规定距离，当本线或邻线来车时，吹响口笛或号角通知作业人员携带机具下道。

(7)双线并行的电化区段，本线封锁时，防护员可站在本线外侧的砟肩防护，红旗可拢起。

(8)每名现场防护员应只承担一个防护单元的防护任务，每个防护单元长度原则上不超过 100 m，瞭望不良地段应适当缩短，垂直天窗、单线天窗点内无作业车辆及两线间已设置隔离的无缝线路应力放散和调整、成段更换钢轨、成段更换轨枕、道床清筛等施工可适当延长。

2. 作业标准

现场防护员接到驻站联络员发出的预报、确报、变更通知后，均应立即通知施工、作业负责人或按规定信号(用喇叭、信号旗等)向施工、作业负责人重复鸣示，直至对方以相同信号回答时为止。同时应加强警戒，注意瞭望，监视来车与现场情况。如设有中间联络防护员时，应以上述相同方式准确及时地将信息传达给对方。

预报：车站对施工区间办理闭塞时，驻站联络员应立即向现场防护员发出预报；如需通过列车，则应提前一个车站(即邻站向本站发车时)发出预报。

确报：车站向施工区间发车时，驻站联络员应立即向现场防护员发出确报。

施工地点距车站较近或施工条件较复杂，需提前预报、确报时，施工负责人应事先与驻站联络员商定明确，并通知全体防护员及施工人员。

变更通知：预报、确报有变化时，驻站联络员应向现场防护员发出变更通知。

(三)驻站联络员作业标准

1. 具体要求

(1)驻站联络员必须参加工区点名会。对早 7 点前开始的维修天窗，驻站联络员在参加工区前一日天窗修例会基础上，由工长对驻站联络员提前单独点名。驻站联络员准确填写“驻站联络员手册”(见表 3-3)后方可上岗。

表 3-3　驻站联络员手册填写内容

日期		主体登记车站		车站值班员		上行方向远端防护员	姓名		
到达车站时间		撤离时间		天窗计划时间			联系电话		
施工命令号		命令下达起止时间		施工总负责人姓名		下行方向远端防护员	姓名		
开通命令号		开通时间		施工总负责人联系电话			联系电话		

续上表

邻站驻站车站		邻站驻站联络员姓名		邻站驻站联系电话					作业人数		
作业组	作业项目	作业负责人		现场防护员		作业位置		使用主要机具名称	人员进出防护栅栏或无网区段到达撤离作业地点时间		
		姓名	联系电话	姓名	联系电话	行别	位置		进网(到达)	出网(撤离)	
一组											
二组											
当日安全及各级检查情况											

填写注意事项:

(1)到达车站时间不能在天窗计划时间向前推 40 min 的时间之内。

(2)撤离时间不能在出网时间之前。

(3)早点名会上一定要核对登记表中每个人的电话号码。

(4)作业人数不包括申请防护的临时检查人员,登记作业项目为临时检查。

(5)登记作业组时,最好在一组处标注位置,如 9 道、43 km。

(2)驻站联络员要携带当日施工方案、天窗修计划,于天窗开始前 40 min(个别线路为60 min;多单位综合利用同一天窗时,均以最早开始施工时间为准)在车站"行车设备施工登记簿"(运统-46)内按当日施工方案或维修计划所列项目、地点、时间及影响范围进行登记。

(3)利用列车间隔进行的作业,驻站联络员应携带"工务天窗外维修作业计划"提前 30 min 到达车站,在车站"行车设备检查登记簿"内登记,车站值班员签认。

(4)调度命令下达后,驻站联络员与车站值班员核对封锁命令的命令号、区间、地点、起止时间、项目、影响范围等,确认无误后方可通知施工负责人。

(5)驻站联络员应随时注意观察控制台的信号显示,如图 3-57 所示。加强与车站值班员联系,切实掌握列车运行情况,及时准确地把本线及邻线列车车次及开车时分通知每组现场防护员。如防护联系中断,驻站联络员应向车站值班员报告,请求拦停列车;现场防护员应立即通知施工(维修)负责人停止作业;施工(维修)负责人应立即采取防护措施,并组织人员、机具、材料撤离至安全地点。

图 3-57　驻站联络员观察控制台

(6)驻站联络员应在“驻站联络员手册”内“预报”“确报”“下道”栏填记时间。双线自动闭塞区段作业可不填记时间，直接划“√”。编组站及较大站场，列车密度大时，可只在“确报”栏内划“√”。

(7)每名驻站联络员负责防护作业组不得多于5组。

(8)驻站联络员接到现场施工负责人可以开通通知后，在车站“行车设备施工登记簿”内销记，并通知车站值班员。驻站联络员必须确认现场所有人员、机具、料具都撤出防护栅栏外(或撤离路肩以外)后方可离开车站。

(9)驻站联络员负责为线路、探伤和桥梁等多个车间防护时，工务段必须制定作业信息传递流程，及时将次日作业信息(含作业项目、地点、分组、现场防护员和作业负责人联系方式)准确传至驻站联络员所在车间或工区，驻站联络员必须准确掌握。

2. 作业标准

驻站联络员与施工作业现场防护员或负责人联系的程序规定如下：

(1)施工负责人应通过驻站联络员与车站值班员保持密切联系，掌握列车运行时刻，设置好防护后方可施工。在作业过程中应密切注意来车“预报”“确报”等信号。

(2)现场防护员接到驻站联络员发出的预报、确报、变更通知后，均应立即通知施工作业负责人或按规定信号(用喇叭、信号旗等)向施工作业负责人重复鸣示，直至对方以相同信号回答时为止。同时应加强警戒，注意瞭望，监视来车与现场情况。如设有中间联络防护员时，应以上述相同方式准确及时地将信息传达给对方。

(3)驻站联络员与现场防护员应至少每3～5 min联系一次。严格执行通话三确认制度(确认对方姓名、确认对方听清、确认下道时间)，如联系中断，现场防护员应立即通知施工作业负责人停止作业，将线路恢复到准许放行列车的状态。同一区间多个作业组同时作业时，列车通过前相邻作业组现场防护员应进行联控。如防护联系中断，驻站联络员应向车站值班员报告，请求拦停列车；现场防护员应立即通知施工(维修)负责人停止作业；施工(维修)负责人应立即采取防护措施，并组织人员、机具、材料撤离至安全地点。

(4)驻站联络员应加强与车站值班员联系，双线区段反方向行车时，驻站联络员须及时通知现场防护员转报施工、作业负责人。

(四)驻站联络员与现场防护员标准的联控用语

1. 驻站联络员向现场通知来车联控用语为：

(1)上行客车接近(准备下道)或(下道)。

(2)下行货车离去(准备下道)或(下道)。

(3)站内××道信号开放，准备发车。

(4)下行货车准备进入××道，信号开放。

(5)××道对上行准备排路。

(6)××道对上行路已排好。

2. 现场防护员接到驻站联络员通知后的联控用语为：

复诵一遍驻站联络员通知后，加上一句“××工区××组明白”。如就一组人员可回答为“××工区明白”。

(1)作业人员下道、上道后，现场防护员通知驻站联络员的用语为：

××工区××组上道完毕(已上道)或××工区××组下道完毕。

(2)驻站联络员接到现场通知后的联控用语为：

××工区××组下道完毕，××站驻站明白。或××工区××组已上道，××站驻站明白。

(五)区间线路利用天窗点外进行作业时的防护要求

在区间线路上利用天窗点外进行作业，驻站联络员与现场防护员、施工(维修)负责人联系程序规定如下：

1. 施工(维修)负责人应通过驻站联络员与车站值班员保持密切联系，设置好防护后方可作业。在作业过程中应密切注意来车“预报”“确报”等信号。

(1)预报：车站对作业区间办理闭塞(预告)时，驻站联络员应立即向现场防护员、施工(维修)负责人发出预报；如系通过列车，则应提前一个车站(即邻站向本站发车时)发出预报。

(2)确报：车站向作业区间发车时，驻站联络员应立即向现场防护员、施工(维修)负责人发出确报。

(3)作业地点距车站较近或作业条件较复杂，需提前预报、确报时，施工(维修)负责人应事先与驻站联络员商定明确并告知全体防护员及作业人员。

(4)变更通知：预报、确报有变化时，驻站联络员应向现场防护员、施工(维修)负责人发出变更通知。

2. 现场防护员接到驻站联络员发出的预报、确报、变更通知后应加强警戒，注意瞭望，监视来车与作业情况。

3. 驻站联络员应加强与车站值班员的联系，双线区段反方向来车时，驻站联络员应及时通知现场防护员、施工(维修)负责人。

(六)线路上作业设置或撤除移动停车信号防护的程序

1. 设置移动停车信号

(1)驻站联络员确认作业调度命令，并向施工(维修)负责人、现场防护员传达。

(2)施工(维修)负责人向现场防护员下达设置移动停车信号命令；

(3)施工(维修)负责人确认已按规定设置好移动停车信号后，发出作业命令。

2. 撤除移动停车信号

(1)施工(维修)负责人组织确认线路达到放行列车条件(外单位施工的还需工务段安全监督员确认)。

(2)施工(维修)负责人向现场防护员下达撤除移动停车信号命令，并确认已经撤除。

(3)施工(维修)负责人通知驻站联络员办理线路开通手续。

【训练内容】

1. 在单线区间施工设置移动停车信号的防护如图3-26所示。

(1)实训需要的设备：直线线路80～100 m、防护马甲、红黄旗各一面。

(2)指定施工地点、防护员地点，可以将800 m的距离根据需要缩短。

(3)人员分配：教师为施工负责人，学生为防护员，学生按照操作程序及作业标准完成一侧移动停车信号的防护。

(4)操作程序及标准(仅供参考，各铁路局集团公司标准略有不同)。

①作业程序

a. 设置防护

(a)施工领导人

ⓐ下达:确认施工封锁命令,用号角吹一短一长声(设置防护信号),并高举红旗作圆形转动,通知两侧防护员按规定到达指定位置。

ⓑ命令:确认两端防护员到达位置后,设置移动停车信号牌,命令开工。

(b)防护员

ⓐ接受:复诵施工领导人的信号。

ⓑ确认:确认移动停车信号牌插好。

ⓒ报告:两端防护员用号角吹一短一长声,并高举红旗作圆形转动,展开停车手信号进行防护。

ⓓ防护:现场防护员在距施工地点两端各20 m处设好停车信号牌后,站在列车运行方向左侧路肩上,手持展开的红色信号旗防护。

b. 撤消防护

(a)施工领导人

ⓐ检查:检查确认线路已达到放行列车条件。

ⓑ通知现场防护员:撤除施工地点两端的移动停车信号牌。

ⓒ下达:用号角吹一长一短声(撤销防护信号),高举展开黄色信号旗在头上左右摇动。通知两端防护员收起停车手信号,撤除防护,开通线路。

(b)防护员

ⓐ接受:复诵施工领导人发出的撤销防护信号。

ⓑ现场防护员撤除停车信号牌,收起停车手信号,两端防护员收起停车手信号。

ⓒ报告:用号角吹一长一短声,并高举展开黄旗在头上左右摇动。

ⓓ确认:施工地点已撤除移动停车信号牌。

②作业标准

a. 信号显示正确无误。

b. 移动停车信号牌设置位置误差不超过1 m(也可自行制定标准)。

c. 两端防护员位置误差不超过10 m。

d. 接受施工领导人信号时反应不迟于10 s。

2. 将教室分为三部分,讲台为驻站联络员地点,教室中心为作业组和现场防护员地点,周边为其他组学生作为评价人员,模拟线路作业防护人员的作业标准。

3. 案例分析。

某日7时33分,××次运行至京哈下行线K912+880处时,××工务段正在京哈下行线K912+880处进行撤板捣固作业。因天窗计划变更,现场负责人违章指挥,班组负责人安排工作时未向驻站联络员明确当日作业组数和作业位置,在现场防护员未到达现场的情况下组织人员盲目上道,天窗外违章作业,作业组织混乱。7时10分之前,现场防护员先步行从工区出发,在作业地点未看到作业人员后继续向前单独行走;7时10分,另外9人分两批分别到达现场,7时20分作业人员在K912+880处开始上道作业,代理工长到达现场,用对讲机联系现场防护员,防护员横越线路从上行侧路肩返回作业地点。7时32分上行××次列车通过作业地点,邻线现场作业人员没有按规定下道避车,由于邻线通过列车严重干扰了现场作业人员的视听,所有作业人员均未发现本线有列车接近,7时33分下行××次运行至K912+880处与作业人员相撞。3名线路工当场被撞死,1名线路工被撞成重伤。机车停在K913＋227处,8时08分开车,区间停车35 min,作业现场模拟如图3-58所示。

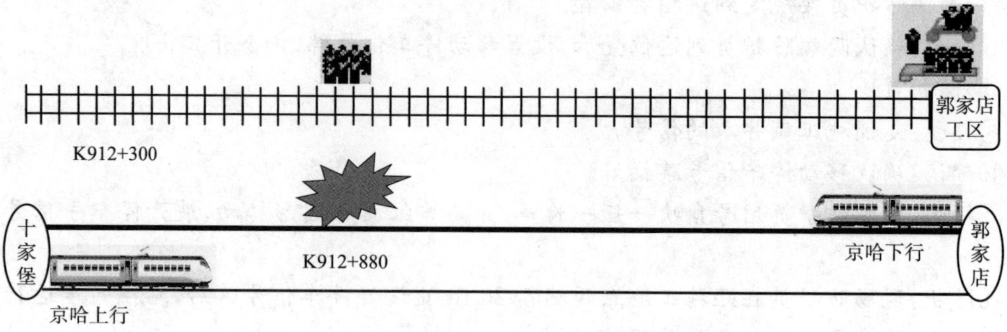

图3-58 作业现场模拟

天窗计划变更:8月21日,调度所下达的97022号施工调度命令计划作业时间为7点05分至8点35分;8月22日5时20分,行调通知工务段调度,天窗计划提前到6时10分左右。实际天窗时间是6时32分～7时22分。从这次事故中我们应该吸取怎样的教训?

4. 如图3-59所示,作业人员要横越线路,应该如何防护和办理手续?

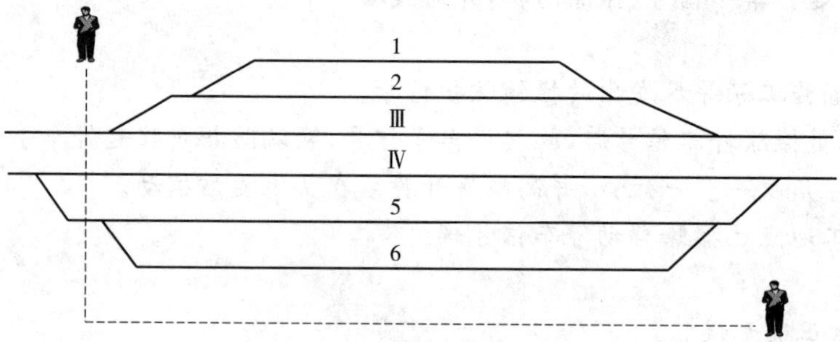

图3-59 作业人员横越线路示意

5. 如图3-60所示,1线与2线的线间距为5 m,Ⅳ线与5线的线间距为6.5 m,第一作业组在1线进行换轨作业,Ⅲ线有车运行,作业组是否作业?为什么?第二作业组在5线进行调整轨缝作业,Ⅳ线来车,作业人员是否作业?为什么?两个作业组都在天窗内作业,应如何设置作业防护?

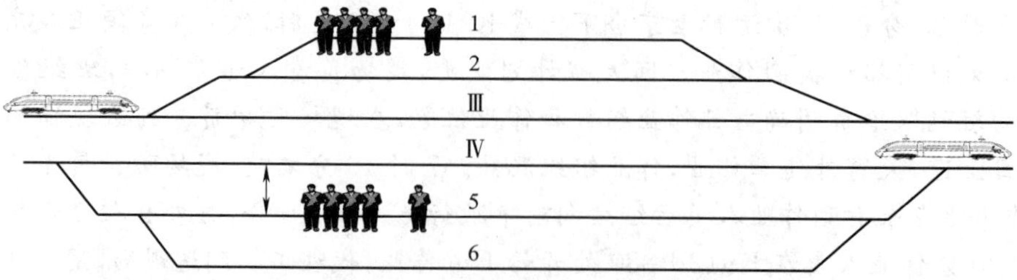

图3-60 两组同时作业的站场线路示意

6. 如图3-61所示,作业组人员要到Ⅲ线作业,现场防护员和驻站联络员应如何联系,需要履行哪些手续？Ⅲ线作业完成后，需要转移到5线作业，现场防护员和驻站联络员应如何联系？

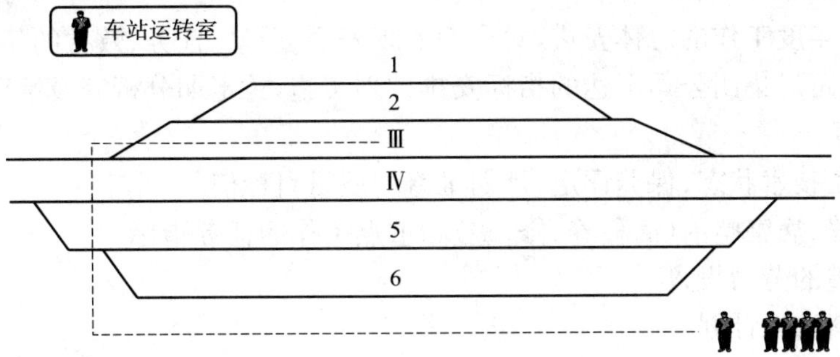

图3-61　转移作业站场示意

任务四　线路班组管理

【任务描述】

线路班组通常称为线路工区，是工务段的基层单位，也是核心生产单位。线路班组管理是指为了完成班组生产任务而制订的工作计划、生产组织、安全控制、质量监督等项管理活动。班组管理质量的高低直接影响工务段的声誉。班组管理主要阐述两方面内容：一是年、月、日作业计划的编制；二是线路工区班组日志的填写方法和班组资料的管理。

作业计划是实施科学养路的主要环节，包括工作量调查、计划编制、实施步骤、作业质量回检、执行结果分析等，每一个环节都必须认真完成，以便及时发现问题，改进工作。班组日志是班组一日生产活动情况的真实记录，涉及职工考勤、出工情况、会议记录、生产计划、完成任务、职工考评等诸多内容。

【学习重点】

1. 日计划的编制。
2. 线路工一日工作程序。
3. 班组日志的填写。
4. 科学管理的能力。

【学习内容】

一、线路维修作业计划的制订

工务段应根据铁路局集团公司线路设备维修工作安排，编制年度分月维修计划（年度计划含各项技术指标），下达各车间。工务机械段应根据铁路局集团公司下达的年度计划，编制年度分月维修计划。各单位要掌握线路养护作业计划的系统性编制方法，科学的制定维修计划。

线路车间、重点维修车间应根据工务段下达的年、月维修计划和各项技术指标，编制月、周、日维修计划。其主要内容包括：维修主要项目、数量、地点、材料和人工数；工作量调查、设备检查、验收的人工数;日常巡检的主要内容、材料和人工数;临时补修人工数;天窗计划。

(一)年度计划

年度计划是年度工作的总体安排,对全面实现安全、质量、任务、效益的年度目标起着主导作用。应根据铁路局集团公司下达的指标安排计划实施,并定期分析完成情况。

1. 主要内容

(1)工务设备技术状态、保养评定、计划维修的质量目标值。

(2)计划维修、病害整治(简称养、修、整)和重点工作的任务指标。

(3)养、修、整的劳力投入。

(4)主要材料消耗计划。

2. 编制依据

(1)上级部门对维修工作的重点要求。

(2)上年度设备秋检结果。

(3)劳力及料具消耗成本控制。

3. 总体要求

(1)任务质量。在做好计划维修的同时,还应加强临时补修和病害整治,做到及时消除超限处所,控制病害的发展,逐步降低设备状态劣化率。

(2)劳力投入。做到控制保养质量,确保整治达标,合理安排劳力,尽量压缩非生产劳动。

(3)材料消耗。根据工作项目数量的消耗定额合理安排,在确保安全质量前提下减少经费,节约投入。

(二)月计划

月计划是班组生产活动的准则,月计划编制是在年度计划的宏观指导下,根据检查结果,结合季度特点,合理编制并按计划组织实施。其中,计划维修和单项重点病害整治计划由车间编制报工务段审批。编制计划时,在劳力安排上,严格控制养、修、整比例;在保养安排上,注意周期控制;在维修安排上,做到月度控制、季度调整,保证年度计划的兑现。其编制要点如下:

1. 月计划编制的主要依据

(1)工务段下达批准的年度分月任务,包括计划维修和重点病害整治及单项工作任务。

(2)线路工区月末设备检查发现的临时补修工作量和因设备变化预测下半月发生的临时补修工作量。

(3)本月需要安排解决的季节性工作和计划维修工作。

(4)可能发生的病事假和非生产工时。

2. 月计划编制原则

(1)必须正确处理计划维修和临时补修的关系。线路工区在编制月计划时,必须保证有足够的工时能及时消灭超过临时补修容许偏差的不良处所和其他危及行车安全的隐患,在此前提下,按照季节特点和设备状态变化规律,安排计划维修工作。

(2)月计划要保证完成工务段下达的计划维修和重点工作任务。

(3)在编制月计划时,要同时考虑工作量与劳力、材料供应的关系,发现问题及时进行调整。

3. 月计划编制的内容

(1)计划维修的线路延长米、道岔组数,主要作业项目和数量,使用材料和人工数。

(2)临时补修使用人工数。

(3)设备检查、工作量调查、验收的人工数。

4. 月计划编制要求

(1)月计划进度表在每月全面检查结束后编制,车间主任于当月 30 日前对各工区月计划进行审批,并签署意见后生效。线路工区应于每月 28 日前完成下月作业计划。

(2)加强结构养护工作,合理安排维修任务,确保重点病害整治,压缩非生产劳力投入。

(3)坚持"先严重、后一般"的原则,处理轨面超限和结构病害,合理安排进度,确保工作量与计划人工相符。

(4)对月计划编制工时的要求是:以班组全员应出勤工时作为总计划工时,工时计划编制要留有余地,以方便安排临时性任务和预留机动时间。

(5)作业计划应包括线路检查手册内容和工作量调查内容。

(6)月计划中"日完成栏"应每日填写。

(7)每月计划完成后应进行汇总、统计、分析,总结经验,不断提高月计划编制的可行性和兑现率。

(8)间接生产用工计划应按实际需要编制,非生产人工计划按生产人工计划的 10%预留,完成生产工时按实际发生填写。

(三)日计划

为确保月计划实现,日计划编制必须以月计划为依据,在当天作业下班后编制第二天工作计划。日计划分天窗内作业和天窗外作业,日计划必须注明作业地点、项目、工作量和劳力分工、工时安排、材料消耗,并提出作业要求、质量要求、安全预想,总结当日工作并进行日评分。

日计划是完成月计划的基础,也是每天工作的具体安排,必须做到项目清楚,数量准确,计划切实指导作业。日计划应以指导生产作业为目的,合理安排线路计划维修和临时补修工作内容,及时消灭严重影响行车的设备病害。

1. 日计划编制原则

(1)按"先严重、后一般"的原则整治设备病害。

(2)日计划应在当日上班点名前编制完毕,安全预想必须与当日作业项目密切相关。

(3)作业计划应包括线路检查手册内容和工作量调查内容(包括作业地点或钢轨号及病害数量)。

(4)在确保安全、质量的前提下,合理减少人工与原材料消耗。

(5)日计划按实际作业日期填写。

当前,为了便于编制日计划,对准备终结时间、工艺中断时间以及工人自然需要时间等,多采用综合测算法估算每日固定消费工时。固定消费工时的内容涵盖点名、班前教育、安全预想、更换服装、准备料具、向行车调度联系机械上道和运输工具运行时段、工地转移走行、班中小休、避车、生理自然需要时间、工具入库、班后收工总结等时间。该工时约占据当日计划工时的 1/4。

2. 日计划编制依据

(1)作业调查资料。临时补修以线路、道岔检查记录或动态检查公里小结报告为依据,不再单独组织作业调查,应在前一日作业完毕后,由施工领导人在次日作业区段组织调查。调查的作业项目、计量单位应与劳动定额一致。单项整治病害及作业,如调整轨缝、拨正曲线作业,需在调查后进行计算,按调整量或拨道量确定防护办法并计算工作量。

扒砟、起道、捣固(垫板)、改道、更换或补充零配件、方正轨枕等项目,须在现场画撬,并查清工作量;直线拨道、整理道床、整平路肩、除草等项目,可按计划维修作业长度核算工作量;螺栓涂油、更换轨枕、均匀道砟、矫直钢轨硬弯、打磨钢轨等作业,按作业量计划工时。

(2)铁路工务维修劳动定额(包括铁路工务维修准备、终结和中断时间,线路维修单项作业工时定额)。

(3)线路工区次日可能参加作业的人数。

(4)天窗修作业项目。由于每日天窗时间较短,且天窗修作业项目有明确规定,日计划作业项目中要区分开天窗修项目和天窗外作业项目,工时计划也应该分别编制。

(5)月计划的项目和数量。

(6)工区月度全面检查与重点检查记录。

(7)临时发生的严重影响行车安全的设备病害。

3. 日计划编制步骤

(1)按月计划中计划维修、临时补修的比例,并考虑线路状态的变化情况,确定次日维修方式和作业地点。

(2)在次日作业地点进行工作量调查(临时补修可用静动态检测资料),查清作业项目及其工作量。

(3)按作业地点、工作量和定额计算应消费工时。

(4)按可能上道的作业人数提供工时,确定计划作业项目和工作量。

(5)按计划作业项目、工作量和人数计划出携带的工具数量和材料消耗数量。

4. 日作业计划与完成表

在编制日作业计划时,要保证需要工时与可能提供的工时平衡。但在计算劳动生产率时,应按标准计算。下面是某铁路局集团公司所使用的日计划表样式。

现以××工区为例,班组现员 13 人,××年××月××日,1 名职工休病假,1 名职工到段开会,作业组当日工作为 1 组,日作业计划与完成表参见表 3-4。

表 3-4　日作业计划与完成表

____月____日　　　　安全监督员

	作业位置	用工人数	工作项目	单位	工时定额/min	计划完成数	××××		临时补修		病害整治		其他	
							数量	工时	数量	工时	数量	工时	数量	工时
定额生产	1~2 km	10	固定工时	人	130	计划	7	910						
						完成	7	910						
			起道	m	4.0	计划	300	1 200						
						完成	350	1 400						
			撤垫板	块	3.9	计划	177	690						
						完成	223	870						
			方正轨枕	根	10	计划	40	400						
						完成	15	150						

续上表

<table>
<tr><td rowspan="2"></td><td rowspan="2">作业位置</td><td rowspan="2">用工人数</td><td rowspan="2" colspan="2">工作项目</td><td rowspan="2">单位</td><td rowspan="2">工时定额/min</td><td rowspan="2">计划完成数</td><td colspan="2">××××</td><td colspan="2">临时补修</td><td colspan="2">病害整治</td><td colspan="2">其他</td></tr>
<tr><td>数量</td><td>工时</td><td>数量</td><td>工时</td><td>数量</td><td>工时</td><td>数量</td><td>工时</td></tr>
<tr><td rowspan="2">定额生产</td><td rowspan="2">1～2 km</td><td rowspan="2">10</td><td rowspan="2" colspan="2">拧紧松动扣件</td><td rowspan="2">10 个</td><td rowspan="2">2</td><td>计划</td><td>800</td><td>160</td><td></td><td></td><td></td><td></td><td></td><td></td></tr>
<tr><td>完成</td><td>1 000</td><td>200</td><td></td><td></td><td></td><td></td><td></td><td></td></tr>
<tr><td rowspan="2">合计</td><td rowspan="2"></td><td rowspan="2"></td><td rowspan="2" colspan="2"></td><td rowspan="2"></td><td rowspan="2"></td><td>计划</td><td></td><td>3 360</td><td></td><td></td><td></td><td></td><td></td><td></td></tr>
<tr><td>完成</td><td></td><td>3 530</td><td></td><td></td><td></td><td></td><td></td><td></td></tr>
<tr><td rowspan="6">无定额生产</td><td rowspan="6"></td><td rowspan="6"></td><td rowspan="2" colspan="2">现场防护员</td><td rowspan="2">人</td><td rowspan="2">480</td><td>计划</td><td>1</td><td>480</td><td></td><td></td><td></td><td></td><td></td><td></td></tr>
<tr><td>完成</td><td>1</td><td>480</td><td></td><td></td><td></td><td></td><td></td><td></td></tr>
<tr><td rowspan="2" colspan="2">驻站联络员</td><td rowspan="2">人</td><td rowspan="2">480</td><td>计划</td><td>1</td><td>480</td><td></td><td></td><td></td><td></td><td></td><td></td></tr>
<tr><td>完成</td><td>1</td><td>480</td><td></td><td></td><td></td><td></td><td></td><td></td></tr>
<tr><td rowspan="2" colspan="2">巡道工</td><td rowspan="2">人</td><td rowspan="2">480</td><td>计划</td><td>2</td><td>960</td><td></td><td></td><td></td><td></td><td></td><td></td></tr>
<tr><td>完成</td><td>2</td><td>960</td><td></td><td></td><td></td><td></td><td></td><td></td></tr>
<tr><td rowspan="2">未生产小时</td><td>人数</td><td>病假</td><td>事假</td><td>开会</td><td>学习</td><td>雨雪休</td><td colspan="2">其他</td><td colspan="7">小计</td></tr>
<tr><td>2</td><td>1</td><td></td><td>1</td><td></td><td></td><td colspan="2"></td><td colspan="7">16</td></tr>
<tr><td rowspan="4">安全控制</td><td colspan="2">作业分组</td><td colspan="2">作业负责人</td><td colspan="2">现场防护员</td><td colspan="2">驻站联络员</td><td colspan="7">作业人员互控</td></tr>
<tr><td colspan="2">第一组</td><td colspan="2">×××</td><td colspan="2">×××</td><td colspan="2">×××</td><td colspan="7">职工工位顺号</td></tr>
<tr><td colspan="2">第二组</td><td colspan="2"></td><td colspan="2"></td><td colspan="2"></td><td colspan="7"></td></tr>
<tr><td colspan="2">第三组</td><td colspan="2"></td><td colspan="2"></td><td colspan="2"></td><td colspan="7"></td></tr>
<tr><td rowspan="4">材料消耗</td><td colspan="2">材料名称</td><td colspan="2">规格</td><td colspan="2">单位</td><td colspan="2">使用数量</td><td colspan="7">回收数量</td></tr>
<tr><td colspan="2">回收垫板</td><td colspan="2">3</td><td colspan="2">块</td><td colspan="2">50</td><td colspan="7">45</td></tr>
<tr><td colspan="2"></td><td colspan="2"></td><td colspan="2"></td><td colspan="2"></td><td colspan="7"></td></tr>
<tr><td colspan="2"></td><td colspan="2"></td><td colspan="2"></td><td colspan="2"></td><td colspan="7"></td></tr>
<tr><td rowspan="2">工时核算</td><td colspan="2">出工人数</td><td colspan="2">定额人数</td><td colspan="2">出工小时</td><td colspan="2">计划定额小时</td><td colspan="2">完成定额小时</td><td colspan="2">无定额小时</td><td colspan="2">未生产小时</td><td>停工小时</td></tr>
<tr><td colspan="2">13</td><td colspan="2">7</td><td colspan="2">104</td><td colspan="2">56</td><td colspan="2">58.8</td><td colspan="2">32</td><td colspan="2">16</td><td></td></tr>
</table>

注:作业人员互控人员组成——工长 1 人,班长 1 人,线路工 5 人,现场防护员 1 人。

表 3-4 填写说明如下:

(1)固定消费工时(130 min)包括点名、布置工作、班前安全教育、更换工作服、佩戴防护用品、料具准备、工程车的搭上搭下、互检验收当日工作及调查次日工作、插撤作业标、转移工地及更换工具、工地走行、等待列车通过和自然需要的时间。

(2)定额生产(计划工时)的作业项目必须是铁路局集团公司颁发的《铁路工务维修劳动定额》规定的非估工的项目。

(3)完成工时按完成作业项目的数量乘以定额工时。

(4)无定额工时包括防护、发电司机、汽车司机、旬检、领料、烧锅炉、巡道、道口等。

(5)未生产小时包括病假、事假、学习、开会、雨雪休等。

(6)工时核算。

①出工人数是指当日应出勤人数。

②定额人数是指当日实行定额生产工时人数。

③线路工区总出工小时是指出工人数乘以 8 h。

④计划定额小时是指实行定额生产的人数乘以 8 h。

⑤完成定额小时是指当日完成定额总工时(min)除以 60 min(包括固定消费工时)。

⑥无定额小时是指没有参加定额生产的人数乘以 8 h。

⑦未生产小时是指休病、事假的人数乘以 8 h。

⑧出工小时:计划定额小时+无定额小时+未生产小时+停工小时。

⑨安全控制栏由作业负责人填写人名、现场防护员填写人名、驻站联络员填写人名,作业人员互控栏内按照“综合管理簿”中的点名簿工位顺号填写个人排号。

(7)班前教育班后总结记录见表 3-5。

表 3-5　班前教育班后总结记录

日期	×月×日	主讲	×××	记录	×××	安全员	×××
班前教育	1. 宣讲规章制度 2. 宣讲通报及通知 3. 强调事项						
班后总结	1. 任务完成情况 2. 质量情况 3. 其他工作情况						

①班前教育包括如下内容:

a. 宣讲规章制度。认真组织职工学习各项规章制度。

b. 宣讲通报及通知。宣讲当前的铁路发展趋势和近期的相关事故通报,并及时把上级指示精神通知到每一名职工。

c. 强调事项。当日作业的重点和安全注意事项。

②班后总结包括如下内容:

a. 任务完成情况。写清计划数与完成数及主要重点工作计划与完成情况。其中包含的项目按日计划实际发生数填记。

b. 质量情况。按计划维修填记本月综合质量评定的实际公里数,与验收记录中的数据相符。在没有其他任务时,可填记轨检车动态检查情况。

c. 其他工作情况。大项目根据人、机、料、法、环的利用情况做简要总结。安全填写违章、违纪(简称“两违”)考核情况,按次记录写清处理情况。过程控制一般填记发生问题的分析及处理,如质量不合格造成返工。成本填记劳动力、工具材料的反映,如成本有无超(节)支、工具材料有无损坏等情况。

(8)需要注意的事项如下:

①班组派出的驻勤人员,本班组不计考勤,也不编制工时计划。

②表 3-6 中,填记每日班组考核职工日评分情况,基础分 10 分,班组依据段发岗位达标考核办法和班组考核办法中的增减分条件,对每位职工进行考评。“累计得分”栏填记个人当月汇总得分,岗位达标月得分要换算成百分制。例如:李某当月应出勤 22 日,累计分数 214 分,月岗位达标得分为 214÷22×10=97.3 分;王某当月累计得分 189 分,月岗位达标得分为 189÷22×10=85.9 分。

工区工作日志填写时间截至每月 25 日。

表 3-6　职工岗位达标考核记录

姓名 ××　　　　　　　　　　　　　　　　　　　　××年××月

日期	考核得分	增减分	实际得分	累计得分	备注
7.1					
7.2					
⋮					
7.31					
合计					

注:(1)该表每人每月填写一张,逐日填写,月末累计得分,作为岗位达标考核依据。
(2)备注栏注明增减分原因。

二、线路工长日作业标准

(一)班前准备

1. 编制计划

根据设备动静态检查结果及日常调查线路病害情况,结合车间下达的月工作计划和工区的工作量调查编制工区月工作计划,并结合本工区工作实际进行分解。需天窗内的作业项目,编制天窗计划,按规定上报车间审批。

2. 工作预想

(1)针对次日作业项目、作业环境,对人员分工,应使用的机具、工具、材料的种类、数量进行预想。

(2)针对次日作业项目中是否有易造成人身伤害或影响行车安全的各种可能进行预想,并针对各种可能制定预防措施。

(3)针对次日作业环境对是否增加防护员及防护员应站位置,作业地点是否易造成安全隐患等进行预想,并针对各种可能制定防护方案和预防措施。

3. 布置任务

(1)早点名。按考勤进行集中点名并检查职工出勤情况,根据计划布置生产任务,下达作业任务单,有针对性讲清作业中的安全注意事项,并明确作业互控、他控人员和内容,进行技术交底并对个别职工进行抽问。

(2)检查机具备品。检查职工是否按规定穿戴劳保用品;检查机具状态是否正常;检查防护员携带信号备品、通信工具是否齐全良好。

(二)班中作业

1. 设备检查

每月应按计划检查线路、道岔和其他线路设备。对工务段、车间、工区确定的关键地段、重点薄弱处所经常检查。

2. 作业检查

对当日作业进行监控和抽查,同时对前一天和当日作业质量进行抽验,并做好记录;对未按作业标准进行作业的予以纠正;对作业中的违章行为予以制止;对质量不合格的要求返工。

3. 上道作业

利用天窗内作业时,设好驻站联络员和现场防护员,取得车站值班员准许后方可作业。天窗外作业时,设好驻站联络员和现场防护员,确认设好防护,两端无列车向作业地点开来时,下令上道作业。作业结束后,按作业验收标准进行质量回检并调查次日工作量。

4. 收工

收工后对现场进行检查,避免工具、机具、材料遗漏现场或未按规定集中管理。回到工区后,工具、机具、材料按规定进行清点和摆放。

(三)班后总结

1. 由作业负责人总结当日安全生产情况及作业人员表现。

2. 总结现场抽检、回检情况,并结合作业负责人总结,提出对职工当日考核意见。

3. 对当日工作进行全面总结,对下一步工作提出要求。

4. 传达上级指示精神并组织学习(条件允许情况下此项可放在早点名后)。

5. 与班长研究次日工作,按规定填好各种表簿册。

(四)临时工作

对上级领导和工务段日常检查中发现的设备超限处所、重点安全隐患和其他影响行车安全的隐患,工长应立即做出工作安排,随时调整劳力,及时消除安全隐患,确保行车和人身安全。

三、线路工日作业标准

(一)班前准备

(1)班前做到充分休息。

(2)按规定时间到点名室参加早点名,认真听取工班长布置的生产任务、安全注意事项及安全员对当日安全注意事项的补充。

(3)在出工前做到五个清楚,即清楚当日工作地点、清楚工作项目、清楚技术标准、清楚个人生产任务,清楚当日安全注意事项。

(4)按规定要求,作业人员统一穿作业服。

(5)出工。乘车前往作业地点,应做到料具放置稳固,人员坐好把牢,严禁在车中打闹;步行前往作业地点时,应在路肩走行,作业人员应做到同去同归,在站内必须走道心时应有防护员进行前后防护,横越线路、道口时应做到"一停、二看、三通过"。

(二)班中作业

(1)服从指挥,听到作业负责人下达的上、下道命令后,应立即携带料具上、下道。

(2)严格执行操作规程和单项作业标准,为下道工序做好各项准备。

(3)按分工进行作业,作业质量应达到作业负责人提出的质量回检要求。

(4)遇来车下道时,应携带料具下道并确认线路上无遗漏料具,下道后料具应按规定摆放在路肩上。避车时,站立成行,面向列车尾部,防止车门或坠落物及绳索伤人,严禁在两线间避车。

(5)在站内作业时严禁作业人员跳车、钻车、扒车和由车底下、车钩上传递工具材料。

(6)休息时不准坐在钢轨、轨枕头及道床边坡上。

(7)收工。负责人宣布作业结束后,作业人员应整理好料具并清理作业现场。回到工区后,料具入库应对号定位,分类堆码,不散不乱;使用和保管的料具应做好检修保养,保持状态完好,为下次作业做准备。

(三)班后总结

(1)认真听取工班长、安全员、防护员当日工作总结,对上述人员未发现的问题进行补充。

(2)参与职工岗位达标考核，对工班长提出的考核结果发表个人意见。

(3)按班组内部管理分工做好本职工作。

(4)参加工区组织的各种学习和其他活动。

四、线路班组安全管理

(一)班组日志

班组日志是班组一日生产活动情况的真实记录，涉及职工考勤、出工情况、会议记录、生产计划、完成任务、职工考评等诸多内容。

1. 填记的基本要求

(1)班组日志记载着班组每天工作的具体生产状态、作业内容、安全情况等信息，同时反映职工个人的日间工作绩效。必须由工长亲自填写，确保各项记录内容的真实、完整。

(2)班组日志应填写及时，记录准确，按生产实际填记，杜绝假记录。

(3)班组日志是检查班组管理的主要依据，应随时处于受检状态，不得以任何借口拒绝检查。

(4)班组日志要与检查手册(复检手册或临时作业单)的销记做到“二合一”，填记的作业时间、作业项目、消耗材料等记录内容与销记情况相符。

2. 填记内容说明

(1)考勤表

①班组的考勤表应以全员管理考核，职名姓名填记齐全。工长组织进行早点名时，准确掌握出勤、缺勤、迟到、早退和零星假情况。对于当月新增和减少人员及出现特殊情况的，考勤记事栏要标记清楚，职工的各种休假必须有符合规定的请假书(休假证明)。

②考勤表应以实际工作情况(日数)按规定填写。

③各种标记应按规定填记。替代标记不确切时，应附加说明。

④统计汇总工时以工日数为单位。

⑤考勤记事栏作为考勤的进一步说明。

(2)早点名会

①现员人数、出勤人数应与考勤表对应；上道人数为从事实际作业的人员，未上道人员情况要写明未上道原因；现场负责人、驻站联络员要填记具体人员姓名。

②工作安排填记工长对当日工作的安排，写清当日作业分组、天窗计划时间、作业地点、作业项目、作业数量、作业人数、工号、使用工具、所需材料及机具鉴定等。明确作业负责人、驻站联络员、现场防护员，明确作业标、移动停车信号、短路铜线设置人员及位置。

③安全风险提示栏应填记针对当日作业环境及天气、上下班走行、横越线路及避车、防护及驻站、机具及使用等项目进行安全预想，制定有针对性的安全控制措施。在其他栏内，针对当日作业项目明确提出作业质量标准，确定作业后的回检人员，并要求填写回检记录。

④对上级通知、通报、文件进行学习、传达，组织职工学习掌握上级有关要求及传达的重要内容。

⑤班前技术学习、抽考。本着干什么、学什么的原则，以当日作业内容作为学习的主要内容，学习作业标准、安全规章，并抽考2～3人。

(3)收工总结会

①作业结束后,由工长组织召开收工总结会,如实填记实际作业项目、完成数量及材料消耗情况。

②填写作业和防护过程中存在的安全问题及整改措施。

③填写当日完成的工作质量及验收情况、需改进的事项。

④记录主要机具鉴定分工及鉴定过程中发现的主要问题和采取的措施。

⑤当日工作总结及个人考核要与当日工作情况相结合,涵盖任务完成的进度、作业安全、作业质量、职工表现等,总结中要对班组职工做出考核评分,并做好考评记录。

(4)次日天窗例会

①如实填写例会召开时间、地点及驻站联络员、现场防护员、远端防护员、主持人、记录人、参加人员姓名,按施工作业计划填写天窗计划时间、作业项目和需要使用的机具、材料。

②填写施工任务分配,驻站联络员、现场防护员分工,防护标志等设置分工及位置,对施工材料、人员、机具准备情况进行布置。

(5)安全风险研判

施工负责人结合各级施工例会要求进行布置,对施工前、施工中、施工后必须注意的施工技术要求进行明确,针对作业项目进行风险研判,提出控制措施。

(6)考核记分表

①每日记分涵盖对职工动静态考核的全部内容,按车间、班组制定的内部考核分配办法,以职工每日岗位实际工作表现对个人考核记分,记分要拉开档次,不搞平均主义。每日作业考核记分填入记分栏内,作为等级职工评定分数和计算捆用工资记分基础。考核记分应公开、公正、合理及透明,与捆用工资分配挂钩。

②个人累计分:以当月每日得分进行总合计。

③个人换算分=个人累计分÷当月个人应得分×100%。换算分计算中,当月个人应得分一般情况下班组内为一个统一数,即当月班组出满勤的应得分。特殊情况下为本人扣除批准的有薪假以外工作日的应得分,如:年休假、婚假、丧假等。

④职工等级:以当月个人换算分等级标准划定,即:一级职工 95 分及以上、二级职工 95～85 分、三级职工 85～60 分、失格 60 分以下。

⑤备注:标记对评分、换算、评定职工等级、职业技能鉴定等级加分等进一步说明。

(7)学习记录

记录工区组织职工进行政治学习和技术学习的主要内容。

(8)检查指导意见

各级检查人员填写检查发现的问题及整改要求,整改责任人负责销记签字。

(二)班组安全基础资料管理

1. 规章制度卷

(1)基础规章

《技规》《普速修规》《普速安规》《事规》[①]《行规》[②]《单项技术作业标准》。

注:[①] 全称《铁路交通事故调查处理规则》。

[②] 全称《普速铁路行车组织规则》,铁路局集团公司结合《技规》制订对应《行规》。

具体要求：做好借阅登记，必须及时归还。接到规章修改通知时，必须第一时间对规章进行修改、填记好相关内容。

装订说明：长期保存。

(2)上级规章制度(铁路局集团公司发规章存电子版)

具体要求：按规章受控目录车间存电子版，动态管理。

装订说明：电脑保存。

(3)段规章办法(含管理细则和行车工作细则)。

具体要求：《××工务段管理制度汇编》《车站行车工作细则》。

装订说明：合订本。

2. 上级文电卷

(1)上级文件、工作安排(工务段下发的文件及各项工作安排)

具体要求：文件与工作安排分册打印、装订。

装订说明：及时清理废止文件，各类工作安排保存一年。

(2)通知、通报(需记名传达的纸质保存)

具体要求：通知、通报需要记名式传达的纸质保存。

装订说明：按通知、通报编号(或时间)顺序装订，首页为目录，手工填写；所有通知、通报统一建立文件夹，电脑保存电子版。

3. 安全管理卷

(1)安全基础管理

①工务段、车间安委会(安全例会)纪要，工务段、车间周安全分析

具体要求：纸质保存，由车间打印下发至班组。

装订说明：按时间顺序分册装订。

②安全综合记录簿

a. "三新"人员安全教育登记表

具体要求："'三新'人员安全教育登记表"由车间、班组保存，由车间将电子版上报职教科。

装订顺序："'三新'人员安全教育登记表"、培训教案。

b. 特种设备作业人员安全技术培训登记表

具体要求：特种(设备)作业人员管理台账分：锅炉压力容器(锅炉工)、金属焊接(电焊工)、电业作业(电工)和起重作业(吊车司机)四个作业人员管理台账，同时分别设立四个相关空表。

装订说明：每年年初由车间打印成册下发至班组，发生新增手工登记，有减少手工横线划掉。

c. 防护员登记台账

具体要求：ⓐ防护员变动时，必须及时更改"防护员登记表"。ⓑ安全科每年对防护员进行一次复审，成绩和考试日期必须在"防护员证"中登记，并要加盖劳安监察的个人章。同时，在"防护员登记表"中将成绩和考试日期登记好。ⓒ每年年初前车间安全员将上一年所有防护员名单打印一份并留出本年中计划新增加防护员的空格，如有新增防护员以手工登记，如有销证防护员，在删减人员一栏中用两条横线划掉。ⓓ"防护员登记表"以铁路局集团公司统一下发格式为准。

装订说明：每年年初由车间打印成册下发至相关班组，发生新增手工登记，有减少手工横线删除。保存期限一年。

d. 事故、险情"四不放过"分析会议记录

具体要求：安全问题分析要按照"原因未查清不放过、责任人员未处理不放过、整改措施未

落实不放过、有关人员未受到教育不放过”的原则,车间正职应主抓,逐级分层深入分析,并对各个环节进行引申分析。

装订说明:“四不放过”分析会议记录按工务段下发的统一格式打印成册,按事件发生的时间先后为序进行记录,保存期限永久。

e. 安全大检查、各种专项活动会议记录

具体要求:一般会议记录的格式包括两部分:一部分是会议的组织情况,要求写明会议名称、时间、地点、出席人数、缺席人数、列席人数、主持人、记录人等。另一部分是会议的内容,要求写明发言、决议、问题,是会议记录的核心部分。对于发言的内容,要求详细具体地记录,尽量记录原话。

装订说明:按时间顺序装订。

③“两违”问题公示表

具体要求:每月由车间按工务段下发的“两违”问题公示表,摘录打印下发至班组。

装订说明:按月顺序装订。

④上下班行走路线图、紧急抢修路线图

具体要求:由车间打印下发至班组,工区备存并上墙。

装订说明:先站场图后区间图,先小里程图后大里程图(有变化时及时更新)。

⑤安全防护关键点台账

具体要求:由车间将管内瞭望困难处所统计表、增设防护区域示意图、“重大危险源登记簿”打印下发至相关班组,如因调查发现新防护关键点、重大危险源应立即上报车间,由车间上报段安全科备案,并及时填写登记簿,制定保安全措施。

装订说明:ⓐ管内瞭望困难处所统计表;ⓑ增设防护区域示意图;ⓒ“重大危险源登记簿”。

⑥问题登记台账

具体要求:ⓐ每月初 3 日内,由车间摘录各工区问题打印下发至班组存档,同时下发一定页数的空白表格,月度中动态发生问题时,由班组在问题登记台账的空格中按要求手工填写,以便各级部门检查。ⓑ常态化问题库包括各类通报问题、“两违”问题公示表中的所有问题及各类安全信息登记簿中的问题(含各级添乘及途检发现的各类严重问题)。

⑦年度全员安全培训登记表

由车间打印下发至各班组存档。

(2)安全大检查(专项活动)资料

①工务段、车间安全大检查工作安排及专项活动安排,工区总结

具体要求:ⓐ由车间将“段、车间安全大检查及专项整治活动安排、实施方案及段下发的宣传提纲和相关会议纪要”打印下发至班组存档。ⓑ班组按规定时间形成安全大检查及专项整治活动总结,应有必要的会议记录。

装订说明:按段、车间安排、班组会议及总结顺序装订。

②工务段大检查的检查通报及专项活动通报

具体要求:按上级文电卷“通知、通报”要求统一装订。

装订说明:按上级文电卷“通知、通报”要求统一装订。

③安全大检查问题登记簿

具体要求:填写要求与常态化问题库相同,按大检查(专项活动)要求,将活动检查发现的问题纳入安全大检查问题登记簿。

装订说明:本班组检查发现问题手工填写,其余问题由车间摘录打印下发至班组。

【训练内容】

模仿工区职场环境(图 3-62),将班级分成 3～4 组,每组就是一个工区,确定每组人员的职务:线路工长 1 人,线路班长 2 人,安全员 1 人,现场防护员 2～3 人,驻站联络员 1 人,内业管理人员 1 人,材料员 1 人,作业人员若干人。每个工区确定 1～2 个作业项目,根据职务要求(作业标准)对分管工作进行认真详细布置,其他组认真记录,实事求是评价(评价标准根据作业项目对标执行)。要求完成的任务有:

图 3-62　学生在模拟班组早点名和晚收工会

(1)内业管理人员完成本工区日计划。
(2)线路工长填写班组日志、考勤、天窗例会、考核计分表等。
(3)现场防护员、驻站联络员完成防护记录簿等资料的填写。
(4)安全员针对作业项目学习《普速修规》《普速安规》并填写学习表。
(5)其他人员针对作业项目提出注意项目。
(6)教师根据每组完成任务情况填写检查指导意见。

复习思考题

1. 何谓轨道电路? 由哪几部分组成? 有何作用?
2. 轨道电路的分类有哪些?
3. 造成轨道电路红光带的原因有哪些?
4. 什么叫“天窗”和“天窗修”?“天窗修”分为哪几类?
5. 利用天窗修作业必须满足哪四个基本条件?
6. 铁路信号如何分类?
7. 防护中使用的移动信号有哪些?
8. 线路发生危及行车安全故障时,应如何进行防护?
9. 作业安全防护基本原则是什么?
10. 月计划的编制原则是什么? 编制依据有哪些? 月计划包括哪些内容?
11. 日计划编制的依据有哪些? 编制步骤是什么?
12. 年度线路维修作业计划包括哪些内容?

项目四　不同轨道结构线路维修

【项目介绍】

铁路线路设备是铁路运输业的基础设备。它常年裸露在大自然中，经受着风雨冻融和列车荷载的作用，轨道几何形位不易保持，路基及道床产生变形，钢轨、轨枕及联结零件磨损，致使线路设备的技术状态不断发生变化。为确保运输安全，必须加强对线路的监测和养护维修。铁路工务设备是铁路运输安全畅通的关键设备，具有结构复杂、技术性强、修建困难，造价较高的特点。一旦损坏，轻则限速减载，重则中断行车。因此，做好工务养护工作意义十分重大。

任务一　电气化铁路线路维修

【任务描述】

电气化铁路是一种现代化的铁路运输工具，具有运输能力大、行驶速度快、运营成本低、节能环保、安全可靠等优点，被世界各国列为重点发展的绿色交通方式，它是实现铁路现代化的重要标志。电气化铁路线路，因有接触网和轨道电路等设备，具有高电压、大电流、感应电流强大等技术特点，由此引发的人身伤害事故和设备事故时有发生。因此，在进行线路作业时，工务部门要与供电部门密切配合。线路工不仅要熟悉本职业务，还必须了解电气化铁路线路维护的特殊要求，根据电气化铁路的特点进行作业，以确保行车与人身安全。

【学习重点】

1. 电气化铁路线路作业要求。
2. 电气化铁路安全注意事项及预防措施。
3. 安全规范执行素养。

【学习内容】

一、电气化铁路的特点及维修特殊要求

电气化铁路(图 4-1)的牵引动力是电力机车，机车本身不带能源，所需能源由电力牵引供电系统提供。牵引供电系统主要是指牵引变电所和接触网两大部分。变电所设在铁道附近，它把发电厂经高压输电线输送来的电流送到铁路上方的接触网上。接触网是向电力机车直接输送电能的设备。

图 4-1　电气化铁路

因电气化铁路线路上部受接触网控制，下部又受轨道电路牵制，其维修与非电气化铁路线路大有不同。因此，线路维修作业人员应熟悉电气化铁

路线路的特点和特殊要求。要时刻树立树立“高电压、大电流环境下作业零疏忽”的安全理念，严格遵守电气化铁路接触网安全操作规程。

(一)电气化铁路的特点

(1)由于电力机车的轴重大、牵引力大、制动力大，轨道承受的垂直力、横向力、纵向力都大大增加，因此对于轨道稳定性的要求更高。如何防止轨道横移、轨距扩大、线路爬行和钢轨破损，成为线路保养的重点。在高坡小半径曲线地段，保持轨道的稳定性尤为重要。

(2)电气化铁路线路上空挂有接触网，为保证接触网导线在最大弛度时，与轨顶之间保持规定的距离，起道、拨道和其他维修作业受到严格限制。起道高了，接触网带电部分与机车车辆或装载的货物之间的距离减小，就会危及货物安全和作业人员安全；起道低了，接触网导线的高度如果超过受电弓的最大工作高度时，受电弓就可能脱离接触网导线或因接触不良而影响机车取用电流。同样，拨道不符合规定，使导线偏离线路中心线时，受电弓也可能脱离导线或影响机车取用电流。

(3)由于电力机车的牵引力大、起动稳、加速快，因此即使在大坡道上行驶，上下坡速度差也很小，曲线超高容易做到与上下行速度相适应，从而减轻了曲线下股钢轨的碾堆程度。

(4)电力机车系采用齿轮传动，不像内燃机车需在主动轮曲拐上设置均衡块，所以在运行时的不平顺性减少了，从而减轻了对钢轨的振动力。但电力机车采用电制动，特别是紧急使用电制动时，全列车的制动力都集中在机车的动轮上，纵向力集中作用于机车走行的轨节上，容易导致机车车轮空转，钢轨轨头超负荷，从而会擦伤甚至烧化钢轨踏面。

(5)电力机车不像内燃机车有浓烟、喷气，因而可以减轻道床的脏污、钢轨配件的锈蚀，避免了隧道内空气的污染，改善了隧道内的工作条件。

(6)由于接触网带有 27.5 kV 高压电，在带电的接触网下进行线路维修作业，要时刻注意安全，严防触电。

(二)电气化铁路线路维修的特殊要求

电气化铁路线路因有接触网和轨道电路等设备，与内燃机车牵引的线路相比，有其特殊要求：

(1)线路作业人员不但要熟悉本职业务，还必须了解供电、信号设备及其电气性能。线路工区应经常与电力工区、信号工区保持联系。凡涉及轨道电路的作业，都应与信号工区配合。

(2)养路机具应保持良好的绝缘性能，应定期会同信号工区检查其绝缘性能是否良好，轨距尺、养路机具及轻型车辆的车轴必须有绝缘装置；撬棍、起道机及拨道器压把、单轨车手柄等应加绝缘套管；取放工具、抬运钢轨、辙叉及金属料具时，不得搭接左右两股钢轨及绝缘接头、引入线及轨距杆，防止轨道电路短路，影响信号正常显示。

(3)安装绝缘轨距杆时，在轨距杆较多的地方，轨距杆和道砟之间应保持 30 mm 的间隙，或将轨距杆绝缘部位下面的道砟掏空，以防雨水存留浸泡绝缘件，致使绝缘电阻下降，破坏轨道电路的正常工作。在轨枕盒内装有跨轨的信号导线时，不得安装轨距杆和防爬器。使用中间绝缘的轨距杆时，中间绝缘部分不要拆卸，螺栓如有松动或缺少，应配合信号工区拧紧或补齐。安装时应平装，使螺帽一面向上以减少渗水。使用两头绝缘的轨距杆时，两头内外卡口铁必须扣紧轨底，螺栓无松动，防止绝缘套管窜动；绝缘垫圈每侧不应少于两个。

(4)由于接触网的各导线及其部件通常均带有高压电，因此作业人员必须能够有效防止触电事故的发生。当接触网的绝缘不良时，在其支柱、支撑结构及金属结构上，在回流线与钢轨的连接点上，都可能出现高压电，故禁止直接或间接地与上述部件接触。任何人员(除按规定作业外)所携带的物件(脚手架、花杆、塔尺等长大杆件)与接触网设备带电部分需保持 2 m 以上的距离。在接触网支柱及接触网带电部分 5 m 范围内的钢管、钢质栏杆等金属结构及养路机具上,均需装设接地线。在进行隧道的检查、补漏、衬砌、油刷标志、刨冰及隧道口的粉刷装饰中,使用的高梯搭设脚手架与接触网间距不足 2 m 时,必须在接触网停电后作业。

(5)线路工区要掌握各电气集中车站的轨道电路分布和变动情况,凡进行影响轨道绝缘的任何作业,应于施工前三日向信号工区发出"施工配合通知书",信号工区应保证按计划要求进行配合,如遇下列作业还需由电力工区配合施工:

(1)更换带有吸上线和接地线的钢轨。

(2)同时更换两股钢轨及其夹板。

(3)更换牵引变电所岔线和通往岔线道岔上的钢轨、夹板、辙叉。

(4)整组更换道岔。

(5)起道、落道、拨道超过规定数值。

(6)调整曲线超高。

(7)更换钢轨或夹板、道岔、轨枕及整正轨缝等线路作业需临时拆除接地线、吸上线。

在施工配合上,工务、电务、供电三方要紧密配合,相互支持。施工前各方均应在车站做好登记,并做好施工防护工作。在配合施工中,必须明确是谁配合谁,以便分清施工责任者,避免因工作失误而发生互相推诿现象。另外,线路工区还应配备截面积 70～100 mm^2 软铜线至少三根,以便更换钢轨之用。

二、线路作业

(一)起道作业

两股钢轨同时起道时,一次作业起道量不得超过 30 mm,且两股钢轨起道量相差不得超过 11 mm;调整曲线超高时,单股起道量不得超过 11 mm。起道量超出上述规定时,应事先通知供电单位调查确认接触网设备调整工作量并配合作业。起道后轨面高度超出原轨面标准线 30 mm 时,由工务、供电部门共同确认,并由铁路局集团公司批准。

起道作业时,隧道、穿式桁架桥和拱桥、斜拉桥、悬索桥应满足建筑限界要求。

(二)拨道作业

线路中心位移一次不得超过 30 mm,一侧拨道量年累计不得大于 120 mm,并满足建筑限界和线间距要求。拨道量超出上述规定时,应事先通知供电单位调查确认,满足调整要求后方可作业。

桥梁上线路一侧拨道量年累计不得大于 60 mm,且线路中心与桥梁中心的偏差值符合以下要求:线路允许速度 $v_{max} \leqslant 120$ km/h 地段,钢梁不得大于 50 mm,圬工梁不得大于 70 mm;线路允许速度 120 km/h $< v_{max} <$ 200 km/h 地段,钢梁、圬工梁不得大于 50 mm。

(三)其他作业

清除危石、爆破作业可能影响接触网及行车安全时,应有供电单位人员配合;有碍接触网及行车安全时,应先停电后作业。

(四)机械作业

大型养路机械或工程机械作业,如不超出机车车辆上部限界,且作业人员所持机具、物品与接触网带电部分保持 2 m 以上距离时,接触网可不停电,不符合上述条件时,由供电单位按照规定办理停电手续并做好安全防护措施后,方可作业。使用大修列车、路基处理车在电气化区段作业时,接触网必须停电。

(五)自动闭塞区段更换钢轨作业

在自动闭塞的电气化区段上更换钢轨时,应遵守以下规定:

(1)在同一地点同时更换两股钢轨时，无论该地段接触网是否停电，换轨前必须在被换钢轨两端的左右轨节间横向各设一条截面不小于 70 mm² 的铜导线，在被换一股钢轨两端轨节间纵向安装一条截面不小于 70 mm² 的铜导线。铜导线两端用夹子牢固夹持在相邻的轨底上，夹持位置应除锈，如图 4-2 所示。作业完毕后方准拆除接地线和铜导线。

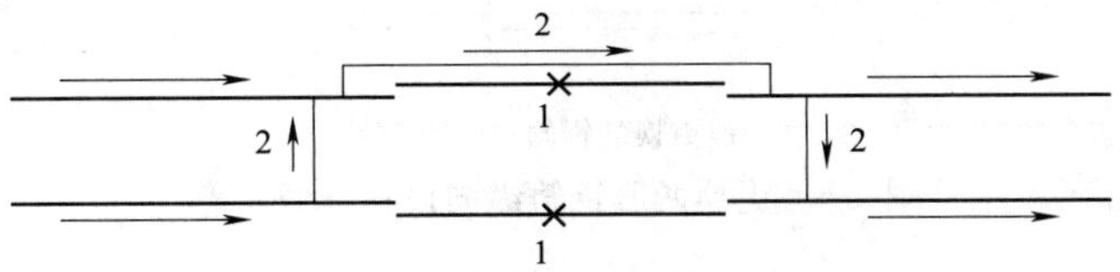

1—被更换钢轨；2—铜导线。

图 4-2　更换两股钢轨横纵向设铜导线示意

(2)更换一股钢轨时，换轨前应在被换钢轨两端的左右轨节间横向各设一条截面不小于 70 mm² 的铜导线。铜导线两端用夹子牢固夹持在相邻的轨底上，夹持位置应除锈，如图 4-3 所示。

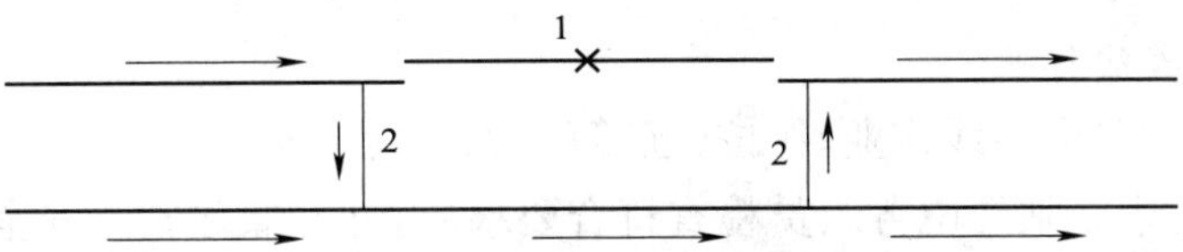

1—被更换钢轨；2—铜导线。

图 4-3　更换一股钢轨横向设铜导线示意

或换轨前应在被换钢轨两端轨节间纵向安设一条截面不小于 70 mm² 的铜导线。铜导线两端牢固夹持在相邻的轨底上，夹持位置应除锈，如图 4-4 所示。作业完毕后方准拆除铜导线。

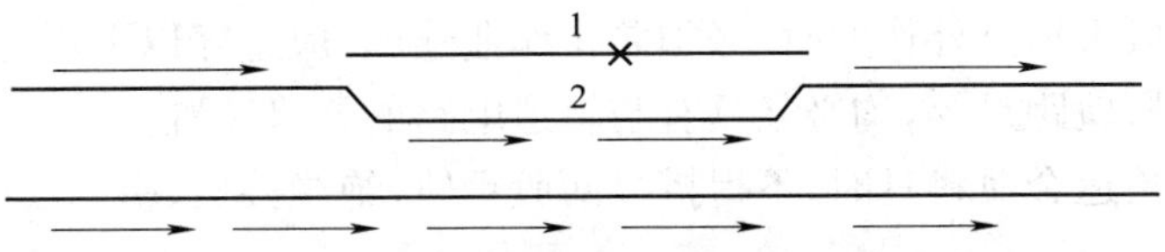

1—被更换钢轨；2—铜导线。

图 4-4　更换一股钢轨纵向设铜导线示意

(六)非自动闭塞区段更换钢轨作业

在非自动闭塞的电气化区段上更换钢轨时，应遵守下列规定：

(1)在同一地点同时更换两股钢轨时，无论该地段接触网是否停电，换轨前必须在被换钢轨两端轨节间纵向各设一条截面不小于 70 mm² 的铜导线。铜导线两端牢固夹持在相邻的轨底上，夹持位置应除锈，如图 4-5 所示。作业完毕后方准拆除接地线和铜导线。

(2)更换一股钢轨时，换轨前应在被换钢轨两端轨节间纵向安设一条截面不小于 70 mm² 的铜导线。铜导线两端牢固夹持在相邻的轨底上，夹持位置应除锈，如图 4-6 所示。作业完毕后方准拆除铜导线。

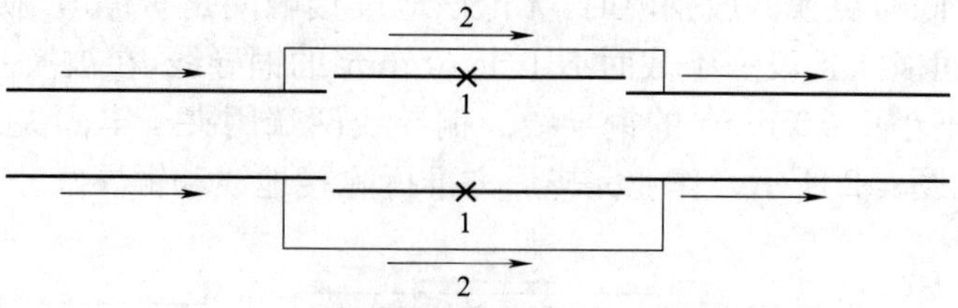

1—被更换的钢轨;2—铜导线。

图 4-5　更换两股钢轨纵向设铜导线示意

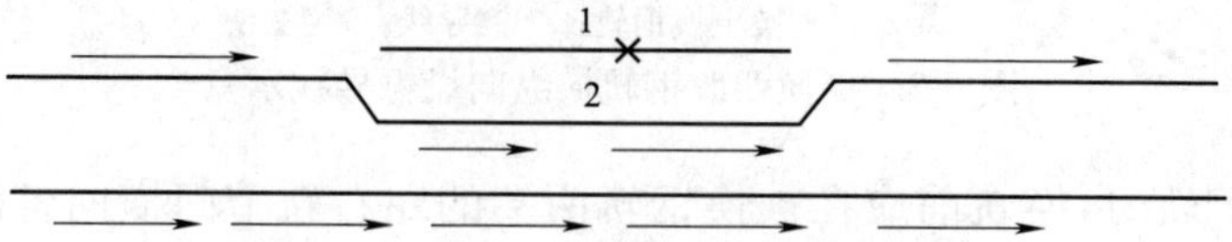

1—被更换的钢轨;2—铜导线。

图 4-6　更换一股钢轨纵向设铜导线示意

(七)成组更换道岔作业

成组更换道岔设置铜导线作业时,按(五)第 1 款规定办理。施工单位必须提前通知电务等单位配合,更换完毕必须经电务人员检查符合要求后,方准撤除临时安全设施。

更换钢轨需拆装扼流变钢轨引线时,应有电务单位现场配合,拆装作业由电务人员完成;未设置好分路电缆之前,不得将扼流变钢轨引线从钢轨上拆开;如需拆开扼流变吸上线时,还应有供电单位配合。

在站内更换钢轨或夹板时,铜导线的连接方法,必须考虑轨道电路和车站作业的要求。

可使用钢轨替代纵向铜导线。

(八)天窗点外作业

在轨道电路区段天窗点外作业时,必须防止作业连电,应遵守以下规定:

(1)养路工机具、轨距尺等,均必须具有与轨道电路的绝缘装置。

(2)取放工具、抬运金属料具时,不得搭接两股钢轨、绝缘接头、引入线或轨距杆等。

三、电气化铁路常见线路病害

(一)轨道爬行

(1)爬行原因:当电力机车采用电阻制动时,整个列车所需的制动力都集中在机车动轮上,传递到轨道上的纵向水平力集中在机车下面的钢轨上。因此,电力机车制动时作用于钢轨上的纵向水平力比内燃机车要大得多,尤其是在大坡道地区下坡方向更为明显。当纵向水平力大于道床和扣件阻力时,轨道就会发生爬行。

(2)爬行危害:轨道爬行是电气化铁路线路的主要病害之一。钢轨爬行后,挤瞎或拉宽轨缝,螺栓孔壁左右两侧形成严重的挤压和撞击,容易发生螺栓孔周边裂纹。严重时将发生轨道横移(又称跑道),直接危及行车安全。

(3)采取措施:为了防止轨道爬行,可针对爬行原因采取相应的防爬措施。例如,在长大坡道地段增加防爬设备,在每组防爬器的下坡方向还可增加防爬器,并加宽和夯实道床。防爬的根本措施是加强电气化铁路的轨道结构，如采用 60 kg/m 或 70 kg/m 重型钢轨，适当增加轨枕根数，采用新型扣件，加强轨下基础，从根本上改善钢轨的受力条件。

（二）曲线地段轨距扩大

（1）轨距扩大原因：电气化铁路曲线地段容易发生轨距扩大，其原因与机车类型有关。

电力机车有两个完全相同、各自独立的转向架，因没有导轮，转向架转向不灵活。因此，电力机车在曲线上运行时，增大了对曲线外轨的导向力（侧压力），易使轨距扩大，特别是上坡道、小半径曲线地段尤为显著。因此，工务部门要经常检查轨距，并采取各种措施，防止轨距扩大和轨距杆折断。

（2）采取措施：为了加强轨道横向刚度，应对小半径曲线轨道结构进行加强，可适当增加轨距杆或轨撑数量。混凝土枕扣件采用弹性扣件，如弹条Ⅰ、Ⅱ、Ⅲ型扣件。有条件时可将钢轨更换为重型钢轨。

四、电气化铁路安全注意事项及预防措施

（一）电气化铁路设备安全

我国电气化铁路牵引供电制式为 25 kV 50 Hz 单相工频交流制。电力系统的 110 kV（或 220 kV）电压传给牵引变电所，由牵引变电所降压后，经馈电线将电能送至接触网，电力机车升弓后便可从接触网上获取电能。牵引供电电流回路是由牵引变电所→馈电线→接触网→电力机车→钢轨→回流连接（牵引变电所）接地网组成的闭合回路，当人为操作闭合或断开牵引供电回路时，在电磁能量相互转换的过渡过程中会形成瞬间的高电压，电压最高可达 90 kV，若处理不当则会造成严重的后果。

当遇有雷电天气时，若距离接触网 20 km 以外发生雷击时，在接触网上可产生 300 kV 的电压。在电气化铁路上，由于接触网电压高，与其相连的导线及其部件通常均带有高压电。当接触网的绝缘不良或绝缘损坏时，在其支柱、支撑结构及其金属结构与钢轨的连接点上，都有可能出现高电压。由于接触网上 25 kV 50 Hz 的工频交流电产生的强烈磁感，与之相近的金属物件，尤其是金属管道、导线若接地不良，也会产生高电压。

（二）电气化铁路道口安全

由于机动车辆和行人未能遵守电气化铁路道口安全通行规定，造成的人身伤害事故时有发生。为此要求各种车辆和行人通过电气化铁路平交道口时，必须遵守以下规定：

（1）机动车和畜力车通过电气化铁路平交道口时，货物的装载高度（从地面算起）不得超过 4.5 m 并不得触动道口限界门的活动横板和吊链，如图 4-7 所示。

（2）在装载货物高度超过 2 m 的车辆通过电气化铁路平交道口时，严禁随车人员在货件上坐立。如需搭乘卸车人员时，应下车步行，待车辆驶过道口后，再上车乘坐。

（3）当行人持有木棒、竹竿、彩旗和皮鞭等高长物件通过道口时，不准高举挥动。须使上述物件保持水平状态通过道口，以免高长物件碰触带电体，致使高压电伤人。

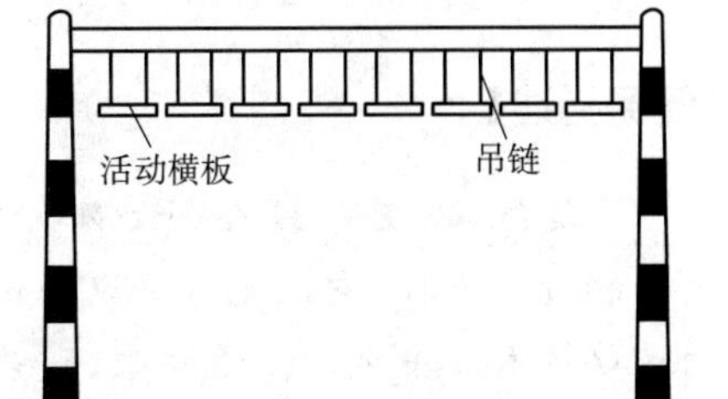

图 4-7　电气化铁路平交道口限高架示意

(三)电气化铁路人身伤害事故

由于人们不了解电气化铁路安全知识,电气化铁路区段时有人身伤害事件发生。

预防措施:除铁路专业工作人员按规定作业外,任何人员所携带的物件(包括长杆、导线等)与接触网设备的带电部分需保持 2 m 以上的距离。手持杆件、梯子等工具通过接触网时,必须水平通过,不准高举超过安全距离。发现接触网断线及其部件损坏或在接触网上挂有线头、绳索等物时,不得与之接触,要立即通知附近的接触网工区或电力调度派人处理。在接触网检修人员到达以前,将该处加以防护,任何人员距已断导线接地处所均应在 10 m 以外。如果不小心误入触电区,应防止跨步电压造成电击,决不能跨步走入或走出触电区,应单腿跳出或并腿跳出触电区。

在铁路电气化区段内,任何人不准登上机车车辆顶部或翻越车顶通过线路。禁止在接触网支柱上搭挂衣物、攀登支柱或在支柱旁休息。遇有阴雨天或雷电天气时,不能打着雨伞(金属杆)穿越铁路线路,以防感应电伤人。

行人通过铁路天桥或跨线桥时,严禁用竹竿、棍棒、铁线等非绝缘物件穿捅安全栅网(有屏蔽感应电流)。

(四)触电急救

在电气化铁路区段触电事故发生后,应采取的措施有:

(1)发现有人触电时,首先应使触电者迅速脱离电源。

(2)如隔离开关距触电者较近,应立即拉开开关,切断电源。

(3)如隔离开关距触电者较远,可采用抛线短路法,即用一根金属导线,一端牢固地接在钢轨上,另一端抛挂在接触网上,迫使电源开关跳闸。抛线地点应距触电者靠牵引变电所一侧 10 m 以上,并注意防止短路电流伤人。

【训练内容】

1. 运用所学知识归纳电气化铁路线路的起道和拨道作业与普速铁路有何相同和不同之处。

2. 课下通过查阅电气化铁路事故案例,以小组为单位分析事故发生原因,应该从中吸取哪些教训?

任务二　无缝线路维修

【任务描述】

无缝线路(图 4-8)又称长钢轨线路,它是轨道结构技术进步的重要标志,也是高速、重载运输的最优选择,它以无可争议的优越性为各国铁路所认同。大力发展无缝线路是我国铁路的重要技术政策之一。近年来,随着高速铁路、客运专线和重载运输的发展,铺设 75 kg/m 钢轨、Ⅲ型钢筋混凝土轨枕、采用高弹性扣件,修建跨区间无缝线路成为无缝线路的发展方向。多年的运营实践证明,无缝线路在改善轨道各部结构受力条件、减少养护维修工作量、延长设备使用寿命、节约养修成本、降低机车车辆运行阻力、提高列车运行的平稳性与舒适度以及控制噪声污染等方面,都显示出普通线路无法比拟的优越性。

科学维护和管理无缝线路是工务部门的首要任务。为确保无缝线路的稳定和安全，必须掌握无缝线路维修技术标准，以保证无缝线路优越性得以充分发挥。

图 4-8　无缝线路

【学习重点】

1. 无缝线路主要作业要领及技术要求。
2. 区间和跨区间无缝线路维修要点。
3. 应力放散与应力调整。
4. 构建科学维护思维体系。

【学习内容】

一、基本要求

(1)无缝线路地段应根据季节特点、锁定轨温和线路状态，合理安排全年维修计划。在气温较低的季节，应安排锁定轨温较低或薄弱地段进行维修；在气温较高的季节，应安排锁定轨温较高地段进行维修。

(2)高温时段不应安排影响线路稳定的作业。如必须进行维修作业时，应有计划地先放散后作业，并适时重新做好放散和锁定线路工作。临时补修，可采取调整作业时段的办法进行。

高温季节可安排矫直钢轨硬弯、钢轨打磨、焊补等作业。在较低温度下，如需更换钢轨或夹板，可采用钢轨拉伸器进行。

(3)无缝线路维修计划，宜以单元轨节为单位安排作业。

(4)进行无缝线路作业时，必须掌握轨温，观测钢轨位移，分析锁定轨温变化，按实际锁定轨温，根据作业轨温条件进行作业，严格执行“作业前、作业中、作业后测量轨温”制度，并注意做好以下各项工作：

①在作业地段按需要备足道砟。

②起道前应先拨正线路方向。

③起、拨道器不得安放在铝热焊缝及胶接绝缘接头处。

④扒开的道床应及时回填、夯实。

(5)胀轨跑道的防治和处理，按《普速安规》执行。

二、作业轨温条件

无缝线路在一定温度力的作用下,其稳定性主要依靠线路的横向阻力,尤其是道床横向阻力,而维修作业势必扰动道床,削弱道床部分阻力,影响无缝线路稳定。要解决好这对矛盾,就必须严格执行《普速修规》第 4.8.6 条规定。

(1)凡是扰动道床的作业都是影响无缝线路稳定的作业,特别是起道、拨道、扒道砟作业,此三项维修作业轨温条件,在混凝土枕(含混凝土宽枕)地段见表 4-1 规定。

表 4-1 混凝土枕地段无缝线路作业轨温条件

线路条件	作业项目及作业量		
	连续扒开道床不超过 25 m,起道高度不超过 30 mm,拨道量不超过 10 mm	连续扒开道床不超过 50 m,起道高度不超过 40 mm,拨道量不超过 20 mm	扒道床、起道、拨道与普通线路相同
直线及 $R \geqslant 2\ 000$ m	+20 ℃	+15 ℃ −20 ℃	±10 ℃
800 m$\leqslant R <$2 000 m	+15 ℃ −20 ℃	+10 ℃ −15 ℃	±5 ℃
300 m$\leqslant R <$800 m	+10 ℃ −15 ℃	+5 ℃ −10 ℃	—

表中作业轨温范围"+"表示作业轨温比实际锁定轨温高,"−"表示作业轨温比实际锁定轨温低,其他作业的作业轨温条件规定见表 4-2。

表 4-2 混凝土枕地段无缝线路作业轨温条件

序号	作业项目	按实际锁定轨温计算				
		−20 ℃以下	−20～−10 ℃	−10～+10 ℃	+10～+20 ℃	+20 ℃以上
1	改道	与普通线路同	与普通线路同	与普通线路同	与普通线路同	禁止
2	松动防爬设备	同时松动不超过 25 m	同左	与普通线路同	同时松动不超过 12.5 m	禁止
3	更换扣件或涂油	隔二松一,流水作业	同左	同左	同左	禁止
4	方正轨枕	当日连续方正不超过 2 根	隔二方一,方正后捣固,恢复道床,逐根进行(配合起道除外)	与普通线路同	隔二方一,方正后捣固,恢复道床,逐根进行(配合起道除外)	禁止
5	更换轨枕	当日不连续更换	当日连续更换不超过 2 根(配合起道除外)	与普通线路同	当日连续更换不超过 2 根(配合起道除外)	禁止
6	更换接头螺栓或涂油	禁止	逐一进行	同左	同左	禁止
7	更换钢轨或夹板	禁止	同左	与普通线路同	禁止	禁止
8	不破底清筛道床	逐孔倒筛夯实	同左	同左	同左	禁止

续上表

序号	作业项目	按实际锁定轨温计算				
		－20 ℃以下	－20～－10 ℃	－10～＋10 ℃	＋10～＋20 ℃	＋20 ℃以上
9	处理翻浆冒泥（不超过 5 孔）	与普通线路同	同左	同左	禁止	禁止
10	矫直硬弯钢轨	禁止	同左	同左	与普通线路同	同左
11	更换胶接绝缘接头	禁止	禁止	拧紧两端各 50 m 范围扣件后，再进行更换	禁止	禁止

跨区间无缝线路的无缝道岔，在无缝道岔尖轨及前方前 25 m 范围进行计划维修，作业轨温条件为实际锁定轨温±10 ℃。

(2)混凝土枕(含混凝土宽枕)地段无缝线路，当轨温在实际锁定轨温减 30 ℃以下时，伸缩区和缓冲区禁止进行维修作业。

(3)木枕地段无缝线路作业轨温按表 4-1 和表 4-2 规定减 5 ℃，当轨温在实际锁定轨温减 20 ℃以下时，禁止在伸缩区和缓冲区进行维修作业。

(4)在跨区间无缝线路上的无缝道岔尖轨及其前方 25 m 范围内进行影响线路稳定的作业时，作业轨温范围为实际锁定轨温±10 ℃。

(5)采用大型养路机械作业，有关起道量、拨道量及相应作业轨温条件按照表 4-1 规定执行。

三、无缝线路维修原则、要点及注意事项

(一)维修原则

普速铁路无缝线路的维修工作必须结合无缝线路的特点，按照“预防为主，防治结合，修养并重，严检慎修”的原则，有计划、有重点地进行。

(二)维修要点

根据无缝线路的特性，其养护维修工作要点可概括为：两个提高、一个预防和一个延长。

1. 两个提高

(1)提高线路的稳定性

通过严、全、细维修作业，使线路设备状态达到上部准、下部稳、纵不爬、横不移的要求，保持线路经常处于稳定状态，具有可靠的防胀能力。

(2)提高轨道结构强度

通过采用新设备、新技术、新材料以及设备的技术改造和加强，提高线路的平顺性和轨道结构的整体强度。

2. 一个预防

根据线路设备的定期检查情况和线路状态的变化规律，分析研究设备状态的变化趋势，采取预防措施，消除隐患，保持设备状态的良性循环。

3. 一个延长

根据轨道结构特点和运营情况，积极采取必要的措施和合理的整修方法，保持线路设备处

于完好状态,延长设备使用寿命,争取更高的经济效益。

(三)维修作业注意事项

1. 作业前

(1)在维修地段按照需要备好道砟。

(2)测量钢轨位移(图 4-9),分析锁定轨温变化情况,并根据变化后的锁定轨温安排养护维修作业。

(3)拧紧扣件螺栓和接头夹板螺栓。

(4)拨直不良轨向。

图 4-9　线路位移观测

2. 作业中

(1)无缝线路作业要严格控制轨温。

(2)作业时应密切注意线路状态、行车情况,如发现起道省力、线路方向不良、碎弯增多、拨道拨不动或拨好一处附近又臌出,高低水平不好,连续空吊板,一端枕头道砟离缝等胀轨预兆,应立即停止作业,设置防护,采取必要降温措施,防止胀轨跑道。

3. 作业后

作业后要组织全面回检,在炎热天气或作业地段方向不良时,要留人看守,注意变化,发现异状及时采取措施。

视频 起道及捣固作业

视频 拨道作业

四、主要作业要领及技术要求

(一)起道作业

因起道而局部改变长轨节的长度时,会使钢轨承受额外的附加力。附加力的大小与钢轨局部改变长度的波及范围有关。若起道量大而波及范围小,则附加力大,反之则小。因此,起道量超过 30 mm 时应分次进行。

(二)拨道作业

拨道作业会使钢轨长度伸长或缩短。其变化量在普通线路上可由轨缝来调整,而在无缝线路上则只能通过改变钢轨内的温度力来调整。在轨温高于锁定轨温时,上挑可使钢轨伸长,释放钢轨温度压力,因此,拨道时上挑比较容易。在轨温低于锁定轨温时,下压可使钢轨缩短,释放钢轨温度拉力,因此,拨道时下压比较容易。由此可见,拨道方法不当,会使锁定轨温改变。正确的拨道方法是使上挑量与下压量接近,在轨温接近或等于锁定轨温时进行。拨道量较大时,如有改变锁定轨温的可能,应进行应力放散。

拨道时常使线路抬高,枕端道砟松动,因此,在拨道之前应拧紧扣件,补足道砟。拨道之后,及时夯实道床,尤其是夯实砟肩更为重要。

维修作业应先回填后拨道,再整理和夯实道床。拨道时,拨道器和撬棍要离开焊缝,以免焊缝额外受力。

(三)扣件作业

扣件作业的基本要求是经常保持扣件处于紧、密、靠、正、润的状态。为此,弹条扣件的扭矩必须达到 80～150 N · m。而拧紧扣件并非一劳永逸。据观测,按 100 N · m 拧紧的扣件,当通过 13 Mt 总重后,扭矩将损失 10%;在进行垫板作业的第二天,扭矩减少 50%。可见,复紧扣件十分重要。一般在垫板作业后的次日要复拧一次，在进行维修作业的前后都要全面拧紧扣件。

局部扣件松弛，将使钢轨沿着轨枕产生局部位移，导致局部锁定轨温发生变化。因此，在扣件涂油时，除按规定轨温作业外，应按隔二松一的方式作业，当日作业完毕后，复紧一遍，1～4 日后再复紧一遍。

在扣件作业中，应结合作业整正轨距、整正和更换胶垫。整正扣件时，必须清除承轨台及各部件的污物，方正或串正轨枕，调换合适的轨距挡板，必要时垫入铁垫片。在有防爬设备的地段打紧防爬器时，要注意"热打防胀，冷打防缩"的原则，使防爬设备适应气候特征，充分发挥作用。

（四）整治钢轨病害作业

无缝线路长轨节的钢轨病害主要有焊缝不良、擦伤或剥落掉快、硬弯等。

焊缝不良是长轨节上最常见的病害，有高焊缝、低焊缝、焊缝上下或左右错牙、焊缝处鞍形磨耗或轨头压溃等。这些病害多是焊接过程中质量控制不严造成的，也有的是因列车反复碾压与冲击造成的。钢轨擦伤则是由于列车紧急制动，或启动时动轮空转所致。这些不平顺危害极大，必须及时加以整治。

对不良焊缝和擦伤钢轨，主要采用打磨和焊补的方法进行整治。

对线路上的钢轨波形磨耗、侧面磨耗及肥边、鞍形磨耗、焊缝凹凸等病害，应使用打磨列车成段进行打磨。打磨后用 1 m 直尺测量（图 4-10），不平度应小于 0.3 mm。对个别鞍形磨耗、焊道凹凸，应使用小型磨轨机打磨，打磨过程中应多次使用塞尺检查，防止打磨过限。

图 4-10　钢轨平直度测量

钢轨焊补可采用气压焊或铝热焊等方法。在施焊前要做好清污等准备工作，气压焊或铝热焊可采用砂轮打磨，彻底清除焊补处的油污、铁锈、硬化层及各种裂纹，使基本金属出现光泽表面。打磨时要磨成平顺过渡，不许有棱角出现。打磨后的待焊部位须保持清洁，若焊前有列车通过，必须重新打磨。在打磨后还要用4～10 倍放大镜检查，确认无裂纹后方可焊补。

对钢轨硬弯造成的轨距、方向不良，用拨道、改道方法不能解决时，则用直轨器进行矫直。这项作业应在轨温较高的季节进行，矫直时轨温应高于 25 ℃。

五、无缝线路维修的工作特点

无缝线路维修必须最大限度地提高和保持线路各种阻力，避免锁定轨温变化，减少温度力的破坏作用，防止胀轨、跑道及断轨事故的发生，从而保持线路及其设备状态良好，保证列车按规定速度安全、平稳和不间断地运行。

无缝线路维修不仅要遵守普通线路的有关规定，还必须针对无缝线路特点提出一些特殊的要求和规定。

（一）合理安排作业顺序，确保线路稳定

无缝线路维修的作业方法及顺序，对无缝线路的强度和稳定性影响很大。目前，我国采用扒、起、捣、填、拨、夯的紧密流水作业法,作业要做到“严、全、细”,以最大限度地保持无缝线路的稳定性。

(二)合理安排计划维修

计划维修的部分作业,因动道量较大、动道范围长,施工期间线路阻力的损失较大,施工完毕后阻力恢复所需的时间也较长,故安排作业时要做到以下三点:

(1)尽量避开高温季节和低温季节。

(2)与锁定轨温相适应。

(3)与线路状况相适应。

(三)突出维修的季节性特点

1. 春秋季节作业重点

一般说来,春秋季节气温比较适中且稳定,可供作业的时间较长,作业的限制条件较少,是无缝线路维修的大好季节,在此季节,应重点做好以下工作:

(1)要抓紧进行有计划的计划维修。

(2)对需要进行应力放散或调整的单元轨节,要做好计划安排,组织实施。

(3)要做好缓冲区的维修工作。重点做好接头轨缝的调整、绝缘接头的综合整治、一般接头的综合整治、拧紧扣件和夹板螺栓、更换失效轨枕和胶垫、扣件和夹板螺栓涂油,必要时更换调节轨。

(4)春末、夏初,要做好胀轨跑道的预防工作;秋末、冬初,要做好钢轨折断的预防工作。在此期间,要逐段整修防爬设备,全面拧紧扣件及夹板螺栓,检查和整修不良的绝缘接头,全面进行扣件涂油,整修好道床断面,矫直硬弯钢轨,拨正不良轨向,消灭三角坑、暗坑和吊板,综合整修焊缝。

(5)在北方寒冷地区,春初要做好春融乱道的预防工作。春融解冻,道床松软,线路质量容易变化,因此要勤检查、勤整修,及时消灭超限处所。

(6)要抓紧做好断轨的焊接修复工作。

2. 夏季作业重点

夏季轨温急剧增高,轨道内的温度力增大,维修工作应以预防胀轨跑道,提高线路稳定性为原则,着重做好以下工作:

(1)要加强检查频次,发现胀轨预兆,应及时采取措施进行处理,并及时向上级报告。

(2)根据当地气候调整作业时间,严格掌握作业轨温条件及允许进行的作业项目和作业量。高温期,如无特别需要,应停止大量的清筛、起道、拨道等维修作业。尤其是缓冲区、伸缩区及其附近 200 m 的线路,一般以不动为好。可以做些有利于巩固无缝线路稳定性的工作,如均匀补充道砟,夯实道床,拧紧扣件及夹板螺栓,打紧防胀一侧的防爬器,整修路基及排水设备等。也可利用轨温高的特点,安排提高线路平顺性、增强轨道阻力的作业项目,如矫直钢轨硬弯,改善线路方向等。

(3)焊补擦伤、揭顶钢轨以及低凹焊缝,打磨接头及焊缝,在适当的轨温条件下进行断轨焊接修复工作。

(4)加强线路检查和位移观测的分析工作,发现危及线路稳定的处所要及时消除。

(5)对一些锁定轨温较低,而尚未进行应力放散的单元轨节,要尽快完成放散工作。

3. 冬季作业重点

冬季由于轨温急剧下降,不宜进行大量维修作业,工作内容应根据各地区轨温的差别而有所不同，防止钢轨折断是这一季节的工作重点。

(1)加强线路检查，重点检查轨缝、焊缝及伤损钢轨。对大轨缝可在当天的高温时刻，利用轨缝的缩小及时拧紧扣件和夹板螺栓。

(2)综合整治接头及焊缝病害，消除不平顺接头及焊缝。

(3)加强钢轨探伤工作，及时发现伤损钢轨，根据情况采用急救器加固，严重者在钢轨腹部钻孔，上好夹板等方法处理，防止钢轨折断。

(4)打紧防爬器，全面拧紧扣件及接头螺栓。

(5)及时消灭三角坑、暗坑、吊板等超限处所。

总而言之，无论计划维修、临时补修，一定要结合季节特点，做好各项预防工作。

六、区间和跨区间无缝线路维修要点

区间无缝线路：长轨节长度为相邻两车站进站、出站信号机之间的距离，轨节长度跨越闭塞分区，在绝缘接头处采用了高强度胶接绝缘接头或电气绝缘节头技术。

跨区间无缝线路：在区间无缝线路的基础上，轨节长度进一步延长，将区间无缝线路长轨节与道岔焊连起来。轨节长度可达几十甚至几百公里。

区间和跨区间无缝线路的基本原理与普通无缝线路一致。因此，普通无缝线路的一切维修方法都适用于区间和跨区间无缝线路。但因其轨节长，也有一些需要特别注意的问题，其维修要点如下：

1. 区间和跨区间无缝线路的维修管理，以一次铺设锁定的轨节长度为管理单元。无缝线路位移观测桩是无缝线路锁定后观测其内部锁定轨温变化的唯一凭证。在锁定钢轨的同时，对准线路两侧观测桩基准点拉线，以拉线为基准在两股钢轨上设好位移观测标记，即零点标记。观测时，如零点标记偏离弦线，表明该点产生了位移，其偏离值即为位移量。同时应积极采用钢轨测标测量无缝线路锁定轨温技术，以便与位移观测桩校核。钢轨测标每 50 m 或 100 m 设一处。

2. 区间和跨区间无缝线路一经锁定，则不易改变其锁定状况。例如，锁定轨温不准、温度力分布不均时，只能进行局部调整，几乎无法进行整体放散。因此，锁定轨温准确，对全区间和跨区间无缝线路来说格外重要。为此，必须做好以下工作：

(1)跟踪监控。大修换轨时，工务段要派分管无缝线路的技术人员，对施工中锁定轨温设置的全过程实行跟踪监控。施工单位确定的锁定轨温依据是否可靠，新轨的入槽轨温和落槽轨温的测定是否准确适时，低温拉伸时其拉伸温差和拉伸量的核定是否无误，拉伸是否均匀等，都要认真监视、检查和记录。

(2)严格验收。工程验交时，有关记录锁定轨温的资料必须齐全，同时要逐项查对核实，如有疑问必须核查清楚。

(3)最终复核。工程验交之后，工务段要对验交区段的测标进行一次取标测量，去掉可疑点，算出各分段的锁定轨温值。而后将跟踪监控、交验、取标测算三方面资料进行一次最终核查，将查定的锁定轨温作为日后管理的依据。

(4)日常监测。设置位移观测桩的目的是观测无缝线路钢轨是否有不正常的伸缩位移和不均匀的线路爬行。因此不仅要定期对位移观测桩进行观测，而且要根据观测数据对无缝线路进行分析。在某种程度上，分析工作更加重要。为更好地发挥位移观测桩作用，在观测与分

析时应注意以下几点：

①跨区间无缝线路钢轨位移与轨温有关,因此在观测时要同时记录当时的轨温。

②从跨区间无缝线路的受力状况来看,有的观测桩处的钢轨允许有伸缩位移,有的观测桩处的钢轨不应有伸缩位移。这要依据观测桩的位置与轨温变化的状况来定,在观测与分析数据时一定要注意。应事先编制出相应曲线与表格,以便观测与分析时心中有数。

③对位于本该有伸缩位移的钢轨处所的观测桩,如长轨节端部,即伸缩区始点的观测桩,应分析测得的位移数据是否超过相应的理论数据,若超过,应分析检查钢轨接头螺栓是否松动;钢轨扣件是否损坏,竖螺栓是否振松;道床是否饱满,砟肩是否足够;无缝线路锁定轨温是否改变。若发现问题,应及时采取措施予以纠正。

④对位于不该有伸缩位移的钢轨处所的观测桩,如位于无缝线路固定区的位移观测桩,则主要观测无缝线路钢轨是否有不均匀爬行。不均匀爬行严重时将会改变无缝线路的受力状况。例如在跨区间无缝线路固定区中部两个相距 500 m 的位移观测桩,观测到钢轨相对压缩位移为 50 mm,说明该段钢轨有压缩应变 0.000 1,则由于钢轨不均匀爬行产生的压应力为 21 MPa,相当于该段钢轨锁定轨温下降了 8.47 ℃。无缝线路固定区出现了应力不均匀状况。这时应检查钢轨扣件是否松动、破损,道床是否足够,并采取相应的补救措施。

3. 区间和跨区间无缝线路断轨修复。为了不影响锁定轨温,无缝线路钢轨折断时,最好原位焊复。

4. 区间和跨区间无缝线路和无缝道岔的绝缘接头为胶接绝缘接头。因此必须注意并加强胶接绝缘接头的养护,做好轨端肥边打磨和捣固工作。当胶接绝缘接头拉开时,应立即拧紧两端各 50 m 线路的扣件,并加强观测。当绝缘失效时,应立即更换,进行永久处理;暂时不能进行永久处理的,可将失效部分清除,更换为普通绝缘或插入等长的普通绝缘接头钢轨或胶接绝缘接头钢轨,用夹板联结进行临时处理,并尽快用较长的胶接绝缘钢轨进行永久处理;进行永久处理时,应严格掌握轨温、胶接绝缘钢轨长度,确保修复后无缝线路的锁定轨温不变。

5. 跨区间无缝线路铺设后要及早对轨道几何状态进行控制,首先应采用拨、改、弯的方法消灭线路和无缝道岔的轨距、轨向不良及钢轨硬弯,对轨距块型号不对或放置不当处所应及时纠正。目视 50 m 范围内连续小方向不超过 2 处;其次对水平、三角坑、小轨面不良及复合病害通过全起全捣进行综合整治。

6. 加强作业控制。跨区间无缝线路除了根据线路维修有关规定的要求控制作业外,还应注意无缝道岔区段按多个单元轨节中最低一根单元轨节锁定轨温下降 5 ℃控制作业,并严格控制影响轨道结构稳定的作业。根据不同的气温、轨温,确定作业时间及作业要求。

七、应力放散与应力调整

(一)应力放散

1. 应力放散的概念

无缝线路的锁定轨温与设计锁定轨温不符或原锁定轨温不明时,应将无缝线路焊接长钢轨全长或部分长度范围内的扣件松开,采取一定的措施使钢轨伸缩,当达到预计的伸缩量(或轨温)时,将线路重新锁定,这项工作称为应力放散。

2. 需要进行应力放散的几种情况

《普速修规》第 3.10.15 条规定:无缝线路的锁定轨温必须准确、均匀,有下列情况之一者,必须做好放散或调整工作：

(1)实际锁定轨温不在设计锁定轨温范围以内。

(2)锁定轨温不清楚或不准确。

(3)跨区间、区间无缝线路相邻单元轨节之间的锁定轨温之差大于 5 ℃，同一区间内单元轨节的最高与最低锁定轨温之差大于 10 ℃；左右股钢轨锁定轨温之差，允许速度 160 km/h 及以下线路大于 5 ℃，允许速度 160 km/h 以上线路大于 3 ℃。

(4)长轨节产生不正常的位移。

(5)无缝道岔限位器顶死或两股尖轨相错量超过 20 mm。

(6)夏季线路轨向严重不良，碎弯多。

(7)通过测试，发现温度力分布严重不匀。

(8)因处理线路故障或施工造成实际锁定轨温超出设计锁定轨温范围或位移超限。

(9)低温铺设轨条时，拉伸不到位或拉伸不均匀。

(10)某些线路因施工需要需提高或降低无缝线路的锁定轨温时。

3. 锁定轨温变化的原因

(1)为了扩大施工季节，加速无缝线路的铺设，在气温较高或较低季节进行铺设施工，造成了锁定轨温比设计锁定轨温过高或过低的情况。

(2)低温焊接断缝。冬季固定区钢轨折断后，断口处两端钢轨收缩，放散了一部分温度力，在当时低温条件下焊上一段短轨，这就相当于这段线路在低温下锁定，改变了原来的锁定轨温。

(3)由于作业不当，如在低温或高温时解开接头，在伸缩区超限超温作业等，会导致钢轨产生不正常的伸缩变形，相当于放散了钢轨应力，作业完成后恢复线路，等于重新锁定线路，改变了原来的锁定轨温。

(4)由于线路严重爬行使钢轨产生不正常的伸缩变形，改变了原来的锁定轨温。

4. 应力放散计算

无缝线路应力放散需要做到放散量要够，沿长钢轨要均匀，锁定轨温要准。为此，要进行放散量、预留轨缝及锯轨量的计算。

(1)放散量计算

应力放散时，按钢轨自由伸缩条件计算长钢轨的放散量：

$$\Delta L=\alpha \cdot L_{放}(t_1-t_2) \tag{4-1}$$

式中　ΔL——放散量(mm)；

$L_{放}$——需要放散的钢轨长度(m)；

t_1——放散后的计划锁定轨温(℃)；

t_2——原锁定轨温(℃)。

(2)锯轨量计算

应力放散时，钢轨要伸缩，为使缓冲区轨缝满足预留轨缝要求，须把缓冲区的缓冲轨锯短或换上合适长度的钢轨。缓冲区内钢轨长度的变化，通称锯轨量。

计算缓冲区缓冲轨的锯轨量时，必须考虑到缓冲区内预留轨缝与现有轨缝的情况，以及结合放散整治线路爬行的情况，其锯轨量按式(4-2)计算确定。

$$K=\Delta L+(\sum a-\sum b)\pm c \tag{4-2}$$

式中　K——锯轨量(mm)；

$\sum a$—— 放散后缓冲区内预留轨缝的总和(mm)；

$\sum b$—— 放散前缓冲区内原有轨缝的总和(mm)；

c——爬行量(mm)，如与放散方向相反时，取正号；反之取负号。

【例 4-1】 某地区的无缝线路，其缓冲区两侧的长钢轨长度分别为 $l_1=1\ 500$ m，$l_2=1\ 400$ m，长钢轨中部固定，分别向两侧放散，由此得放散长度为 $l_{放1}=750$ m，$l_{放2}=700$ m；放散后计划锁定轨温 $t_1=25$ ℃，原锁定轨温 $t_2=17$ ℃，缓冲区由 4 根 25 m 长的缓冲轨组成，缓冲区原有轨缝总和为 20 mm，缓冲区预留轨缝均为 8 mm，不考虑线路爬行，计算其锯轨量。

【解】 (1)放散量计算

$$\Delta L=\alpha \cdot L_{放}(t_1-t_2)=0.011\ 8\times(750+700)\times(25-17)=137\ (\text{mm})$$

(2)缓冲区预留轨缝总和

因缓冲区预留轨缝均为 8 mm，由此得缓冲区预留轨缝的总和：

$$\sum a=5\times 8=40\ (\text{mm})$$

由题意得知，缓冲区原有轨缝总和

$$\sum b=20\ \text{mm}$$

(3)锯轨量计算

$$K=\Delta L+(\sum a-\sum b)\pm c=137+(40-20)\pm 0=157\ (\text{mm})$$

即缓冲区钢轨总长要缩短 157 mm。

缓冲区由 4 根长 25 m 的缓冲轨组成。可更换其中一根缓冲轨，此时应换成 25－0.157＝24.843(m)长的钢轨，我国的标准缩短轨有 24.960 m、24.920 m 及 24.840 m 三种。为了尽可能地不锯缓冲轨，可考虑把锯轨量改为 160 mm，同时把放散后的锁定轨温 t_1 适当调高一些，这样就可以用一根缩短量为 160 mm 的标准缩短轨作为更换后的缓冲轨。t_1 的调高值用下式计算：

总放散量增加值：

$$\Delta L'=160-157=3(\text{mm})$$

锁定轨温调高值：

$$3=0.011\ 8\times(750+700)\times\Delta t_1'$$

$$\Delta t_1'=\frac{3}{0.011\ 8\times(750+700)}=0.2(℃)$$

放散后的锁定轨温改为 $t_1'=25+0.2=25.2$(℃)。

5. 应力放散作业

(1)适用范围

执行《普速修规》第 3.10.15 条规定。

(2)标准和质量要求

①应每隔 50～100 m 设一位移观测点观测钢轨位移量，及时排除影响放散的障碍，总放散量应达到计算数值，钢轨全长放散均匀或各点位移量在坐标图上的连线呈直线状，锁定轨温应准确。

②锁定轨温必须在设计锁定轨温范围以内，左右两股长钢轨的锁定轨温相差不超过 5 ℃。两相邻单元轨节的锁定轨温差不超过 5 ℃，同一区间内单元轨节的最低、最高锁定轨温差不得

大于 10 ℃,新轨铺设拉伸时取设计锁定轨温上限值。

③缓冲区应为标准轨,且轨缝均匀合适,两端长轨错差不大于 40 mm。接头应使用不低于 10.9 级螺栓,螺栓扭矩应保持 700～1 100 N·m。绝缘接头轨缝不得小于 6 mm。

④轨枕螺栓涂油、拧紧,扭矩应达到 80～150 N·m。

⑤缓冲区调节轨及其配件无缺损,配短轨时,一律锯截,钻孔,严禁用乙炔切割或烧孔。换出的调节轨做好标记存放在指定位置,以便在恢复原锁定轨温时使用。

⑥轨道几何尺寸达到《普速修规》作业验收标准,联结零件及防爬设备齐全、有效。

⑦无缝线路应力放散后,应现场规范填写《无缝线路应力放散记录簿》和《无缝线路断开记录表》,当日重新标记位移观测点,按实际锁定轨温及时修改无缝线路技术资料。

⑧跨区间和区间无缝线路分段或分次放散时,交界处必须重叠放散 50～100 m。

⑨施工前,必须制定施工组织设计,做好技术交底,明确技术标准和安全注意事项。施工后 3 日内再安排全面复紧一次接头螺栓、轨枕螺栓扭矩。

(3)作业程序及要领

①工作量调查

a. 测量轨温。

b. 调查桥梁、道口、曲线、绝缘、铝热焊接头位置及影响施工的其他设备。

c. 测量长轨端错差,缓冲区钢轨长度、轨缝、错差及相邻道岔前后轨缝、接头错差等数据。

②确定放散方案

a. 根据现场调查和铺设的原始资料,确定放散后锁定轨温。

b. 无缝线路应力放散可根据具体条件采用滚筒配合撞轨法,或滚筒结合拉伸配合撞轨法。采用专用滚筒配合撞轨法时,应在轨温符合设计锁定轨温条件下进行,松开扣件、轨距杆和防爬器,每隔 8～10 m 撤除枕上垫板,同时垫入滚筒,配以适当纵向撞轨、横向敲击,使长轨条伸缩,达到自由状态后锁定线路;采用滚筒结合拉伸配合撞轨法时,在轨温低于设计锁定轨温条件下进行时,利用前述方法放散,使长轨条达到自由状态,通过测温、计算拉伸量后,用拉伸器拉伸长轨条,拉伸到位后锁定线路。

c. 计算长轨放散量、调节轨锯轨量。放散应力锯切钢轨时应选择在原有焊接接头处,尽量不新增工地焊接接头。

d. 确定拉伸位置时,尽量顺列车运行方向拉伸。

e. 根据施工长度合理设置撞轨点,直线地段一般不超 400 m,曲线地段不超 300 m,并注意避免撞轨造成的应力不均。

③施工前期准备

a. 施工负责人和技术人员到现场复核放散计划和工作量划分。

b. 准备应力放散所需机具,保证其状态良好。撞轨器(图 4-11)按放散方案确定数量,钢轨拉伸器(图 4-12)2～3 台,直线滚筒(图 4-13)按长钢轨延长每 8～10 m 放置 1 个,曲线滚筒与直线滚筒成对使用(曲线地段每 20 m 增加一个),涂油器每 100～150 m 放置 1 台,钢轨钻孔机(图 4-14)2 台,锯轨机(图 4-15)2 台,铁锤 1 把/50 m,轨温计 2 块。

c. 将需配钢轨运到现场。

d. 需要其他部门配合施工时,应提前进行联系。

e. 现场必须有应急措施,出现拉伸器无法卸下或拉伸不能合龙情况时,应能保证按时开通线路。

图 4-12　钢轨拉伸器

图 4-11　撞轨器

图 4-13　滚筒

图 4-14　NZG-31 型内燃两用钻孔机

图 4-15　锯轨机(钢轨切割机)

④当日施工前准备

a. 每隔 8～10 m 相对散布 1 个滚筒。

b. 钢轨拉伸器运至龙口处,撞轨器安装准备。

c. 每 100 m 标记一个放散位移观测点。

d. 施工负责人确定放散左右股钢轨顺序(同时放散两股需要安排足够的人员和施工机具),通知到全体施工人员。

⑤拆除影响放散设备及拆卸夹板并换轨

a. 拆除影响长轨自由伸缩的道口铺面和其他障碍物。

b. 拆除防爬设备、轨距杆、地锚拉杆等,并做好拉轨处轨枕方正准备。

c. 拆卸长轨放散端接头夹板,由电务人员拆除钢轨接续线,或根据提前确定的断开位置对称断开两股钢轨。

d. 先放散一股钢轨。先将龙口插轨端不小于 10 m 范围内的扣件全部卸下，锯断钢轨后（注意，低温向高温放散时应将钢轨一端打起、轨端错开，防止胀轨顶死，以便切割及插入短轨；高温向低温放散时应防止钢轨突然被拉断），更换事先准备好的调节轨。

⑥应力放散

a. 更换调节轨后再集中从龙口向固定端依次松开扣件，扣件不需全部松脱，弹条无扣压力即可。若放散终端为缓冲区，需保留伸缩区终端 20 m 扣件不松动。用起拨道器打起钢轨，撤下胶垫，清理轨底并在与放散方向相反一侧轨枕承轨槽边缘垫入滚筒，垫板较厚地段应撤出影响放散的垫板，同时对轨枕螺栓进行涂油。

b. 用撞轨器进行纵向撞轨，用道钉锤敲击钢轨顶面（严禁锤击轨底或轨腰），释放长轨内应力，直到长轨放散端空头数值不发生变化，且钢轨发生反弹时止，记录此时轨温，并根据设计锁定轨温计算需拉伸的钢轨长度。

c. 通过计算，正确预留好缓冲区或保留段轨缝，拧紧扣件，安设拉伸器，进行拉伸。同时用撞轨器撞轨配合拉伸，道钉锤敲击钢轨顶面（严禁锤击轨底或轨腰），方正个别拉斜轨枕（当人力方枕困难时，可用图 4-16 所示的液压方枕器方正轨枕），位移量较大时作业人员应巡视滚筒滚动情况，滚筒滚掉后重新垫好。临时位移观测点作业人员应随时向施工负责人汇报观测点位移量。

图 4-16　液压方枕器

d. 一股钢轨放散达到要求后，撤出滚筒，整正胶垫，必须拧紧长轨拉伸端 50～100 m 范围内的全部扣件和接头螺栓，达到规定扭矩要求后，方可卸载并拆下拉伸器。

e. 一股钢轨拉伸时，施工负责人可安排其余人员，按上述程序对另一股钢轨进行应力放散。

f. 方正偏斜轨枕，拧紧放散地段的全部螺栓，扭矩达到规定值时，铺设已拆道口，安设防爬设备、轨距杆、地锚拉杆等，回收料具。

g. 应力放散后，允许速度大于 160 km/h 的线路，铝热焊缝距轨枕边不得小于 100 mm，其他线路不得小于 40 mm。应力放散插入短轨接头位置应在两轨枕空居中位置。

⑦线路整理

开通后，3 日内申请天窗复拧全部轨枕扣件及接头螺栓。现场填记“无缝线路位移观测记录簿”，重新进行位移观测点标定。将锯下的短轨运至存放地点，摆放整齐。

（二）应力调整

1. 应力调整的概念

为使钢轨受力均匀一致，避免局部地段应力过大，造成胀轨、跑道或断轨，需对无缝线路固定区的应力进行调整，称应力调整。

2. 应力调整作业

(1)适用范围

①铺设或维修的作业方法不当，使轨条产生不正常的伸缩区段。

②固定区或无缝道岔出现严重的不均匀位移，如相邻桩间锁定轨温变化大于 5 ℃或局部

位移量大于 10 mm 的区段。

③夏季线路轨向严重不良，碎弯多的区段。

④处理线路故障或施工需要，改变了原锁定轨温的区段。

(2)标准和质量要求

①应每隔 50～100 m 设置一个观测点观测钢轨位移量，及时排除影响调整的障碍，调整均匀。

②锁定轨温必须在设计锁定轨温范围以内，左右两股长钢轨的锁定轨温相差不超过 5 ℃。两相邻单元轨节的锁定轨温差不超过 5 ℃，同一区间内单元轨节的最低、最高锁定轨温差不得大于 10 ℃。

③轨枕螺栓涂油、拧紧，扭矩应达到 80～150 N · m。

④轨道几何尺寸达到《普速修规》作业验收标准，联结零件及防爬设备齐全、有效。

⑤无缝线路应力调整后，应按实际锁定轨温及时修改有关技术资料和位移观测标记。

(3)程序及要领

①工作量调查

a. 测量轨温。

b. 调查位移量。

c. 调查桥梁、道口、曲线、绝缘、铝热焊接头位置及影响施工的其他设备。

②确定调整方案

a. 根据现场调查确定长钢轨应力调整长度、位置。

b. 无缝线路应力调整可采用滚筒配合撞轨法，应在接近锁定轨温的条件下进行作业，松开扣件、轨距杆和防爬器，每隔 8～10 m 撤除枕上垫板，同时垫入滚筒，配以适当纵向撞轨、横向敲击，使长轨条伸缩，达到自由状态后锁定线路。

c. 根据施工长度合理设置撞轨点，直线地段一般不超 400 m，曲线地段不超 300 m，避免撞轨造成的应力不均匀。调整区段内有曲线时应注意曲线拉直对应力的影响。

③施工前期准备

a. 施工负责人和技术人员到现场复核调整计划和工作量划分。

b. 准备应力放散所需机具，确保状态良好。钢轨撞轨器按调整方案确定数量，直线滚筒按长轨延长每 8～10 m 放置 1 个(曲线地段每 20 m 增加一个)，涂油器每 100～150 m 放置 1 台，道钉锤 1 把/50 m，轨温计 2 块。

c. 需要其他部门配合施工时，应提前进行联系。

④当日施工前准备

a. 散布滚筒，每隔 8～10 m 散布 1 个。

b. 做好撞轨器安装准备。

d. 每 100 m 标记一个临时位移观测点。

e. 施工负责人确定调整左右股钢轨顺序(同时调整两股需要安排足够的人员和施工机具)，通知到全体施工人员。

⑤拆除障碍物及松扣件

a. 拆除影响长轨自由伸缩的道口铺面和其他障碍物。

b. 松开调整范围内的全部扣件。

⑥应力调整

a. 用起拨道器打起钢轨，撤下胶垫，清理轨底并垫入滚筒，垫板较厚地段应撤出影响调整的垫板，同时对轨枕螺栓进行涂油。

b. 用撞轨器进行纵向撞轨，用道钉锤敲击钢轨顶面（严禁锤击轨底或轨腰），调整长轨内应力，直到各观测点不发生变化时止，对部分位移不均处所，要增加撞击次数和振动频次。

c. 临时位移观测点作业人员应随时向施工负责人汇报观测点位移量。当调整达到要求后，撤出滚筒，整正胶垫，更换失效零配件，拧紧调整地段的全部螺栓，扭矩达到规定值，铺设已拆道口，安设防爬设备、轨距杆、地锚拉杆等，回收料具。

d. 另一股需要调整时方法相同，填写《无缝线路应力调整记录簿》。

⑦线路整理

开通后，3 日内申请天窗复拧全部轨枕扣件及接头螺栓。现场填记《无缝线路位移观测记录簿》，重新进行位移观测点标定。

应力放散与调整工作，由线路车间调查并提出计划，工务段审批，车间主任组织施工，工务段派人协助指导。施工前应制定具体的施工计划、步骤和安全措施，确保行车安全，根据情况限速或封锁施工。应力放散后，确定实际锁定轨温，修改有关技术档案资料，修正位移观测标记。

八、无缝线路破坏后的修复

运营中的无缝线路，如遭受洪水等自然灾害或发生行车事故导致破坏时，维修部门应及时采取措施做好修复工作。

1. 当无缝线路受到破坏时，为临时恢复行车，可按下列要求进行抢修：

（1）根据线路破坏的范围和程度，决定保留无缝线路的长度。

一般未遭到破坏的部分，无论长短都应该保留。线路虽已遭破坏，但钢轨尚可使用，且用于复旧又无困难时，应该全部利用。被利用的钢轨长度，可单独作为一段无缝线路。若使用困难，可从焊缝处切开作为短轨使用，应注意切口平齐，用夹板联结。

（2）保留的无缝线路除锁定轨温可根据当时气温的自然条件决定外，其余都应符合无缝线路的技术规定。

（3）修复无缝线路应按抢修普通线路的要求办理。

2. 抢修通车以后，线路经过一段时间的整修，如已趋于稳定，应及时组织力量，恢复无缝线路的技术状态。此项工作按以下要求办理：

（1）对线路平纵断面要全面整修一遍，使其符合无缝线路被毁前的技术状态。

（2）若破坏地段的线路抢修时已全部改成普通线路，则按铺设无缝线路的要求重新换铺长轨节。

（3）若破坏地段的线路抢修时保留了一部分无缝线路，则应在合适的轨温条件下，对保留的线路放散应力，重新锁定。

3. 若抢修线路尚未恢复稳定，全面恢复无缝线路的技术条件尚不具备时，为安全过冬或过夏，应将锁定轨温不符合设计规定的那部分无缝线路进行一次应力放散，使其符合设计规定，待线路稳定后再全面进行恢复工作。

【训练内容】

1. 与工务段联系，以小组为单位，每组三人，到现场找到无缝线路的位移观测桩，用仪器测量每个桩位的位移，根据测量结果，结合原锁定轨温和相邻两桩位间的距离，计算每段无缝线路的实际锁定轨温。

2. 根据无缝线路维修的季节性特点，通过归纳总结、查阅资料，列表编制无缝线路年度维修计划。

3. 扫描二维码观看改道作业在实训基地进行分组训练。

视 频

改道作业

任务三　曲线维修

【任务描述】

曲线(图 4-17)是普通线路三大薄弱环节之一。近年来,由于铁路轨道设备的不断更新,特别是无缝线路的推广,混凝土枕道岔的铺设,使钢轨接头和道岔两大薄弱环节得到了一定程度的改善,而曲线轨道这一薄弱环节显得更加突出。列车通过曲线时,由于离心力的作用,外股钢轨所受的横向水平力比直线地段大,小半径曲线承受的横向水平推力则更大。在横向水平力的作用下,会使整条曲线横向外移,并导致诸多病害发生,如曲线外轨侧磨、轨距扩大、轨向不圆顺、混凝土轨枕外侧挡肩破损等。这些病害不仅增加曲线养护工作量,而且直接影响线路质量,甚至危及行车安全。由此可见,消除曲线横向外移是曲线维修工作的重点,因此,必须经常对曲线进行计算拨正,恢复其应有的圆顺度,使轨道几何形位和路基、道床经常处于良好状态,同时还要尽量减少钢轨磨耗,延长设备使用寿命。

图 4-17　曲线轨道

【学习重点】

1. 曲线缩短轨配置。
2. 曲线拨量计算。
3. 安全防护标准化执行能力。

【学习内容】

一、曲线缩短轨配置

(一)曲线配置缩短轨的目的和缩短轨长度

因曲线地段外股轨线比内股轨线长,为保证两股钢轨接头采用对接方式,在外股钢轨铺设标准轨的同时,内股钢轨宜在适当位置处铺设缩短轨,为此,需进行缩短轨配轨计算。

我国厂制缩短轨(又称标准缩短轨),对于 12.5 m 标准轨有缩短量为 40 mm、80 mm、120 mm 的三种类型缩短轨,对于 25 m 标准轨有缩短量为 40 mm、80 mm、160 mm 的三种类型缩短轨。为了维修管理方便,同一曲线一般宜使用同一种标准缩短轨。

(二)曲线缩短轨配置计算

1. 选择缩短轨类型

选用缩短轨类型时,缩短轨长度可参照式(4-3)确定。

$$L_0 < L\left(1-\frac{S_1}{R}\right) \tag{4-3}$$

式中　L_0——标准缩短轨长度(m),按计算结果选用缩短量较小的缩短轨;

L——标准钢轨长度(m),25 m 或 12.5 m;

S_1——两股钢轨中心距离(m),一般取 1.5 m。

另外,还可以根据曲线半径,参照表 4-3 选用。

表 4-3　标准缩短轨选择参照

曲线半径/m	25 m 钢轨		12.5 m 钢轨	
	缩短轨长/m	缩短量/mm	缩短轨长/m	缩短量/mm
4 000～1 000	24.96 24.92	40 80	12.46	40
800～500	24.92 24.84	80 160	12.46	40
450～250	24.84	160	12.42	80
200	—	—	12.38	120
附注	1. 按表列缩短量宜选用较小的一种。 2. 为了不影响直线接头的质量，允许在曲线尾按实际情况插入个别相应的缩短轨			

曲线上内外两股钢轨接头的相错量，在正线和到发线上，容许为 40 mm 加所用缩短轨缩短量的一半；在其他站线、次要线和使用非标准长度钢轨的线路上，容许为 60 mm 加所用缩短轨缩短量的一半。

2. 计算缩短轨数量

曲线内股钢轨缩短量与曲线半径、缓和曲线长度和圆曲线长度有关。

(1)圆曲线缩短量

对于圆曲线，整个圆曲线内轨的缩短量为

$$\Delta l_c = \frac{S_1 l_c}{R} \tag{4-4}$$

式中　l_c——圆曲线的长度(m)。

(2)缓和曲线缩短量

对于常用缓和曲线，整个缓和曲线内轨的缩短量为

$$\Delta l_0 = \frac{S_1 l_0}{2R} \tag{4-5}$$

式中　l_0——缓和曲线长度(m)。

(3)曲线总缩短量

曲线(包括圆曲线和两端缓和曲线)的总缩短量为

$$\Delta l_z = \frac{S_1}{R}(l_0 + l_c) \tag{4-6}$$

(4)整条曲线的缩短轨数量

当计算出整条曲线的总缩短量后，选用缩短量为 k 的缩短轨，即可求出整条曲线上所需的缩短轨根数 N 为

$$N = \frac{\Delta l_z}{k} \tag{4-7}$$

而外轨线上铺设的标准轨根数 N_0 为

$$N_0 = \frac{2l_0 + l_c}{l_{标} + \delta} \tag{4-8}$$

显然 N 不能大于 N_0，否则应改用缩短量更大的缩短轨。

3. 确定缩短轨的位置

(1)计算每根钢轨接头的累计缩短量

确定采用哪一种缩短轨并计算出缩短轨根数后，还需要合理配置缩短轨的位置才能达到

接头对接的目的。为此,必须逐根计算内、外股钢轨接头的错开量,按规定的容许错开量配置缩短轨。考虑到缓和曲线与圆曲线的缩短量计算不同,故需分段计算。每个钢轨接头累计缩短量计算如下:

①第一缓和曲线(ZH~HY)

将坐标原点置于 ZH 点,则任一钢轨接头处内轨累计缩短量为

$$\Delta l=\frac{1\ 500 l_1^2}{2Rl_0}\ (\text{mm}) \tag{4-9}$$

式中 l_1——第一缓和曲线上任一钢轨接头至缓和曲线起点(ZH)的距离(m)。

②圆曲线(HY~YH)

坐标原点仍为 ZH 点,则任一钢轨接头处内轨累计缩短量为

$$\Delta l=\frac{1\ 500 l_0}{2R}+\frac{1\ 500 l_2}{R}\ (\text{mm}) \tag{4-10}$$

式中 l_2——圆曲线上任一钢轨接头距圆曲线起点(HY)的距离(m)。

③第二缓和曲线(YH~HZ)

将坐标原点置于缓和曲线终点(HZ),算出每个钢轨接头的内轨缩短量,再由总缩短量减去该值,则得该钢轨接头至缓和曲线起点的内轨累计缩短量,计算公式为

$$\Delta l=\Delta l_z-\frac{1\ 500 l_3}{2Rl_0}\ (\text{mm}) \tag{4-11}$$

式中 Δl_z——曲线内轨总缩短量(m);

l_3——第二缓和曲线上任一钢轨接头至 HZ 点的距离(m)。

(2)确定缩短轨的位置

从曲线起点开始,计算每个钢轨接头对应的累计缩短量,当由于曲线内侧铺设缩短轨而产生的实际累计缩短量小于计算累计缩短量,且其差值大于所用缩短轨缩短量的一半时,就应在该处布置一根缩短轨。

每个钢轨接头计算累计缩短量与实际累计缩短量之差即为接头错开量。

【例 4-2】 已知某曲线,圆曲线半径 $R=2\ 000$ m,缓和曲线长 $l_0=60$ m,圆曲线长 $l_c=200.79$ m,铺设标准钢轨长度 $L=25$ m,预留轨缝 $\delta=8$ mm,曲线起点至第一根钢轨进入曲线的长度为 4.8 m,试进行配轨计算。

【解】 (1)选配缩短轨类型

$$L_0<L\left(1-\frac{S_1}{R}\right)=25\times\left(1-\frac{1.5}{2\ 000}\right)=24.981\ 3(\text{m})$$

选用 $L_0=24.96$ m,缩短量 $k=40$ mm。

(2)计算需要铺设的缩短轨数量

曲线内轨的总缩短量 Δl_z 为

$$\Delta l_z=\frac{S_1}{R}(l_0+l_c)=\frac{1\ 500}{2\ 000}\times(60+200.79)=196(\text{mm})$$

缩短轨的根数 N 为

$$N=\frac{\Delta l_z}{k}=\frac{196}{40}=4.9\text{ 根,采用 5 根}$$

曲线外股标准轨的根数 N_0 为

$$N_0=\frac{2l_0+l_c}{L+\delta}=\frac{200.79+2\times60}{25.000+0.008}=12.8\text{ 根}>N$$

说明选配的缩短轨合适。

(3)确定缩短轨的位置

缩短轨的布置可列表进行，见表 4-4。表中“○”为标准轨，“×”为缩短轨，“+”表示内轨接头超前量，“−”表示内轨接头落后量。轨排编号系按公里顺序编定，缩短轨布置如图 4-18 所示。

表 4-4　曲线缩短轨配轨计算

配轨里程	K280+186.58～+507.37	缩短轨长度 L_0	24.96 m
圆曲线半径 R	2 000 m	曲线总缩短量 Δl_z	196 mm
圆曲线长度 l_c	200.79 m	使用缩短轨根数 N	5 根
缓和曲线长度 l_0	60 m	进入曲线第一个接头长度	4.8 m

轨排编号	接头号数	由 ZH(HZ)或 HY 点到接头处的长度/m	计算缩短量/mm	钢轨类型	实际缩短量/mm	接头错开量/mm	附　注
1	2	3	4	5	6	7	8
K280−8	1	至 ZH4.8	$\frac{1\,500}{2\times2\,000\times60}\times4.8^2=$ $0.00\,625\times4.8^2=0.14$	○	0	+0.14	进入缓和曲线 4.8 m
9	2	29.808	$0.006\,25\times29.808^2=6$	○	0	+6	
10	3	54.816	$0.006\,25\times54.816^2=19$	○	0	+19	
11	4	至 HY19.824	$\frac{1\,500\times60}{2\times2\,000}+\frac{1\,500\times19.824}{2\,000}=37$	×	40	−3	进入圆曲线 19.824 m
12	5	44.832	$22.5+0.75\times44.832=56$	○	40	+16	
13	6	69.840	$22.5+0.75\times69.84=75$	×	80	−5	
14	7	94.848	$22.5+0.75\times94.848=94$	○	80	+14	
15	8	119.856	$22.5+0.75\times119.856=112$	×	120	−8	
16	9	144.864	$22.5+0.75\times144.864=131$	○	120	+11	
17	10	169.872	$22.5+0.75\times169.872=150$	×	160	−10	
18	11	194.880	$22.5+0.75\times194.88=169$	○	160	+9	
19	12	至 HZ40.902	$196-0.006\,25\times40.902^2=186$	×	200	−14	进入缓和曲线 19.098 m
20	13	15.894	$196-0.006\,25\times15.894^2=194$	○	200	−6	

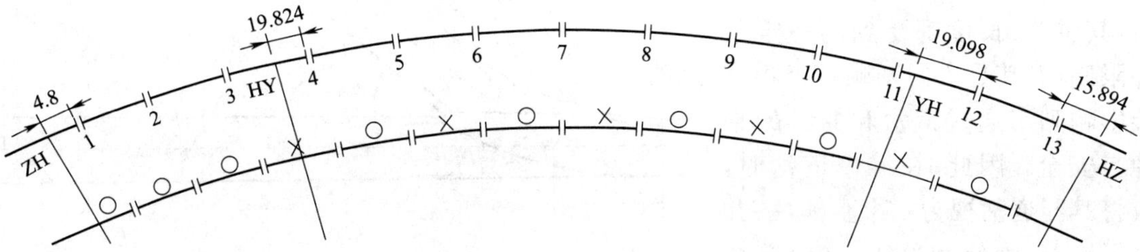

图 4-18　曲线缩短轨布置示意

二、曲线拨道作业

利用计算机软件算出曲线拨量后,为防止现场正矢发生变化,应及时进行拨道作业。

拨道作业须按拨道量正确设置施工防护和确定施工负责人,并按拨道作业程序和要领进行拨道。严格遵循“防护先于作业”原则,熟练掌握施工防护信号设置标准,明确施工负责人在现场指挥、风险管控中的核心职责,建立“防护不到位不作业”的安全底线思维。

此外,要特别注意做好以下工作:

(1)设置曲线拨道标桩。为了准确控制各桩点的拨量和方便过车后回检,在拨道前一定要设置曲线拨道标桩。

(2)调查与调整轨缝。曲线拨道时,上挑会使轨线伸长,下压会使轨线缩短。为防止在曲线范围内轨缝总量不当影响拨道效果,同时保证拨后轨缝状态良好,要按拨道后轨线伸缩量和拨道前的轨缝状态调整好轨缝。拨道后曲线伸缩量可按式(4-12)计算。

$$\Delta l = \frac{e \cdot l}{R} \tag{4-12}$$

式中　Δl——拨道后的轨线伸缩量(mm);

e——平均拨量,其值等于各测点拨量代数和除以测点数(mm);

l——曲线的拨道长度(m);

R——圆曲线半径(m)。

(3)扒开枕端道砟。当拨道量较大时,为防止拨道困难和破坏线路纵向平顺,应将拨道方向的枕端道床扒至枕底面。

(4)对拨量大于 20 mm 的曲线,应先拨道,后起道捣固,防止因拨道破坏线路纵、横向平顺并影响捣固质量。不论拨量大小,在过车后都要检查高低、水平和轨向,整修超限处所,并回填和夯实道床。

(5)对拨量较大的曲线可采用分次拨道法。但必须在每次拨道后都进行起道捣固,保证枕下道砟坚实和水平、高低不超过临时补修容许偏差。否则,应按规定办理施工手续。

三、道岔连接曲线的维修

当道岔后两股轨道平行,且两平行股道的直线线间距不大于 5.2 m 时,道岔曲股岔尾后的曲线称为道岔连接曲线,如图 4-19 所示。

由于连接曲线紧跟于道岔之后,其位置、长度都受到的一定条件限制,尤其是方向圆顺与否将直接影响列车通过道岔和曲线的平稳与安全。因此,在维修道岔时,应将其与道岔视为一个整体,一并进行检查、维修和整正,并应符合一定的技术条件。

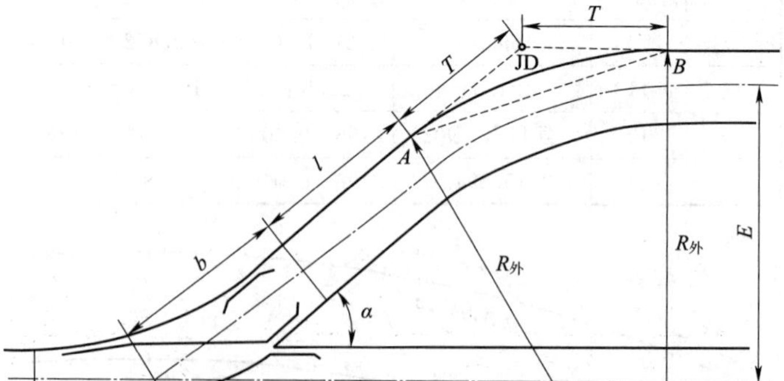

图 4-19　道岔连接曲线

（一）连接曲线维修技术条件

（1）为了保证列车安全、平稳、顺利地通过连接曲线，曲线半径不应小于该道岔的导曲线半径。

（2）连接曲线为圆曲线（不设缓和曲线），其长度不小于 20 m。

（3）连接曲线超高不应大于 15 mm，顺坡率不应大于 2‰。

（4）连接曲线轨距加宽标准与其他曲线相同，加宽递减率不应大于 2‰，困难条件下不应大于 3‰。

（5）正线道岔（直向）与曲线超高顺坡终点之间的直线段长度：线路允许速度大于 160 km/h 时不应小于 70 m，困难条件下不应小于 30 m；线路允许速度为 120 km/h（不含）～160 km/h 时不应小于 40 m，困难条件下不应小于 25 m；其他地段不应小于 20 m。站线道岔与曲线或道岔与其连接曲线之间的直线段长度不应小于 7.5 m，困难条件下不应小于 6 m。

（二）连接曲线方向整正

为了保持连接曲线圆顺，当正矢超限时，必须及时整正。由于连接曲线较短，可采用矢距法或直股支距法整正轨向不良。用矢距法整正连接曲线，调查、计算、拨正都很方便，有条件时应对连接曲线进行整桩化改造。现将矢距法的具体做法举实例说明如下。

1. 方法与步骤

（1）计算连接曲线中央点位置（桩位）：

$$QZ = N + 1 - \frac{\sum\sum f}{\sum f}(段) \tag{4-13}$$

式中　N——测点数（弦长 10 m，测点距 5 m）；

$\sum f$——现场正矢合计（mm）；

$\sum\sum f$——现场正矢累计合计（mm）。

（2）确定连接曲线全长时，应满足连接曲线养护维修和行车要求的有关规定。连接曲线设计全长的测点数应为整数。

（3）计算连接曲线的正矢 f_c：

$$f_c = \frac{\sum f}{L_c}(mm) \tag{4-14}$$

式中　L_c——连接曲线设计全长的段数。

（4）计算各点计划正矢和拨量。

（5）拨正后，将设计的 ZY、YZ 点位置标记在轨腹上，以 ZY 为第一测点，重新标记各测点计划正矢。

2. 计算实例

表 4-5 所列曲线为 9 号道岔岔后连接曲线，0 测点距岔尾 2 m。

（1）计算曲线中央点位置

$$QZ = N + 1 - \frac{\sum\sum f}{\sum f} = 8 + 1 - \frac{1\,381}{258} = 3.65(段)$$

（2）确定曲线长度

因 0 点距岔尾 2 m，为满足夹直线长度的要求，初步确定 1 点为曲线起点，则

$$\frac{L_c}{2} = QZ - ZY = 3.65 - 1 = 2.65(\text{段}), L_c = 2.65 \times 2 = 5.3(\text{段})$$

为了使拨后曲线桩数为整数,取为 5.0,故 $f_c = \dfrac{\sum f}{L_c} = \dfrac{258}{5} = 51.6\ (\text{mm})$。

对比计算结果进行检算,若满足不了有关要求和原则,应重新分析和计算。

连接曲线半径的检算:$R = \dfrac{12\,500}{f_c} = \dfrac{12\,500}{51.6} = 242\ (\text{m})$

因 $R_{导} = 180\ \text{m} < 242\ \text{m} < 1.5 \times 180 = 270\ \text{m}$,故连接曲线半径满足要求。

连接曲线头与道岔夹直线长度的检算:

$$ZY = QZ - \frac{L_c}{2} = 3.65 - \frac{5}{2} = 1.15(\text{段}), YZ = QZ + \frac{L_c}{2} = 3.65 + \frac{5}{2} = 6.15(\text{段})$$

因 0 点距岔尾为 2 m,故曲线头到道岔的直线长度为 2+5+0.15×5=7.75 m,满足大于 6 m 的要求。

经检算,$f_c = 51.6$ mm,$L_c = 5$ 段(可行)。

表 4-5 道岔连接曲线整正计算表 单位:mm

桩位	测点号	桩位到相邻点距离/m	计划正矢计算(小数点后一位)	正矢累计	现场正矢	计划正矢	正矢差	差累计	半拨量	修正差累计			半拨距修正数	实施半拨	实施全拨	拨后正矢
										一次	二次	合计				
(1)	(2)	(3)	(4)	(5)	(6)	(7)	(8)	(9)	(10)	(11)	(12)	(13)	(14)	(15)	(16)	(17)
	0			12	12	0	12	12	0					0	0	0
	1	0.15	$\frac{51.6}{2} \times 0.85^2 = 18.6$	38	26	19	7	19	12					12	24	19
	2	0.85	$51.6 - \frac{51.6}{2} \times 0.15^2 = 51$	80	42	51	−9	10	31	0		0	0	31	62	51
	3			123	43	51	−8	2	41	−1		−1	0	41	82	52
	4			175	52	52	0	2	43	0		0	−1	42	84	51
	5			205	30	51	−21	−19	45				−1	44	88	51
	6	0.15	$51.6 - \frac{51.6}{2} \times 0.85^2 = 33$	239	34	33	1	−18	26				−1	25	50	33
	7	0.85	$\frac{51.6}{2} \times 0.15^2 = 0.6$	251	12	1	11	−7	8				−1	7	14	1
	8			258	7	0	7	0	1				−1	0	0	0
∑				1 381	258	258	±38	+45 −44								258

以上所述为连接曲线进行整桩化改造的方法,若连接曲线已改造好,再整正时只要根据表 4-6 的计算进行拨道即可。

表 4-6 连接曲线整正计算 单位:mm

测点	实测正矢	计划正矢	正矢差	差累计	修正量	半拨量	拨量	拨后正矢
(1)	(2)	(3)	(4)	(5)	(6)	(7)	(8)	(9)
0	20	25	−5	−5		0	0	25

续上表

测点	实测正矢	计划正矢	正矢差	差累计	修正量	半拨量	拨量	拨后正矢
1	60	52	+8	+3	+1	−5	−10	51
2	51	52	−1	+2	+1	−1	−2	52
3	50	52	−2	0	+1	+2	+4	52
4	48	51	−3	−3		+3	+6	52
5	29	26	+3	0		0	0	26
$\sum$	258	258	±11	−8 +5	+3			258

四、曲线病害的防治

对曲线进行综合维修，是预防曲线病害的有效措施。曲线病害一旦发生，应在加强综合维修的基础上，积极予以整治，防止病害进一步发展。

(一)曲线方向不良

1. 产生曲线方向不良的原因

(1)拨道方法不当。凭经验目视拨道或经常用简易拨道法，都会造成误差积累或曲线头尾出现方向不良。

(2)养护方法不当。拨道不结合水平、高低整治，不预留回弹量，钢轨有硬弯，接头错牙，大胶垫失效，轨底坡不一致，拨道前不均匀轨缝，拨道后没有及时回填道床，捣固不均。

(3)轨枕、零配件失效，加强设备缺少、失效。

(4)路基和道床出现翻浆冒泥等病害，如图 4-20 所示。

图 4-20　道床翻浆冒泥

2. 曲线方向不良的防治方法

(1)保持良好的几何形位。按规定设置超高和轨距加宽，锁定线路，防止爬行；矫直钢轨硬弯；及时更换失效零配件，全面清筛不洁道床，消灭翻浆冒泥；加强捣固，消灭高低、空吊。

(2)保持正矢不超限。按计算结果进行拨道，做到拨、改、捣有机结合，对整条曲线要全面考虑，统一调整。

(3)保持曲线头、尾的圆顺。在调查测量现场正矢前，先拨好两端的直线方向，消灭反弯及“鹅头”，使曲线头、尾恢复到正确位置，最好用仪器确定曲线头尾，然后再实量正矢。在小半径曲线头、尾保持一定的道床厚度和宽度，并夯实道床，使轨道方向稳定。

(4)清理污物，保持路基干燥。及时清理路基两侧有碍路基排水的废弃物，清理排水设备，保证排水畅通，消灭路基存水、翻浆、下沉等病害，做好桥隧两头路基的防护加固，防止边坡溜坍，使线路保持坚实、稳固。

(二)曲线“鹅头”

“鹅头”是指曲线头或尾偏离应有的平面位置,向曲线外侧凸出,越出直线方向,状似鹅头。

1. 产生曲线“鹅头”的原因

(1)曲线附近直线方向不正,拨道作业的拨道量计划不当,目测拨道有误差。

(2)在小半径曲线上,列车进入曲线头尾的冲击力较大、道床横向阻力不足也易产生“鹅头”。

(3)曲线头尾不固定,桩位内移或外移,将直线拨成曲线或将曲线拨成直线,在曲线始、终点附近产生“鹅头”。

(4)为了拨道时省工省力,习惯于上挑,从而破坏了曲线头尾的正确位置。使用简易拨道法计算拨量,由曲线中间向两端拨,或由曲线一端向另一端拨,也可能出现“鹅头”。

(5)由于常用缓和曲线采用直线形超高顺坡,列车由直线进入曲线或由曲线驶向直线时,在曲线头尾产生较大的冲击振动,这种冲击力极易形成曲线头尾的“鹅头”。

2. 防治曲线“鹅头”的措施

(1)在测量正矢前,应拨直切线方向,压除“鹅头”。在实量正矢时,可向直线方向多量几点,直到正矢为零止。

(2)凡有“鹅头”的曲线,缓和曲线的平面形状都不好,因此,缓和曲线应按规定的计划正矢,将 ZH、HY、YH、HZ 各点固定在正确位置。

(3)在曲线定期拨道时,一定要用绳正法计算拨道量,在曲线全长范围内拨道,防止单纯为了减少拨道量而任意改变正矢。

(4)在临时补修拨正曲线时,应从两端向中间拨道,防止将作业误差积累到曲线两端。

(5)在小半径曲线头、尾,应保持足够的道床厚度和宽度,并加强道床夯实,保持轨道稳定。

(6)合理做好轨距加宽和超高递减。

(三)钢轨接头支嘴

1. 产生钢轨接头支嘴的原因

曲线上钢轨接头支嘴是指曲线上的钢轨接头离开应有的圆弧位置向曲线外侧支出。接头支嘴是由于接头钢轨联结处因横向刚度不足而引起的非连续横向局部几何不平顺,经常发生在受列车横向水平推力较大的曲线地段接头区域。列车通过存在支嘴的接头时,因小范围内的运行方向突变而产生附加冲击力使支嘴继续发展,附加冲击力则愈来愈大,形成恶性循环。

接头支嘴是由于钢轨弹性和硬弯所引起的,这种病害多发生在小半径曲线上,特别是在相对式接头的曲线上。若存在道床厚度不足、道床不密实、轨枕失效、螺栓松动、夹板弯曲或强度不足、轨缝不良等状况时,更会加剧接头产生支嘴。

2. 防治钢轨接头支嘴的措施

防治钢轨接头支嘴,首先应分析支嘴产生的原因。如果是因钢轨硬弯的原因,最有效的整治方法是用直轨器校直硬弯。若是由于钢轨弹性方面的原因,则应加强支嘴处轨道结构,补充和夯实道床。调换接头支嘴处里外口夹板,也是比较有效的方法。注意不准在接头处用起道机硬顶拨道。

(四)接头道砟坍砟

接头道砟坍砟是由于钢轨接头低,车轮对接头的冲击力加大,接头处道床板结、翻浆以及捣固不良,超高设置不当等原因造成的。接头道砟坍砟会加剧钢轨变形、轨枕失效和扣件伤损,影响设备使用寿命。

防治接头道砟坍砟的措施如下：

(1)加强接头捣固，综合整治接头病害。对接头损伤磨耗的联结零件要及时更换，已造成低接头的钢轨要及时更换或焊补打磨鞍形磨耗。

(2)对接头板结或翻浆的道床进行清筛或铺换洁净有棱角的道砟或小道砟，并捣固坚实。必要时可在铁垫板下加垫 8 mm 厚的胶垫，或在轨枕下加橡胶套垫。混凝土枕接头下可采用高弹性胶垫。

(3)合理设置超高，做好超高递减。

(五)曲线钢轨磨耗

钢轨磨耗主要是轮轨间滚动摩擦和滑动摩擦共同作用的结果。滑动摩擦产生的原因有列车制动时轮轨间产生的滑动，曲线上由于内外两轮的行程差，在外轮滚动的同时，迫使内轮向后滑动等。这些滑动引起的摩擦加剧了钢轨的磨耗。钢轨磨耗是决定钢轨使用寿命的最主要因素。努力消除或减少钢轨不正常磨耗，对于延长钢轨的使用寿命有着重要意义。

钢轨按磨耗的部位分为垂直磨耗和侧面磨耗。

垂直磨耗是指钢轨轨面高度上的磨耗。垂直磨耗在一般情况下是正常的，随着通过总重的增加而增大。曲线内股垂直磨耗表现为轨头压溃、轨头压偏、宽度增加。

侧面磨耗是小半径曲线的主要病害，主要发生在小半径曲线的外股钢轨，大多数曲线钢轨都因侧面磨耗而更换。

曲线钢轨磨耗速率除与曲线半径、钢轨材质、通过总重、机车类型有关外，还和维修质量有着密切关系。如轨向不良、缓和曲线超高递减不够、超高或轨底坡不当、轨距超限等，都会加剧曲线钢轨的磨耗。

防治曲线钢轨磨耗应采取以下措施：

(1)在重载大运量区段或山区小半径曲线上，铺换合金钢轨或全长淬火钢轨。

(2)正确设置超高，每年应定期测速，并根据外轨侧磨和内轨压溃情况及时调整外轨超高。

(3)用看线修坡的方法及时修正轨底坡，使轮轨接触面积增大。在木枕地段可用砍削垫板下枕面的方法，混凝土枕可采用加垫楔形胶垫板的方法修正轨底坡。

(4)钢轨润滑。对于侧面磨耗速率较大、半径较小的曲线以及磨耗严重的道岔曲尖轨、导曲轨等采用干式润滑剂进行钢轨侧面润滑；并可采用摩擦系数调节剂控制钢轨顶面摩擦系数。用于钢轨侧面润滑的润滑材料不得涂覆到钢轨顶面。

(5)加强维修，使轨道几何形位经常处于良好状态，及时清筛道床，补充道砟，增加线路弹性。当发现曲线钢轨外股侧磨接近轻伤标准一半时，要及时与直线钢轨调换使用。

(6)定期用磨耗仪(图 4-21)观测钢轨磨耗情况，总结钢轨磨耗与曲线养护状态的关系，找出钢轨磨耗产生的原因，以采取相应措施进行整治。

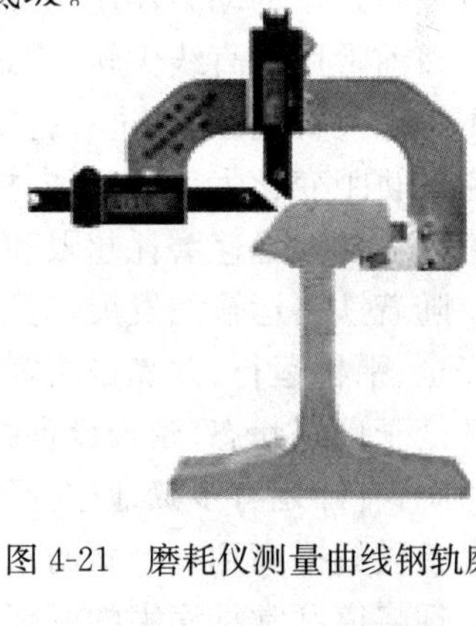

图 4-21　磨耗仪测量曲线钢轨磨耗

【训练内容】

1. 已知某曲线半径 R、缓和曲线长 l_0、曲线全长 L、曲线起点至第一根钢轨进入曲线的长度，铺设 25 m 标准钢轨并预留 8 mm 的轨缝，试列表进行配轨计算。

2. 以小组为单位，四人一组，与工务段联系，到现场用绳正法测量曲线各测点的正矢，并记录喷在钢轨上的计划正矢，用差累计梯形数列修正法计算各点拨量。

文本

部分答案
(六)

任务四　道岔维修

【任务描述】

中华人民共和国成立以来,我国铁路道岔的发展历经了八个阶段,分别为50型、53型、55型、57型、62型、75型、92型和提速型,推广使用了铸造叉心组合辙叉、高锰钢整铸辙叉、可动心轨辙叉和特种断面尖轨。道岔种类繁多,构造复杂,零配件多,易于磨损变形,技术标准要求高,因此,道岔的维修任务较为繁重,做好道岔维修工作必须从构造入手,提高道岔的稳定性,保证其平顺性,经常保持道岔状态完好,各部尺寸符合要求,零配件齐全有效,并预防各种病害的发生,延长设备的使用寿命。

【学习重点】

1. 道岔常见病害的预防及整治。
2. 提速道岔的日常维修。
3. 提速道岔工电结合部常见故障。
4. 无缝道岔维修。
5. 提升标准化维护作业和预防性病害治理能力。

【学习内容】

一、道岔常见病害的预防及整治

道岔是线路的薄弱环节之一,其构造复杂,易于磨损变形,产生病害。许多病害都互相关联、互相影响。道岔病害产生的原因错综复杂,总的来看,一方面是道岔本身结构上的缺陷,另一方面是列车的动力作用和维修不当。

目前常用的直线尖轨、固定型辙叉的单开道岔在构造上的主要缺点有:车轮侧向过岔时从基本轨向尖轨过渡,通过有害空间时,运行不平顺;导曲线无超高,造成车轮挤推外轨;从尖轨到辙叉轨距变化大,列车横向摇晃。纵断面上也存在着不平顺,车轮对道岔冲击力大,极易导致道岔各部件迅速磨耗超限和折损。

随着铁路运输的发展,对道岔的要求也日益提高,它要求道岔能以规定的允许速度,使列车安全、平稳运行,并满足旅客舒适的需要。因此,必须做好道岔的日常维修工作,使道岔质量经常处于良好状态,延长设备的使用寿命。要达到这一要求,必须贯彻“预防为主,综合整治”的原则,有计划有步骤地进行预防性计划维修工作,做到标准严格,项目齐全,作业细致,把道岔设备质量提高到一个新的水平。

现将道岔常见病害的原因、预防及整治措施分述如下。

(一)道岔轨距、方向不良

1. 造成道岔轨距、方向不良的原因

(1)道岔前后衔接不良造成方向不顺。道岔铺设或更换时位置不正,前后方向不良,忽视道岔前后线路的整体维修,维修拨道或拨动道岔时,顾此失彼,只从一端看道,不顾两端;只顾主线,不看侧线等都可能造成道岔与线路,道岔与道岔衔接不好。列车通过时发生车体摇晃,增大了对道岔的破坏力。

(2)辙叉心位置不正，与前后钢轨连接的方向不顺，有折角、“臌肚”现象，易冲击辙叉尖。

(3)尖轨本身方向不良，连接杆、顶铁尺寸有偏差，造成尖轨及基本轨方向不良，过车时轨距发生变动。

(4)因道岔和道岔前后的线路发生爬行，改变了道岔的方向。特别是渡线道岔，如两股线路为单向行车时，会将道岔拉长或挤缩，方向无法保持。

(5)岔枕失效，钉孔扩大腐朽，持钉无力，不能保持正确的轨距和方向。

(6)基本轨横移，造成方向不良。直股基本轨本身不直，或直股基本轨的轨撑、滑床板与基本轨间存在“三道缝”(图 4-22)，是造成基本轨横移的主要原因。由于“三道缝”的存在，不能完全固定基本轨，过车时轨撑不能阻止基本轨横移，造成方向不良。

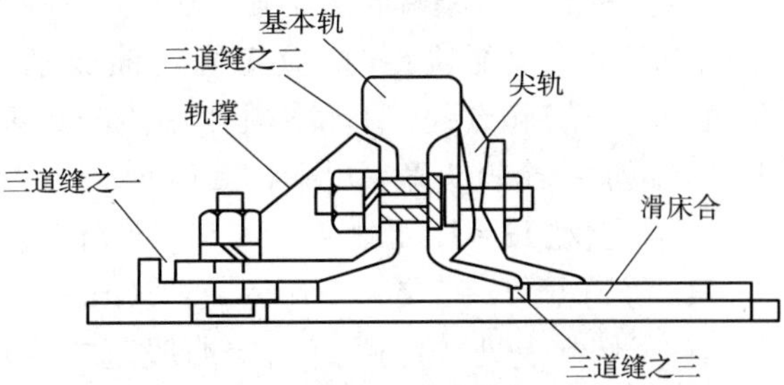

图 4-22　“三道缝”示意

(7)曲股基本轨弯折点未弯好使道岔方向不良。特别是尖轨尖端处的弯折点未弯够时对道岔方向影响最大，使直股基本轨上产生“三道弯”:基本轨前端接头向外支嘴，尖轨尖端处向里弯，对准尖轨竖切起点处基本轨向外臌。

(8)异侧对口道岔，尖轨尖端处的轨距未按《普速修规》规定顺坡，造成道岔方向不顺。

(9)护轨长度不够，位置错前错后，列车通过辙叉时发生横向移动，增大了车轮对护轨的横向压力，将辙叉心处轨距拉小。

(10)护轨与翼轨轮缘槽宽度不符合要求，轮缘槽过小，护背距离大于 1 348 mm，则造成车轮背面挤擦护轨和翼轨，拉小轨距。轮缘槽过大，当轨距不超限时，查照间隔小于 1 391 mm，车轮易冲击辙叉尖。

(11)道砟不良、捣固不实，降低了道床阻力，使线路出现坑洼。零件松动、失效，轨道不能保持正确的几何形位。

此外，线路排水不良，基床翻浆冒泥，钢轨有硬弯等也是造成轨距方向不良的原因。

2. 预防整治道岔轨距、方向不良的措施

道岔是线路的一个组成部分。孤立整治道岔本身方向，脱离道岔前后大方向，道岔就不能处于正确位置。道岔方向良好的要求是：道岔与线路，道岔与道岔衔接好，远看方向顺直，没有“甩弯”、折角和“臌肚”。因此，在维修道岔时，应以直股基本轨为准，首先要拨正道岔的大方向，同时，还必须拨正道岔前后 75 m 范围内的线路及岔后连接曲线。然后做好道岔本身的小方向。在整治方向时，坚持拨、改、捏的方法，即大弯拨，小弯改，硬弯捏，以达到方向良好，具体做法如下：

(1)在拨好道岔方向后，为得到比较精确的标准股，还必须用改道的方法改正小弯。用拉绳的方法可以保证改正方向的质量，线绳长约 30 m，两端用特制的铁卡固定在轨枕头上，其位置应选择在方向已经拨好的地方，距轨头的距离可定为 300 mm，然后每隔一根轨枕量一次线绳与轨头的距离，与 300 mm 比较，增减超过 1 mm 者就应改动。改第二绳时，应搭半绳前进。采用拉绳改道的优点是测量精确，即可避免因钢轨肥边和人的视力差异带来的影响，又可省去一人来回跑动看道。

有了精确的标准股,便可改正直股轨距和导曲线支距。在改正支距之前,应用长钢尺和方尺核对支距点的位置,以免因钢轨爬行错位。为了保持导曲线圆顺,还可用正矢法校核,每1.25 m设一个正矢点,这样就能很快地判断出是直股方向不直,还是导曲线本身不圆,以避免单纯使用支距法造成的缺陷。

因短轨刚性大,导曲线中如有短轨存在,支距不易保持,可用弯轨器将短轨弯折成弧状。

(2)改尖轨部分轨距时,要遵循一定的程序。

①在整治尖轨尖端曲弯折点后,固定尖轨尖端轨距。

②在整治尖轨跟端轮缘槽后,固定尖轨跟端的轨距。

③改尖轨中部轨距时,应先固定曲股基本轨的位置。在两尖轨竖切起点处,两基本轨作用边的距离分别为尖轨中部轨距加一个轨头宽,如图4-23所示。

9号道岔:$H=1\ 444+70=1\ 514$(mm);

12号道岔:$H=1\ 442+70=1\ 512$(mm)。

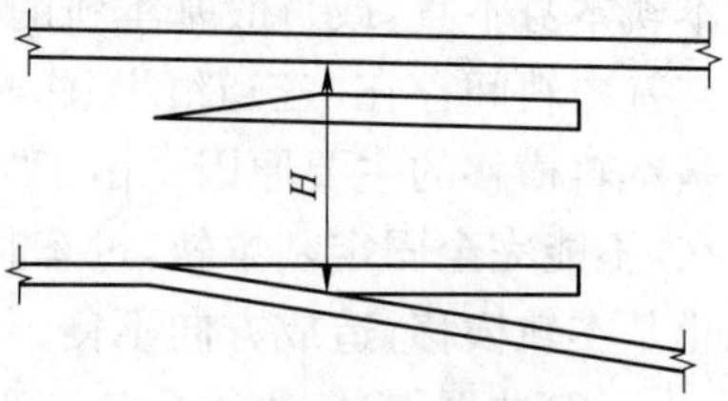

图4-23 基本轨位置示意

在竖切起点处按此距离固定曲股基本轨后,便可参照尖轨尖端和尖轨跟端将曲股基本轨其余部分轨距全部改好。

④打磨基本轨、尖轨肥边,结合整治尖轨中部轮缘槽等方法整治尖轨,使尖轨部分的轨距能够达到均匀顺坡。

(3)整修各部分不合格的零配件和间隔尺寸,消灭"三道缝",正确做好曲股基本轨弯折点,确保各部间隔尺寸和轨距正确。改辙叉部分时,首先要削除基本轨肥边,高锰钢整铸辙叉的压堆部分和作用边的凸凹不平要用砂轮机打磨;轮缘槽应调至规定标准,然后再进行改道。这样,查照间隔和护背距离便可保持良好,曲股基本轨也可避免"臌肚"现象。

此外,还要整治线路爬行,加强道岔及前后75 m范围内线路的锁定;加强捣固,尤其要注意辙叉心部位等不易扒开道砟捣固的地方,捣固的密实程度要和岔枕受力情况相适应,以使各部道床下沉量大致相同。清筛道床、补充道砟,加强排水,防止线路下沉,保持轨距、方向。

(二)转辙器部分常见病害

1. 尖轨与基本轨不密贴

(1)尖轨与基本轨不密贴产生的原因

①加工制造时50 mm范围内刨切长度不够。

②尖轨顶铁过长,补强板螺栓凸出。

③转辙机位置与尖轨动作拉杆位置不在同一水平线上。

④基本轨弯折点有误。

⑤基本轨工作边及尖轨非工作边有肥边造成假密贴。

⑥基本轨横向移动。

⑦基本轨或尖轨本身有硬弯。

⑧基本轨、轨撑、滑床板挡肩之间存在"三道缝"。

⑨第一、二连接杆与尖轨接头铁连接的距离不合适。

(2)预防整治尖轨与基本轨不密贴的措施

①对刨切不足的尖轨再进行刨切。

②打磨焊补或更换顶铁和补强板螺栓。

③调整转辙机及尖轨拉杆位置，使其处于同一水平线上。

④拨正基本轨方向，矫正弯折点位置和矢度。

⑤打磨基本轨和尖轨的肥边。

⑥拧紧扣件，消除假轨距。

⑦调直尖轨或基本轨，拨正方向，改好轨距。

⑧调整连接杆长度，改变尖轨接头铁的孔位或加入绝缘垫板，误差较大时，可更换接头铁或方钢。

⑨焊补或更换磨损挠曲不平的滑床台、轨撑、滑床板挡肩，或用螺纹道钉将轨撑、滑床板与岔枕联结成一整体，并用水平螺栓使轨撑与基本轨牢固联结在一起，消灭“三道缝”。

2. 尖轨跳动

(1)尖轨跳动产生的原因

①尖轨跟端轨缝过大，间隔铁和夹板磨耗，螺栓松动，过车时加大了冲击。

②跟部桥型垫板或凸台压溃。

③捣固不实，有吊板。

④尖轨拱腰。

(2)预防整治尖轨跳动的措施

①焊补或更换间隔铁、夹板，更换磨耗的双头螺栓。

②增补整修跟部桥型垫板和防跳卡铁，进一步采取尖轨防跳措施，如在基本轨轨底增设尖轨防跳器，或将尖轨连接杆两端安设防跳补强板，使其长出部分卡在基本轨轨底，以防尖轨跳动。

③加强转辙部分枕下捣固，尤其是加强接头及尖轨跟端的捣固。

④调直拱腰的尖轨。

3. 尖轨轧伤与侧面磨耗

(1)尖轨轧伤与侧面磨耗产生的原因

①尖轨与基本轨不密贴或假密贴。

②尖轨顶铁过短。

③基本轨垂直磨耗超限。

④尖轨前部顶面受车轮踏面和轮缘的轧、挤、碾作用。

(2)预防整治尖轨轧伤与侧面磨耗的措施

①防止尖轨跳动及确保尖轨竖切部分与基本轨之间的密贴。

②加长顶铁，使尖轨尖端不离缝。

③将垂直磨耗超限的基本轨及时更换。

④必要时安装防磨护轨(图 4-24)，以减少尖轨侧面磨耗。

4. 尖轨扳动不灵活

(1)尖轨扳动不灵活产生的原因

①尖轨爬行，两股前后不一致。

②拉杆或连接杆位置不正确。

③尖轨跟端双头螺栓磨损或间隔铁夹板磨耗严重，螺栓拧紧后影响扳动。

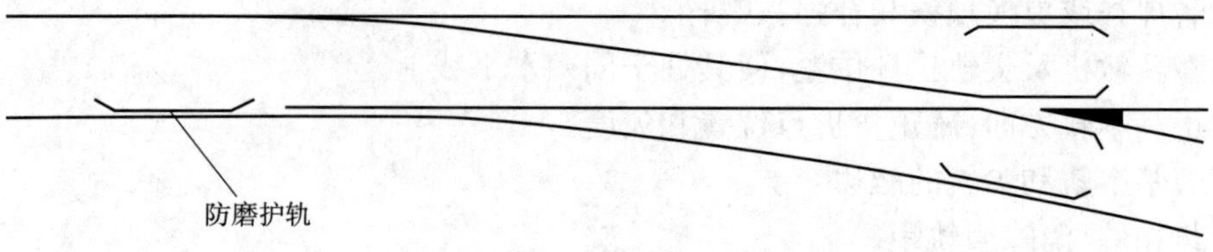

图 4-24　安装防磨护轨示意

④基本轨有小弯,滑床板不平直。

⑤拉杆、连接杆、接头铁螺栓孔壁磨耗扩大,螺杆磨细。

(2)预防整治尖轨扳动不灵活的措施

①窜动尖轨、基本轨,使之处于正确位置,方正尖轨跟端螺栓,锁定线路,防止爬行。

②调整拉杆或连接杆位置。

③焊补或更换磨损超限的双头螺栓、间隔铁和夹板。

④整正滑床板。

⑤保持尖轨跟端轨缝符合设计规定,防止出现瞎缝。

5. 轨道框架不良

(1)转辙部分轨道框架不良造成的道岔主要病害

①转辙部轨距超限。

②直尖轨方向不良。

③尖轨与基本轨不密贴,尖轨顶铁与基本轨有间隙,假轨距、动态尖轨横移导致晃车。

④侧向尖轨动程不标准。不仅如此,电务转辙机锁闭口也容易出现故障。

(2)转辙部分轨道框架的检查方法

道岔基本轨框架尺寸,不仅在整组预制时是比较关键的尺寸,在维修工作中也是不可忽视的重要尺寸。道岔框架尺寸在道岔基本轨长度内测量,测量位置在直基本轨的尖轨尖端、尖轨刨切中点相对处、尖轨刨切终点相对处、基本轨后接头。尖轨尖端可用轨距尺直接测量,基本轨后接头处可用钢卷尺直接量取。

(三)连接部分常见病害

1. 导曲线轨距扩大

(1)导曲线轨距扩大的原因

列车通过导曲线时,由于离心力、横向推力以及车轮冲击钢轨,致使扣件松动,钢轨有小反。

(2)预防整治导曲线轨距扩大的措施

①在导曲线外侧设置轨撑,可隔一根轨枕或连续设置。

②整治轨撑离缝,消除假轨距。

③在导曲线外股接头处安装桥型垫板。

④更换失效岔枕。

⑤混凝土岔枕要消除扣件挡肩和轨底边离缝,使其达到足够的扭矩。

2. 导曲线钢轨侧面磨耗

(1)导曲线钢轨侧面磨耗产生的原因

①由于导曲线外股没有设置超高，长期受离心力作用，导致导曲线出现反超高和外股钢轨偏心磨耗。

②导曲线半径小、机车轴距大、行车密度高、侧向通过速度快。

③因支距不良造成导曲线不圆顺，加大了轮轨之间的作用力，加重了导曲线钢轨的侧面磨耗。

(2)预防整治导曲线钢轨侧面磨耗的措施

①在导曲线外股铺设 1/20 的铁垫板。

②根据需要设 6 mm 超高，在导曲线范围内按不大于 2‰顺坡。

③保持连接部分钢轨接头无相错。

④加强维修，保持导曲线支距不超限。

3. 导曲线不圆顺

(1)导曲线不圆顺产生的原因

尖轨跟端和辙叉前后开口尺寸不符合标准，支距点位置不对，支距尺寸不标准和作业不细，维修不当以及列车车轮冲击作用造成导曲线不圆顺。

(2)预防整治导曲线不圆顺措施

①保证支距点位置和跟端支距正确。

②保持支距尺寸并使递减率合乎要求。

③导曲线目测圆顺，消灭“鹅头”。

④个别处所通过拨道和改正轨距的方式解决。

(四)辙叉及护轨部分常见病害

1. 辙叉垂直磨耗和压溃

(1)辙叉垂直磨耗和压溃产生的原因

车轮通过有害空间时对心轨和翼轨产生冲击作用，辙叉心处的岔枕经常出现吊板；破坏了道床的密实性是引起辙叉垂直磨耗和压溃的主要原因。

(2)预防整治辙叉垂直磨耗和压溃的措施

①加强辙叉底部捣固，特别是辙叉心和辙叉前后接头处的捣固，借助更换岔枕的机会，彻底加强辙叉底部捣固。

②在辙叉底岔枕顶面垫胶垫，以缓冲受力。

③用竖螺栓扣板把辙叉固定在垫板上(如 AT 型道岔)，加强辙叉的整体稳定性，如图 4-25 所示。

④可在辙叉部位的岔枕上安设特制铁座，用弹条Ⅰ型扣件固定辙叉位置，如图 4-26 所示。

2. 辙叉偏磨

(1)辙叉偏磨产生的原因

辙叉偏磨是由单侧通过列车次数较多造成的。

(2)预防整治辙叉偏磨的措施

①焊补偏磨辙叉。

②可倒换方向使用。

③加强偏磨部位捣固，且兼顾辙叉水平状态。

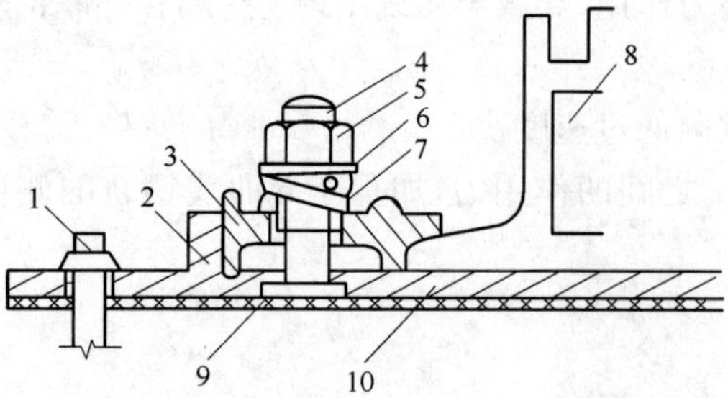

1—螺纹道钉;2—垫板挡肩;3—扣板;4—竖螺栓;
5—螺帽;6—平垫圈;7—弹簧垫圈;8—整组锰钢或
钢轨组合辙叉;9—橡胶垫板;10—通长铁垫板。

图 4-25　辙叉加强

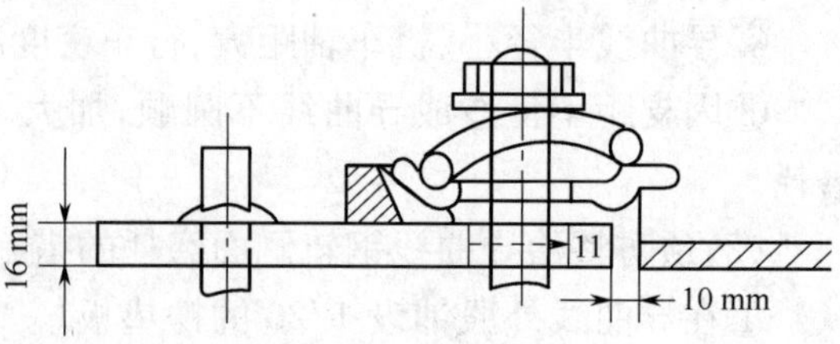

图 4-26　辙叉位置固定

3. 辙叉轨距不符合标准

(1)辙叉轨距不符合标准产生的原因

查照间隔和护背距离不符合标准,护轨轮缘槽、辙叉轮缘槽尺寸不符合标准是造成辙叉轨距超限的原因。

(2)预防整治措施

①拨正直股方向。

②调整辙叉及护轨轮缘槽尺寸,使其符合标准。

③打磨作用边肥边,焊补伤损心轨、翼轨。

④整修查照间隔、护背距离,使其符合规定。

二、提速道岔维修

提速道岔的维修工作应贯彻"预防为主、防治结合、修养并重、严检慎修"的原则,按照道岔设备技术状态的变化规律和程度,相应的进行计划维修、临时补修。有效的预防和整治道岔病害,有计划的补偿道岔设备损耗,以取得较好的技术经济效益。维修周期应根据提速道岔使用状态合理确定,并尽量与线路计划维修作业同步。

(一)提速道岔计划维修的基本内容

提速道岔的计划维修工作主要是为了保持提速道岔的几何状态和各部间隔尺寸经常处于良好状态,预防各种病害的发生,延长设备使用寿命。提速道岔计划维修,在技术上要求做到全面改善轨道弹性,全面调整轨道几何尺寸,全面整修和部分更换损坏失效零部件;在作业过程上必须遵循焊补打磨、道床轮筛、全面起道捣固三大程序。基本内容包括:

(1)清筛不洁道床和砟肩边坡,处理道床翻浆冒泥,改善排水性能,恢复道床弹性。

清筛不洁道床的作业程序是先筛轨枕盒的道砟,再筛轨枕头外的道砟。清筛深度,轨枕盒内一般清筛至枕底 100 mm,外股钢轨下清筛至枕底 200 mm,枕端清筛至枕底 300 mm,轨枕头外道砟应清筛至路基面。对轨枕盒内的翻浆要彻底清出,并抠入枕底 50 mm。

(2)更换、方正和修理混凝土岔枕。

方正混凝土枕必须从道岔岔首开始,以免误差累积过大。对于套管失效的混凝土岔枕,应通过专门的钻孔机将失效套管顶出,再用环氧树脂将新套管装入。对于铺设的Ⅰ、Ⅱ型钢岔枕,可结合维修更换成Ⅲ型钢岔枕。

(3)全面起道捣固,整平道床。

道岔起道应以岔首和辙叉的高程为基点,进行全组道岔起道,整治道岔各部位的不平顺。作业程序是:先以道岔(包括道岔前后 100 m 范围)的直股外轨为标准起道,做好大轨面,然后做水平,两股道要同时起平,不能起高,要注意一处起道影响一段,注意消除前后空吊板。起道后同时按岔枕位置方正岔枕。

在站场岔群区起道,要综合考虑各线的实际高度,避免一组道岔起高而影响其他道岔及线路。

在起平道岔、方好岔枕后,要进行全面捣固。捣固作业一定要使用机械捣固,每根岔枕要同时捣固,不能只捣一点,以免造成岔枕受力不均,特别要加强对钢轨接头、钢岔枕和辙叉部分的捣固。

(4)全面拨正道岔方向。

通过拨道使道岔方向与前后线路方向一致。

(5)调整道岔各部尺寸。

改道作业中要尽量利用轨距块调整轨距。轨距尺寸除应符合标准外,还要注意轨距变化率不超过 1‰。结合改道作业,要督促电务部门调整好尖轨动程。

(6)整治道岔爬行,锁定道岔。

对于已爬行的道岔,在道岔起道前要拉方道岔,调整轨缝。在起道捣固后,应及时锁定道岔,包括前后线路的锁定。

(7)矫正钢轨硬弯,焊补、打磨钢轨,综合整治接头病害。

利用直轨器矫正钢轨硬弯,防止钢轨出现不均匀磨耗;打磨钢轨肥边,防止钢轨掉块和假轨距;焊补钢轨掉块,改善钢轨的受力状态,综合整治接头病害。

(8)整修更换和补充联结零件,并有计划的安排钢轨、混凝土岔枕联结螺栓及零部件涂油,防止零部件和钢轨锈蚀。重点做好外股零部件的防锈蚀工作。

(9)整修路肩,疏通排水设备。

要注意将清筛出的污土清除,以防污土重新回入道床或排水设备内。

(10)建立修复位移观测桩。

(11)刷新标志。

包括道岔编号和各部支距尺寸、位移观测标志、锁定轨温等。

(二)提速道岔的日常维修

提速道岔的日常维修是道岔维修工作中的一项经常性工作。提速道岔日常维修分为计划维修、临时补修两个方面。

1. 提速道岔的计划维修是根据道岔的变化情况,在全年度和全部道岔范围内,有计划有重点地进行维修,以保持道岔质量经常处于均衡状态,基本内容归纳为以下九项:

(1)根据轨道几何尺寸超出计划维修、整体偏差管理值的状态,有计划地进行整体整修。

(2)处理道床翻浆冒泥、均匀道砟和整理道床。

(3)更换和修理损坏岔枕及混凝土岔枕联结螺栓套管,整治道岔零部件及扣件。

(4)整治道床爬行,调整可动心轨位置,锁定道岔。

(5)更换伤损钢轨、尖轨、辙叉、护轨和基本轨,整治道岔内的钢轨病害。

(6)无缝道岔内应力调整及断缝焊复。

(7)整修防沙、防雪设备和整治冻害。

(8)疏通排水设备,清除道床杂草和路肩大草。

(9)季节性工作,短于综合维修周期的单项工作和其他工作。

2. 提速道岔的临时补修主要是及时整修超过临时补修允许偏差管理值的轨道几何尺寸及其他不良处所,保证行车平稳和安全,基本内容有以下七项:

(1)整修轨道几何尺寸超过临时补修允许偏差管理值的处所。

(2)更换重伤尖轨、辙叉、钢轨、夹板和基本轨,更换折断接头螺栓和护轨螺栓。

(3)无缝道岔的断轨、重伤钢轨和重伤焊缝的处理。

(4)调整可动心轨、尖轨位置,防止尖轨、心轨转换卡死。

(5)更换损坏垫板、联结零件等,配合电务进行尖轨、心轨密贴及动程、开程调整。

(6)处理严重阻塞的设备,处理严重冲刷的路肩和道床。

(7)其他须由临时补修处理的工作。

三、提速道岔的故障处理和预防

(一)提速道岔工电结合部常见故障

(1)道岔转换卡阻。主要表现为道岔转换杆件与钢岔枕间碰卡。

(2)道岔不密贴。主要反映在单股行车的道岔上,原定位时道岔密贴,扳到反位时,往往扳不到位,严重时离缝达 30 mm 以上,回到定位时又造成定位不密贴。

(3)道岔出现红光带。

(4)道岔表示不良。

(二)提速道岔工电结合部常见故障原因及处理

由于提速道岔采用了先进技术,大大提高了结构强度,减少了维修工作量,基本能适应快速的重载运输要求,但在运营过程中也发生过一些故障,影响了列车的正常运行。通过深入分析,这些故障的产生虽然多是设计和制造方面存在着先天不足而造成的,但可以通过精心铺设、细心维修以防止故障产生,保证行车安全。

1. 道岔转换卡阻

(1)产生原因

①设计和制造问题

由提速道岔的特性可知,提速道岔的各类转换杆件全部安装在钢岔枕内,钢岔枕的设计宽度为 340 mm(原为 320 mm),由于设计缝隙仅 25 mm,制造中产生的误差又会使缝隙变小,因而使道岔在防止卡阻方面存在先天不足。

②铺设原因

a. 位置不对。铺设时心轨和钢岔枕位置不对,造成道岔上道时缝隙小于 15 mm,成为道岔卡阻的隐患。

b. 接头不焊接。如铺设时尖轨跟端或长心轨跟端不焊接,而采用普通接头夹板联结,当接头螺栓扭力不足时,尖轨仅靠 4 根岔枕上的扣件阻力阻止尖轨前后窜动,长心轨仅依靠 6 根岔枕上的扣件阻力和 3 块间隔铁间螺栓摩阻力来阻止心轨窜动,因阻力不足造成尖轨和心轨易爬行。

c. 道岔前后的木枕未及时更换为Ⅲ型混凝土枕，或更换Ⅲ型混凝土枕后未使用Ⅱ型扣件而使用Ⅰ型扣件。由于Ⅲ型混凝土枕的配置数为 1 667 根/km，小于原混凝土枕的配置根数，如采用相同扣件，反而会使阻力降低，造成纵向阻力不足，尖轨或心轨产生爬行。

(2)处理措施

由于Ⅰ、Ⅱ型钢岔枕宽度较小，造成转换杆件与钢岔枕边缘易碰，且Ⅰ、Ⅱ型钢岔枕的垫板厚度不足，运营中已有一部分折断，为从根本上改善可动心轨的运营条件，宜尽快改造成Ⅲ型钢岔枕。

在提速道岔铺设时，应做到：

①应确保各类转换杆件与钢岔枕上滑床板、耳板、钢岔枕边缘间的缝隙大于 25 mm。

②尖轨跟端和心轨跟端应采用焊接、胶接或冻结技术，使跟端接头阻力大于 1 700 kN，以发挥跟端后扣件的作用。

③道岔前后 50 m 范围内应铺设Ⅲ型混凝土枕，并使用Ⅱ型或Ⅲ型扣件。

④在钢岔枕与前后Ⅲ型岔枕间采用防爬钢板或防爬支撑，防止钢岔枕窜动。

⑤对长心轨跟端与翼轨间联结的间隔铁，应采用胶接方法联结，以增强心轨阻力。

⑥钢岔枕处的销钉，应由钢岔枕外向内敲入，以防销钉脱出时与转换杆件碰卡。

在提速道岔运营过程中，应经常检查各类转换杆件与钢岔枕上滑床板、耳板、钢岔枕边缘间的缝隙尺寸。发现缝隙小于 5 mm 时，应及时采取以下措施：

①方正、调整钢岔枕位置。

②调整转换杆件位置。

③采取拉轨并及时锁定扣件等，预防故障发生。

2. 道岔不密贴

道岔不密贴是因道岔尖轨、心轨扳不到位而造成的道岔尖轨与基本轨、心轨与翼轨不密贴。

(1)产生原因

引起道岔尖轨、心轨扳不到位的原因是转换力小于转换阻力。

①转换力过小

a. 电机原因。

b. 转换杆件不平直，晃动严重，造成转换力被分解，垂直于尖轨或心轨的实际转换力小于电机输出的转换力。

②转换阻力过大

a. 滑床台板涂油不良或滑床台板被磨出台阶，摩擦力过大。

b. 尖轨或心轨与滑床板不密贴。

提速道岔由于采用分动外锁闭、两点牵引，尖轨间不设连接杆，当尖轨牵引点密靠而牵引点之间不密靠时，应分析具体原因。根据现场调查，一方面是由电务部门调整不良引起的，另一方面是道岔框架尺寸不准或尖轨硬弯、顶铁碰卡引起的。

(2)处理措施

道岔扳不动时，工务部门应检查转换部分与钢岔枕是否卡阻。如未发现卡阻，则故障一般与工务部门无关，应由电务部门解决。

对于道岔不密贴，如是在各牵引点处出现尖轨与基本轨或心轨与翼轨不密贴，则应由电务部门调整。如牵引点密靠而牵引点之间不密靠，则首先应检查牵引点的动程，对不满足第一牵引点动程和第二牵引点动程的，应督促电务部门调整，使之符合标准。其次应检查道岔框架尺寸，道岔框架尺寸调整好后常不能保持而经常扩大，其原因是垫板和混凝土枕间联结螺栓扭矩不足或弹簧垫圈失效，造成垫板外挤引起的，需通过调整框架尺寸，更换弹簧垫圈，紧固螺栓的方法解决。孔径磨旷严重的，还应在孔径内加垫垫片。再次是检查尖轨是否有硬弯，顶铁是否过长。尖轨硬弯应通过矫直或更换等方法来解决；顶铁过长则应通过打磨或更换等方法来解决。

3. 道岔出现红光带

(1)产生原因

由于道岔内部绝缘是极性绝缘，在绝缘处钢轨是绝对不能导通的。在提速道岔上，因设计采用钢岔枕，因而大大增加了绝缘处所，而设计中对绝缘接头未采用专门零部件，使得绝缘接头容易导通。胶接绝缘接头与普通绝缘接头不同，普通绝缘接头的钢轨、夹板、螺栓间相互不导通，而胶接绝缘钢轨的接头夹板与螺栓是导通的，个别工厂在出厂检验绝缘时，只检验钢轨与钢轨间的绝缘性能，不检验钢轨与夹板的绝缘性能，使得个别胶接绝缘钢轨的一端钢轨与夹板导通，减小了安全系数。

(2)处理措施

在提速道岔预铺前，绝缘处所必须先由电务部门测试，确认合格后方可焊接铺设。发现跳信号时，工务部门应首先确定钢轨是否导通。如单股钢轨与夹板或与钢岔枕导通，只说明工务设备存在隐患，但不会出现红光带，应由电务部门寻找其他原因。

4. 道岔表示不良

(1)产生原因

道岔表示不良主要是电务调整的问题，但心轨一动拉板的严重晃动也会影响道岔的表示。

由于心轨转换是通过长心轨转换凸缘与拉板联结实现的，而心轨一动拉板的接头铁采用双边固定式，设计要求接头铁开口 32 mm，尺寸公差按长心轨配合制造，间隙不大于 0.01 mm，但在运营后，在列车动力和转换牵引力的长期作用下，两接头铁上口间的开口尺寸会逐渐扩大，造成心轨拉板旷动，从而影响道岔表示。

(2)处理措施

道岔如出现一动拉板晃动严重的现象，工务部门和电务部门应同时采取措施。工务部门可采取在一动拉扳与心轨凸缘的横向联结螺栓靠螺母侧扩孔、增设套管的方法限制一动拉板晃动。电务部门可在动作杆下增设滑轮，保持动作杆动作时水平。

为彻底解决一动拉板旷动现象，需将一动拉板进行改造，将接头铁改为一边固定、一边活动式，其中固定边与拉板周边焊接，活动边与拉板用一个或两个朝天螺栓联结。

(三)提速道岔其他常见故障及处理

1. 轨距扩大

(1)产生原因

提速道岔的轨距，除曲尖轨在轨头刨切部分存在构造加宽外，其他部分均为 1 435 mm。提速道岔由于采用了新型结构形式，组装时静态轨距能得到很好的控制。但经过一段时间使用后，部分道岔的轨距扩大严重，直股最大轨距可达 1 445 mm，造成轨距扩大的主要原因有以下几点：

①垫板与混凝土岔枕连接的螺栓直径为 30 mm，而垫板孔直径为 33 mm，由于螺栓直径与垫板孔的直径配合公差及螺栓、垫板锈蚀造成的螺栓直径变细，垫板圆孔扩大，加之制造误差导致轨距扩大。

②曲基本轨弯折位置不正确，第一弯折点距基本轨轨端小于 2 916 mm，致使尖轨部位轨距扩大。

③轨距块安装号码不正确。轨距块与钢轨、垫板挡座之间的磨损，组装时间隙消失。

④尖轨、基本轨、心轨、翼轨及钢轨的侧磨。

(2)整治方法

为保证道岔轨距经常处于良好状态，应有计划地对轨距扩大进行整治，整治方法如下：

①调换不同号码的轨距块，不能解决时，可在垫板孔内增加厚度不等的半圆形铁片，或安装轨距拉杆来控制，拉杆长度、数量、安装位置应根据具体情况确定。

②对曲基本轨重新进行弯轨处理，调整弯折点位置和弯折矢距。

③更换侧磨严重的钢轨、尖轨、心轨、翼轨和基本轨。

另外，高低、水平调整应以机械捣固为主，对于Ⅱ型弹条的混凝土岔枕提速道岔，可以在轨下垫入不超过 6 mm 调整垫片；对于Ⅲ型弹条的混凝土岔枕提速道岔，由于弹条直接扣压钢轨，不能采用轨下垫入垫片的方法进行调整，只能采用机械捣固。道岔大方向应以拨道为主，由于道岔的刚性大，拨道困难，拨道量小，难以稳定。因此，当道岔内的小轨向难以用拨道方法有效整治时，可采用同时调整两股钢轨内外侧轨距块号码的方法进行改道，不能改道时，可先单根窜动岔枕然后再改道。

2. 可动心轨与翼轨间不密贴

可动心轨与翼轨间的不密贴可采用以下方法调整：

(1)调整翼轨咽喉尺寸，保证心轨动程符合要求。

(2)调整翼轨弯折矢距，保证心轨与翼轨密贴段顺直。

(3)打磨心轨作用边与长短心轨间的肥边。

(4)利用不同厚度轨距块与垫板，对翼轨和可动心轨进行调整。

3. 尖轨、可动心轨爬行窜动

对尖轨、可动心轨爬行窜动可以采用以下方法进行整治：

(1)尖轨、长心轨未焊接的道岔，可调整尖轨、长心轨跟端范围内轨缝的大小，并拧紧道岔内的扣件，同时在尖轨、可动心轨跟端采用冻结工艺对接头进行冻结，以阻止窜动爬行的产生。

(2)对尖轨、长心轨跟端已焊接的道岔，除组装时严格按标准进行组装外，日常维修中须经常拧紧扣件，随时更换扣件衰减严重及失效的Ⅲ型弹条和磨损的轨距块，以保证钢轨有足够的扣压力。

(3)在岔后焊接钢轨上，增设防爬设备。

(4)将长心轨和翼轨进行胶接处理。

4. 转辙部分顶铁不靠

一是由于尖轨与基本轨不密贴，此时要查找尖轨与基本轨不密贴原因，并采取以下措施进行调整：

(1)严格按标准控制两基本轨间的框架尺寸，使框架尺寸保持在允许范围以内。

(2)采用拨、改、弯等方法,调整直基本轨方向,调整曲基本轨第一、二弯折点位置及弯折矢距,使第一、二弯折点间成直线。

(3)尖轨竖切部分可利用专用液压尖轨调整器,对尖轨的线形进行调整,保证尖轨与基本轨密贴良好。

二是由于顶铁太短,这时应采取在顶铁与基本轨间垫调整片的方法来解决。

5. 导曲线末端支距偏差过大,与直股轨距矛盾

其原因是岔枕位置不准确或辙叉位置不对。解决方法:首先将辙叉位置以直股为标准拨正,其次量岔枕位置,应由尖轨前基本轨接头量起,避免误差累积。

6. 防松螺栓失效

提速道岔的防松螺栓采用内外双螺母结构,内螺母起锁紧作用,外螺母起防松作用。其安装标准是:先紧固内螺母,使其达到标准扭矩,再紧固外螺母,使外螺母与内螺母基本密靠;拆卸时,先拆掉外螺母,再拆掉内螺母,不能内外螺母同时松紧。另外,可加垫弹簧垫圈来防止松动。

7. 提速道岔的斥离尖轨反弹,引起道岔无表示

由于提速道岔的斥离尖轨与密贴尖轨间无连接杆,因此斥离尖轨往外侧移动并无控制。目前现场多采用在尖轨中部增加限位铁来限制斥离尖轨外移,取得了一定效果,但由于限位铁是通过螺栓固定在滑床板上,如螺栓松动,则不但不能控制斥离尖轨外移,而且限位铁容易造成尖轨不能正常到位。因此,建议在需增设限位铁的滑床板上,生产时直接焊接一限位块。

四、无缝道岔维修与故障处理

随着铁路工务胶接绝缘接头技术、锰钢辙叉与普通碳素钢轨焊接技术、可动心轨道岔技术的突破,跨区间无缝线路近几年得到迅速发展。由于跨区间无缝线路施工时间长,施工期间温度变化大,造成无缝道岔及线路锁定轨温温差较大,全面铺设使用后产生了许多新的病害,因此,对无缝道岔及前后线路的维修提出了更高要求。

无缝道岔的特点是道岔内股的纵向温度力通过辙叉跟端、心轨、间隔铁、翼轨、导曲线、岔枕、扣件及尖轨跟端限位器传给道岔外股的直基本轨,使基本轨产生附加纵向温度力,致使心轨和翼轨之间及尖轨和基本轨之间产生一定的相对位移,并放散了部分纵向力。

(一)影响无缝道岔及线路锁定轨温的主要原因

(1)施工时的实际轨温。由于无缝道岔的焊接需要封锁线路施工,受运输条件的限制,预先确定的施工封锁时间,难以保证无缝道岔实际锁定轨温在无缝线路允许的锁定轨温范围之内。

(2)无缝道岔的结构形式。由于无缝道岔的电务锁闭装置在道岔基本轨和尖轨上,基本轨采用弹片扣压形式,若对基本轨进行拉伸焊接,除施工难度较大外,还将对道岔的锁闭装置产生不同程度的影响;道岔长心轨部分受结构形式限制也无法进行拉伸锁定,因此道岔区的锁定轨温通常为联结无缝线路焊接时的实际轨温。

(3)无缝道岔在进行道岔内尖轨、基本轨及其他钢轨重伤处理时,往往需要切割钢轨重新焊接。由于受施工条件、天气等多种因素的制约,更换时的锁定轨温与原有线路锁定轨温相差较大,不能满足《普速修规》有关无缝线路锁定轨温的技术要求,并造成道岔内实际锁定轨温不明。

（二）跨区间无缝线路的道岔及相连线路锁定轨温的确定

（1）对于无缝道岔前后线路钢轨采用拉伸焊接或采用实际轨温锁定的道岔，如果其前后线路锁定轨温相同，其道岔的锁定轨温可与线路锁定轨温一致；如果道岔前后锁定轨温不等，且温差又不超过 5 ℃时，由于长心轨为道岔的关键部位，受力状态复杂，锁定能力较差，道岔的锁定轨温可按长心轨锁定轨温确定。

（2）对于两组及两组以上连续焊接的无缝道岔，如果道岔区内的钢轨均采用实际轨温焊接，当焊接时其相邻单元轨节的锁定轨温差不超过 5 ℃时，整个道岔区的锁定轨温可按平均锁定轨温确定。

（3）对于岔前拉伸、岔后不拉伸或岔后拉伸、岔前不拉伸的道岔，如果道岔前后的锁定轨温差大于 5 ℃，其道岔的锁定轨温确定较为复杂，冬季可按最高锁定轨温确定，夏季可按最低锁定轨温确定。

（4）对尖轨、基本轨及其他钢轨进行重伤处理的道岔，如果新换入的钢轨与前后钢轨或左右股钢轨温差小于 5 ℃时，无缝道岔的锁定轨温可采用原锁定轨温；如果温差大于 5 ℃时，应在适当时机松开前后线路扣件进行应力调整。无法进行应力调整时，作业时应按最不利情况确定锁定轨温。

（三）无缝道岔的维修

无缝道岔维修的关键是注意保持道岔的整体稳定性和平顺性，达到纵不爬、横不移，各部几何形位准确。为此，要注意做好以下工作：

（1）为确保无缝道岔结构的整体稳定性，无缝道岔上的钢轨扣件必须经常保持紧固，尤其是可动心轨无缝道岔，加强尖轨跟端及可动心轨辙叉前后钢轨接头的锁定非常重要，它是保证道岔正常工作的基础。为此要求导轨、辙叉、心轨及翼轨扣件的扭矩应保持在 120～150 N·m。但对尖轨限位器前后各 25 m 范围内的基本轨扣件扭矩则要求保持 60～80 N·m 的较低水平，其目的是使限位器传递的附加力峰值能够得到缓和，并分布在较长范围，以利于道岔结构的稳固。

另外，拧紧混凝土岔枕竖螺栓应使用 T 形扳手，禁止使用长柄扳手，以防损坏混凝土岔枕中预埋的塑料套管。绝缘接头处的扣件，要注意检查弹条和轨距块，不得顶住夹板，以防联电。

（2）为了保持道岔的整体稳定性和平顺性，维修中起道作业要用两台液压起拨道器同时操作，两机相距不大于 5 孔岔枕，两股道要同时起平，以免一股起道影响另一股，形成空吊板，影响道岔的整体平顺。同时，要做好道岔前后及道岔曲股的顺坡，保持道岔的整体平顺性。道岔维修要坚持使用手持电镐捣固，对每根岔枕均应在其两侧通长捣实，尤应注意绝缘接头、辙叉和尖轨弹性可弯部分。要加强钢岔枕及其相邻岔枕的捣固，可先用手镐串实，再用电镐振动密实，确保钢岔枕基础稳固，防止钢岔枕发生变形。

（3）为保持无缝道岔的基床稳定，在日常维修中，小坑、小洼最好用垫板找平，不宜轻易起道捣固。垫板数量不超过 1 块，厚度不超过 6 mm。垫板作业后，应对作业地段松动过的扣件做好螺母复紧工作，使扣件保持均衡紧固状态。

（4）为使改正后的轨距保持牢靠，改道应先调整不同号码的轨距块，调整量不足时可加垫片调整。改动轨距块时不准用锤敲打，以防造成损坏。在转辙器及护轨部分改道时，应先退出弹片销钉，待改道完毕再将弹片销钉打入。

(5)日常应加强下列部件的检查、整修。

①防松螺母的位置、扭矩和上下螺母的间隙。道岔各部件在使用过程中逐渐磨合后，紧固件将会出现松弛。此时，应按规定扭矩对各种螺栓的螺母进行复紧。当采用的防松螺母为双层螺母时，复紧作业严禁上下螺母一起拧紧，应先松上螺母，而后按规定拧紧下螺母，最后拧好上螺母。上螺母为防松螺母，不宜拧得过紧，上、下螺母端面间应有少许间隙，数值见表 4-7。

表 4-7　上、下螺母间隙

螺母直径/mm	M20	M22	M24	M27
下螺母拧紧扭矩/(N·m)	150	190	250	380
上、下螺母间隙/mm	0.5～0.8		1.2～1.5	

②滑床板及护轨垫板的弹片、弹片销钉、短心轨转向轴线顶铁的位置、方向和间隙。检查滑床板及护轨垫板的弹片和弹片销钉时，要注意弹片是否正面朝上置于台板槽内，销钉是否正常就位，发现问题应及时整正。顶铁顶靠如有不密贴，其间隙不得大于 2 mm。

③对钢岔枕要注意检查塑料垫板和胶垫有无窜动，竖螺栓扭矩是否符合 250～300 N·m 的标准。

④心轨与拉板联结螺栓的位置、扭矩和间隙均应保持规定标准，否则将影响心轨的工作状态；钢枕上各垫板的位置随钢枕所在位置的不同而稍有差异，故各垫板的位置应保持设计尺寸。长短心轨联结螺栓的扭矩关系长、短心轨的定位与固定，这些关键部件要加强日常检查。

⑤钢枕位置要保持正确，钢枕内侧与拉板之间要有足够的距离，以保证尖轨或心轨转换灵活。

(6)无缝道岔的辙叉、尖轨及钢轨出现伤损或磨耗超限时，一般是先临时处理，暂用冻结的办法联结，再最终修复，恢复原结构。

因尖轨与基本轨是配套供应的，因此若尖轨发生伤损，伤损的尖轨应与其基本轨同时更换。如单独更换尖轨，更换前应校核尖轨的几何尺寸，使之与基本轨配合，更换后还应进行基本轨与尖轨的顺坡打磨。

钢轨组合式可动心轨辙叉是整组供应的，因磨耗超限或伤损而更换时，也必须整组更换。对于锰钢组合式可动心轨辙叉则可分件更换，换后应打磨顺坡。

对钢岔枕及其两侧相邻岔枕和短心轨转向轴处的岔枕，应封锁线路抽换。

(7)加强结构状态控制。

①为进一步提高胶接质量，可将普通间隔铁更换成铸钢间隔铁，加强对胶接翼轨螺栓扭矩的控制，确保心轨、翼轨胶接处于良好状态，使之形成一个整体，提高长心轨抗伸缩能力。

②调整长心轨间隔铁部位前后的轨距块，确保无离缝，及时更换长心轨后 40 m 左右范围内的失效轨距块及扣压力不足的Ⅲ型弹条。

③在长心轨间隔铁前后直股或曲股钢轨间加设标准轨距拉杆及短轨距拉杆，加强轨距及轨向的控制。

④补充道砟，做到道岔前后道床丰满，提高道床纵、横向阻力。对长心轨跟部两股钢轨方向严重不良的处所，在轨枕端部适当加设横向支撑，以提高框架刚度。

⑤对锁定轨温较低的道岔区前后引轨，利用中和轨温季节进行应力放散，消除过高的温度

力，以提高线路稳定性。

（四）无缝道岔常见故障的处理

1. 长心轨、翼轨窜动爬行。

当长心轨与翼轨间的间隔铁胶接失效或钢轨所产生的温度力及列车作用力超过扣件的摩擦阻力时，将造成长心轨、翼轨窜动爬行。当爬行量过大时，有可能产生转换故障。过大的温度力还可能造成因间隔铁强度不足而产生折断，需要切割长心轨后的连接钢轨，释放温度力，调整长心轨位置，并重新对长心轨与翼轨进行胶接处理。

2. 长心轨跟部轨向不良。

由于无缝道岔对长心轨间隔铁进行了胶接，其传递钢轨应力的能力大大增强，从而提高了长心轨的防爬能力。但长心轨与翼轨间过大的阻力造成长心轨跟部应力集中并产生较大的轨向，尤其在Ⅲ型轨枕地段，情况更为明显，建议采取如下措施：

（1）切割低温锁定的轨条，放散过低的道岔区应力，重新锁定道岔、线路，减小道岔与线路的锁定轨温差值。

（2）增强伸缩区轨枕扣件阻力。Ⅲ型弹条轨枕地段，当弹条扣压力不足时，可采用加厚的轨距块或在轨距块与钢轨间增设调高铁片来增加弹条扣压力，同时增设防爬器并进行连排锁定；Ⅱ型弹条轨枕地段可拧紧扣件，增加钢轨扣压力。

3. 限位器位置不正确。

限位器（图 4-27）制造及组装误差造成部分道岔限位器不在中间位置，当轨温变化较大时，限位器顶得过死，传力过大。由于限位器前尖轨方向仅有 1 根轨枕有扣件，从而引起尖轨部分方向不良，轨距减小，基本轨顶铁与尖轨离缝过大。静态时，轨距超限严重。为此，可采取以下方法进行处理：

（1）利用限位器两螺栓孔与螺栓之间的间隙调整限位器间的相对位置，必要时可增大限位器螺栓孔直径。

（2）在适当的轨温条件下，加强对道岔前后及道岔内扣件的锁定，减小钢轨位移和温度力的传递。

（3）对锁定轨温严重偏低，通过调整限位器的位置仍不能有效处理时，可以切割道岔内的钢轨释放温度力。

图 4-27　限位器

4. 道岔内伤损基本轨、尖轨、钢轨切割更换时的轨温难以与锁定轨温一致，相差较大时，破坏了单元轨节内的锁定轨温，应在适宜的温度范围内进行应力调整。

随着无缝道岔的大量使用，还会产生一些新的故障和问题，有必要在日常维修工作中不断探索和研究改进，以确保设备的正常使用和行车的安全畅通。

（五）无缝道岔的作业控制

提速道岔由于尖轨采用限位器结构，道岔的纵、横向阻力有了很大提高，为了最大限度地发挥提速道岔的设计优点，提速道岔的铺设应尽量采用无缝道岔，并与无缝线路直接相连，构成跨区间无缝线路。提速道岔与无缝线路直接相连的技术关键是力的传递，而力的传递主要表现为：长心轨上的力要传递到长翼轨，尖轨上的力要传递到基本轨。传递途径是长心轨与长翼轨间的三块间隔铁和尖轨与基本轨间的限位器。对于无缝道岔，应加强作业控制。

(1)严格按作业轨温允许范围安排维修作业。由于提速道岔内的焊接一般采用线外预铺时焊接,提速道岔与前后无缝线路的焊接也不同步,故提速道岔的锁定轨温与前后无缝线路的锁定轨温不尽相同。为此,对在无缝道岔区及其前后 100 m 范围内作业,锁定轨温的确定可按照:夏季以道岔及前后线路的最低锁定轨温作为控制作业的锁定轨温,冬季以道岔及前后线路的最高锁定轨温作为控制作业的锁定轨温。

(2)由于尖轨和心轨可自由伸缩,故转辙部分及心轨部分按无缝线路的伸缩区控制作业,其他部分按无缝线路的固定区控制作业。

(3)加强道岔区薄弱处所的维修,注重保持道床阻力,注意方向、轨距变化,加强道岔扣件及前后扣件的复紧。

【训练内容】

1. 利用网络资源,收集道岔病害图片,增加感性认识。

2. 多方查阅资料,收集有关道岔维修和故障处理方面的论文,加深对所学知识的理解。

3. 与工务段联系,到现场查找道岔病害,利用所学知识分析病害发生的原因,并提出有针对性的防治措施。

任务五　大型养路机械作业

【任务描述】

为适应铁路高速、重载及轨道结构重型化的发展,各国铁路竞相采用大型养路机械,不仅减轻了工人的劳动强度,减少了修理工作量,而且提高了修理质量和效率。我国铁路发展大型养路机械起步较晚,20 世纪 80 年代初引进少量机械试用,90 年代初具规模。近年来,大型养路机械在维护、改善主要干线修理质量、提速扩能、修建新线、保证行车安全和促进工务修制改革等方面都取得了显著成果。与此同时,借鉴国外经验,结合我国铁路实际,也确立了我国铁路大型养路机械的发展模式,并且形成了具有中国特色的管理体系。目前,我国铁路大型养路机械已进入了持续、规范发展的新阶段。大型养路机械是实现铁路轨道作业机械化的重要施工设备,是确保线路设备质量均衡,延长线路设备使用寿命的有效手段,大力发展各项养路作业机械化是线路修理的必然趋势。

【学习重点】

1. 大型养路机械维修作业技术规定。

2. 大型养路机械大修作业的施工监护与配合。

3. 机械化作业思维与技术创新应用能力。

【学习内容】

一、铁路大型养路机械分类及特点

(一)铁路大型养路机械分类

大型养路机械分类如图 4-28 所示。

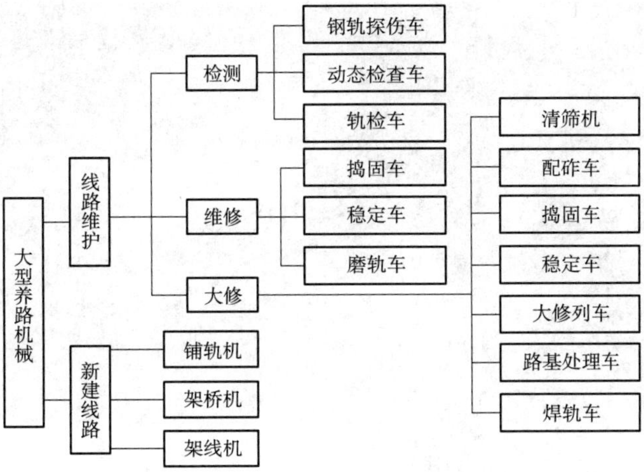

图 4-28　大型养路机械分类

（二）铁路大型养路机械的特点

目前大型养路机械的发展主要表现在以下六个方面。

1. 设备高效化

随着铁路运输向高速、重载、大密度方向不断发展，加剧了轨道结构的变形，造成修理周期缩短，使铁路运输和修理的矛盾越来越突出。因此，大型养路机械的高效化也就成为发展必然。

2. 性能优异化

大型机械的性能越来越优异，精度越来越高。同时出现了综合作业车，实现了一机多能。如 09-3X 型捣固稳定车，将连续式捣固、轨道稳定功能集为一体，大大提高了作业效率和作业精度；09-324S 型正线和道岔联合捣固车，可使正线和道岔达到相同的捣固质量，消除了从正线过渡到道岔的作业斜坡，保证了轨道几何参数的一致性。

3. 品种多元化

线路修理涉及的内容很多，如路基、道床、轨枕、扣件、钢轨、道岔等，涉及的修程有大修、中修和维修。因此出现了路基整治机械，线路与道岔捣固、清筛机械，轨道动力稳定机械，道床配砟整形机械，钢轨及道岔打磨机械，道岔运输及铺换设备，钢轨及轨枕铺换设备，焊轨设备，物料运输设备，线路检查设备以及电气化铁路维修作业车、接触网架线车、巡检车等，几乎覆盖了线路的各种修程和作业，如图 4-29～图 4-32 所示。

图 4-29　路基处理车

图 4-30　线路大修列车

图 4-31　物料运输车

图 4-32　焊轨车

4. 产品系列化

随着世界铁路的快速发展,缩短了养路机械产品的更新换代周期,并向系列化方向发展,以满足不同等级线路修理的需求。目前,大型养路机械每 3～5 年就有重大改进或技术创新的新机型出现。捣固车、清筛机、大修列车、轨检车、钢轨打磨车等都是这种发展趋势。

5. 工作智能化

纵观大型养路机械的发展，无不经历了由简单到复杂，由单项功能到综合性多功能，由机械化到半自动化、自动化过程，产品的技术性能不断完善和提高。当今的大型养路机械是集机、电、液、气、激光、计算机、GPS 等先进技术于一体的高新技术产品，是任何工程机械和机车车辆无法比拟的。从数据采集、线路优化，到作业控制、数据输出和存储均实现了计算机控制。激光扫描、超声波、GPS 定位系统测量技术以及信息技术得到越来越广泛的应用。大型养路机械的工作智能化已成为重要的发展趋势。

6. 作业环保化

尽管养路机械制造商把开发的重点放在提高设备的作业性能和生产效率上，但对劳动和环境保护的要求也越来越重视。低噪声的机械设备和作业机组、低扬尘的钢轨打磨车、清筛机及污土运输设备相继投入使用。吸尘和集尘装置、废气催化装置、烟雾过滤装置及降解型合成液压油等新技术和新材料，已成为大型养路机械和工务专用设备设计和制造中不断增加的内容。

二、主要大型养路机械简介

我国目前使用的大型养路机械主要包括捣固车、全断面道砟清筛机、动力稳定车和配砟整型车等，既可用于既有线的大中维修，又适用于新建铁路的维修作业。

(一)捣固车

捣固车用于对有砟轨道实施拨道、起道抄平、道砟捣固及道床肩部道砟夯实作业，以修正轨道的方向、水平和前后高低，使其达到线路设计标准或维修要求，提升轨枕底部及道床肩部道砟的密实度，增强轨道稳定性。捣固车作业时需封闭线路。其在运行状态下与其他机械连挂进入封锁区间，抵达作业地点后，机组分解，由运行状态转换至作业状态后开始工作。

1. DC-32 步进式捣固车(图 4-33)

DC-32 步进式捣固车是高效的大型养路机械，具备双向自走行与作业走行能力。其核心功能是对两根轨枕钢轨两侧的道砟进行同步捣固，并夯实道床肩部道砟，有效提升道床密实度与稳定性。该车集成先进的线路几何测量与调整技术，运用弦线(单弦/双弦)及电子摆，可同时精确完成线路起道、抄平及拨道作业；拨道测量兼容三点法和四点法；并配备一维激光测量系统，特别适用于长大直线路段的精确拨道。此外，车辆还具备作业后线路几何参数的自动采集与记录功能，为线路状态评估与维护提供数据支持。

图 4-33　DC-32 步进式捣固车

2. DCL-32 型连续式双枕捣固车(图 4-34)

DCL-32 型连续式双枕捣固车的作用与步进式双枕捣固车相同。其特点是采用连续作业方式:主车保持匀速连续运行,中部的工作车则暂停执行起拨道、捣固等作业,完成后加速追赶至下一位置。该方式在提升作业效率的同时,同步提升了作业平稳性与操作者舒适度。

图 4-34 DCL-32 型连续式双枕捣固车

DCL-32 型连续式双枕捣固车不仅具备步进式双枕捣固车的全部基础功能,还拥有显著提升的作业能力。其核心在于采用了整车与工作车分离式结构设计,实现作业时整车匀速连续走行,而工作车则进行循环步进作业(停顿完成起拨道、捣固后加速至下一位置),大幅提高了作业效率。此外,该车装备了先进的作业参数计算机系统,不仅能依据预设理论线形输出参数,还能对未知参数线路进行测量、优化并生成指导性线形,同时支持基于实际测量值进行精确作业。尤为重要的是,DCL-32 配备了二维激光测量系统,使其能够同时对长大直线路段实施精确的起道和拨道调整作业。

3. DWL-48 型连续式三枕捣固稳定车(图 4-35)

DWL-48 型连续式三枕捣固稳定车采用与 DCL-32 型连续式双枕捣固车相同的连续式捣固作业方式,主要区别是每次可以捣固三根轨枕,并且后部增加了动力稳定装置。采用两节式车体结构,两节之间通过牵引梁和铰接装置连接成整车。前端结构为捣固主车,后端结构为动力稳定车。

图 4-35 DWL-48 型连续式三枕捣固稳定车

DWL-48 型连续式三枕捣固稳定车除具有连续式双枕捣固车功能外，还具有以下功能：

(1)一次作业循环可捣固三根轨枕，作业效率高。

(2)捣固装置采用分体式结构，可整体或单组捣固作业。

(3)能同时完成线路捣固和动力稳定作业，减少车辆摘挂，提高效率和安全性。

4. CDC-16 型道岔捣固车(图 4-36)

CDC-16 型道岔捣固车主要用于道岔区域的捣固作业，其主要特点是具有四片式捣固装置、组合式起拨道装置及第三轨辅助起道等道岔区作业的特有工作装置。

图 4-36　CDC-16 型道岔捣固车

CDC-16 型道岔捣固车在具备步进式双枕捣固车基本功能的同时，专为复杂道岔区设计，拥有以下核心特点：其捣固装置配备 16 把捣镐，采用单枕捣固模式，每次下插仅完成单根轨枕作业。关键创新在于四片分片式单枕捣固单元，可随轨枕方向旋转，灵活适应道岔及线路捣固需求，尤其在道岔区直股作业时可同时对曲股第三、第四轨两侧道砟进行捣固。该车采用带起道钩的组合式起拨道装置，有效应对道岔区域复杂的起拨道要求；并配有辅助起道臂，专门用于提升道岔区第三轨，满足道岔区长轨枕、大质量钢轨的起道需求。

(二)清筛机

清筛机是道床道砟清筛作业的重要装备，它将脏污的道砟从轨枕下挖出，经过振动筛筛分后，再将清洁道砟回填至道床，将筛出的污土排到线路外或通过物料运输车进行回收。清筛机按功能的不同分为全断面道砟清筛机和边坡清筛机，按适用范围的不同可分为普通道砟清筛机和隧道桥梁清筛机。清筛机采用作业效率作为辅助型号，如“QS-650”表示 1 h 可以清筛 650 m^3 道砟的全断面道砟清筛机。

QS-650 型全断面道砟清筛机(图 4-37)主要用于在不拆除轨排条件下，对有砟轨道脏污道砟进行机械化清筛作业。该机械采用连续作业的方式，通过穿入轨排下部、呈封闭五边形的挖掘链，将脏污道砟连续挖起并经导槽提升到筛分装置上，脏污道砟经过振动筛的筛分，符合标准的清洁道砟经道砟分配装置及回填输送带回填到线路上，不符合粒径要求的道砟及污土等经主污土带、回转污土输送带输送到线路两侧或前方物料运输车上。

图 4-37　QS-650 型全断面道砟清筛机

(三)WD320 型动力稳定车

WD320 型动力稳定车(图 4-38)是我国在借鉴国外先进技术的基础上研制开发的国产大型养路机械,目前已成为全国铁路线路大维修、提速线路改造和新线建设作业机组中的重要配套设备之一。

图 4-38　WD320 型动力稳定车

WD320 型动力稳定车主要由转向架、车架、牵引装置、前后司机室、中间顶棚、稳定装置、测量系统、液压系统、电气系统、气动系统、动力传动系统及制动系统等部分组成。它集机、电、液、气于一体,采用了电液伺服控制、自动检测和微机控制等先进技术,具有操作简便、性能良好、作业高效的特点。

WD320 型动力稳定车在封锁线路的条件下,模拟列车运行时对轨道产生的压力和振动等综合作用,对疏松的道床进行密实,以迅速提高线路的横向阻力和道床的整体稳定性,降低线路维修作业后列车限速运行的限定条件。在作业过程中,动力稳定车采用连续走行的作业方式,通过其稳定装置产生的强烈水平振动及施加于钢轨的垂直压力,使道砟重新排列达到密实。与此同时，稳定装置的垂直油缸分别给予两侧钢轨施加向下的压力，使轨道均匀下沉，并达到预定的下沉量。

（四）SPZ-200 型双向道床配砟整形车

SPZ-200 型双向道床配砟整形车（图 4-39）是我国在借鉴国外先进技术的基础上研制开发的国产大型养路机械，目前已成为全国铁路线路大维修、提速线路改造和新线建设作业机组中的重要配套设备之一。

图 4-39　SPZ-200 型双向道床配砟整形车

SPZ-200 型配砟车主要由走行机构、车架、牵引装置、司机室、工作装置、液压系统、电气系统、气动系统、动力传动系统及制动系统等部分组成。

在封锁线路的条件下，SPZ-200 型配砟车可以进行正、反两个方向的作业，通过中犁的不同组配和适当调整侧犁的转角，完成道床的配砟、整形，使道床布砟均匀，道床断面按技术要求的规定成形，其清扫装置可将作业过程中残留于轨枕及扣件上的道砟清扫干净，收集后通过输送带移向道床边坡，达到线路外观整齐、美观的效果。

（五）钢轨打磨列车

钢轨打磨列车是安装有一定数量打磨砂轮的工作车组，打磨砂轮可按钢轨断面形状需要进行分布，对钢轨进行连续打磨。

钢轨打磨列车按图 4-40 进行分类。

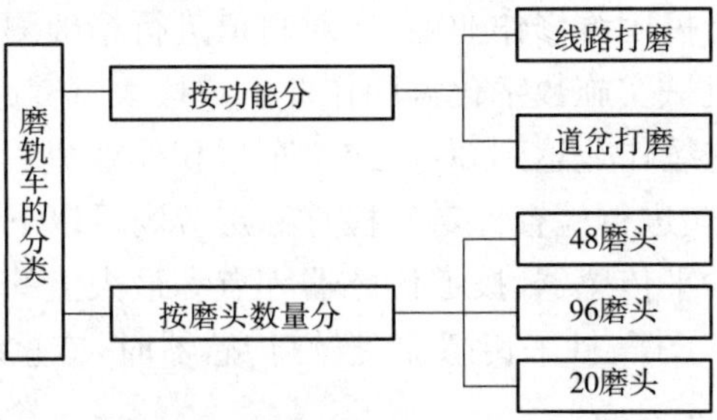

图 4-40　钢轨打磨列车分类

钢轨打磨作业分为预防性打磨和修理性打磨两种。

（1）预防性打磨：预防性打磨是在钢轨轨头裂纹开始扩展前就把裂纹萌生区打磨掉，防止接触疲劳型波磨的产生和发展。

(2)修理性打磨:修理性打磨是打磨已经产生的钢轨表面病害,直至磨消掉钢轨表面病害。

1. PGM-48 型钢轨打磨列车(图 4-41)

PGM-48 型钢轨打磨列车是针对我国铁路不断提速、行车密度不断增加,既有线路钢轨损伤日益严重的状况,而引进的国外先进钢轨打磨列车制造技术进行国产化生产的新型养路机械,由控制车、生活车和动力车组成。

图 4-41 PGM-48 型钢轨打磨列车

PGM-48 型钢轨打磨列车是一种结构复杂、控制先进的线路机械,集机、电、液、气及计算机技术于一体,主要用于消除波磨、擦伤和剥离等钢轨损伤及新线钢轨的预防性打磨。它可以通过廓形和波磨测量系统获得钢轨的磨损状况,或设定打磨参数,并将测量结果或设定参数提供到计算机控制系统,控制打磨小车上磨头的偏转、横移和加压完成钢轨的打磨作业。

2. GMC96B 型钢轨打磨列车

2007 年 7 月,中国北车二七装备公司和瑞士 SPENO 公司联合设计、合作制造生产 GMC96 型钢轨打磨列车,由一辆动力车和六辆打磨作业车组成,能使 96 个打磨单元同时作业,可通过列车微机网络控制系统,针对不同的钢轨缺陷采取 99 种模式实施快速打磨。

三、大型养路机械维修作业

(一)大型养路机械维修作业前测量及方案设计

使用大型养路机械进行捣固维修作业前,应对轨道进行精确测量并进行维修方案设计,利用测量成果指导大型养路机械实施数字化捣固作业。成段大型养路机械捣固维修作业宜以稳定作业收尾。捣固车单车连续作业达到 30 天或单车累积作业里程达到 50 km 时应进行检查标定,转场后的首次作业前应进行检查标定。检查标定应满足以下要求:

(1)检查标定电子摆、抄平传感器、拨道传感器零点和最大值的对应线性度符合标准,零点误差不大于 1 mm。更换电子摆、抄平传感器、拨道传感器时,应重新标定其零点误差,并检查其线性度符合标准。

(2)标定抄平精度:选择在平直线路上进行调试;调整抄平传感器机械零点,确保起道表数值在±3 mm 范围时,起道方表表针能调整到零位;且左右两股机械零点误差不大于 2 mm。同组同型号捣固车须在同一点进行调试,同组捣固车抄平传感器机械零点误差不大于 3 mm。

(3)标定拨道精度：选择在平直线路上进行调试，拨道零点误差不大于 2 mm，左右股拨道零点相差不大于 1 mm。同组同型号捣固车须在同一点进行调试，左右加载拨道零点误差应重合。

(二)大型养路机械维修作业一般要求

大型养路机械线路维修施工作业的主要内容包括起道、拨道、捣固、砟肩夯拍、边坡清筛、轨道稳定、道床配砟与整形和钢轨打磨等，作业的一般要求有：

(1)大型养路机械维修施工封锁时间一般每次应不少于 180 min，封锁前的准备作业和线路开通后的整理作业不得影响线路设备使用和行车安全；若有碍行车安全时，应办理施工慢行手续，慢行时间和开通速度按《普速安规》的有关规定执行。

(2)大型养路机械的驻站与作业地段的距离不宜过长，一般不超过 25 km。

(3)封锁施工天窗由工务机械段或工务段负责申请，封锁区间命令下达后，大型养路机械应连挂进入封锁区间。

(4)为保证大型养路机械在封锁区间内的作业安全，各机械车之间的间隔不得小于 10 m。

(5)为保证捣固作业质量，步进式捣固车的捣固频次不宜超过 18 次/min，连续式双枕捣固车的捣固频次不宜超过 22 次/min，连续式三枕捣固车的捣固频次不宜超过 20 次/min。对桥头、道口、钢轨接头 4 根轨枕等薄弱处所，应按照工务段标记增加捣固次数。

(6)在线间距不足 4.4 m 的双线区段作业时，配砟整形车靠邻线一侧的犁板禁止作业。

(7)在封锁施工天窗内，配合单位均不得影响大型养路机械作业，配合单位负责拆除的设备，必须在当日该地点的施工结束后，方可恢复安装工作。

(8)施工过程中，工务机械段和工务段必须各派 1 名联络员(或由施工负责人直接担任)，以便随时联系，密切配合，确保施工顺利进行。

(三)大型养路机械维修作业技术规定

1. 线路维修捣固作业

(1)捣固作业时应设置不少于 10 mm 的基本起道量。起道量为 10～50 mm 时捣固1 遍，起道量超过 50 mm 时不少于 2 遍，接头、桥梁两端、道口处应加强捣固。

(2)在需要变更曲线超高的地段，当内股起道量大于 20 mm 时，应分 2 次进行起道。

(3)线路方向的整正可采用四点式近似法，用 GVA(ALC)自动拨道或查表输入修正值用手动拨道。在长大直线地段，应采用激光准直系统进行拨道。

(4)捣固作业结束前，应在作业终点画上标记，并以此开始按《普速修规》规定的坡度递减顺坡，达到安全放行列车的要求。一般情况下不在圆曲线上顺坡，严禁在缓和曲线上顺坡结束作业。

(5)在有砟桥上，枕下道砟厚度不足 150 mm 时不能进行捣固作业。

(6)在电气化区段作业，线路起道后的钢轨顶面至接触网距离应满足规定要求。

(7)在技术状态不良的桥梁上及线路水平严重不良地段禁止进行稳定作业。必须在桥梁上进行稳定作业时，应制定安全措施。稳定装置应在桥台外起振、停振；作业中设备管理单位应随时观测桥梁状态，遇到异常时，应通知稳定车停止作业。

(8)大型养路机械维修后的线路几何状态应达到《普速修规》标准。

2. 道岔维修捣固作业

(1)作业范围包括岔区及前后 50 m 的线路，一次起道量应控制在 10～50 mm 间，接头、辙叉、尖轨侧向可弯部位应增加捣固次数。

(2)拨道采用三点法或四点法,拨道量不超过 20 mm。直股和曲股分别捣固时,只能对直股拨道,曲股不能拨道。

(3)钢轨、辙叉附近轨枕和尖轨转辙器前后 2 根岔枕等捣固车不能捣固的区域以及受运输条件限制,捣固车不能同时捣固的曲股,应采用小型机械捣固或人工捣固。

(4)采用小型机械捣固曲股时,应在道岔捣固车对第三点起道时进行。

3. 钢轨打磨作业

(1)新轨或波磨深度不超过 0.3 mm 时,采用预防性打磨方式,否则应采用修理性打磨方式。

(2)预防性打磨作业一般为 3 遍,修理打磨的作业一般不少于 5 遍。

(3)相连两段线路重叠打磨的区域不应少于 3 m。

(4)桥梁和道口处须拆除护轮轨后进行打磨作业。

(5)两组道岔间距超过 150 m 的线路需打磨。

4. 道岔打磨作业

(1)作业前应仔细调查线路,确定各区段的主要病害,制定相应的打磨方案,剔除极个别病害特别严重的部位,减少打磨遍数,降低金属切削量。

(2)道岔打磨区域为岔前 25 m 至岔后 25 m。

(3)波磨深度小于 0.3 mm 时采用预防性打磨方式,否则应采取修理性打磨。直股预防性打磨作业不少于 10 遍,修理性打磨作业不少于 12 遍。

(4)岔心和岔尖应根据安全运行要求和维修养护需要确定是否打磨。打磨直股时已经打磨过的尖轨转辙部分,在打磨曲股时可跳过。交叉渡线和翼轨高于基本轨的区域不打磨。

5. 边坡清筛作业

(1)边坡清筛最大挖掘宽度为 2 800 mm(距离线路中心),轨枕端至挖掘斗间应有 100 mm 距离。

(2)挖掘最大深度为轨面下 900 mm。

(3)只进行边坡清筛时,不得使用松砟器。

(四)施工组织

线路捣固作业一般应配备线路捣固车、动力稳定车、配砟整形车,还可配备边坡清筛机;道岔捣固作业应配备道岔捣固车;钢轨或道岔打磨作业应配备钢轨打磨车或道岔打磨列车。根据需要,各维修车间可合并作业,扩大设备组合,以加快施工进度。

由于各车间的线路等级、作业条件等施工对象不同,各机组的作业车配置也不尽相同。维修机组一般为“两捣一稳一配”,即由两台线路捣固车、一台稳定车及一台配砟车组成,根据需要也有“三捣一稳”“四捣两稳”等组合。配砟整形车一般安排在捣固车的前面,先对作业地段的道床进行整形作业,使道床布砟均匀,断面成形,然后进行线路捣固;最后使用稳定车进行稳定作业,以巩固捣固效果,增强道床稳定性。

在实际生产中,通常要根据施工计划、封锁时间、线路状况、作业任务、现有大型养路机械情况、天气状况、工务段要求、配合单位情况等多方面因素进行综合考虑,最终确定最优化的施工组织方案。

各大型机械的基本作业人员为:捣固车 5 人;动力稳定车 3 人;配砟整形车 3 人;边坡清筛

机 7 人;道岔捣固车 6 人;48 头钢轨打磨车 8 人;道岔打磨车 6 人。实行轮休制的机组应增加足够的替班人员,并根据生产实际优化调整劳动组织。

配合施工单位包括相关的工务段、供电段、车务段、电务段、车辆段等,作业程序如下:

(1)各单位提前到车站运转室登记请求封锁。

(2)封锁命令下达后,大型养路机械凭封锁命令进入封锁区间,工务段负责设置区间封锁防护。

(3)大型养路机械机组在各自作业地段摘解,运行至各作业始点,将各工作装置转换至作业状态。

(4)大型养路机械机组开始作业。大型养路机械作业的安全防护由工务机械段设置,随机防护。

(5)施工结束前,各机组收起并锁定工作装置,转换至运行状态,各机组联挂后成组返回驻地停留站。

(6)开通线路,按规定注明开通时间及相关要求,由施工单位和各配合单位联合签字。

(五)相关单位的工作配合

大型养路机械施工涉及车务、工务、电务、供电、机务、车辆等有关单位和部门,因此,施工前由铁路局集团公司组织召开施工协调会,统一安排施工配合、行车组织及后勤保障等具体事宜。

1. 工务段

(1)作业前

①提供既有线路相关的技术资料,并配合大型养路机械车间技术人员进行开工前线路现状调查,包括桥梁、隧道、道口、曲线要素、危岩、歪斜轨枕和拉杆、道砟量、锁定轨温及其他附属设备等情况并书面签字确认,以便大型养路机械施工方根据调查情况及时制定相应安全措施和技术要求。

②在作业地段提前补充和均匀道砟,对施工地段进行抽板、方枕、改道、更换失效轨枕、调直钢轨及拧紧扣件等工作,并进行线路测量和标记。

③向工务机械段提供作业地段的里程、坡度、曲线要素等线路平纵断面资料和线路起、拨道量资料。

④拆除影响大型养路机械作业的线路设施及障碍物,如观测桩、曲线桩、道口报警器、急救夹板、防爬设备、有砟桥护轨等。轨距拉杆应串移紧靠一侧轨枕,使轨枕间捣固净空范围不小于 200 mm,对不能拆除的障碍物,在线路上做好醒目标记。

⑤拆除道口铺面、护轮轨、护木以及线路中心线两侧 3.5 m 范围内妨碍机械作业的一切设施。

⑥道口是否采用大型养路机械进行维修由工务段决定。公路道口的封锁由工务段与地方管辖部门联系办理。

⑦对大型养路机械无法作业的地段,工务段应提前准备好小型养路机械进行作业。

(2)作业中

工务段随车验收人员实时检查大型养路机械的作业质量,发现质量不合格处所,应立即通知大型养路机械施工负责人处理,确保作业质量和行车安全。

(3)作业后

①负责处理转辙机及其他大型养路机械无法作业的处所,对因大型养路机械发生故障后无法施工的线路进行恢复处理。

②及时恢复有关的线路标志、道口铺面板、护轮轨等线路设施。

③施工结束后,工务段验收人员与工务机械段施工人员根据《普速修规》中的验收标准共同确认作业质量,由工务段有关人员签字验收。

2. 电务段

作业前电务段需派专人负责处理钢轨接头处的连接线、计轴磁头及电容补偿器等妨碍大型养路机械作业的电务设施。

大型养路机械道岔捣固维修作业时,电务段负责重新恢复电务导线及道岔电务调试。

施工结束后,电务段会同相关设备管理单位、大型养路机械施工负责人、车站值班员共同确认开通条件,并及时签认。

3. 供电段

作业前派人提前处理接触网接地线,使其紧靠轨枕一侧。负责供电作业车的作业指挥及申请天窗停电作业。供电作业车与大型养路机械作业车联挂进入封锁区间作业,双方施工负责人应保持联系,行动一致,在封锁点结束前双方作业车联挂后整列返回站内。

作业时派人及时跟进,同步测量并根据需要调整接触网网高及拉出值,当大型养路机械作业起、拨道量较大时,施工方应预留足够时间作为供电段停电调网时间,保证接触网安全供电,正点开通。

4. 车务段

提前安排好作业区段的大型养路机械停留车站及停留线,组织好大型养路机械站内调车编组工作。

作业时,施工主体单位负责封锁时间的请求、登记,在《行车设备检查登记簿》上登记清楚使用项目、地点、所需时间,经车站值班员签认后,方可进行施工作业。作业完毕后,应会同相关设备管理单位、车站值班员确认,及时销记,开通线路。

车站根据车间的登记,及时向行车调度办理相关手续,确保大型养路机械及时进入封锁区段作业。封锁时间结束后,有关车站应及时与行车调度联系,尽快使大型养路机械返回停留车站进行机械保养。

大型养路机械进行道岔维修施工时,车站负责作业中的道岔开通位置转换、锁闭和确认工作。

5. 车辆段

需提前处理安装在施工区段、由车辆段管理的车辆运行安全监控装置,无法拆除的需派专人负责监控;大型养路机械作业后,车辆段应及时恢复有关设备。

(六)施工配合中的安全保证措施

各配合单位须遵循"分工明确,责任清楚,措施具体,管理到位"的原则。

行车组织部门必须严格按照《技规》规定指挥行车。要积极做好施工的组织、协调工作,按规定组织召开施工前准备会议,并做好各项会议纪要。一般施工要根据施工方案及安全卡控措施,对运输影响较大的施工,施工单位还要运用"两图一表"(施工方案示意图、施工作业流程计划图、安全关键卡控表)完善施工方案,严格落实施工天窗和封锁、慢行计划,为施工创造条件。

配合单位、监护人员无故不到场,影响施工计划执行的,追究配合单位、监护人员和设备管理单位责任。

施工单位在施工前,要做好充分准备,并向设备管理单位进行技术交底,特别是影响行车安全的工程和隐蔽工程。施工中，要严格执行技术标准、作业标准、工艺流程和卡控措施，严禁超范围作业，确保施工质量。

各设备管理单位进行的施工、维修作业，需其他设备管理单位配合时，必须提前 3 天以配合通知书的形式向其他设备管理单位提出配合要求，配合单位不得无故拒绝配合；确因工作需要无法按时配合时，应立即书面回复作业单位。

施工单位至少在正式施工 2 天前向设备管理单位提出施工计划、施工地点及影响范围。设备管理单位接到施工单位的施工请求后，应对施工方案和计划及影响范围进行认真核对，并在施工开始前派人进行施工安全监督。

(七)作业验收

大型养路机械维修验收采用静态为主、动态为辅的验收办法，静态验收当日作业、当日验收、当日交接，并填写“大型养路机械维修日作业验收单”，参见表 4-8。验收单位以公里计(道岔以组计)，其中最差成绩作为该公里(组)的验收结果。

表 4-8　大机维修日作业验收单

线别		作业项目	
计划封锁时间	时　分～　时　分	实际封锁时间	时　分～　时　分
作业里程		复捣里程	
作业情况			
作业项目	实际作业量	备注	
捣固车作业/km		其中复捣：　km	
稳定车作业/km			
配砟整形车作业/km		其中捣前配砟：　km　捣后整形：　km	
边坡清筛机作业/km		其中单侧清筛：　km　双侧清筛：　km	
道岔捣固车作业/组		其中增加线路捣固：　m	
钢轨打磨作业/(遍·km)		线路延长：　km	
静态验收情况			
验收情况			
结论			
签认	工务段验收员		大机配属单位施工负责人
备注			

(1)静态验收。以稳定车记录仪资料作为验收依据，发现超限处所应立即组织返工。返工后仍有 4 处及以上达不到作业验收标准，2 处及以上超过Ⅰ级偏差或无法返工(每处长度不超过 5 m，超过 5 m 按 2 处计)，判该公里线路为失格(验收项目不含轨距)。

(2)动态验收。大型养路机械维修作业地段完成后 15 天内，以轨检车、动车组综合检查车、车载式轨道检查仪检查结果作为验收依据(不计轨距扣分)。

四、大型养路机械大修作业

线路大修施工是在运营线上利用天窗时间进行的一项大规模施工。在线路封锁以前，应将有关大型养路机械安排到位,相关配合人员、材料及机具预先就位,以充分利用封锁时间。由于大修作业完全破坏了既有轨道结构,因此必须在规定的封锁时间内完成大修作业并恢复线路,确保线路安全正点开通。

(一)大型养路机械大修作业要求

大型养路机械大修施工作业的主要内容包括成段更换钢轨、轨枕,清筛道床,更换道砟,整治基床翻浆冒泥以及线路和道岔作业后的起道、拨道、捣固,砟肩夯拍、稳定、配砟和整形等。

1. 一般要求

(1)大型养路机械大修施工作业封锁时间每次不应少于 180 min。

(2)封锁前的准备作业和开通线路后的整理作业,均应在施工慢行条件下进行。封锁前的慢行时间一般为 60 min,限速不超过 45 km/h。

2. 无缝线路地段大修

(1)无缝线路地段大修施工作业轨温应严格控制在锁定轨温上、下允许偏差范围内,否则需先放散应力再进行清筛作业。

(2)作业前应根据清筛深度和道床的不洁率备足道砟;应调直钢轨,不允许在 1 m 范围内出现 0.5 mm 以上的原始不平顺;检查钢轨接头螺栓和扣件的紧固状态,全面拧紧扣件。

(3)作业中应严格执行钢轨测温制度,作业轨温应符合《普速修规》有关规定。清筛机、配砟整形车、捣固车、动力稳定车采取紧密流水作业方法,使道床在清筛后能及时得到补砟、捣固,尽快恢复稳定。机组人员应随时监测线路变化,发现胀轨迹象要立即停止作业,由工务段迅速组织抢修处理,并使大型养路机械安全撤离胀轨现场。

(4)为保证大型养路机械大修作业的安全和质量,清筛机起道高度不应超过 30 mm,轨向应尽量保持平顺,两侧边坡回填均匀,在曲线地段外股道砟应略多于内股。作业后,道床肩宽应符合有关规定。

(5)大型养路机械在无缝线路地段进行大修时,作业轨温条件同维修作业。

(二)大修作业技术规定

(1)作业时,清筛机枕下导槽应按 1∶50 的坡度向道床排水侧倾斜;清筛道床的清筛深度一般不少于 300 mm;清筛机回填道砟要均匀,曲线外股要适当多配道砟;在道砟质量不良或翻浆冒泥地段,可利用大型养路机械进行抛砟换道床作业;若线路翻浆严重,砂垫层功能丧失,应合并进行换道床和垫砂作业。

(2)清筛线路两侧的建筑物(包括埋设在道床中的固定物)至线路中心距离不应小于 2 100 mm。

(3)对破底清筛或更换道砟的施工作业,应采用多次捣固和稳定的方法;整细捣固应采用精确法,严格按照线路大修设计技术资料进行作业,其他捣固作业可采用近似法。整细捣固顺坡率应符合《普速修规》规定。

(4)使用大修列车更换轨枕,轨枕长度不得超过 2 600 mm,枕端露筋不得长于 5 mm,换枕后轨枕间距误差不大于±10 mm。

(5)捣固车、动力稳定车作业的技术要求按线路捣固作业技术规定执行。配砟整形车配砟不能超出轨面,不能妨碍捣固车作业。

(6)大型养路机械大修作业后的线路质量应达到《普速修规》标准。

(三)施工作业组织

1. 施工配置

(1)大型养路机械大修车间由大型养路机械维修机组(包括大修列车、清筛机、配砟整形车、捣固车、动力稳定车等设备)和一定数量的附属车辆组成。大修列车用于成段更换钢轨和轨枕作业。附属车辆的种类、编组及技术要求按照《大型养路机械附属车辆装载标准》执行。

(2)作业时,每台清筛机后面应有捣固车配合作业,并由清筛机、配砟整形车、捣固车、动力稳定车等完成清筛。换枕地段要做好线路的恢复工作。

(3)每个大修车间应设主任、副主任、机电工程师和线路工程师等人员。各车基本作业人员为:大修列车 12 人、清筛机 9 人、配砟整形车 3 人、捣固车 5 人、动力稳定车 3 人。实行轮休制的机组应相应增加的备班人员,并根据生产实际优化调整劳动组织。

2. 施工作业

(1)作业前,利用封锁前的慢行时间,进行如下准备工作:

①详细调查施工地段,清除、拆移线路上影响施工作业的障碍物及设备,提前与有关单位联系施工配合事宜,并计算好需用道砟量,安排好卸砟车装载道砟。

②在当日清筛施工的起点,沿轨道方向开挖长度 1 000 mm、宽度比计划清筛宽度宽 300 mm、深度等于计划清筛深度的导槽坑,导槽坑下方的道砟堆积角要小于 30°。

③各台大型养路机械的操纵人员均应掌握当日作业地段的清筛深度、设计高程、线路平纵断面几何尺寸的大修设计要求以及当日作业其他要求。

(2)封锁命令下达后,大型养路机械大修机组连挂进入封锁区间,按施工计划解体并按要求分别就位。

(3)在确认邻线无列车开来时,连接清筛机导槽和挖掘链。

(4)清筛机开始作业,在初始清筛阶段不宜起道过高,以免线路形成高包。清筛机操作人员根据线路状态,不断调整挖掘梁相对枕底的位置,控制挖掘深度,发现道床内有异物或机械发生异常,应及时停车处理。

(5)清筛机由配砟整形车跟随进行道床配砟和整形作业,然后由捣固车对线路进行起道、拨道、捣固和枕端夯实,并设专人随车检查作业质量,发现问题及时处理。捣固后由动力稳定车跟进作业,在动力稳定车振动和静压力的共同作用下使道床均匀下沉并迅速稳定密实。捣固车、动力稳定车相继作业到清筛终点,并做好顺坡后驶向清筛机与其连挂,然后驶往指定车站。如果是换砟作业还需将风动卸砟车编挂在清筛机和配砟整形车中间,清筛机作业完毕,线路均匀卸砟后,配砟整形车、捣固车和稳定车再跟随进行相应作业。

(6)各车应注意相互间的联系,保持作业间隔距离不得少于 10 m。邻线来车时要加强防护,不得进行可能侵入邻线限界的作业。

(7)封锁时间结束前,清筛机首先停止作业,拆开挖掘链及导梁,收起各项装置,锁定到位后向前行驶一段距离。

(8)施工完毕后,各车连挂成列,由施工负责人通过驻站联络员与车站联系,使大修机组尽快返回车站。

(9)施工负责人和验收方检查线路,确认已达到放行列车条件后开通线路,撤除停车防护信号,改为慢行信号防护。由人工方枕,找小坑,细拨道,矫直钢轨硬弯,整正扣件,涂油,恢复被拆移的设备,刷新线路标记,回收旧料及其他大型机械不能进行的项目。线路开通后,巡养人员立即开始巡检线路,保证施工地段行车安全。

(10)各配合单位按照与工务机械段签订的施工配合协议做好相关配合工作。

(四)施工监护与配合工作

1. 工务机械段与工务段安全协议

(1)明确责任地段的划分。以施工地段前后 50 m 为界。

(2)起始时间。自施工开始起至工程验收交接止。

(3)履行职责。工务段委派施工安全监督人员,全面掌握施工方案、工艺流程、作业标准,全方位、全过程履行施工安全检查、监督;对违章作业等危及行车安全的施工,有权停止作业;对检查发现的设备隐患,应发出安全整改通知书,限期整改。

工务机械段在施工过程中,应严格执行《技规》《普速安规》《大型养路机械使用管理规则》《国铁集团铁路营业线施工管理办法》等各项安全生产规定。按施工方案、施工工艺、作业流程,制定具有前瞻性、预见性、可操作性的安全防范条例和施工安全保障措施以及在出现非正常情况下的应急措施,确保施工安全。

2. 工务机械段与电务段安全协议

电务部门应积极配合施工,根据提供的计划,提前做好电缆探测。在轨腰或轨枕上标明过轨位置及电缆埋设深度,配合人员应在封锁前到达现场,配合施工。

工务机械段应向电务段提供大型养路机械营业线施工安全措施,配合电务人员进行过轨电缆全面探测和全过程开挖,暴露整个过轨电缆,按要求下落至轨枕下 500 mm;对未落至规定深度的过轨电缆,严禁大型养路机械越过地下电缆处所。卸下的长轨须与使用中的钢轨、箱线隔离,并于接触部分采取绝缘措施,不得损坏信号设备,确保既有设备使用 。

3. 工务机械段与车务段安全协议

工务机械段应遵守铁路局集团公司月度施工计划。封锁时间的调整、变更应以调度命令为准,配合施工的路用车、轨道车、大型机械的开行计划于前一天向有关部门报告。双方加强联系,为施工车辆在站内停留、调车、开行创造有利条件。施工车辆在车站进行调车作业时,必须接受车站值班员统一指挥,调车作业计划由施工联络员提供作业要求及内容,由车站值班员编制并下达书面计划,调车作业时严格执行问路式调车作业制度及车辆防溜等有关调车作业规定。一切机车、车辆在站内停留时按规定采取防溜措施,未经车站值班员同意,不得擅自移动。一切机车、轨道车及动力设备要保证无线列调正常使用,昼夜有人值班;接到动车通知后,及时动车,同时,严格执行联控作业标准和无线列调使用规定,不得对正常的车机联控产生干扰。

五、特殊情况下的施工管理

良好而稳定的施工环境有利于保证施工安全、顺利地进行,有利于提高作业质量和工作效率。由于大型养路机械施工是在“天窗”时间内,即在线路封锁状态下进行的作业,这样难免会遇到某个区段只有夜间才有列车间隙时间进行线路封锁,因此,大型养路机械在夜间施工不可避免。另外,如果施工过程中遇到暴风雨雪等恶劣天气也会增加施工难度,给施工和配合人员带来一定的困难。为了保证大型养路机械保质、保量、保安全地完成作业,必须加强夜间和暴风雨雪施工管理，并严格执行以下八点要求：

(1)夜间施工前，除按规定对大型养路机械各部件进行检查外，还应重点对照明车灯进行严格检查，施工人员要备好带齐手电筒、探照灯等。

(2)线路调查人员在夜间施工前，要将施工区段的桥梁、隧道、危岩、道口、小半径曲线等特殊地段的具体位置向施工负责人汇报清楚，同时要在施工作业命令单上注明，使所有人员心中有数。

(3)夜间施工时，工务段除按规定要求在两端设关门防护外，工务机械段在每台车前方100 m还要安排一名巡视员，以便发现磁头、计轴器、红外线探测仪等障碍物或其他紧急情况时及时通知机组人员采取措施。

(4)大型养路机械应在夜间施工前配备发电机和照明灯组，以便在紧急情况下进行应急照明。

(5)大型养路机械在施工运行、施工作业中突遇大风、暴雨、暴雪等瞭望困难或情况不明时，应立即停止施工和减速运行，并及时向车站通报情况。对未顺坡线路要通知工务人员对线路进行处理，协同工务人员商定列车放行条件，严禁盲目放行列车。

(6)汛期和夜间运行时，要严格按相关规定仔细检查各零部件，确保设备正常，严禁设备带病上道作业。要严格按规定速度通行并不间断瞭望，确认信号，如信号显示不正确或不明确时均视为停车信号，立即停车，同时按车、机、工联控规定与车站或工务看(巡)守(呼叫点)人员呼叫应答。

(7)汛期中，大型养路机械施工人员要严格执行汛期安全行车措施，对施工地段的“洪水通过危险地段”、“道口”及“重点病害施工处所”等需做到心中有数。

(8)大型养路机械施工人员在施工和运行中，发现灾害、险情要及时用无线列调报告就近车站值班员。

【训练内容】

1. 通过图片，认识各种大型养路机械，熟悉其主要用途。
2. 与工务段和工务机械段联系，跟班作业，掌握大机施工作业程序。

复习思考题

1. 电气化铁路的哪些作业需由电力工区配合施工？
2. 维修电气化铁路的道岔时，应注意哪些事项？
3. 哪些情况需要对无缝线路进行应力放散？
4. 何谓道岔连接曲线？其维修有哪些规定？
5. 曲线“鹅头”产生的原因及防治措施有哪些？
6. 预防整治尖轨与基本轨不密贴的措施有哪些？
7. 提速道岔计划维修的基本内容有哪些？
8. 对于无缝道岔，应如何加强作业控制？
9. 铁路大型养路机械有何特点？常见的大型养路机械有哪些？
10. 大型养路机械施工作业前，应利用封锁前的慢行时间做好哪些准备工作？

文本

部分答案（七）

11. 某段无缝线路 2 号桩与 3 号桩间距 500 m,2 号桩测量爬行量−2 mm,3 号桩测量爬行量+5 mm,原测定轨温为 18 ℃,计算实际锁定轨温。

12. 已知某曲线,圆曲线半径 R=1 000 m,缓和曲线长 l_0=80 m,圆曲线长 l_c=378.23 m,铺设标准钢轨长度 L=25 m,预留轨缝 δ=8 mm,曲线起点至第一根钢轨进入曲线的长度为 3.4 m,试进行配轨计算。

项目五　线路故障的应急处理

【项目介绍】

本项目以线路发生胀轨跑道、钢轨折断和水害的应急处理为主要任务，通常称为“防胀”“防断”“防水害”。其发生和发展程度与季节变化紧密相关，直接影响铁路运输安全，因此，被列为工务系统的重点工作。

任务一　胀轨跑道的应急处理

【任务描述】

无缝线路随着轨温的升高，长轨条内产生巨大的温度压力，可能造成胀轨甚至跑道，使线路发生故障，丧失稳定性，直接危及行车安全。只有弄清诱发胀轨跑道的原因，掌握其发生与发展规律，才能采取相应措施进行预防及处理。

【学习重点】

1. 胀轨跑道的原因。
2. 防止胀轨跑道的措施。
3. 发生胀轨跑道时的处理方法。
4. 安全风险预判与应急处置能力。

【学习内容】

一、概　　述

无缝线路的稳定是建立在温度压力与线路阻力相互平衡的基础之上，温度压力增大或线路阻力降低都会引起平衡状态的破坏，发生胀轨跑道。维修作业中要掌握轨温变化与钢轨温度压力的量化关系，能通过气象数据预判风险时段，准确识别胀轨前兆特征。

（一）胀轨跑道的基本概念及其相互关系

大量试验表明，胀轨跑道的发生与发展过程是有一定规律的，基本上可分为以下三个阶段，如图5-1所示。

1. 持稳阶段

持稳阶段是无缝线路承受温度压力的初始阶段。在这个阶段，温度压力虽因轨温升高而增大，但轨道并不发生变形，仍保持初始状态，温度力完全以弹性状态“储存”于钢轨之中。钢轨的原始弯曲越小，对应这一状态的温度压力值越高。如果钢轨为理想的直线，此状态可能一直能够持续到温度压力达一个相当大的值才会在外力干扰下发生突然臌曲。然而由于种种原

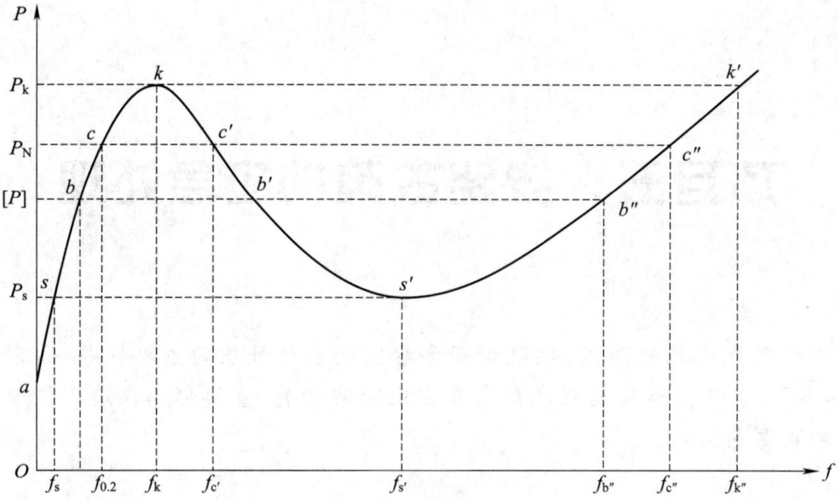

Oa—持稳阶段（不变阶段）；*ak*—胀轨阶段（渐变阶段）；*kk'*—跑道阶段（突变阶段）。

图 5-1　温度压力与轨道的横向变形

因,钢轨不可能保持理想的直线状态,总会产生某种程度的弯曲。因此,持稳阶段的钢轨温度压力也不可能达到相当大的值。相反,线路阻力越小、轨道几何形位尤其是方向越差,造成轨道臌曲变形的温度压力就越低。

在持稳阶段,无缝线路是相对安全的。

2. 胀轨阶段

轨温继续升高,无缝线路在温度压力作用下,在轨道的某些薄弱处所(例如钢轨有原始弯曲、方向不良或道床横向阻力削弱处)逐渐出现横向臌曲变形,并随温度压力增加而逐渐增大,这种横向臌曲渐变的过程称为胀轨。

在胀轨阶段,不断增大的温度压力使轨道产生由小到大、由少到多的横向变形,有时凭肉眼都能清晰地观察出来,弯曲的线形越来越明显,变形矢度越来越大,轨道方向显著不良。但是,轨温也不可能无限的升高,当它升到一定程度(只要在轨道的承受范围内)后开始下降时,随着温度压力的逐渐降低,轨道的弯曲变形也随之缩小,直至恢复到初始状态。也就是说,在胀轨阶段,轨道的变形属弹性变形。

3. 跑道阶段

在胀轨阶段,温度压力虽未超过无缝线路的承受能力,但有可能达到能力的极限。此时,无缝线路的相对稳定已是岌岌可危。当轨温再略有升高,温度压力则继续增大,当接近或达到临界值时,轨温再稍微升高或受稍小的外力干扰(如列车制动、施工影响等),轨道横向变形将突然加大,导致轨道结构完全破坏,这种横向变形突变的现象称为跑道,如图 5-2 所示。

图 5-2　轨道失稳——跑道

发生跑道时,轨道在一瞬间发出巨大的声响并严重臌曲,轨排脱离道床,行车条件完全丧失。通过严重扭曲变形的钢轨可以看出,其变形已超出了弹性限度,成为塑性变形

(此时,钢轨内的温度力已全部释放出来,钢轨处于“零应力”状态)。

显然,随着温度压力的升高,持稳阶段、胀轨阶段和跑道阶段是顺次的因果关系,前两阶段是量变阶段,后一阶段是质变阶段。胀轨是无缝线路丧失稳定的过程,而跑道是无缝线路丧失稳定的结果。在胀轨阶段,如果及时采取各种措施降低钢轨温度,使钢轨内的温度压力下降,变形矢度会逐渐减小,最终可能恢复到线路的原始状态。由此可见,胀轨未必能引起跑道,而跑道一定以胀轨为前提。从胀轨发展到跑道是由量变到质变的结果。

实践表明,胀轨跑道的危险季节多在每年的 4～8 月(其中 4～5 月低温胀轨最危险),每日的危险时段为 11:00～16:00。

(二)无缝线路的稳定性

无缝线路的稳定性系指无缝线路在温度压力作用下不致发生胀轨跑道。

无缝线路一旦进入胀轨阶段,就开始丧失稳定。从理论上讲,超过 2 mm 的轨道弹性变形恢复后要留下残余变形,随着轨温的反复变化,残余变形将不断积累,致使轨道方向严重不良,加速无缝线路的失稳进程。因此,我们必须及时对胀轨量加以限制,对矢度达到 2 mm 以上的胀轨,切不可等闲视之,以免留有后患。

1. 影响无缝线路稳定性的因素

无缝线路的稳定性与很多因素有关。在条件相同的情况下,直线无缝线路的稳定性要强于小半径曲线;养护质量越高,无缝线路的稳定性越强;轨道几何形位越好,无缝线路的稳定性越好。无缝线路发生胀轨跑道的诱发因素是温度压力,这是毋庸置疑的。但是,在铺设无缝线路的地区,最高轨温下的最大温度压力并不是很大,从理论上讲,无缝线路的稳定性足以抵抗胀轨跑道,因此,温度压力并不是发生胀轨跑道的根本原因。那么,根本原因是什么呢? 是无缝线路的稳定性未达到设计标准,线路阻力不足,导致临界温度压力或临界轨温降低。温度压力是诱发胀轨跑道的主要原因之一。线路质量不高、稳定性不强则是发生胀轨跑道的内因,外力的作用是导致胀轨跑道的外因。在影响无缝线路稳定性的诸多因素中,轨道方向的初始不平顺(又称原始弯曲)是一个非常重要的因素。轨道原始弯曲让温度压力有机可乘,是无缝线路不容忽视的薄弱环节。

轨道原始弯曲有两种:一是钢轨在轧制和缓冷过程中形成的硬弯,其特点是范围小,难以矫直,或矫直后弹性难以恢复。二是在列车动力作用下形成的轨道方向不良,其特点是整治容易,但易反复。原始弯曲越小,轨道所能承受的临界温度压力就越高,反之亦然。

2. 无缝线路“失稳”的表现

(1)碎弯增多,矢度增大。此时的直观反映是轨道方向反常的“不好看”,并呈现一种无规律的混乱现象,有的地段轨距反常扩大。

(2)空吊板连续增多。不成段的空吊板多因捣固质量不良所致,成段的空吊板则多为温度压力作用于高低不良地段所致,应注意区别。

(3)起道省力,捣固不易捣实。如果确认成段空吊板是胀轨造成的,就应立即在该段停止起道、捣固作业。因为此时起道,温度压力会成为起道机的附加力,起道自然不费力。如果此时捣固,轨道框架会乘势抬高,在温度压力没有释放完之前,是不可能捣实的。在有胀轨迹象的地段起道、捣固,将使无缝线路的稳定性迅速丧失,甚至有可能导致跑道,所以应绝对禁止。

(4)逆向拨道吃力或回弹量大。因为温度压力的径向力始终是沿着弯曲方向的,所以逆向拨道会倍感吃力。即使勉强拨回,拨力取消后,径向力依然会使轨道向弯曲方向回弹,回弹量超乎常规,接近、等于甚至超出拨出量。

(5)轨枕端部胀轨一侧道砟散落,另一侧离缝。

上述迹象足以表明无缝线路正在胀轨,稳定性正在丧失。发现这些迹象,应严密监视并及时处理,停止作业,否则,跑道就可能接踵而至,无缝线路的稳定性将彻底丧失。

二、诱发胀轨跑道的原因

(一)轨道抵抗胀轨跑道的能力降低

轨道抵抗胀轨跑道的能力降低,主要体现在以下方面:

1. 道床横向阻力

道床阻力是抵抗轨道框架横向位移,保持无缝线路稳定,防止胀轨跑道的重要因素,导致道床横向阻力降低的原因有:

(1)线路维修作业。一是较大的起道、拨道作业造成轨枕浮起,道床阻力急剧下降;二是超长、超量扒开道床,施工后不立即恢复捣实,致使轨温上升,易发生跑道。

(2)线路设备状态不良。缺少道砟,如果枕盒内道砟不饱满、不密实、不清洁,尤其是轨枕端部外露,将严重削弱道床横向阻力,增加胀轨跑道的危险性。

2. 轨道框架刚度

轨道框架刚度是指钢轨与轨枕通过中间扣件连接而成的框架结构的整体刚度,它表示轨道抵抗弯曲变形的能力。它与钢轨类型、轨枕类型、扣件类型、扣压力及钢轨相对于轨枕的转角有关,若中间扣件扣压力不足,则轨道框架刚度降低。

3. 轨道原始不平顺

轨道原始不平顺对线路稳定性的影响很大,其中轨向是主要因素。因此,在轨温较低时,应及时消除线路上的碎弯,以保持线路稳定。

(二)钢轨温度压力大

钢轨的温度压力是轨温从实际锁定轨温上升到最高轨温时所产生的温度压力。

从理论上讲,实际锁定轨温应在设计锁定轨温范围内。但是,由于种种原因,无缝线路的实际锁定轨温往往高于或低于设计锁定轨温范围。低温锁定钢轨时,当轨温从实际锁定轨温上升到最高轨温时,产生的温度压力就可能大于容许压力,从而导致胀轨跑道。也就是说,实际锁定轨温偏低是导致温度压力大的主要原因。造成实际锁定轨温偏低的原因有:

(1)铺设时锁定轨温偏低,超出了允许的锁定轨温范围。

(2)施工时计划不周,钢轨长出一定值,通过撞轨器撞轨,使长轨条缩短,降低了锁定轨温。如将长 1 000 m 的轨条撞短 12 mm,相当于锁定轨温降低 1 ℃。

(3)低温焊复钢轨造成锁定轨温偏低。

(4)缓冲区轨缝拉开后更换了长缓冲轨,随着轨温的升高,钢轨内的温度压力增大。

(5)冬季线路不均匀爬行,造成局部锁定轨温偏低。因线路维修质量的不均衡引起线路阻力不均衡。在线路阻力较低的地段,冬季钢轨的收缩爬行量将大于其他地段,亦即锁定轨温低于其他地段。当轨温升高时,这些地段的温度压力将增大,易发生胀轨跑道。

(6)冬季超温超长作业,造成局部锁定轨温偏低。当轨温低于锁定轨温一定数值时,有些作业禁止进行,有些作业只能在一定长度上进行,如接头夹板、螺栓涂油,成段中间扣件涂油,成段更换轨枕，成段扒道床，成段清筛道床等。如果超温、超长作业，必然会降低接头阻力和道床纵向阻力。在巨大的温度拉力作用下，上述作业地段及其附近受温度拉力影响地段的钢轨或轨道框架将产生收缩爬行，导致局部锁定轨温降低。

（三）线路阻力小

导致无缝线路阻力减小的原因有：

1. 线路设备状态不良

线路设备状态不良的表现很多，如扣件螺栓松动、扣件零件缺损、道床疏松、道砟不饱满、道床肩宽不足、空吊板多、钢轨硬弯、胶垫损坏等。如中间扣件螺栓连续松动数个，将使该段轨道框架刚度大为降低，从而降低了该段线路的横向阻力，胀轨跑道便可乘虚而入。再如道床肩宽不足，以至于轨枕端部暴露，道床边坡坍塌，使道床横向阻力降低，从而严重削弱了无缝线路的稳定性。

2. 轨道几何形位不良

无缝线路的稳定性要求轨道具有良好的几何形位，而良好的几何形位则简言为直线的“顺直”和曲线“圆顺”。决定顺直和圆顺的主要因素是方向和水平，但轨距和高低却对方向和水平产生直接影响。所以，轨道几何形位实际上是由轨距、水平、方向、高低四个因素决定的。在这四大因素中，方向不良是导致胀轨跑道的一个重要因素，曲线方向不良即正矢偏差超限。所以，整治方向不良是保持无缝线路几何形位良好的关键。

3. 线路维修作业的影响

维修作业可改善线路状态，但却暂时破坏了线路状态，降低了线路的纵、横向阻力。特别是违章、超温、超长作业，会使线路的纵、横向阻力大幅度降低。因此，一定要按《普速修规》规定的作业轨温条件进行作业，把维修作业对线路造成的扰动降到最低限度。

三、胀轨跑道的一般规律

认识胀轨跑道的发生与发展规律，有助于防止胀轨跑道事故。一般来说，胀轨跑道具有如下规律：

(1)线路稳定性差、临界温度压力低是胀轨跑道的决定性因素，所以，多数胀轨跑道并非发生在高温季节，而是发生在春、夏之交，气温变化较大、乍暖还寒的季节。其原因是线路质量差，经过冬季的寒冷，线路的稳定性受到了一定影响，在气温回升的季节，难以经受气温的突然、剧烈和反复变化。进入高温季节，气温相对稳定，反而不容易发生胀轨跑道。所以，春、夏之交是防止胀轨跑道的重点季节。此时，要抓紧时机对锁定轨温偏低的无缝线路进行应力放散或调整，以免留有后患。

(2)在胀轨跑道事故中，很少有走行列车第一位机车脱线或颠覆的事例，多数是中、后部车辆脱轨。这是因为无缝线路本已失稳，加之列车的动弯力、纵向力、推挤力、冲击力的反复叠加，且轨温有所升高，使无缝线路“雪上加霜”，越往列车后部，失稳状态就越严重，最终丧失了行车条件。因此，工务部门一定要加强对无缝线路的日常检查和监视，发现有危及行车安全的失稳迹象，要立即采取措施增强其稳定性，同时要及时拦停列车。

(3)以下地段易发生胀轨跑道：

①陡长下坡道终端，因线路爬行造成钢轨温度压力增大。

②列车制动地段，因制动力与温度压力相叠加。

③平交道口、桥头及曲线头尾附近,其中曲线比直线更容易发生胀轨跑道。曲线跑道常为向外的单波,跑道量较小;而直线跑道通常为S波,跑道量较大。

④同一段无缝线路的固定区及固定区与伸缩区交界处易发生胀轨跑道。这是因为固定区承受的温度压力大,而固定区与伸缩区的交界处,在轨温反复变化的情况下容易产生温度压力的积累,形成温度力峰,高于固定区的温度压力。因此,这两个地段应采取加强措施增大线路和道床的横向阻力,以保持线路的稳定。

四、防止胀轨跑道的措施

工务管理及作业人员应充分了解和掌握无缝线路的特点及规律,熟悉管辖区段无缝线路设备状况及锁定轨温,严格遵守规章的有关规定。

(一)正确掌握钢轨的锁定轨温

锁定轨温是控制温度力的关键,如因各种原因导致锁定轨温偏低,应在适当时机进行应力放散,重新锁定钢轨,使锁定轨温符合设计要求。

(1)正确掌握铺轨时的锁定轨温。施工单位必须严格按《普速修规》规定向工务段移交无缝线路有关竣工资料。

(2)在维修作业时要正确掌握锁定轨温,避免下列情况改变锁定轨温:

①避免在低温条件下拆开长钢轨两端的接头进行作业。

②避免在低温条件下成段松开伸缩区扣件或扒开伸缩区道床。

③低温焊复钢轨时,应在焊复前将钢轨拉伸至原有长度。

④必须在低温条件下换轨时,当气温回升时,在锁定轨温范围内应采取相应措施。

(二)日常维修作业防止胀轨跑道的措施

在无缝线路上进行维修作业时,必须处理好锁定轨温与作业轨温之间的关系,科学合理地安排作业时间和作业项目,严格按照作业轨温条件进行作业,严密监测并掌握轨温变化和钢轨位移情况,发现胀轨迹象及时进行处理。保证作业中轨道状态无异状,作业之后线路状态能够得以改善。经常保持线路设备状态良好,提高设备质量。为此,要求日常维修作业应做好以下工作。

(1)合理安排维修计划。无缝线路地段应根据季节特点、锁定轨温和线路状态,合理安排全年维修计划。

(2)高温季节不应安排影响线路稳定的作业。如必须进行维修作业时,应先放散后作业,并适时重新做好放散和锁定线路工作。临时补修可采取调整作业时段的办法进行。

(3)无缝线路维修作业项目应根据锁定轨温及对道床稳定性的影响程度合理安排,影响道床稳定性的作业项目要安排在4～5月或9～10月,并按锁定轨温的高低合理确定作业时间。6～8月等高温时段禁止进行破坏轨道稳定性的工作,否则,一定要先放散后作业。

①高温季节可安排矫直钢轨硬弯、钢轨打磨、焊补等作业。

②在较低温度下,如需更换钢轨或夹板,可采用拉伸器进行。

③春季(3～5月)和秋季(9～11月)应注意控制影响轨道稳定性较大的作业。进行线路中修(包括机械清筛),破底清筛,成段更换、串动及方正轨枕,高起道,大拨道等破坏道床稳定性

的作业，必须在道砟充足的前提下进行，道砟不足时必须预卸道砟后方可进行抬道和拨道。同时要加强作业管理，作业前认真检查是否符合作业条件，作业中认真测量轨温，作业结束后必须对道床进行夯拍并堆高砟肩。作业时应携带氧气乙炔切割设备，以备处理胀轨跑道之用。最高轨温达到锁定轨温 10 ℃以上进行上述作业时，必须将作业时间调整在早 5～8 时或下午 16～19 时，必要时应先放散后施工，每日施工结束后施工现场要留够巡守和补修人员。

④夏季要以防止胀轨跑道为重点，安排增强线路稳定性的作业，如补充均匀道床、调直硬弯钢轨、焊补钢轨、紧固扣件作业。高温季节临时补修作业必须调整作业时间，在当日轨温较低时进行，并由工班长带班作业，作业后认真组织回检。高温季节处理无缝线路中的高低、水平、轨向等临时补修工作，要避开高温时段。

(4)在无缝线路地段进行大型机械维修作业时，施工负责人必须认真收听当天的天气预报，遇有高温天气应取消施工封锁计划。作业前，作业地段必须做到道砟充足，否则应禁止作业；作业中要安排专人测量轨温；作业后工务段要及时组织力量回填道砟。无缝线路地段的大型机械维修作业，宜安排在 3～5 月或 9～11 月进行。

(5)拧紧扣件使其达到规定扭矩，加强防爬锁定，提高轨道框架刚度。

(6)提高道床横向阻力是增强无缝线路稳定性最有效的措施，为此，必须保证道床饱满、密实、无翻浆冒泥、无坍塌松散现象，堆高砟肩，夯拍道床。

(7)整治方向不良。线路方向不良有小弯对线路的稳定性影响很大。所以，在养护维修中要特别注意保持线路方向顺直，及时矫直硬弯钢轨。

(三)加强方向观测，防止胀轨跑道

多年实践经验表明：胀轨阶段轨道弯曲变形矢度在 12 mm 以内时，虽已具有危及行车安全的苗头，但未必发生跑道。为保证行车安全，必须对轨道矢度实行监控，为此，应做好以下工作：

(1)无缝线路上的局部碎弯尚无碍大局，但连续出现的碎弯极易诱发列车蛇行运动，产生水平共振，引起破坏性后果。因此，要对局部碎弯加强巡检，若碎弯继续扩大，则应设慢行信号，并通知工区处理，直至线路稳定后再恢复正常速度。

(2)作业中发现轨向、高低不良，起道、拨道省力，枕端道砟离缝，必须停止作业，种种迹象表明这些都是胀轨的征兆，如不及时停止作业进行处理，则有可能诱发胀轨跑道。

当发现线路方向不良，用 10 m 弦测量两股钢轨的方向偏差，其平均矢度达 10 mm 时，单股钢轨的方向偏差可能更大，继续扩大已趋危险。在此情况下应设慢行信号，并采取夯实道床、填满枕盒道砟和堆高砟肩等措施。当平均矢度达到 12 mm 时，在轨温不变的情况下，列车通过后线路弯曲变形加速扩大，预示即将发生跑道。此时应立即设置停车信号，及时通知车站，并采取钢轨降温等紧急措施，消除故障后再放行列车。

(四)落实检查制度

各级检查人员在检查中发现线路连续出现碎弯并有胀轨迹象时，必须加强巡查或派专人监视，观测轨温和线路方向变化。若碎弯继续扩大，应通知工区按《普速安规》规定设置慢行信号防护，进行紧急处理，线路稳定后，恢复正常行车。

1. 定期检查

工务段每年结合春、秋设备检查,组织有关人员对长轨节进行一次全面检查,并填写无缝线路调查表。认真分析检查结果,并将春季位移检查结果作为防胀的重要依据。

2. 薄弱地段加密检查

在春、夏期间气温变化幅度较大时,由工务段组织对大中修、低温锁定、缺砟、线路状态不良处所及外单位破坏线路稳定的施工地段进行加密检查。

3. 高温检查

工务段调度、线路工长每天应收听并记录当地气象台站的天气预报,当日最高轨温超过锁定轨温 20 ℃或气温高于 30 ℃时,工长要组织职工携带防护用品在 10～16 时上道,对防胀重点地段进行徒步检查。工务段应由主管副段长组织有关人员添乘检查,发现胀轨迹象立即采取果断措施。

4. 长轨位移观测

工长每月、车间主任每季全面检查并分析长轨位移、缓冲区轨缝变化,同时抽查管内无缝线路扣件及钢轨接头螺栓扭矩。位移超过 10 mm 时要进行分析,固定区累计位移大于 10 mm 时,应及时上报工务段查明原因,采取相应措施。

五、发现胀轨跑道的汇报程序及内容

1. 检查人员向当班调度汇报

各级检查人员(包括防胀巡检人员、道口工、探伤工、现场作业人员、车间干部、工区工长、包保干部、专业干部等)在检查过程中发现胀轨跑道或存在胀轨跑道的危险迹象时,在采取应急措施的同时,必须设法以最快的方式向工务段当班调度汇报。

汇报内容包括:发现胀轨跑道人员的姓名、职务、时间、胀轨跑道发生的区间、里程、轨号、延长米、两股钢轨的最大轨向偏差、防护办法、拦停车次、停车距现场距离、拦停时间、采取的处理方式、开通时间、是否限速、看守人员等。

2. 当班调度向领导汇报

当班调度员接到汇报并做好电话录音后,应立即向段长、主管段长、值班领导和安全生产调度指挥中心主任汇报胀轨跑道概况,请求指示。

六、应急召集办法及携带工具材料

按照主管段长指示,立即启动应急联系电话召集安全生产调度指挥中心主任、技术科长、安全科长、材料科长、综合机修车间主任(负责召集轨道车司机、机具操作人员)、技术科主管工程师、汽车队队长(负责召集汽车司机)、车间主任(负责召集足够的抢险人员)等相关人员迅速集合,带齐抢险用的氧气乙炔设备、发电机、钻孔机、无齿锯、钢卷尺(不短于 30 m)、钻头、无齿锯片、夹板及螺栓、相当尺寸的短轨头、相当数量的白布、水桶等机具材料,以最快速度赶赴现场进行处理。

七、胀轨跑道的处理方法

1. 切断钢轨法(常用)

为了尽快恢复线路,可采取“普通线路拆开钢轨接头,无缝线路切轨”的方法处理。

因线路发生胀轨跑道后钢轨内部温度力巨大，使用锯轨机切钢轨容易卡锯片，为了尽快抢修开通线路，现场常采用氧气乙炔设备切割钢轨，如图 5-3 所示。将发生胀轨跑道的两股钢轨切断，切口位置要选在同一轨枕空的相同位置，稍靠近要放散端一侧轨枕，按计划尺寸丈量钢轨后用锯轨机将两段钢轨锯开，如图 5-3 所示。切断后松开放散端 50 m 范围内的扣件放散应力，然后拨正线路，拧紧前后各 50 m 范围内的扣件。如果轨缝较大，可插入规格相当的短轨头。分别在两股钢轨的轨端用钻孔机或切割设备打出轨孔，安放符合型号的夹板，夯拍道床、填满枕盒道砟并堆高砟肩，限速5 km/h 开通线路，并派专人看守。但必须在 24 h 内按《普速修规》规定对该断缝进行临时处理。条件允许时，应对临时处理后的无缝线路进行应力放散，并进行永久性处理。

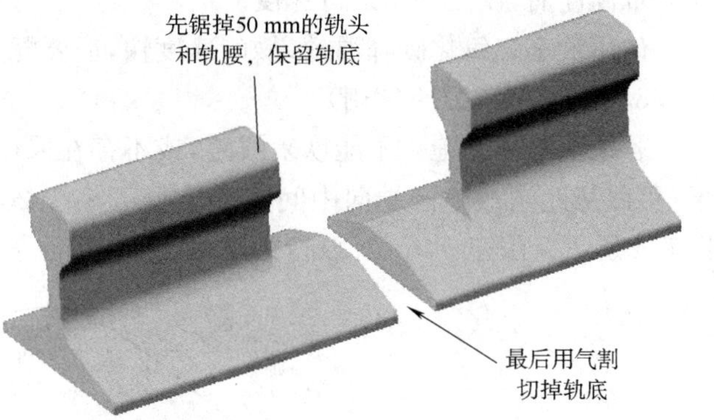

图 5-3　切割钢轨法

综上所述，发现无缝线路胀轨跑道时，要根据线路发展状态及时采取相应的处理措施，见表 5-1。

表 5-1　胀轨跑道的处理办法

<table>
<tr><th colspan="2">轨道特征</th><th>采取措施</th><th>防护办法</th><th>技术处理</th></tr>
<tr><td rowspan="3">方向变化</td><td rowspan="2">中午发现连续 3～5 mm 碎弯</td><td>利用清晨低温进行观察，若无明显变化，属方向不良</td><td></td><td>1. 在低于锁定轨温时拨道；
2. 调换扣件，改正方向</td></tr>
<tr><td>利用清晨低温观察，若碎弯消失或矢度明显减少，则该段有应力峰存在</td><td>加强巡视或派人监视</td><td>1. 调查分析钢轨爬行；
2. 尽快组织人力进行应力放散或应力调整</td></tr>
<tr><td>随轨温升高碎弯矢量扩大</td><td rowspan="3">1. 立即停止作业；
2. 堆填枕盒道砟；
3. 钢轨外侧堆压道砟；
4. 浇水或用液化二氧化碳降温；
5. 轨温下降至低于原锁定轨温后，拨正线路方向，并夯拍道床</td><td rowspan="2">设置慢行信号，监视线路状态变化</td><td rowspan="4">1. 查清线路状况；
2. 判明胀轨跑道的原因；
3. 及时采取防范措施；
4. 进行应力放散或应力调整；
5. 焊联恢复无缝线路</td></tr>
<tr><td>胀轨预兆</td><td>1. 作业中轨向、水平不良；
2. 起道、拨道省力；
3. 方向矢度达 10～12 mm</td></tr>
<tr><td>胀轨</td><td>1. 方向矢度达 12 mm 以上；
2. 轨枕端部道床离缝</td><td rowspan="2">设置停车信号，及时通知车站</td></tr>
<tr><td>跑道</td><td>1. 方向矢度达 24 mm 以上；
2. 列车通过后弯曲矢度突然扩大</td><td>1. 采取钢轨降温措施；
2. 必要时切割钢轨，放散应力后，用夹板连接</td></tr>
</table>

2. 降低轨温法

若发生胀轨跑道地段距离水源位置较近且有足够用水量时，立即用白布、草袋、拖布、冰块、冰棍等一切可降低轨温的材料覆在两股钢轨的轨面上，并连续浇水降低钢轨温度。浇水时，应从胀轨跑道地段两端向中间轻浇慢淋，浇淋长度为跑道范围以外每侧不少于 50～100 m，待轨温降低后进行拨道恢复。拨道时，曲线地段只能上挑，不能下压。拨道恢复后立即夯拍道床，限速 5 km/h 放行列车，并派人看守，待轨温降至接近锁定轨温时，夯拍道床、填满枕盒道砟并堆高砟肩,恢复列车运行速度。

使用液态二氧化碳降温效果好,速度快,但要配置专用设施。

3. 反向曲线法(不常用)

若采取降温措施仍不能恢复线路,或不存在采用降低轨温法的条件时,在地形许可的情况下,可以从跑道故障两端向中间拨成半径不小于 200 m,夹直线不短于 10 m 的反向曲线,如图 5-4 所示。限速 5 km/h 放行列车,并派专人看守。

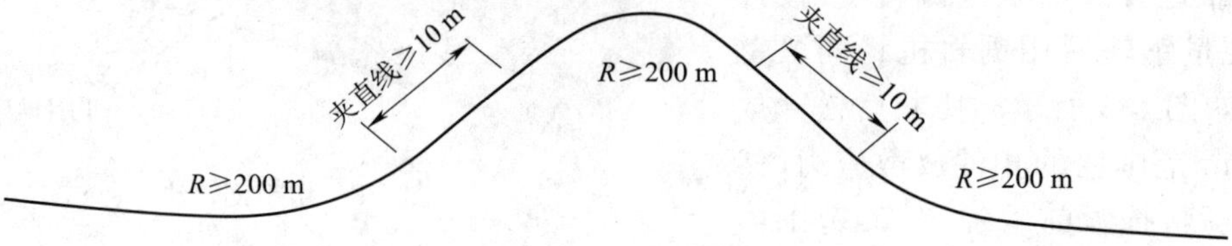

图 5-4　反向曲线法

【训练内容】

1. 浇水降温法(图 5-5)

某工区在作业中发现 K254+256～K255+052 段无缝线路轨向不良,起道、拨道省力,轨端道砟离缝,轨向平均值达 12 mm,说明已经胀轨。

(1)列表说明处理胀轨跑道时需要的机具和材料。

(2)简述处理胀轨跑道的作业过程,有条件时可到线路上进行胀轨跑道演练。

图 5-5　浇水降温法

2. 案例分析

2012 年 5 月 20 日 11 时 20 分,巡道工发现某上行线 K55+200～+400 处轨向为9 mm,随着气温的不断增大,在 12 时 05 分时轨向发展到 15 mm,此时已经发生胀轨。此段线路当天气温在 11 时 20 分高达 32 ℃,轨温达 55 ℃,到 12 时 05 分时轨温达到 60 ℃,高于同期历史最高轨温。锁定轨温符合设计锁定轨温范围,此段线路在半月前进行了边坡清筛,试分析线路发生胀轨跑道的原因。

任务二　钢轨折断的应急处理

【任务描述】

进入冬季,随着气温降低,一方面钢轨冷缩现象加剧,钢轨、辙叉、尖轨和夹板等金属材料脆性增大,伤损甚至折断数量增多。另一方面,钢轨内部拉应力随着轨温降低逐渐增大,特别是跨区间和区间无缝线路,由于轨缝大量减少,加上列车动载荷作用和钢轨焊缝质量的影响,更易发生钢轨折断。因此,冬季防钢轨、夹板和螺栓折断(以下简称“三折”)是工务部门安全管理工作的重中之重。由于钢轨折断多在低温时发生，一般可能拉开 50 mm 左右，严重时可达 100～200 mm，甚至造成破碎性折断，直接危及行车安全。因此，工务部门应以预防为主，超前控制为前提，尽量避免或减少钢轨折断发生，以确保铁路运输畅通无阻。

【学习重点】

1. 钢轨折断的处理程序及要求。
2. 钢轨(含无缝线路缓冲区)折断的应急处理措施。
3. 无缝线路长钢轨(焊缝)折断的应急处理措施及放行列车条件。
4. 站内因钢轨折断出现红光带的检查。
5. 强化低温环境下钢轨“三折”风险的预警与防控意识。

【学习内容】

一、导致钢轨折断的伤损种类及产生原因

(一)轨头核伤

轨头内部存在微小裂纹或缺陷时，在重复动荷载的作用下，小裂纹向四周发展，核伤扩大，削弱了钢轨断面，降低了钢轨抵抗折断的能力，在毫无预兆的情况下，钢轨猝然折断，严重危及行车安全。

1. 发生核伤的主要原因

(1)钢轨材质不良，轨头内部存在白点、气泡、非金属夹杂物等缺陷，这些缺陷在车轮的重复荷载作用下产生应力集中，逐渐发展为疲劳裂纹，即钢轨核伤，如图 5-6 所示。

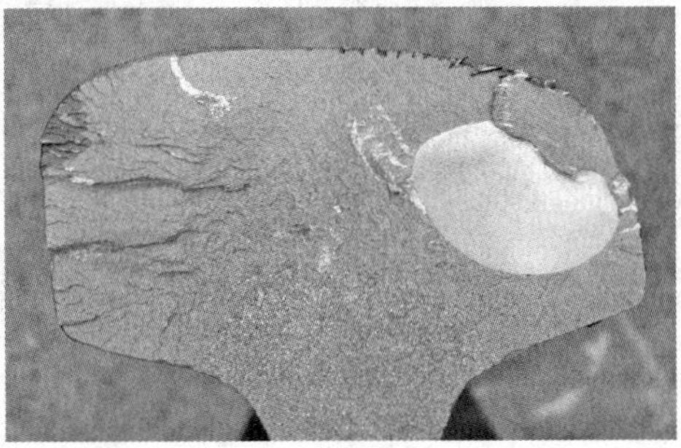

(a) 白核

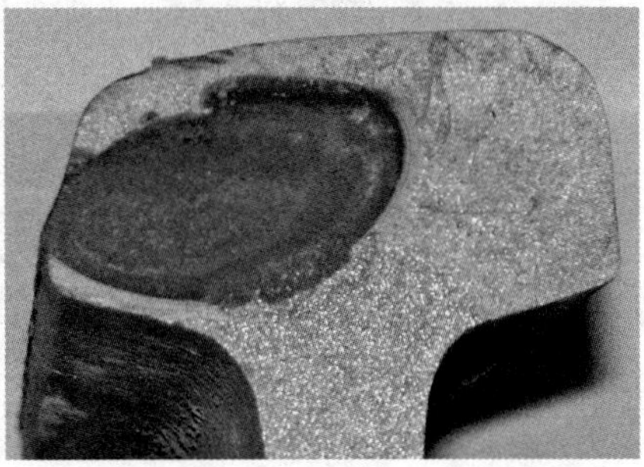

(b) 黑核

图 5-6 轨头核伤

(2)钢轨在日常使用中由于轨面擦伤、剥离掉快、焊补、鱼鳞裂纹及钢轨在装卸、施工、维修中的意外碰伤等原因产生伤损，在外力作用下伤损向轨头内部发展为钢轨核伤，导致钢轨折断，如图 5-7～图 5-9 所示。

2. 易产生核伤的地段和处所

钢轨核伤主要发生在重载铁路、曲线淬火轨外股、疲劳轨、再用轨、调边轨、钢轨小腰和道岔基本轨等受力较大的地段和处所。

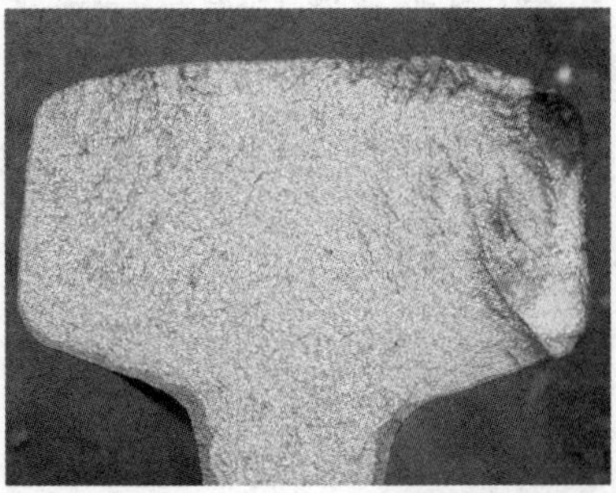
图 5-7　鱼鳞裂纹引起轨头核伤

图 5-8　焊补不良引起轨头核伤

图 5-9　机械划痕引起轨头核伤

从探伤漏检导致钢轨母材断裂的情况分析,曲线地段钢轨倒边及轨面存在鱼鳞伤是罪魁祸首。由于钢轨鱼鳞伤损存在,在进行探伤作业时,其杂波信息较多,伤损波形不易分辨,导致误判率高。工务段对轨面鱼鳞伤没有及时进行钢轨打磨,使得鱼鳞伤继续向轨头内部发展。另外,因曲线普遍进行涂油作业,油脂沿鱼鳞伤渗入钢轨内部,呈现出明显的滚动接触疲劳伤损,从而造成钢轨折断。

(二)钢轨裂纹

1. 钢轨螺栓孔裂纹

钢轨螺栓孔裂纹是在车轮的冲击作用下,沿螺栓孔周边形成的疲劳裂纹,螺栓孔裂纹极易造成钢轨揭盖,引发重大列车颠覆事故。螺栓孔裂纹如图 5-10 和图 5-11 所示。

图 5-10　典型的螺栓孔裂纹

图 5-11　严重的螺栓孔裂纹

螺栓孔裂纹产生的原因:一是接头本身为薄弱处所,应力传递不均匀,易产生应力集中区;二是由于养护维修不到位,存在大轨缝、低接头、空吊板,人工钻孔孔位不正确、不倒棱,螺栓孔周边严重锈蚀等现象,在列车的冲击作用下极易造成螺栓孔裂纹。若探伤检查未能及时发现螺栓孔裂纹或发现后处理不及时,可能导致钢轨折断并发生轨头揭盖,如图 5-12 所示。

2. 钢轨水平裂纹

沿钢轨水平方向与轨面近似平行的裂纹称为钢轨水平裂纹,钢轨水平裂纹一般出现在轨腰和轨头下颚等部位,如图 5-13 和图 5-14 所示。

图 5-12　螺栓孔裂纹导致钢轨折断

图 5-13　钢轨轨腰水平裂纹

图 5-14　铝热焊焊缝水平裂纹

钢轨水平裂纹产生的主要原因是在轨头或轨腰部位存在折叠缺陷，在列车的不断冲击振动下，出现应力集中而形成水平裂纹，裂纹继续发展可能导致钢轨折断。

3. 钢轨纵向裂纹

与轨面垂直的裂纹称为纵向裂纹，如图 5-15 和图 5-16 所示。

图 5-15　轨腰纵向裂纹

图 5-16　轨底纵向裂纹

钢轨纵向裂纹产生的原因是由于制造过程存在严重偏析、缩孔残余、夹层或非金属夹杂物等冶金缺陷，在使用初期便出现纵向垂直裂纹，裂纹发展扩大也可能导致钢轨折断。

(三)焊缝缺陷

因钢轨焊接不良,在焊缝处出现夹渣、夹砂、假焊、裂缝等缺陷,使得焊缝强度降低;或由于焊接时钢轨未放平,造成焊缝附近轨面出现高低不平顺,增加了车轮冲击力,严重时可能导致焊缝处钢轨折断。

1. 铝热焊缝缺陷

铝热焊缝缺陷主要表现为未焊合、气孔、疏松和疲劳裂纹等。前三者属焊接缺陷,后者是在使用过程中因应力集中而形成的疲劳缺陷,如图 5-17～图 5-20 所示。

图 5-17　铝热焊未焊合缺陷

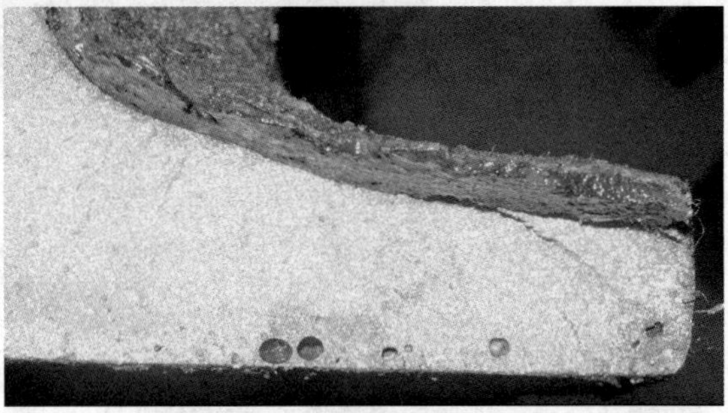

图 5-18　铝热焊气孔缺陷

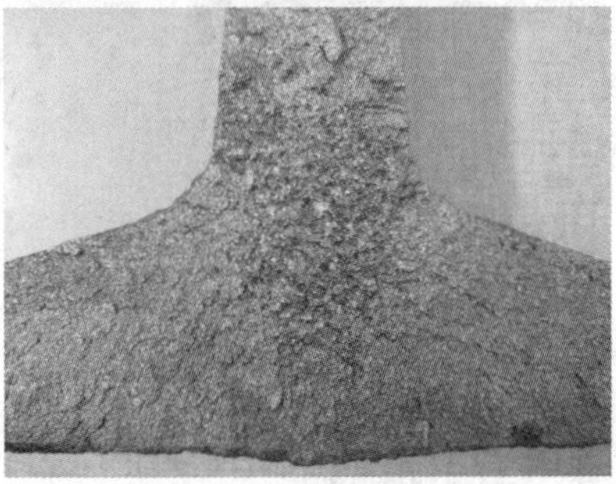

图 5-19　铝热焊轨底三角区大面积疏松缺陷

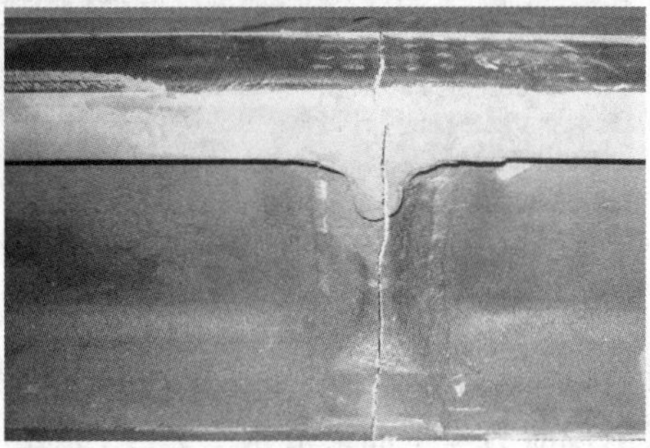

图 5-20　铝热焊裂纹

2. 气压焊缝缺陷

气压焊缝缺陷主要表现为光斑、过烧和疲劳裂纹等。前两者属焊接缺陷,后者是在使用过程中由于应力集中而形成的疲劳缺陷,如图 5-21 和图 5-22 所示。

图 5-21　光斑缺陷

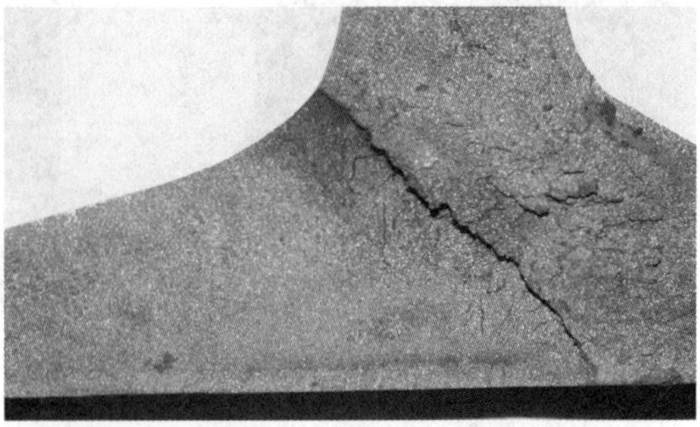

图 5-22　疲劳裂纹

3. 闪光焊缝缺陷

闪光焊缝缺陷主要表现为灰斑、烧伤和疲劳裂纹等。前两者属焊接缺陷，后者是在使用过程中由于应力集中而形成的疲劳缺陷，如图 5-23～图 5-25 所示。

图 5-23　灰斑缺陷

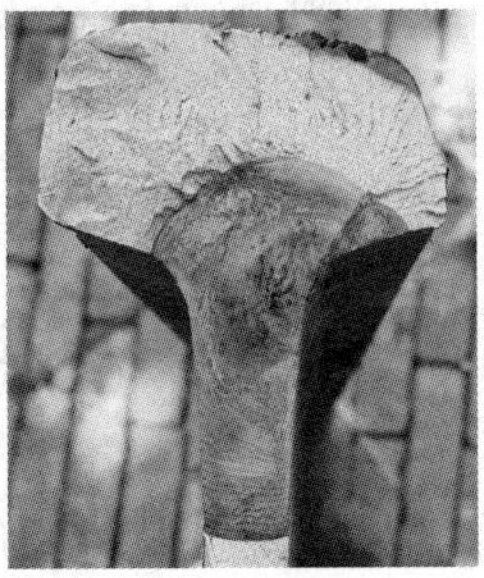

图 5-24　疲劳裂纹

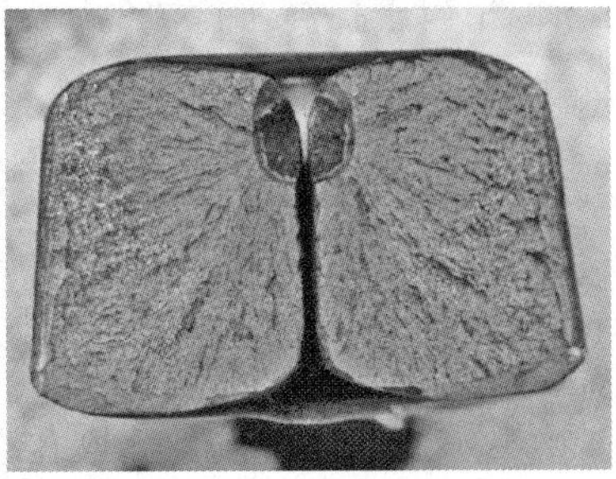

图 5-25　过烧缺陷

4. 焊缝伤损处理不力

探伤发现焊缝伤损后，按照《普速修规》要求，重伤轨必须及时处理，轻伤轨应采取加固措施。但由于焊缝重伤未作永久性处理，采取临时处理后监控不到位，从而导致焊缝折断，如图 5-26 和图 5-27 所示。

图 5-26　焊缝重伤处理不力导致焊缝折断

图 5-27　夹板顶压焊筋引起钢轨折断

（四）无缝线路锁定轨温偏高

铺设无缝线路时锁定轨温高于设计锁定轨温范围，或夏季维修放散了温度应力，在高温情况下锁定线路，到冬季在无缝线路固定区将出现较大的温度拉力，加之车轮的动力作用，极易使钢轨折断。

（五）线路维修质量不良

普速线路普遍存在轨枕失效、空吊板、翻浆冒泥；无缝线路地段扣件扣压力不足、锁定轨温不准；焊缝位于轨枕边缘、焊缝低塌、两端轨枕空吊板；线路存在空吊板、暗坑爬行后轨枕间隔不一致等都可能引起轨道的动力不平顺，列车通过时冲击力加大，从而增加了动弯拉应力，容易发生钢轨折断。

（六）线路爬行超限

因线路爬行，在列车运行的后方固定区内出现附加残余爬行拉力，在车轮动力的作用下，可能导致钢轨折断。

(七)温度拉力过大

冬季轨温低,长轨条承受较大的温度拉力,当作业不当致使某些区段的长轨条产生不正常伸长时,相当于提高了该段的锁定轨温,在冬季该段将承受过大的温度拉力,以致在薄弱处所被拉断。

二、预防钢轨折断的措施

(一)冬季前进行设备整修,从源头上控制钢轨"三折"的发生

1. 综合整治钢轨接头病害

接头病害是钢轨发生螺栓孔裂纹、甩头和夹板折断的主要原因。应充分利用冬季前的有限时间做好接头病害的综合整治,消灭接头翻浆冒泥、钢轨低塌和剥落掉块,对接头进行焊补时焊补长度不得超过第二螺栓孔;消灭接头轨枕失效、大轨缝和夹板裂纹;接头夹板螺栓和扣件要达到"紧、密、靠、正、润"。

2. 加强焊缝及接头养护

根据气温条件有计划的利用天窗修对伤损辙叉进行焊修处理并方正焊接接头位置。对焊缝及附近的线路质量要加强养护,做好胶接绝缘接头的保养,及时处理轨端肥边并加强捣固。强化钢轨焊接和胶接质量,严格执行钢轨焊接和胶接工艺规定及焊后及时探伤的要求,不得简化作业程序。在做好钢轨探伤工作的同时,还要按规定对现场焊接接头焊缝进行全断面探伤,每半年不少于1遍。在无缝线路锁定轨温范围内,对正线扣件和缓冲区接头要全面复拧一遍,使其达到规定标准。

3. 全面调整轨缝、更换擦伤焊补的钢轨及轻、重伤钢轨

要结合秋检调查结果和气温变化情况着力解决大轨缝,能串动的就串动,不能串动的就更换钢轨。对于擦伤后焊补层探伤打不透、接头焊补长度超过第二螺栓孔的钢轨,道岔导曲部分侧磨达到轻伤的钢轨,道岔基本轨垂磨达到轻伤、接头及其他部位压溃严重的钢轨以及探伤外观检查存在严重缺陷和探伤小组认为需要更换的钢轨应进行更换,避免造成钢轨折断。

4. 对临时插入的短轨及接头进行永久处理

利用天窗修,对线路上存在的短轨和无缝线路内扭矩不足的胶接绝缘接头、冻结接头进行永久处理及整修,以消除设备隐患。

5. 对高温锁定的钢轨进行应力放散或应力调整

对在高温季节进行更换钢轨作业及短轨焊复焊接的铝热焊缝锁定轨温超过 24 ℃及以上的地段,必须提报维修天窗进行应力调整。加强线路锁定,防止出现严重的不均匀爬行,导致局部地段锁定轨温偏高。

6. 控制人为因素造成的钢轨折断

对用夹板加固的重伤焊缝,在安装前应进行试装,凡发现夹板与钢轨接触不良时,必须对夹板进行打磨,以保证夹板与钢轨间不产生受力点。

若正线出现螺栓孔孔位不正,或因施工或维修作业导致双环孔时必须整修或更换。

线路维修作业时不得用锤敲击轨底和轨腰,防止造成钢轨外部受损。

（二）对薄弱处所进行检查和整修

（1）夹板的检查与整修。工务部门应结合设备检查安排专人对夹板进行一次全面、细致的检查。对异型接头、绝缘接头夹板进行手工探伤检查。对使用夹板加固的重伤焊缝进行解体检查，线路工区按照探伤计划安排人员对该作业区段的夹板进行拆卸和安装，探伤工区进行手工检查。凡发现钢轨任何部位有裂纹，夹板与钢轨接触不良及螺栓孔孔位不正时，应由探伤工区开具通知单，线路车间组织处理。

（2）对状态不良的钢轨进行重点检查及更换。更换锈蚀严重、擦伤、焊补质量不良及波磨严重的钢轨，整修及更换低接头、接头压溃和掉块的钢轨，更换因电务熔覆堆焊使钢轨表面产生微细裂纹的钢轨。

（3）对异型轨变截面处所进行手工检查，使用手工移动探头检查。

（三）焊缝拉开的原因及预防措施

据统计，无缝线路的钢轨折断几乎都发生在焊缝处及焊缝附近的热影响范围内，因此，只有弄清焊缝拉开的原因，才能有针对性地采取相应的措施，以保证行车安全。

1. 焊缝拉开的原因

（1）焊缝缺陷。

（2）焊缝疲劳，强度及断裂韧性低。

（3）焊缝低凹，加大了列车的冲击，使钢轨受力状态恶化，造成道砟坍塌，轨枕断裂，扣件折损，增加了维修工作量，同时也加速了焊缝的断裂。

（4）锁定轨温偏高和线路爬行均对焊缝断裂产生影响。另外，养护维修不当也对焊缝断裂有影响，如在焊缝附近线路捣固不均匀，存在空吊板、暗坑，爬行后轨枕间距不一致等，造成焊缝受力不均。

2. 预防焊缝断裂的措施

（1）提高焊接质量。

（2）提高设备质量，防止出现暗坑和吊板，及时更换失效轨枕，补充零配件，防止线路爬行。

（3）严格执行焊缝处作业有关规定，起拨道器严禁放在焊缝处。

（4）发现伤损钢轨和有缺陷的焊缝及时整治，打磨焊补不平顺焊缝。

（5）加强位移观测，发现钢轨拉力过大区段时应进行应力放散与调整。

（6）做好探伤工作，及时发现重伤钢轨。

三、钢轨折断的汇报程序及要求

（一）汇报程序

1. 检查人员向当班调度汇报

各级检查人员在检查过程中若发现“三折”，应立即设法以最快的方式向工区或工务段当班调度汇报。

汇报内容有：发现“三折”人员的姓名、职务、时间、“三折”发生的区间、里程、轨号、左右股、折断位置、断缝宽度、防护办法、拦停车次、停车距现场距离、拦停时间、采取的处理方式、开通时间、是否限速、停车时间等。

2. 当班调度向段领导汇报

当班调度接到发现人或工区人员的汇报并做好电话录音后，应立即向工务段段长、主管段长、值班领导和安全生产调度指挥中心主任汇报"三折"概况,请求指示。

3. 段当班调度向工务部汇报

当班调度应根据"三折"的实际情况和处理结果向工务部调度汇报,并进行电话录音。

(二)有关要求

(1)线路工区值班人员在接到通知后,应立即通知相关人员赶赴现场查找钢轨折断处所;并派人员驻站,根据现场钢轨折断情况及时封锁线路。

(2)现场人员应在 10 min 内将钢轨折断发生的时间、位置、线路情况、影响范围和影响列车等简要概况报告工务段调度,工务段调度按规定填写"三折"登记簿,并将基本情况向工务部调度汇报,同时报告工务段主管段长,并通知有关抢修人员立即赶往钢轨折断现场。

(3)发生钢轨折断后,工务段要立即召集抢修人员,抢修队伍必须在 20 min 之内出发,段领导要亲临现场指挥,并服从铁路局集团公司的统一指挥,从大局出发,不得以任何理由妨碍和延误抢修方案的落实。做到尽早修通线路,尽可能缩短时间,以减少对行车的影响。

(4)在钢轨折断处理完毕后,工务段应将钢轨折断原因、线路状况、处理过程等具体情况写出书面材料上报工务部。

(5)工务段要建立干部值班制度并认真抓好落实,保证每天都有干部在段内值班,及时处理各种突发情况;在防断重点时期,要求工务段各所属工区、车间每天 24 小时轮流值班。

四、钢轨折断出现红光带的检查方法

工务段接到轨道红光带的通知后,应对相关区段进行全面检查,在故障真正原因没有查明和处理前,检查人员不得撤离现场或盲目销记,同时,应根据红光带出现的不同位置采取不同的检查方法。

(1)接近区段出现红光带,应检查进站信号机绝缘至预告信号机外方绝缘区段的钢轨是否折断。

(2)站内股道出现红光带,应检查该股道两出发信号机绝缘之间的钢轨是否折断(中间出岔股道除外)。

(3)咽喉道岔区段出现红光带,应检查调车信号机绝缘至所有出发信号机绝缘间的全部线路和道岔,直至找到故障为止。按先正线后站线的原则进行,全部检查完毕并确认无故障时,方可开通进路。

(4)进站信号机内方无岔区段出现红光带,应检查调车信号机绝缘至进站信号机绝缘区段的钢轨是否折断。

(5)双线自动闭塞区段发生红光带时,检查范围为发生红光带的闭塞分区显示红色灯光的信号机至下一架显示绿色灯光信号机之间的轨道区段,如图 5-28 所示。

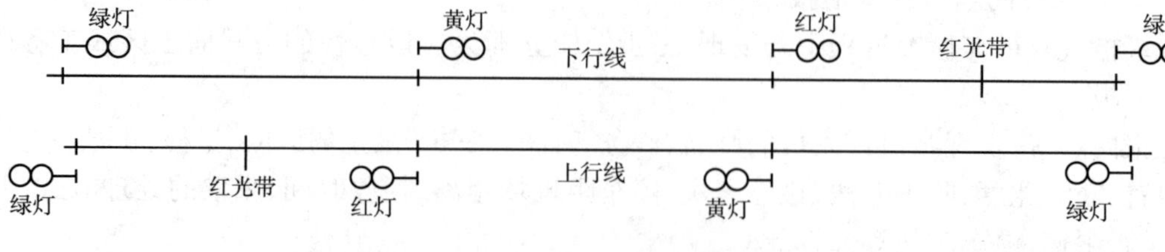

图 5-28　双线自动闭塞区段发生红光带的检查区段

五、钢轨(含焊缝)重伤或折断的处理

(一)线路钢轨(含焊缝)折断处理

线路钢轨(焊缝)折断时,应按《普速安规》第 2.6.2 条的规定设置防护并封锁线路,断轨处理后的行车限制条件:

1. 紧急处理

当钢轨断缝不大于 50 mm 时,应立即进行紧急处理。在断缝处上好夹板或臌包夹板,用急救器固定,在断缝前后各 50 m 拧紧扣件,并派人看守,放行列车速度不得超过 15 km/h。如断缝小于 30 mm 时,放行列车速度不得超过 25 km/h。有条件时应及时在原位焊复,否则应在轨端钻孔,上好夹板或臌包夹板,拧紧接头螺栓,然后可适当提高行车速度。重载铁路钢轨断缝小于 30 mm 时,使用夹板或臌包夹板钻孔加固,至少拧紧 4 个接头螺栓(每端 2 个),放行列车速度不得超过 45 km/h。

2. 临时处理

钢轨折损严重或断缝大于 50 mm,重载铁路钢轨断缝大于等于 30 mm,以及紧急处理后,不能立即焊接修复时,应封锁线路,切除伤损部分,两锯口间插入长度不短于 6 m 的同型钢轨,轨端钻孔,上接头夹板,用 10.9 级螺栓拧紧。在短轨前后各 50 m 范围内,拧紧扣件后,按正常速度放行列车,但不得大于 160 km/h。

临时处理或紧急处理时,应先在断缝两侧轨头非工作边做出标记,标记间距离不小于 8 m,并准确丈量两标记间的距离和轨头非工作边一侧的断缝值,做好记录。

3. 永久处理

对紧急处理或临时处理的处所,应在条件适宜时及时插入长度不短于 7 m 的同型钢轨进行焊复,恢复无缝线路轨道结构。

在线路上焊接时轨温不得低于 0 ℃,否则应采取相应保温措施;放行列车时,焊缝温度应低于 300 ℃。

(二)无缝线路钢轨重伤和折断处理

1. 钢轨重伤处理

发现钢轨重伤时,应立即进行处理。

(1)钢轨核伤和焊缝重伤可加固处理,并在适宜温度及时进行永久处理;在实施永久处理前应加强检查,发现伤损发展时,应按照钢轨折断及时进行紧急处理、临时处理或永久处理。

(2)裂纹和可能引起轨头揭盖的重伤,应按照钢轨折断进行紧急处理、临时处理或永久处理。

(3)其他重伤可采取修理或焊复方法处理,处理前可根据现场实际情况采取限速措施。

2. 钢轨折断处理

发现钢轨折断的处理,按《普速安规》执行。

3. 道岔内钢轨折断紧急处理

发生道岔尖轨、基本轨、心轨或翼轨折断时应立即封锁线路,进行紧急处理。

(1)断缝位于尖轨与基本轨、可动心轨与翼轨密贴段范围外,且能加固时,处理方法和放行列车条件同钢轨折断处理。

(2)断缝位于尖轨与基本轨、可动心轨与翼轨密贴段范围以外不能加固或断缝位于尖轨与

基本轨、可动心轨与翼轨密贴范围内,且直股或曲股之一可单独放行列车时,根据现场实际情况,确认道岔开向,工务紧固,电务确认尖轨及心轨密贴状态,道岔应现场加锁或控制台单锁(具体加锁办法由铁路局集团公司规定),限速放行列车,并派人看守、检查、确认;直股和曲股均不能放行列车时,应进行永久处理。

4. 无缝线路长钢轨(含焊缝)折断处理

(1)紧急处理

当钢轨断缝小于 50 mm 时,应立即进行紧急处理。在断缝处上好夹板,用急救器固定,在断缝前后各 50 m 拧紧扣件,并派人看守,限速 15 km/h 放行列车。如断缝小于30 mm 时,放行列车运行速度不超过25 km/h。有条件时应在原位复焊,否则应在轨端钻孔,上好夹板,拧紧接头螺栓,然后可适当提高行列车运行速度。

(2)临时处理

钢轨折损严重或断缝大于 50 mm 以及紧急处理后不能立即焊接修复时,应封锁线路,切除伤损部分,两锯口间插入长度不短于 6 m 的同型钢轨,轨端钻孔,上接头夹板,用 10.9 级螺栓拧紧。在短轨前后各50 m 范围内拧紧扣件后,按正常速度放行列车,但不得大于 160 km/h。

临时处理或紧急处理时,应先在断缝两侧轨头非工作边做出标记,标记间距离约为 8 m,并准确丈量两标记间的距离和轨头非工作边一侧的断缝值,做好记录。其目的是永久处理时确定钢轨是否恢复了原位,以验证锁定轨温有无变化。

(3)永久处理

对紧急处理或临时处理的处所,应及时插入短轨进行焊复,以恢复无缝线路的轨道结构。在线路上焊接时,气温不应低于 0 ℃,放行列车时,焊缝温度应低于 300 ℃。

①采用移动式接触焊时,插入短轨长度应等于切除钢轨长度加上 2 倍顶锻量。先焊好一端,焊接另一端时,先张拉钢轨,使断缝两侧标记的距离等于原丈量距离减去断缝值加顶锻量后再焊接。

②采用铝热焊时,插入短轨长度等于切除钢轨长度减去 2 倍预留焊缝值。先焊好一端,焊接另一端时,先张拉钢轨,使断缝两侧标记的距离等于原丈量距离减去断缝值后再焊接。

5. 永久处理的具体要求。

(1)永久处理要在接近或略低于实际锁定轨温的条件下进行,以便配合拉伸器使用铝热焊进行处理。

(2)断缝两侧标记间的距离及断口的断缝要量准;采用移动式接触焊时要考虑顶锻量,焊接时对两侧标距要精确控制;采用铝热焊时要考虑预留焊缝,以保证处理后断口两端钢轨能恢复原位,从而保持锁定轨温基本不变。否则应进行应力放散,重新核定锁定轨温,如图 5-29 所示。

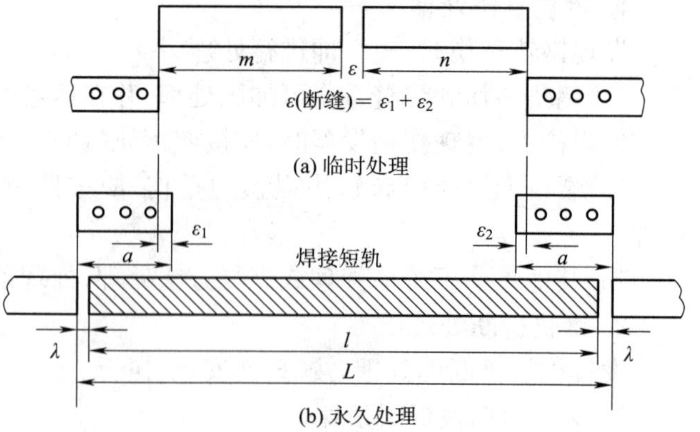

图 5-29　永久处理示意

焊接短轨长度　$l_0=(m+n+2a)-2\lambda$　(5-1)

式中　m,n——紧急处理或临时处理时锯下的两段钢轨长度;

a——长钢轨锯下带螺栓孔部分的一侧长度；

λ——预留轨缝。

(3)在线路上焊接时的轨温不应低于 0 ℃，否则将影响焊接质量。焊缝处轨温应降至 300 ℃以下才能放行列车，否则焊缝在列车荷载作用下，有可能产生永久变形。

(4)锁定轨温是无缝线路的一个重要技术参数，直接关系到无缝线路的稳定，锁定轨温一旦发生变化，在处理上难度较大，尤其是区间或跨区间无缝线路。因此，对钢轨重伤、折断进行永久处理后，应使长轨条能恢复原位，保证锁定轨温基本不变。

(三)夹板折断的应急处理

(1)单侧夹板折断

发现单侧夹板折断时，不拦停列车、不限制列车运行速度，若附近有备用夹板，能立即更换的就立即更换；不能立即更换时，使用"眼镜夹板"并拧紧螺栓，再通知工区组织人员更换。"眼镜夹板"厚度只有 6 mm，使用时，只要松开接头中间螺母，将该夹板贴在断裂的夹板表面，再拧紧螺栓即可。这相当于给折断的夹板打一个"补丁"，"眼镜夹板"及其使用如图 5-30 和图 5-31 所示。

图 5-30　眼镜夹板

图 5-31　眼镜夹板的使用

(2)双侧夹板折断

发现双侧夹板折断时，应立即按《普速安规》规定设好防护，视具体情况采取相应的应急处理措施。

①有备用夹板时及时更换。

②无备用夹板时，可使用"眼镜夹板"或拆卸对股的前后接头，由双折变单折。

③当轨缝小于 30 mm 时，使用扁螺栓或接头螺栓在断缝处穿入折断夹板拧紧，并拧紧断缝前后各 50 m 范围内的扣件，限速 15～25 km/h 放行列车。

④当轨缝为 30～50 mm 时，使用长孔夹板(图 5-32)，插入带底的短轨头并垫入枕木头，接头至少拧紧 4 根螺栓(一端 2 个，另一端及短轨头各 1 个)，视情况限速 15～25 km/h 放行列车。无长孔夹板时，使用普通夹板用急救器加固，插入带底的短轨头并垫入枕木头，一端接头拧紧 2 根螺栓，另一端使用急救器加固，视情况限速 15～25 km/h 放行列车。

图 5-32　长孔夹板

【训练内容】

1. 利用实训基地进行钢轨折断紧急处理演练(图 5-33)。

图 5-33　断轨演练

2. 2011 年 12 月 20 日,平齐线 K562＋102 处发生无缝线路钢轨折断,断缝 32 mm,利用所学知识简述处理方法。

3. 上网查找无缝线路钢轨折断的案例并进行分析,总结钢轨折断的原因。

任务三　线路发生水害的应急处理

【任务描述】

防洪工作是一门管理科学,铁路防洪应以“全员防洪”为指导思想,认真贯彻“预防为主、安全第一、全力抢修、当年复旧”的方针,遵循团结协作和局部利益服从全局利益的原则。通过科学管理降低水害发生的频率,力争将水害造成的损失控制到最低程度。

【学习重点】

1. 常见的水害类型。
2. 发生水害险情时的抢护预案。
3. 系统性风险防控与应急协同能力。

【学习内容】

一、洪水简介

在中低纬度地带,洪水的发生多由降雨形成。降雨形成的洪水可分为两大类,一种是暴洪,具有致命的破坏力;另一种是缓慢上涨的大洪水。大江大河流域面积大,且有河网、湖泊和水库的调蓄,当不同场次的降雨在不同支流所形成的洪峰汇集到干流时,各支流的洪水过程往往相互叠加,组成历时较长、涨落较平缓的洪峰。小河的流域面积和河网的调蓄能力较小,一次降雨就能形成一次涨落迅猛的洪峰。

此外,山区溪沟,由于地面和河床坡降都较陡,降雨后产流、汇流较快,也可形成急剧涨落的洪峰。

二、水害的主要类型

(一)路基水害

路基是轨道的基础,只有保持路基状态完好,才能保证列车安全、平稳和不间断的运行。一旦路基发生水害,必须及时抢修,尽快恢复行车,力争将损失降到最低程度。为此,工务部门必须高度重视路基水害,熟悉因水害引起的常见路基病害类型,掌握其发生和发展规律,有针对性地做好预防工作。现将与水害相关的常见路基病害分述如下。

1. 滑坡

在一定的地质条件下,由于各种自然或人为因素影响,破坏了山体的平衡,致使山坡上的不稳定土体或岩体沿其内部某一软弱面或地带整体向下移动,如图 5-34 所示。

2. 边坡溜坍

受地表水下渗、冲刷影响,使表层土饱和,失去稳定,造成表土或覆盖层沿边坡下滑,如图 5-35 所示。

图 5-34　滑坡

图 5-35　边坡溜坍

3. 基床下沉外挤

因基床土被水侵蚀,逐渐软化,道砟囊越来越深并积水,使基床土饱和,承载力下降,发生剪切滑动或塑性流变,造成路堤边坡膨胀变形,如图 5-36 所示。

4. 路堤冲刷

由于天然河流的演变,尤其是洪水暴涨,河岸和河床受到水流的冲刷作用,使沿河路基或桥头路基局部掏空并逐渐失去稳定,如图 5-37 所示。

图 5-36　基床下沉外挤

图 5-37　路堤冲刷

5. 基床翻浆冒泥

由于排水不畅，基面土质软化或液化成泥浆，在列车振动作用下泥浆挤入道床，降低了道床强度，并伴有轨面高程较频繁的轻微变化。这类水害多发生在路堑地段，因年久失修，有些渗水沟因孔管破碎或被树根阻塞，致使地下水位上升。另外，道床含土量大，因板结造成翻浆冒泥的情况也较多。

6. 路堤决口

因降雨强度大、洪水历时长，桥涵泄洪能力不足或受线路上游水库决堤等因素影响，可能引起桥涵附近及低洼地带的路基被洪水冲毁，造成路堤决口，如图 5-38 所示，中断列车运行，损失极大。

7. 排水不良

由于地面、地下及站场排水设备受损、淤塞等原因，造成排水不畅甚至设备失效，并由此诱发路基病害，如在一些站场及路堑地段，常有水淹道床、水漫钢轨、道床冲空等现象，如图 5-39 所示。

图 5-38　路堤决口

图 5-39　排水不良

8. 崩塌落石

位于高处的局部岩体或土体突然脱离母体，在自重的作用下，向下倾斜、崩落。该类水害多发生在山体陡峭地段，如图 5-40 所示。

9. 泥石流

泥石流是指在山区或其他沟谷深壑地形险峻地区，因暴雨暴雪或其他自然灾害引发的携带有大量泥沙以及石块等固体物质的特殊洪流。泥石流具有突然性、流速快、流量大、物质容量大和破坏力强等特点。发生泥石流常常会冲毁公路和铁路等交通设施甚至村镇，造成巨大损失，如图 5-41 所示。

图 5-40　崩塌落石

图 5-41　泥石流

（二）轨道水害

1. 水淹道床

洪水不仅漫过整个路基，并且淹没道床，如图 5-42 所示。

2. 水漫钢轨

洪水已浸到钢轨底部以上，甚至淹没轨面，如图 5-43 所示。

图 5-42　水淹道床

图 5-43　水漫钢轨

3. 冲空道床

因洪水流速大，将道床内的道砟冲走导致轨枕悬空，路基局部受损，对行车威胁极大。这种情况多发生在孔径不足的小桥涵附近，道口、大坡度和低路堤地段，如图 5-44 所示。

4. 泥流满道

由于雨水或洪水携带的大量泥沙滞留在线路上，造成泥流满道，降低了轨道强度和稳定性，直接影响行车安全，如图 5-45 所示。

图 5-44　冲空道床

图 5-45　泥流满道

（三）桥隧水害

1. 洪水淹没甚至冲毁桥梁

在持续较长的时间内，因洪水上涨，导致水位不断升高，超过警戒水位，甚至超过梁底，淹没桥梁，其原因多为桥梁孔径不足或桥孔阻塞所致。因洪水泛滥冲刷桥梁，造成梁体和墩台倾斜，发生位移，甚至倒塌。损失极其严重，修复困难，如图 5-46 所示。

2. 桥梁墩台基础冲刷

因受洪水冲刷,造成桥梁墩台基础全部暴露或基底局部冲空,但尚未达到冲毁的程度。主要原因是桥梁上下游挖砂、取土,造成河床下切,如图 5-47 所示。

图 5-46　冲毁桥梁

图 5-47　桥梁墩台基础冲刷

3. 冲毁桥涵附属设备和河调建筑物

洪水将桥头护锥、涵端翼墙、桥涵下河床、水槽铺砌等桥涵附属设备冲毁,如图 5-48 所示。因洪水泛滥、冲刷、淤积以至河道变迁造成护岸、导流堤、丁坝等河调建筑物毁坏,如图 5-49 所示。

图 5-48　冲毁桥梁附属设备

图 5-49　冲毁河调建筑物

4. 冲毁涵洞

洪水将涵洞主体结构全部或局部冲坏,如图 5-50 所示。

5. 涵洞淤塞、桥孔阻塞

洪水携带的固体漂浮物堵塞河道,造成水流淤积,严重影响了涵洞的正常排洪能力,如图 5-51 所示。引洪时漂浮物以及流放的竹(木)排筏、木材等堵塞桥孔,造成桥前壅水,冲撞墩台、梁部等桥梁主体结构,直接危及行车安全。

6. 损毁隧道附属设备

因暴雨引发山洪,造成隧道洞门建筑物和边坡、仰坡的天沟及铺砌等损毁严重。

图 5-50　冲毁涵洞

图 5-51　涵洞淤塞

三、水害发生后需要进行测量的内容

1. 滑坡

钢轨向左(右)横移的尺寸,隆起或下沉的尺寸,轨道几何形位,路堑滑动面长度、宽度、高度及裂缝长度、宽度,路堤滑动面长度、宽度、高度。

2. 边坡溜坍

对于路堤:滑坍土体距路肩顶面的距离,长、宽、深度尺寸,大约体积,滑坍边缘距左(右)外轨及路肩边或线路中心的距离。对于路堑:滑坍土石的长、宽、高尺寸,大约体积,堆积到线路的距离,距左(右)外轨或侧沟的距离,是否侵限,漫过线路的尺寸。

3. 崩塌落石

落石位置[距左(右)股钢轨外侧及路肩边或线路中心的距离]、落石数量(块数、最大块尺寸)、坍落土石方量,破坏轨枕、钢轨的数量及严重程度。

4. 基床下沉

产生原因,距左(右)股钢轨外侧及路肩边缘或线路中心的距离,长、宽、深度,钢轨下沉情况及轨道几何形位。

5. 基床翻浆冒泥

左右股,长度、宽度,钢轨下沉情况及轨道几何形位。

6. 路堤冲刷

河道水位、距路肩的距离,滑坍土体距路肩顶面的距离,长、宽、深度尺寸,大约体积,距左(右)外轨及路肩边缘或线路中心的距离。

7. 排水不良

线路两侧积水长、宽、深度,钢轨下沉情况及轨道几何形位。站场内的股道、道岔积水数量、积水深度、影响轨道电路情况。

8. 泥石流

地形地貌,上下游沟谷长度,顶宽、底宽,上下游沟谷的大致坡度,土石淤积数量(长、宽、高),桥涵淤积情况,涌上线路情况,是否侵限,土石的最大粒径。

9. 水淹道床

水流方向(自左向右还是自右向左,流向起点还是终点)、大约流速,距离轨面下的高度,洪水来源,上涨和消退时间,污染线路情况。

10. 水漫钢轨

超过轨面的深度和高度,水流方向和流速,洪水来源、上涨和消退时间。

11. 冲空道床

钢轨下沉情况及轨道几何形位,道床冲空情况,洪水超过轨面的高度,水流方向,大约流速,洪水来源、上涨和消退时间。

12. 泥流满道

洪水超过轨面深度或距离轨面的高度,道床污染情况。

13. 冲毁路堤

冲毁路堤的长、宽、高尺寸,距线路中心距离,轨道悬空后距地面的高度与长度,钢轨下沉情况及轨道几何形位,轨道毁坏情况。

14. 冲毁桥梁

洪水位,桥上高低、轨向,两梁间游间和人行道栏杆变化,墩台倾斜、下沉及落梁情况。

15. 冲毁涵洞

钢轨下沉情况及轨道几何形位,涵洞两侧路基冲空长、宽、深度,管节或盖板变形损坏情况,洪水距轨面高度。

16. 冲毁桥涵附属设备

洪水距轨面或路肩面的高度。

(1)护底:上、下游冲坏的长、宽、深度,毁坏边缘距端墙距离。

(2)翼墙:上、下游左右侧冲坏的长、宽、高度,折断尺寸或倾斜角度,路基毁坏程度。

(3)护锥:上、下游左右侧冲坏的长、宽、高度,路基毁坏程度。

(4)急流槽:上、下游左右侧冲坏的长、宽、高度。

17. 冲毁河调建筑物

洪水距轨面或梁底高度,冲毁河调建筑物如丁坝、导流堤、护岸等的形状,长度与高度,河调建筑物材质,所在位置(上下游、左右侧)。

18. 冲毁隧道附属设备

洪水距轨面高度,冲毁设备的名称、形状、长度与高度、数量,所在位置。

19. 桥梁墩台基础冲刷

洪水位高度(观看水尺标),水流在桥墩附近产生旋涡情况,局部冲刷后河底距承台或基底距离(是否露出扩大基础或承台,露出高度),必要时用测绳进行测量。

20. 水淹桥梁

洪水位高度,距梁底或超过梁底的距离,大约流速。

21. 桥孔阻塞

洪水位高度,距梁底或超过梁底的距离,流速。阻塞物体的名称、尺寸、数量。

22. 涵洞淤塞

路基高度,洪水位高度,淤塞物质是泥砂还是土石,距涵顶或轨面的距离,淤塞物的数量,是否漫过轨面影响行车。

四、水害抢修的安全措施

当线桥设备发生水害后，为了尽早恢复通车，需要各部门通力配合并投入大量的人力和物力，时间紧、任务重，各部门必须高度重视抢修时的安全工作，严格执行《普速安规》，视具体情况制定切实可行的安全措施，并在汛前组织职工学习。抢修水害前，施工负责人要根据水害现况向全体抢修人员（包括临时工）讲解安全注意事项，以保证行车和人身安全。

（1）整理水害现场线路两侧的料具，码放稳固，不得侵入限界。

（2）向路基决口等水害处所运送路料时，尽可能采用推送方式。施工负责人应与机车乘务员和调车人员加强联系，随时掌握列车运行速度和准确停车地点，避免因位置不准而增加搬运工作量。

（3）当发现山上有危石、危土即将坍落时，为保证行车安全，应限制列车运行速度。当发现山上裂缝变化速度加快时，应立即采取果断措施，封锁区间进行处理。抢险完毕开通线路前，轨道几何形位应达到表 5-2 的标准，必要时要进行钢轨探伤工作。

表 5-2　列车限速运行时线路静态几何尺寸参考

检查项目		列车限行速度/(km/h)			
		45	80	120	160
轨距/mm		+19，−9	+16，−8	+14，−7	+8，−6
水平/mm		20	17	14	10
高低/mm		22	19	15	11
轨向(直线)/mm		18	15	12	9
三角坑	缓和曲线/mm	9	8	7	5
	直线与圆曲线/mm	15	13	11	6

（4）进行水害检查或抢险的人员必须注意工作地点的稳固和自身安全，特别是在攀登脚手架或被水冲坏的设备和地点上作业时，要防止跌落和落水。

（5）卸路料时，严禁作业人员跳车、钻车、扒车和由车底下、车钩上传递工具材料。休息时不准坐在钢轨、轨枕端部及道床边坡上。绕行停留车辆时，其距离应不小于 5 m，并注意车辆动态和邻线来车。卸车完毕关闭车门时，应确认车门下没有站立人员，并呼唤后方可关闭车门，确认没有侵限料具时方可通知司机开车。

（6）抢修时如遇雷雨，不得站在空旷高地或大树下避雨，也不得靠近孤立的建筑物（如电杆、烟囱）等。在江河中施工的人员要及时离开，免遭雷击和被洪水冲走。

五、主要水害险情抢护预案

（一）山体滑坡抢护预案

产生滑坡的因素有地形、地质、水文、人为活动等，其中水文和地质是控制滑坡发生和发展的重要条件，而降雨强度和持续时间又是诱发滑坡的主要因素。连续长时间降雨往往引发大型滑坡，而滑坡具体发生的时间则不一定在降雨期间，有时却发生在雨季之后。对滑坡的临险抢护应建立在正常养护的基础上，主要采取以下措施加以防治。

（1）在滑坡体出现变形后，往往会破坏原有的地表截水和排水系统，此时应及时填充缝隙，整修已被破坏的设施,并根据滑坡体的发展,新增或加长防破坏设施。

(2)加强对原有滑坡体的观测工作,如滑移进程等,在此基础上增加观测点和观测次数,及时掌握其变形迹象和发展规律,以便及时采取有效措施加以防治。

(3)对可能出现险情的滑坡地段,设看守点派专人看守监视,配备与车站联系的电话和无线对讲机,一旦发生影响行车安全的险情,能够及时拦停列车,保证行车安全。

(二)崩塌(塌方)落石抢护预案

铁路穿越山区,汛期山坡与路堑可能发生崩塌(塌方)落石灾害,尤其是在地质不良地段,每到雨季,由于雨水冲刷、渗透诱发的山体崩塌(塌方)落石现象时有发生,不仅破坏线桥设备,阻塞线路,严重时可能造成列车脱线、颠覆事故,危害极大。因此,除有赖于各种防护建筑物保障行车安全外,临险抢护必不可少,有时甚至起到关键作用。

1. 加强检查和监视

(1)在汛前防洪检查中发现危石应安排预抢,及时清除或用浆砌片石护砌,或采取其他措施进行防护。凡不能确保行车安全的地段,应设看守点,派专人定时巡查和监视。

(2)对危石进行编号登记,建立台账,设置观测标志,定时检查其变化情况,判断有可能发生险情时应及时清除,必要时可限制列车运行速度或一停再开或临时封锁线路,报告有关负责人,商定放行列车的条件和办法。

(3)充分利用科学的防洪手段,如利用雨量计、塌方落石自动报警装置等进行监控。

2. 抢修预案

清除塌方一般以能够通车为前提,必要时可先限速通车,然后彻底清理。各种类型的崩塌落石多半是因水的破坏作用引起,因此,在抢修中处理水源是前提。凡发现有堵截、淹溢、渗流等情况时,应加快抢修进度,巩固抢修效果。

(1)当塌方数量较大,短时间难以清除时,若地形条件许可,可采用拨道或铺便线维持通车,然后再清除塌方,恢复正线。

(2)为了提前抢通,可先按机车车辆限界清理坍方,通车后再扩大清理范围,并清除路肩、水沟。注意:通车前要将山坡上可能坍塌的危石、危土清除,防止遇降雨再次坍塌。

(3)长大路堑地段除从两端清理外,宜尽量增加出土口,对塌方量特大的水害应尽快调集大型土石工程机械进场施工,一般 2 台装载机配合 1 台挖掘机作业,提高施工效率,以缩短抢修时间。采用推土机施工时要将道心与轨枕端部用木枕垫平,以防推动线路。

(4)坍体中若有大石块,可采用放明炮的方法爆破清除,即将黄色炸药放在石块上,安上雷管引线,外面严密覆盖黏泥,用手拍实,点火引爆。按经验每 1 m^3 石块需要 1 kg 炸药。有条件可用内燃凿岩机凿眼装药放炮效果更佳。若地形许可,可用起重机械将石块吊出限界以外,通车后再清除。

(三)路堤决口抢护预案

预案一:搭简易枕木垛,推车卸料填补决口。

当路基决口深达 3～4 m 时,先在决口处投石垒草袋做基础,然后在基础上搭简易枕木垛,一般每层 3 根枕木即可,其中心距不超过 10 m。然后将悬空的线路支承起来,将线路轨枕与枕木垛连接牢固后,在线路上做扣轨吊梁(吊轨梁),用轨道车或人力将装料的台车或车皮推向决口处卸料,迅速填补决口。当填料接触到线路底部时应卸道砟抬道,尽量抽出上部枕木垛,捣固后即可试运通车。

预案二:利用木筏投石。

当路基被冲决口长度在 10 m 以上,坑深在 8 m 以上,无法打桩,水面流速在 0.5 m/s 以下时,为了加快抢修,可利用船筏投片石堵塞。有船只的地区可利用船只,无船只时可利用桩木、电杆木、枕木等制成木筏往返运料投石,亦可用两只木筏分设在线路两旁,用铁线系牢在钢轨上,用长木筏或船筏配合置于线路决口位置,用钢丝绳固定成浮桥,在上面投石抢险。流速超过 0.5 m/s 或有大风浪时不宜采用此方法。

预案三:用木船在水上打桩

当路基被冲断几十米以上,水深在 10 m 以上,水面流速为 1～2 m/s 且水流退落较慢时,可用木船在水上打桩组成脚手架用的基础或排架墩,以增加抢修面,加快抢修进度。其方法是将两只木船用半圆木联为一体,半圆木上铺脚手板,板上组立桩架。两船的船头用拉绳拴在固定桩上,打桩时应尽可能一次打到位,以免重打。要求半圆木的位置不应妨碍桩位。两船间距应尽可能大,以加大移动桩架的范围,减少木船的移动次数。

预案四:修筑临时性便桥。

当路基冲决较深、较长,桥头路基冲决后尚有流水不能填筑,原桥孔径不足或位置不当需要增建或扩孔时,应修筑临时性便桥。临时性便桥视冲刷和地质情况采用桩基础或片石基础,应防止再次冲毁并满足行车要求。

预案五:向决口处抛投车体。

当路基冲决深,水流湍急且不能抛石填筑时,为尽快开通线路,可将旧敞车装满块石,用机车推进的方法将整个车体抛投至决口处,逐渐填堵缺口。但汛后需要将车皮取出。

(四)路堤边坡溜坍抢护预案

路堤坡脚被洪水冲刷或路堤边坡因降水后强度下降,不能维持自身平衡而发生边坡溜坍是常见的水害现象,应视具体情况采用以下抢护预案:

(1)在半填半挖地段或一侧溜坍而另一侧路肩较宽时,可进行拨道作业并限速通车,然后组织力量修复路基。

(2)当一侧边坡溜坍至道床以内且路基下面有积水时,可采用抛石填筑的方法。抛出水面后,上部也可继续抛石填筑,或用草袋及塑料编织袋装土堆筑,亦可卸河砂或炉渣等透水材料填筑。

根据坍塌体积计算所需草袋或编织袋的数量,每 1 m^3 坍塌体积需草袋 25～30 条或塑料编织袋 20 条。为了垒筑便利和牢靠,一般只装半袋土。

(3)当土质路堤的路肩裂缝下错,但尚不会马上坍塌时,可在边坡上打入木桩或钢轨桩稳定坍体。桩进入滑坍面以下稳定土体的长度以大于桩总长一半为宜。为了增强抗滑力,桩顶可用连杆纵横联结起来。

(五)路堤渗水抢护预案

1. 原因分析

路堤渗漏现象有两种:一种是散浸,发生时一般是背水坡下部土先行潮湿,颜色变深、发软,继之则普遍渗水、漏水,严重时形成脱坡;另一种是漏洞(管涌),发生在背水坡下部,严重时堤身沉陷甚至溃决。产生渗漏的原因主要是由于一侧浸水,堤身所承受的水压力水平分力及土中水的渗透压力随着水位的升高而增大;其次是堤身土质不良、渗漏率大或断面单薄、边坡较陡、浸润线在背水坡坡脚以上、堤身有隐患、新旧堤衔接处及堤身修筑在池沼地带或河边等,不能抵御上述水压力的作用。

2. 基本原则

抢护的基本原则是"临河隔水,背河导渗",即临河用透水性小的材质加以封堵防护,以减少渗到堤身的水;背河用透水性大的材质作反滤层,把已渗入堤身内的水滤清后排出,以降低浸润线,稳定堤身。

3. 抢护预案

预案一:迎水面帮土。

在迎水坡面用黏土或麻袋装土(因草袋孔隙大易渗漏,不宜使用)进行帮土和码砌,一般情况下,长度最少要超出渗水地段两端各 5 m,高度要高出水面 0.5 m 以上,底部覆盖到路堤坡脚。此法适用于水位较低、流速不大的地段。

预案二:反滤层护道。

在背水坡脚用装有炉渣或砂子的草袋或麻袋作垫层,上面压块石或碎石做反滤层护道,滤出清水,降低浸润线,保持堤身的稳定。

预案三:脱坡抢护。

在路堤脱坡地段,先分段挖除已滑动的松湿泥土,再从地面起用草袋装透水性强的砂土,往上逐层排砌(坡率应小于 1∶1.5),一直砌到脱坡面以上 0.25 m。砂袋厚度应在 1 m 以上,除起导渗作用外,还起稳定堤身的作用。在情况较为严重时,可用炉渣装草袋(亦可不装草袋,就地卸下,速度更快)作垫层,干砌片石作护脚,然后以砂土草袋回填脱坡。

预案四:抢堵漏洞。

(1)发现堤身有漏洞,应立即派熟悉水性的人或潜水员到水下寻找漏洞的进出口,先用麻袋或棉被等堵塞漏洞,再抛填装土的麻袋或草袋压住漏洞。水下检查人员要使用安全绳或备好的梯子绳索等,便于扶持和安全返回,特别注意防止被漏洞吸入。

(2)如上下游水位相差悬殊,可先用麻袋装土在上游修筑围堰,围住漏口,然后抽水降低围堰内的水位,用麻袋装土填塞漏洞。如漏洞大,须将路基挖开,分层回填夯实,待恢复原状后再封填围堰。

(3)修筑围堰。在临水面若找不到漏洞进水口,或因水深流急难以封堵时,可在背水面出水口的周围用黏土或用草袋装土筑成不漏水的围堰,高度应高出临水面水位约 0.25 m,将漏出的水在围堰内蓄养升高至内外水位平衡,使漏洞不再发展。但此法因养水而提高了浸润线,从而增大了渗透压力。若堤身土壤填筑不良,会出现新的渗漏、脱坡或漏洞,故应高度予以注意。

(六)水浸线路抢护预案

预案一:加高上游路肩,防止水漫路基。

如洪水上涨缓慢,或根据水位预报有充分时间修筑子埝时,应先在上游筑好子埝,防止过水,按预计的洪水持续时间、子埝高度、当地材料供应、风浪侵袭等情况选定子埝类型,并抢时间做好下游防护或进行抬道抬桥,做到"水涨路高",保证不中断行车。

(1)若持续时间较长、子埝高且风浪侵袭严重时,可在上游路肩用块石筑成临时防水墙,顶面高出预计洪水位 20～30 cm。为防止渗水,在石墙内侧以草袋或麻袋装黏土纵横交错作成副墙,袋与袋间缝隙必须压紧,在石墙顶铺 1～2 层草袋,并伸出墙 10～20 cm,以削弱浪花的侵袭。

(2)如果洪水来势很急,持续时间较短,可先加高上游路肩,防止路基过水,并制作柳把子埝、柳枕子埝、单层木板子埝或双层木板子埝。

(3)在一般情况下,风浪平静,子埝高在 0.3 m 左右时,可直接用黏土夯填,黏土顶宽 0.3 m,内、外坡均为 1∶1.5。

(4)如有风浪,埝高约 0.5 m,路肩较窄时,可用草袋或麻袋装黏土纵横交错码砌,内坡约 1∶1,外坡可陡于 1∶0.3,袋与袋间必须压密踩紧,防止缝隙渗水。

预案二:用苇席、草袋防护道床及路基坡面,将水引过路基。

水漫轨面前,用草袋防护下游道床,铺上苇席,用铁线将苇席捆绑在轨枕上,下端用草袋装土覆压或用木橛钉牢,把水从苇席上引过路基,防止道床冲失及路基决口。苇席长度不足时,可搭接使用,搭接长度不小于 0.5 m。如果没有苇席,可用草袋代替。

预案三:通过道床设排水槽引水通过路基。

当线路一侧涨水或侧沟水已满即将漫过线路时,可通过道床由下游向上游设置木制排水槽,将水引过路基排至下游,并须在入水口及下游坡面做好防护,防止水由道床中串流冲刷下游路基。如木制排水槽设置数量较多或轨枕间隔扩大时,列车应慢行通过。如果洪水来得急退得快,临时应急也可用草袋、彩条布、苇席等代替木板做成排水槽。

预案四:路堑两侧用草袋压护道床。

当路堑地段或靠近路堑处道床受纵向冲刷时,可用装有石砟或砂子的草袋覆压道床两侧。如道床有冲失时,应立即补足,经捣固后列车限速运行。

(七)线路抬道和桥梁抬高抢护预案

如线路处于江河沿岸或湖滨地区,一旦洪水泛滥,路基两侧同时涨水,洪水超过轨顶高程,高水位虽持续时间较长,但洪水上涨缓慢,流速低,路基上下游水位相差很小,当路基土质好且有适当的护坡设备时,可采用抬道或抬桥的办法保证行车。

1. 线路抬道预案

抬道高度首先应该根据地方水利部门预测的最高水位和洪水位上涨速度确定。但是,由于抬高量愈大,安全性愈低,耗费的工料也愈多,因此,抬道高程应保证在最高洪水位时列车能安全通过即可。抬道断面按路基宽度和抬道高度确定,可参考表 5-3。

表 5-3　抬道断面

路基宽度/m	抬道高度/m	断面组成
5.5	0.3 以下	石砟抬道
	0.3～0.4	离路基边缘 0.2 m 处砌筑高 0.4 m×宽 0.6 m 片石挡墙,中间用石砟抬道
	0.4～0.65	两侧砌片石墙后,上加一层碎石麻包,再用石砟抬道
	0.65～0.9	两侧砌片石墙后,上加二层碎石麻包,再用石砟抬道
	0.9～1.1	两侧砌片石墙后,上加三层碎石麻包,再用石砟抬道
6.0	0.3 以下	石砟抬道
	0.3～0.6	两侧砌片石挡墙(0.4 m×0.6 m),中间用石砟抬道
	0.6～0.8	两侧砌片石墙后,上加一层碎石麻包,再用石砟抬道
	0.8～1.1	两侧砌片石墙后,上加二层碎石麻包,再用石砟抬道
	1.1～1.3	两侧砌片石墙后,上加三层碎石麻包,再用石砟抬道

2. 桥梁抬高预案

在洪水上涨慢且流速低的情况下,路堤可采用抬道方案时,桥梁也相应抬高。抬高桥梁分为抬高桥面和抬高梁体。无论抬高桥面还是抬高梁体,制定预案时,均应考虑水位、抬高量、材料机具供应及施工条件等因素。

(1)抬高桥面

在原桥面上用木料或钢料把桥面抬高。

① 在原桥面上按抬高量分别加上一层或数层桥枕、枕木或方木将桥面抬高。

② 在原桥面上架设扣轨梁或钢梁将桥面抬高,即桥上架桥。

抬高桥面前,应检算加高用料对荷载的影响,梁及其以上部分因阻水而受到的水流侧压力对稳定性的影响。钢梁在水流冲击力作用下易产生位移,故应加强梁与墩台的联结。

(2)抬高梁体

在原钢梁支座下用临时钢轨支座或其他支座把梁体抬高。

(八)防止桥涵冲毁的抢护预案

预案一:抛投片石及石笼抢护河床。

抛投片石及石笼是目前广泛使用的防护办法。如流速超过 3 m/s,应使用直径 30 cm 以上的石块或石笼进行加固。但不宜投得过多,以免减少排洪断面,加剧对其他桥墩的冲刷。抛石尽量向上游抛,借水力冲到适当位置。在流速大、冲刷深的地方抛投石笼,石笼空隙要用投石堵塞。在流速大、冲刷浅的地方则抛投片石。施工方法根据具体情况和条件决定,但应尽可能用船只在水面抛投,这样容易准确控制位置。如条件不容许,亦可将片石车送至桥上向下抛投,但最好采用石笼架抛投,以防伤及桥梁。

预案二:护锥冲刷的抢护。

桥头护锥冲毁将直接影响桥头路基的稳定,使之发生坍陷,危及行车安全,如继续发展,也可能将路基和桥台冲毁,故护锥如有毁损,应立即加固。一般加固方法如下:

(1)投下片石或石砟袋作基础,再在上面码砌装土草袋或编织袋做成临时护锥,以保护桥头路基。当流速较大时,可沿锥体坡面滚铺石笼作基础。

(2)坠石挂树枝,减缓锥体附近流速,防止冲刷。

(3)土中含水量少时,可在桥头路基旁打木桩防护。

(4)在桥头扣轨或吊轨,作为上述抢修办法的辅助措施,以确保行车安全,必要时还应限制列车运行速度。

预案三:加载压梁。

当发生洪水时,大量漂浮物堵塞桥孔,围绕墩身越积越多,短时难以排除,梁和墩身遭受强大的额外侧压力。随着洪水位的上涨,梁体被淹阻水,流速大时梁和墩身受到强大的水平推力。在明桥面上洪水位超过轨面,桥枕被淹,由于浮力作用,降低了垂直压力,上述情况均对梁体的稳定极为不利。如桥梁本身有病害或在薄弱处所不能抵御时,梁体、墩身都有可能被冲毁。对此,如无其他有效办法时,可临时封锁线路,用装载片石的重车上桥加压梁,以保持桥梁的稳定,待上述威胁解除后再将重车撤回,开通线路。但桥梁基础为浅基时不采用此方法。

预案四:破堤保桥。

遇有特大洪水或大型水库溃堤决口,铁路桥梁将有可能被冲毁,而桥梁(尤其是主要干线上的大中桥)一旦被冲毁,短期难以修复通车,对铁路运输影响极大。此时,可考虑在上游破开堤坝漫溢，降低水位，在分洪和滞洪的作用下减轻洪水对桥梁的威胁。但破开堤坝前，必须与当地政府共同协商，并上报国家防汛抗旱总指挥部，经批准后方能实施。

同样，受铁路路堤阻挡，当上游洪水漫溢时，桥梁也有被冲毁的可能。因桥梁抢修远较路基抢修困难，且所需时日较长，因此可在桥两端泛滥区的适当地段破开路堤分洪，以保证桥梁不被冲毁。

无论是破开堤坝还是铁路路堤，缺口均会迅速扩大，并将下游冲成深坑，修复十分困难，甚至不亚于对桥梁的抢修。因此，应在雨季来临之前拟定破堤措施预案。一旦险情发生，可按预案组织实施。

（九）漂浮物堵塞桥涵抢护预案

随洪水冲来的漂浮物及流放的木排等会堵塞桥孔，冲撞墩台，有时因壅水而冲撞梁体，必须立即消除，否则漂浮物将继续积高，甚至推倒桥梁。

预案一：防止漂浮物堵塞桥孔。

当上游冲来的柴草、树木等漂浮物冲到桥上游附近时，应立即用钩杆、长柄斧头等随时疏导、砍散，不能等到堆积起来后再去清除。重要的流筏河流，洪水时可备船只在上游适当距离处进行监视，发现树木等漂浮物立即拦截，用拖轮或人力加以控制或砍散，使其顺利通过桥孔。钢梁被淹时，为防止钢梁被冲走和减轻洪水对墩台的横向推移，必须在上游清除漂浮物。

预案二：桥孔被堵塞时的抢护预案。

被流木等漂浮物堵塞的桥涵，势必加剧对墩台基础的冲刷，在可以施行探测的情况下或在漂浮物被清除后，必须立即对墩台基础和河床进行详细探测丈量，发现险情及时进行加固。

（1）自桥上吊下软梯（有条件可使用船只），在外围用火钩及长竹竿将陆续冲下来的木排及木筏等漂浮物顺水推向未堵塞的桥孔排走，同时将已堵积的漂浮物由外向内陆续清除。

（2）靠近岸边的木筏等漂浮物应组织人力利用滑车、绞车、绳索、地垄桩拉向岸边，条件许可时，可请航运部门支援，用拖轮拖出，再由较大的桥孔下流放或直接托上岸边。

（3）需要砍散排筏时，抢护人员应带好救生圈（在桥中心用绳子把救生圈吊住，防止冲走）下到排筏上将排筏砍散，使之单根零散流走。遇有钢绳时，应用氧气切割。

（4）为防止洪水将钢梁冲失，可用型钢将支座上下钢板焊牢，并用重车压在桥梁上，水退后再予复原。

（5）涵渠被堵塞后，逐渐增高的壅水将漫过线路，冲决路基，因此必须采取措施疏通涵渠，保持水流畅通。目前采用的办法是爆破，即人从涵渠下游洞口进入，在涵渠管节外的进口堵塞处打洞，放入炸药包（炸药包应防浸水），炸药用量视堵塞物多少等情况而定，以防止炸坏涵身、端墙、顶帽造成路基坍塌，采用此法时应特别注意人身安全。

（十）桥跨结构被冲失的抢护预案

桥跨结构被冲失的抢险，应根据梁体跨度、现场墩台、地形条件等情况，综合考虑选择架设临时性桥梁梁部结构，见表 5-4。

表 5-4　临时性桥梁梁部结构

梁部类型		适用跨度/m	优　点	缺　点
扣轨梁		≤6.7，常用于 5 m 以下	结构简单，架设拼组方便	跨度小，用轨料多，挠度大
工字钢梁	单层	6.4～12.7	结构简单，拼架方便	横向抵抗力较弱
	双层	17.0～23.6	适应稍大跨度梁	拼架不便，用钢料较费

续上表

梁部类型			适用跨度/m	优　点	缺　点
D型便梁			12～24	适合中小跨度梁抢修，使用建筑高度低的既有桥梁换架	必须整孔换架
拆装式珩梁	普通桥梁钢		16～64	适合大跨度梁抢修，杆件互换性强，对跨度和建筑物高度的适应性强，挠度较小	必须整孔架设，架梁设备较复杂，构件、配件种类较多
	低合金钢	单层	12～52		
		双层	56～80		
六四式铁路军用梁	普通型	单层	16～24	杆件互换性强，为多片结构，销接组装，可分片或整孔拼组架设	挠度较大，拼组桥面较费工时
		双层	24～40		
	加强型	单层	16～30		
		双层	22～44		
八七型铁路应急抢修钢梁		上承式	40～64	适合大跨度梁抢修，能适应各种建筑高度	必须整孔架设，架梁设备较复杂
			40～56		
		穿式	64～96		
备用钢板梁			8～32	适合中小跨度梁抢修，无需组装，调运方便，抢修速度快	必须整孔架设

线路达到平顺后，视抢修后状态进行鉴定性试车，可以由轻而重、由慢而快进行多次。每次都应用仪器对桥跨结构进行仔细观测并做好记录，经过分析确认无危险后方可制定临时运行条件，正式开通线路后，列车限制运行。在临时运行时，还应制定检查监视办法，设置专人并建立台账进行检查监视，每通过一次列车均须对临时性梁部结构的挠度、纵横向位移、桥面稳定等情况进行检查，若有变化应及时加以分析研究并采取措施进行加固整治，以保证行车安全。

(十一)桥梁墩台倾斜下沉的抢护预案

因水害使桥梁墩台发生倾斜下沉时，应根据倾斜下沉情况，全面考虑水流冲刷深度、桥梁大小和种类、材料机具和施工技术条件，判别是否能临时整治后加以利用。为在短期抢通线路，应本着先通后固的原则，逐步恢复正常运输。抢修措施如下：

(1)先探明基础冲刷情况和基底是否被冲空。若已被冲空，用围堰围住桥墩，由潜水员用麻袋装土将桥墩周围大体填平，再用钢轨压下围堰，然后由潜水员用片石把桥墩下冲空部分尽可能填满，并埋好灌浆管，在围堰中灌注水下混凝土，在预留的灌浆管内灌注灰浆，效果很好。

(2)如基础冲刷深度已超过设计局部冲刷线高程，可在周围抛投片石或石笼至一定高度，以增强墩台的稳定性。

(3)将梁跨顶起移位，移动支座，整平后落梁。

(4)若是圬工梁，可以根据位移量计算曲线要素，重新设计曲线。在限制列车运行速度的条件下，允许线路中心线和桥梁中心线有一定偏差，但必须经过重新检算。

(5)线路平顺后进行鉴定性试车。试车视墩台下沉、倾斜程度及抢修后状态而定，可以由轻而重、由慢而快进行多次。每次都应用仪器对墩台位移进行仔细观测记录，经过分析确认无危险后方可制定临时运行条件。正式开通线路后，限制列车运行速度。在临时运行时还应制定检查监视办法，设置专人进行检查监视，发现有变化应加以分析研究，采取措施。如另行搭设枕木垛或排架、部分或全部承托梁部，以保证行车安全。

对上述临时运行的墩台，在线路全部抢通后，应组织技术力量对被冲墩台进行仔细检查、试验、检定，并制定永久性加固或改造方案。

（十二）涵洞被冲毁的抢护预案

涵渠被破坏多导致路堤缺口，进行抢修时需考虑汇水面和以后恢复原涵施工时的方便。

(1)用片石、碎石填筑成盲渠。但以后如需在此处再修建涵洞时，则极为困难。

(2)用枕木垛填筑。如流量大时可铺架扣轨或木梁，留出孔口，但复旧施工较为困难。

(3)架临时便桥取代涵洞。用枕木垛或木排架扣轨便桥代替涵洞。此法有利于在涵洞原位施工复旧。

(4)利用原涵洞的边墙临时修复。当拱涵、方涵等局部损坏时，可利用原有边墙，加盖枕木或圆木，上部填土进行临时修复。

(5)建临时木涵洞。木涵洞的形式有三角形、矩形、梯形等。

（十三）隧道变形坍塌的抢护预案

由于滑坡、错落或崩坍落石等原因使隧道衬砌发生变形以致侵限、掉块，甚至发生局部坍塌时。为了维持行车，一般采用钢轨拱架支顶的办法进行抢修。衬砌已经全部坍塌或严重变形时也可适用此方法。抢修方法是先在轨道车台车上搭一个工作台，台顶距轨顶高度约为5.0 m，在靠两侧边墙处先设钢轨立柱，用方木、木板调整高低。立柱下部用方木撑在轨枕端部上。可用风钻在靠短轨轨底处向衬砌边墙打眼，然后用U形钢筋插入眼中将立柱固定到边墙上。用轨道车将带工作台的台车顶入洞内，人站在工作台上安装拱圈拱架。将两个拱架间和拱架与立柱间用螺栓连接。因隧道衬砌端部与拱圈不相吻合，为了让拱圈受力，可用木板、模型木打入拱圈与衬砌之间，最后将拱架之间用拉杆连接。

【训练内容】

1. 上网搜水害照片，指出因水害引发的病害名称，描述灾害的具体内容。

2. 案例分析：

某年8月19日晚9时20分左右，武汉局集团公司襄樊工务段巡道工在巡查时发现襄渝线K101＋850处线路外侧路基有明显下沉现象，当即将此险情向工务段汇报，及时采取防护措施，并与车站取得联系，使列车限速通过。此时，十堰高新区抗洪抢险监控网络也对此险情进行监控，并将附近居民疏散。8月20日早6时30分左右，险情进一步发展，铁路部门为了安全起见，当即禁止列车通行。7时50分，铁路路基下面的树木开始向下滑，随后眨眼的工夫，泥土“哗”的一声涌了下来。泥石塌方达数万立方米，该滑坡造成铁路路基下面长100 m，宽14 m，深7 m的大坑，致使长约30余米的钢轨悬空，悬空高度约5 m。图5-52为抢修现场。请根据此案例试制定抢修预案。

图5-52　滑坡案例

复习思考题

1. 何谓胀轨与跑道？两者之间的关系是什么？
2. 诱发胀轨与跑道的原因有哪些？
3. 无缝线路“失稳”的表现有哪些？
4. 发现胀轨跑道时应如何进行处理？
5. 轨头核伤的概念及其产生原因有哪些？
6. 无缝线路焊缝拉开的原因是什么？应采取哪些预防措施？
7. 钢轨折断出现红光带应如何进行检查？
8. 发现钢轨折断应如何汇报？
9. 无缝线路长钢轨(含焊缝)折断的处理方法是什么？
10. 水害的主要类型有哪些？
11. 何谓滑坡和边坡溜坍？
12. 因排水不良导致的路基病害有哪些？
13. 水害抢修应注意哪些安全事项？
14. 简述路堤决口的抢护预案。
15. 简述桥跨结构被冲失的抢护预案。

项目六　铁路线路大修施工

【项目介绍】

进行线路大修的目的在于消灭铁路相关设备(路基、桥涵、隧道、线路等)长久积累下来的一切永久变形,保证大修后的相关设备质量完全恢复到原有标准或达到更高标准。线路大修必须严格执行设计文件,严格按图进行施工,为了更好地完成设计工作,必须深入现场和维修部门,进行全面细致的外业测量与调查,以获取翔实而准确的技术资料。

任务一　线路大修测量与调查

【任务描述】

线路大修测量与调查的目的是全面了解与掌握既有线路的平、纵断面情况及轨道各部件的伤损情况,以及既有线路道床厚度、顶面宽度,桥梁、隧道、车站等情况,为线路大修设计提供依据。

【学习重点】

1. 线路平面和纵断面测量。
2. 能够进行外业调查,整理测量和调查资料。
3. 精准数据采集与系统分析能力。

【学习内容】

一、外业测量

(一)里程丈量

里程丈量是进行线路其他测量与调查的基础,应选择正确的里程标或大型建筑物的可靠里程作为起始里程,并与附近公里标核对,与工务文件里程取得一致,沿里程方向连续施测与推算。直线地段可沿左股轨面丈量,每 50 m 设一测点。曲线地段因内外两股钢轨长度不同,丈量里程为线路中心,为方便起见,既可沿外股丈量,也可沿内股丈量,每 25 m(困难时 20 m)设置一个加标,但应分别计算圆曲线和缓和曲线每 10 m 的缩短量,一般在进入曲线前 40～60 m即开始按 20 m 设置加标。

里程丈量应以经过检测的钢卷尺丈量两次。当误差不大于长度的±1/2 000 时,以第一次丈量的里程为准。同时应与原有桥梁、隧道、车站等建筑物的里程核对,允许误差一般为±1/2 000,如果误差满足要求,以不改变原里程为原则,如误差超过允许值,则在适当的区间公里标处设断链(长链或短链)。

线路里程用白铅油标记,直线标注在左股钢轨外侧轨腰上,曲线标注在外股内侧轨腰上,或外股外侧轨腰上标注后在内侧轨腰上加标注,公里标应写全里程,百米标及加标可不写加号前的公里数,加号的竖线表示里程位置,应明显加长,同时在相应位置的轨头侧面喷"+"。

在复线区段测量时,若沿下行线丈量里程,除上下行同为直线外,上行线里程应单独丈量,所产生的断链应设在绕行线终点以外直线上的百米标处。

在下列地点应增设加标,并分别规定里程取位如下:

(1)大修地段的起讫点(包括顺坡地段),取位至 m。

(2)桥梁中心,两端挡砟墙边缘和桥台尾,取位至 mm。

(3)隧道中心、两端进出口,取位至 mm。

(4)车站中心,取位至 mm。

(5)道口中心,取位至 mm。

(6)通过正线道岔的岔尖,取位至 mm。

(7)与起道有关的建筑物,如跨线桥、跨越线路的电线等中心里程,以及站台的起终点,取位至 dm。

(8)其他需要加设测点的地段,如信号机绝缘位置,轨枕类型、间隔尺寸变化分界点,路堤与路堑分界点,整治路基病害地段的起讫点等,取位至 m。

(二)纵断面测量

线路纵断面测量的目的是测出每一百米标及加标的轨面和路肩高程,并核对或补设水准基点,所测得的高程作为纵断面设计的依据。

一般情况下,沿线路已设有永久或临时水准点,若水准点可靠,可直接进行线路高程测量;若水准点发生丢失、移动或精度不能保证时,应先进行基平测量,核对与补设水准点,然后进行线路高程测量。线路纵断面测量的高程,原则上采用国家规定的高程系统。为便于核对,一般多引用该段铁路原用的高程系统(黄海高程系统)。

线路高程测量一般用两组水平仪沿轨面测量,两组转点可在商定的偶数或奇数百米标轨面上,以便互相核对。轨面高程应读至 mm,路肩高程可读至 cm。两组抄平结果及其与原水准点高程均在允许误差范围内时,仍用原水准点高程,并将误差按转点进行平差。轨面高程以调整后的第一组数据为准,且与第二组数据核对,高程误差不得超过±20 mm。

水准基点或临时水准点一般沿线路 1～2 km 设置一处,可设在线路两侧,也可设在固定的桥台、涵洞帽石或其他固定建筑物的基座上。临时水准点与线路中平允许误差为$\pm30\sqrt{L}$(mm),永久性水准基点与线路中平允许误差为$\pm20\sqrt{L}$(mm),L 为水准导线长度,以 km 计。

在进行水准测量时,除测量线路各测点的高程外,在站内还应测量与正线相邻的站线高程,位于同一路基面上的复线及线间距不大于 5 m 的其他邻线的高程也应同时测出,还需对线路抬道时的各项控制参数点进行测量,如明桥、道口、道岔、偏载仪及轨道衡等,以作为站线拉坡或纵断面设计参考。

(三)平面测量

平面测量的目的在于校正线路中心线的位置。在直线上主要是确定直线方向,一般先选择固定建筑物作为控制点,或用两曲线间夹直线的线路中心作为控制点,测出每 50～100 m 处各点的偏移量,作为直线校正的依据。

曲线测量除校正线路方向外,还应力求改善曲线的运营条件,如增设或延长缓和曲线,调整或加大曲线半径等。因曲线测量不仅受路基和既有建筑物的限制，又受行车条件的干扰，因此，在测量方法和操作的熟练程度上都有一些特殊要求。曲线测量的方法很多，如矢距法、偏角法、坐标法等。在行车密度较大的线路上，仪器不能经常安置在轨道上，此时多用外移桩法测量，将曲线上 25 m(困难时 20 m)点移于路肩上测量。红外测距仪采用坐标法测量，将仪器置于线外测量。若行车时间间隔较大时，可将仪器置于中线或外轨上用偏角法测量。近些年来，在线路大修或线路改建工程中，一般多采用偏角法在外轨上或外移桩上进行曲线测量。

偏角法测量既有曲线在方法上与新线测量基本相同，但目的不同。新线测量曲线时是以已知曲线长和偏角来确定测点的位置，而在既有线测量中，则是以测点间的长度和测点的实际位置来量取偏角，根据偏角和曲线长来计算曲线的变形情况。

当每一条曲线测完之后，应立即算出实测曲线的转角，并与铁路局集团公司提供的技术档案资料核对。一般情况下若不大于 2′，则以实测资料为准进行计算，否则应查明原因，重测各置镜点处的弦线间夹角。

(四)道岔测量

道岔测量的目的是弄清现有道岔的位置及其与前后线路的连接。一般在丈量车站里程时，即可测出正线上道岔的主要点位置，如道岔头、岔尾及开向等。道岔测量的主要内容包括：

(1)测定辙叉号码。

(2)测定道岔中心里程，复核岔心位置。

(3)测定道岔主要尺寸：测出道岔前长、后长与全长，根据道岔前长、后长与辙叉号码复核岔首、直向与侧向岔尾的位置。测出尖轨尖端至基本轨接缝的距离，复核尖轨尖里程。

(4)测量警冲标、信号机的位置(包括绝缘接头位置)。

(5)有邻线时，测量与邻线间的线间距。

(6)岔后有曲线时，测量曲线要素。

(7)测量道岔前后引轨及轨枕布置情况 。

此外还要了解道岔钢轨型号、开向、道岔编号及损伤情况，岔枕布置及道岔锁定情况等。

上述资料是进行更换道岔设计的基本依据。若要变更辙叉号码或移动道岔位置等，要认真核算对股道有效长的影响，计算是否需要移动信号机、警冲标等。

二、外业调查

(一)钢轨调查

钢轨调查主要是正确鉴定损伤钢轨及其数量。损伤钢轨按其损伤程度分为轻伤和重伤两类。轻伤钢轨是仍具有足够的强度和抗弯性能，尚能继续使用的钢轨；重伤钢轨是因伤损而降低强度，不宜(普通线路不得)继续使用的钢轨。在调查时应严格按规定标准，正确鉴定伤损钢轨及其数量，要逐公里调查并记录里程、轨号、左右(内外)股、钢轨类型、长度、铺设时间、使用年限及伤损情况。分别统计轻、重伤钢轨的数量及其分布，对插入短轨地段及接头位置不符合《普速修规》规定的也要做好记录。

(二)轨枕调查

查清原线路每公里轨枕的配置根数及轨枕类型；按《普速修规》规定的轨枕失效标准分别统计各公里失效轨枕的数量和类型并做好记录；对不宜铺设混凝土轨枕的地段(或保留木枕的地段)做出准确记载；在需要增加轨枕数量的地方单独做出标记。调查时，混凝土轨枕根据轨枕类型、扣件类型分别统计，以免混铺混用。

(三)联结零件调查

主要调查钢轨扣件的类型、位置及延长米，螺旋道钉锚固的种类、位置及延长米、失效状态及数量等。对大(小)胶垫的失效数量，每千米至少调查 2 处，每处连续查 100～200 m，计算失效百分率。

(四)轨道加强设备调查

对防爬器、防爬支撑、轨距杆、轨撑要全面调查，并按规格、现有数、补充数、失效数分别统计。

(五)道床调查

每 50 m 或 100 m 量出道床上下底宽度及厚度。每公里选有代表性的处所 1～2 处，在轨枕间靠近轨底开挖道床，左右股交错挖至轨枕底下 50 cm 或路基面，挖取道砟试样不少于 0.04 m^3，然后对道床进行实际筛分(筛径 20 mm)，根据筛分质量比确定道床脏污百分率，以确定清筛与起道后需要补充的道砟数量。

(六)车站调查

调查与正线大修施工有关的站场设备技术资料，以便作为大修设计和施工的依据，防止站场设备侵入建筑限界，经过调查，绘制车站平面示意图，记录道岔号码与编号，警冲标和信号机的位置，车站中心里程，站台长度，站台顶面至轨面的高度，站台至股道中心的距离，正线与相邻到发线和其他股道之间的线间距，风雨棚、天桥、架空线的高度，地道的位置，站场排水建筑物及其他限界有关的资料。

(七)道口调查

调查道口的用途、路面类型、道口中心里程、宽度、与公路交叉的情况(正交或斜交角度)，以及铺面材料、护轮轨、防护设备、信号标志、排水情况；调查道口两端公路路面及纵向坡度的情况。若有通信、照明或动力线在道口处跨越线路时，应量出这些架空线距道口中心的距离及距轨面的高度。

(八)桥隧建筑物调查

对隧道及跨线桥，必须测出轨道中心至边墙或桥台的距离以及净空高度；明桥面要丈量桥梁长度，桥梁横梁及桥墩位置，桥台胸墙间的距离，桥上护轮轨的类型及长度；有砟桥要量出挡砟墙间的距离、桥台胸墙以及后缘的位置等；涵洞和明渠要调查其类型、孔径、长度、中心里程及填土高度等。

(九)标志和常备轨调查

全面调查线路里程标、坡度标、曲线标、鸣笛标、道口标、车站预告标等所有线路、信号标志及设备完好情况，以便抽换、补充、修理和油漆刷新。

(十)路基及排水调查

此项工作须会同工务段共同进行，着重调查大修地段内的路基病害处所，了解病害概况及历史资料。

路基加宽工程一般应在线路大修前一年施工，如果线路大修地段需要加宽或修补路基，还应每隔 20 m 作一次横断面调查，地形变化处可酌量增加。此外，还应调查路基排水设备，以作为整治路基病害的依据。

(十一)其他项目调查

凡与大修施工有关的技术资料均应搜集备查。

以上调查结果应分别填写在相应的调查表格中供设计使用。

【训练内容】

每班分成若干组,每组4～5人,需要完成以下任务:

(1)利用水准仪测量既有线路3～5 km,首先进行里程丈量,确定后再测出所有百米标及加标的轨面高程和路肩高程,对测量资料进行计算整理。

(2)调查钢轨、轨枕、道床、联结零件、轨道加强设备等项目,填写调查表格。对以上测量和调查资料进行内业整理,形成纵断面设计资料,为完成任务二做好准备工作。

任务二　线路大修平面和纵断面设计

【任务描述】

线路大修以恢复和提高设备强度,延长设备使用寿命,增强轨道承载能力为目的,在设计和施工过程中,必须严格坚持线路大修技术标准,按照《普速修规》有关规定,优化线路平纵断面设计。各大修地段对限界、线间距不符合标准,道砟厚度不足、桥梁偏心、线路纵断面不良等病害要予以改善;结合线路允许速度,对不满足要求的缓和曲线、夹直线和圆曲线,凡有条件的均应根据《铁路线路设计规范》(TB 10098—2017)(以下简称《线规》)等规定进行调整,不具备条件的可保留原曲线要素,但不得降低原标准,并在设计文件中说明原因。

站内正线大修,在满足邻线顺坡时,尽量满足《线规》规定的坡度要求,当工作量较大满足不了规范要求时,应在设计说明中写明原因。设计时应征求运输等部门意见,与站场有效长调整结合起来。岔区、站内线路轨肩差应按标准尽可能进行改善。

线路大修不宜更改车站中心里程,同一个区间可将不同断链合并,大修设计图必须标明大修区段"断链位置表",断链设置及断链表式样必须按照断链管理办法的要求设置。

【学习重点】

1. 线路平面设计技术标准。
2. 线路纵断面设计。
3. 标准执行与规范管理能力。

【学习内容】

一、设计文件组成

线路设备大修设计文件是指导施工和进行技术经济考核的主要依据,应严格执行有关技术标准和规章制度。线路设备大修设计工作应由专业大修设计单位承担。大修设计文件应依据铁路局集团公司批准下达的大修计划和铁路局集团公司工务部下达的"大修设计任务书"进行编制,并由铁路局集团公司工务部审批。工作量小、技术较简单的件名可由设备管理单位进行编制，报铁路局集团公司工务部审批。设计文件必须经批准后方可交付施工。

(一)设计任务书

线路大修设计任务书包括：任务范围；施工单位及施工期限；基本技术要求；投资控制额；设计文件完成日期及其他。

(二)设计文件组成

线路大修设计文件由设计说明书、设计图表和施工预算三部分组成。文件内容应做到资料齐全、数据准确、图表清晰、文字简明。

1. 设计说明书

设计说明书应按照不同的工程性质，分别说明以下内容：工程名称及施工地段的起讫里程，原有设备状态及主要技术标准，病害情况和原因分析；设计依据；主要工程内容、数量及采用的技术标准，对施工的技术要求。如因特殊情况有不符合大修技术条件的项目时，应说明原因和解决办法；有关施工方法、质量要求、安全措施及其他注意事项；主要工程数量；有关附属工程和施工单位的配合要求。

2. 设计图表

线路大、中修工程主要图表有：纵断面设计图、平面拨量表、曲线表、水准基点表以及各项工程数量表(如轨料数量计算表、补充道砟数量计算表、轨枕抽换补充数量表、道口及桥梁整修表等)。铺设无缝线路应有无缝线路铺设位置配轨图表、锁定轨温范围、预留轨缝表及有关设计计算书。

3. 施工预算书

施工预算应根据设计说明书、设计图表、工程数量、施工方法和有关规定定额进行编制。施工预算主要包括以下内容：预算说明书、预算汇总表、预算表、材料数量表、单价分析表。

在施工过程中，由于各种原因引起预算总额的变动，或更改设计标准和方案时，应由施工单位提出变更理由，报原设计单位签署意见后，由原批准单位批准。

二、线路大修平面设计

线路大修的平面设计，在直线上主要是拨正中线，消除漫弯；在曲线上则根据曲线测量资料对曲线进行校正。按照《线规》《普速修规》规定，平面设计应遵循以下技术标准：

(1)设计曲线时应采用单曲线，最小半径应根据路段行车速度、工程条件以及运输性质和运输需求比选确定，允许速度大于 120 km/h 线路，不得采用复曲线；其他线路不宜采用复曲线，在个别特殊困难情况下可保留复曲线。复曲线两圆曲线的曲率差大于表 6-1 规定的数值时，应设置中间缓和曲线。中间缓和曲线的长度应根据计算确定，不得短于 20 m。复曲线每个圆曲线的长度不得短于 50 m，其超高应在正矢递减范围内，从较大超高向较小超高均匀顺坡。

表 6-1　复曲线可不设中间缓和曲线的两圆曲线的最大曲率差

线路允许速度/(km/h)	120	100	80
可不设中间缓和曲线的两圆曲线的最大曲率差	1/4 000	1/2 000	1/1 000

(2)圆曲线最小长度应满足表 6-2 的规定，允许速度不大于 160 km/h 的特殊困难地段不应短于 25 m。相邻两线采用反向曲线变更线间距时，如受圆曲线最小长度限制，允许速度不

大于 160 km/h 线路，可不设缓和曲线，但圆曲线半径不应小于表 6-3 规定的数值。困难条件下的圆曲线最小半径，160 km/h≥v_{max}>140 km/h 时不得小于 8 000 m ，140 km/h≥v_{max}>120 km/h 时不得小于 6 000 m。

表 6-2　圆曲线或夹直线最小长度

线路允许速度/(km/h)		200	160	140	120	100	80
圆曲线或夹直线最小长度/m	一般	140	130	110	80	60	50
	困难	100	80	70	50	40	30

相邻两线采用反向曲线变更线间距时，若受曲线偏角限制难于采用表 6-2 规定的圆曲线最小长度标准，允许速度不大于 160 km/h 线路，可采用较短的圆曲线长度，但不得短于 25 m。

表 6-3　采用反向曲线变更线间距可不设缓和曲线的最小圆曲线半径

线路允许速度/(km/h)	160	140	120	100	80
可不设缓和曲线的最小圆曲线半径/m	12 000	10 000	5 000	4 000	3 000

线路设备大修时，缓和曲线及两曲线间的夹直线长度不应低于原线路标准。

(3)因超高的设置直接影响曲线速度的计算，故大修区段曲线要素必须标明曲线设计超高。两条曲线间的线间距加宽值应根据两条线路的超高设置情况，通过公式计算确定，以满足行车限界要求。

(4)大修平面设计时，应减少或消除直线漫弯。如因建筑物限界等原因不能改善时，允许保留原状。

在平面设计中，凡能改善既有线路的应尽量改善，不能改善的也不得低于现有条件。平面设计的重点是曲线整正计算，重新确定曲线要素及各点的里程，计算每 20 m 的拨量。

三、线路大修纵断面设计

线路大修纵断面设计原理和方法与新线纵断面设计基本相同，但因线路大修是在原有建筑设备的基础上，在保持原限制坡度的条件下，消除纵断面上不符合技术要求的部分，并尽量改善原有坡度。因此，线路大修纵断面设计是在既有建筑物的限制条件下，寻求最合理且经济的线路改善方案。

(一)基本技术条件

1. 线路大修时，应尽可能改善线路坡度。如既有线路超过限制坡度且改善困难时，可保持原状。线路大修纵断面设计，应符合下列规定：

(1)应设计长坡段。允许速度大于 160 km/h 线路最小坡段长度不应小于 600 m，困难条件下最小坡段长度不应小于 400 m；其他线路坡段长度不应小于该区段到发线有效长度的一半，个别困难地段也不应小于 200 m。

(2)相邻坡段的连接，应按原线路标准设计为抛物线形或圆曲线形竖曲线。

①允许速度不大于 160 km/h 线路，采用抛物线形竖曲线时，若相邻坡段的坡度代数差大于 2‰时，应设置竖曲线。20 m 范围内竖曲线的变坡率，凸形不应大于 1‰，凹形不应大于 0.5‰。采用圆曲线形竖曲线时，若相邻坡段的坡度代数差大于 3‰时，应设置竖曲线，竖曲线半径不得小于 10 000 m，困难地段不得小于 5 000 m。

②允许速度大于 160 km/h 线路，坡度代数差不小于 1‰时，应设置圆曲线形竖曲线，竖曲线半径不应小于 1 5000 m，且长度不应小于 25 m。

竖曲线不得与竖曲线、缓和曲线重叠，不得侵入道岔、调节器及明桥面。

2. 设计电气化铁路线路纵断面时，应符合铁路限界规定。原则上不能改变既有线路坡度，如必须改变既有线路坡度时，接触网高度也应进行适当调整。

3. 两线路中心距不大于 5 m 时，其轨面标高应设计为同一水平，困难地段高度差可不大于 300 mm，但易被雪埋地段的轨面高差不应大于 150 mm，道口处不应大于 100 mm。

4. 大修地段与非大修地段的连接顺坡，应设在大修地段以外，其顺坡率为：允许速度不大于 120 km/h 线路不应大于 2.0‰，允许速度为 120（不含）～160 km/h 的线路不应大于 1.0‰，但允许速度大于 160 km/h 线路不应大于 0.8‰。

5. 尽量避免过高抬道或落道。过多的抬道会增加工程数量和工程成本，在下列地段应避免过大的抬道：

(1)深路堑或高路堤地段

因在这些地段进行较大的抬道，必将要加宽路基，使工程量增多。

(2)原有道床较厚(超过 60 cm 以上)的地段

在这些地段进行较大抬道会使施工及维修人员上、下道困难，有时因路肩宽度不足使道床边坡无法保持。

(3)车站两端咽喉范围内

在咽喉范围内进行较大的抬道会造成前后道岔群抬高，站线顺坡抬道等，导致工程量剧增。

(4)站内正线

抬道量较大会造成正线与站线高程相差悬殊，可能会影响原有站台、雨棚、天桥等设备。

为了减少施工难度，在下列地段应避免落道：

(1)站内正线

落道将形成水槽，造成道床积水、路基松软；如将整个站场的线路全面降低，工程量又过大。

(2)深路堑地段

在深路堑地段落道必然引起路堑刷坡，甚至影响边坡的稳定性。

(3)平坦、宽敞的路基地段

在这些地段落道将影响路基排水，造成过大的土石方开挖工程，甚至形成人为的路堑。

(4)地下水位较高的地段

在此处落道将影响地基的承载能力。

(5)石质路基

在此处落道施工较为困难。

(6)站内地道上

此处无法落道。

只有在下列情况下才允许落道：

(1)为了避免在很长的地段过高抬道，允许挖除路基突起部分落道。

(2)在桥头两端，如抬道量很大，并引起桥梁顶面的抬高，则允许挖低桥头路基落道，以降低桥头及两端路基高程，避免抬道。

(3)在跨线桥下或隧道内以及站内的天桥、雨棚、站台等处,因限界限制而不允许抬道时。

(4)整治路基病害时。

(二)设计步骤

线路纵断面是线路大修的综合性文件,比例尺一般采用:竖向 1∶100,横向 1∶10 000。设计主要步骤如下:

1. 填写外业勘测资料,绘出既有轨面线和路基面线(包括各种建筑物)

外业勘测资料沿计算公里填写,包括既有轨面高程、路基面高程、曲线要素及起讫里程,桥隧建筑物、道口、车站中心里程等。既有轨面线用点画线表示,路基面线用虚线表示。

既有路基面高程,一般根据实测轨面高程及路肩高程、路拱高度来确定,即

$$H_{Lj}=H_{jj}+h_{gwj} \tag{6-1}$$

式中　H_{Lj}——既有路基面高程;

H_{jj}——既有路肩高程;

h_{gwj}——既有路拱高度。

若无路肩高程,则需测出道床厚度 h_{cj},然后根据轨面高程及轨道结构的建筑高度来推算,既有轨道的建筑高度 h_{jg} 为

$$h_{jg}=h_{gj}+h_{dj}+h_{zj}+h_{cj} \tag{6-2}$$

式中　h_{gj}——既有钢轨高度;

h_{dj}——既有垫板厚度;

h_{zj}——既有轨枕高度;

h_{cj}——既有道床厚度。

既有路基面高程为

$$H_{Lj}=H_{gj}-h_{jg}=H_{gj}-(h_{gj}+h_{dj}+h_{zj}+h_{cj}) \tag{6-3}$$

式中　H_{gj}——既有轨面高程。

其余符号同上。

2. 纵断面设计(现场简称拉坡)

线路大修纵断面设计是在现有条件下改善和恢复因路基沉降和线路变形造成的纵向不平顺和坡度紊乱。需要确定线路纵断面的设计坡度、坡段长度及坡段连接,并用粗实线绘制出设计轨面线。

因纵断面设计是在既有轨面线上进行的,全部设计过程始终是设计轨面高程与既有轨面高程相比较的过程,可见纵断面设计实质上是一种试算过程。

(1)设计轨面高程与既有轨面高程的关系

根据大修后采用的轨道各组成部分的标准及既有路基面高程,可初步计算出设计轨面高程,设计轨面与既有轨面间的关系如图 6-1 所示。

$$H_{gs}=H_{Lj}+h_{gs}+h_{ds}+h_{zs}+h_{cs} \tag{6-4}$$

式中　H_{gs}——设计轨面高程;

h_{gs}——设计钢轨高度;

h_{ds}——设计垫板厚度;

h_{zs}——设计轨枕高度;

h_{cs}——设计道床厚度。

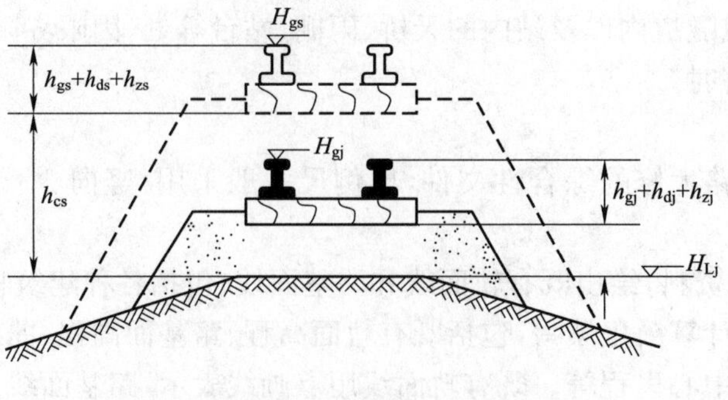

图 6-1　设计轨面与既有轨面间的关系

设计轨面高程亦可根据既有轨面高程与新旧两种轨道结构的高度差来确定：

设计钢轨与既有钢轨的高度差　　$\Delta h_g = h_{gs} - h_{gj}$

设计垫层与既有垫层的高度差　　$\Delta h_d = h_{ds} - h_{dj}$

设计轨枕与既有轨枕的高度差　　$\Delta h_z = h_{zs} - h_{zj}$

设计道床与既有道床的高度差　　$\Delta h_c = h_{cs} - h_{cj}$

则

$$H_{gs} = H_{gj} + \Delta h_g + \Delta h_d + \Delta h_z + \Delta h_c \tag{6-5}$$

(2)设计轨面高程的计算

设计时要按照技术条件的要求确定变坡点的位置、坡度大小及坡段长度，应使每段内各点的道床厚度符合设计标准要求，还应考虑竖曲线落下部分的高度。若某段设计坡度为 i，则该段内各点轨面设计高程 H_n 为

$$H_n = H_{n-1} + L \times i \tag{6-6}$$

式中　H_{n-1}——计算点前一点的设计高程；

L——两点间的距离；

i——设计坡度。

以此类推，逐点算出各点的设计轨面高程，根据设计轨面高程和变坡点的里程，用粗实线将设计轨面线绘制在纵断面图上。

3. 计算起道高度

计算点的起道高度 h_Q 为

$$h_Q = H_{gs} - H_{gj} - (\Delta h_g + \Delta h_d + \Delta h_z) \tag{6-7}$$

4. 计算设计道床厚度

计算点的设计道床厚度为

$$h_{cs} = h_{cj} + h_Q \tag{6-8}$$

其中既有道床厚度 h_{cj} 一般通过挖验调查的方法确定，也可根据式(6-9)计算。

$$h_{cj} = H_{gj} - H_{Lj} - (h_{gj} + h_{dj} + h_{zj}) \tag{6-9}$$

如计算出的道床厚度比规定的最小道床厚度薄或厚得太多，需重新修正设计坡度或坡段长度，反复计算，以寻求最经济合理的设计方案。

在个别地段，因道床厚度不足而起道又受条件限制时，允许局部落低路基面。但要符合《普速修规》规定，必要时采取撤肩处理。

车站内正线的线路大修设计方法与区间线路相同，并应连续拉坡，标准执行《线规》《普速修规》有关规定；与正线相邻的股道应按站线标准与正线同时设计，其他站线可根据具体情况

而定。站内线路设计还应考虑建筑物的限界、站场排水等问题。

配合线路大修进行的其他工程，如更换道床、道口改造、路基加宽、涵洞延长等，均需根据需要进行单项设计。

(三)复核

为了消除设计中的缺点，提高设计质量，应认真从技术与经济两方面进行复核。技术复核着重检查相邻坡段坡度差、长大坡段处的坡度，消除高差及顺坡间的脱节现象，检查并消除不安全因素，检查排水坡度等；经济复核的重点是检查设计的平均道床厚度，控制抬道不致过大，检查路堑及站场落道情况，检查是否可以少做抬高桥梁的工作等。

四、例　题

如图 6-2 所示为线路纵断面设计图的一部分，线路既有现状为：钢轨 60 kg/m，轨枕有Ⅱ型、Ⅲ型与 69 型混铺的混凝土枕，垫层厚度 10 mm，混凝土枕部分失效，碎石道床脏污严重。大修更换 60 kg/m 钢轨，69 型枕全部更换，补充Ⅲ型枕，K785＋720.3～K801＋150.6 更换失效Ⅱ型枕，混凝土枕配置为 1840 根/km，其余地段铺设Ⅲ型枕。根据外业勘测资料进行拉坡设计，设计过程如下。

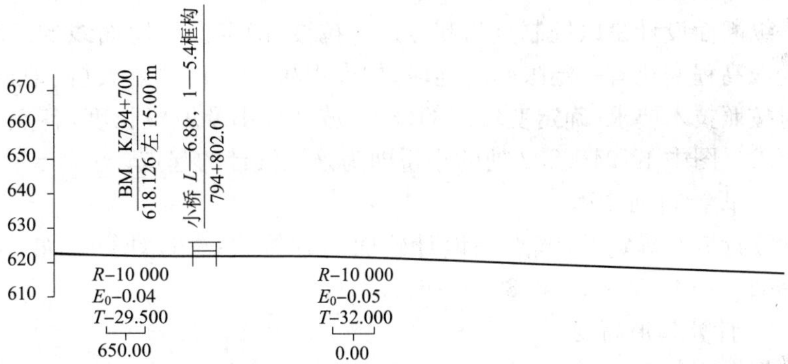

项目	6		7	8	9	795	1	2	3	4	5	6	7
设计道床厚	39		49	48	37	49	42	51	34	34	41	45	
既有道床厚度	35		45	39	32	36	41	49	34	33	39	42	
起落道量/cm 抬高	4		4	9	5	13	1	2	0	1	2	3	
起落道量/cm 降低													
邻线轨面高	622.17		621.77	621.70	621.62	621.48	620.81	620.09	619.38	618.65	617.92	617.19	
设计轨面高程	622.27	621.95	621.87	621.79	621.71	621.63	620.91	620.19	619.47	618.75	618.03	617.31	
设计坡度		50		0.8/350							7.2/900		
既有轨面高程	622.23		621.83	621.70	621.66	621.50	620.90	620.17	619.47	618.74	618.01	617.28	
既有百米坡		4	1.3	0.4	1.6	6	7.3	7	7.3	7.3	7.3		
既有路肩高程	621.49		620.99	620.92	620.95	620.75	620.10	619.29	618.74	618.02	617.23	616.47	
线路平面													
里程	6		7	8	9	795	1	2	3	4	5	6	7

图 6-2　线路纵断面

1. 填写里程

按测量的中心里程填写,起讫点应分别向外延伸 300～500 m。

2. 绘制线路平面

将线路平面的设计资料按纵断面比例绘制,直线绘在中间,标注其长度;曲线用开口向上(左转)和开口向下(右转)的折线表示,标注曲线要素以及曲线起点(ZH 或 ZY)和曲线终点(HZ 或 YZ)距前 100 m 的距离。

3. 填写既有路肩高程和既有轨面高程

根据外业实测资料填写,精确至 cm。

4. 既有百米坡

根据即有轨面高程计算百米坡,作为设计坡度的参考值。

5. 计算既有道床厚度(cm)

计算出每点道床厚度,并应与现场实际挖验数字核对修正。如:K795＋100 的道床厚度 $h_{cj}=H_{gj}-H_{Lj}-(h_{gj}+h_{dj}+h_{zj})=620.90-620.10-(0.176+0.01+0.2)=0.8-0.39=0.41(\text{m})=41(\text{cm})$。

6. 设计坡度

纵断面设计是以控制点为起点进行拉坡,确定设计轨面线的高程。控制点是指高程不能改变或高程变化有一定限制的地段,如大中桥、道口、站内天桥、地道、咽喉道岔等处线路。设计时按照技术要求,确定变坡点的位置、坡度大小及坡段长度,各点的道床厚度应符合设计标准要求。图中 K794＋802 处的小桥即为该段设计的起点。

7. 设计轨面高程

设计坡度确定后,该点的设计轨面高程按式(6-6)计算。如:K794＋900 的设计轨面高程$=621.79+100\times(-0.8‰)=621.71(\text{m})$。

8. 计算起道高度

根据式(6-7)计算,避免过高抬道或落道,否则重新拉坡设计。如:K795＋100 的起道量 $h_Q=H_{gs}-H_{gj}-(\Delta h_g+\Delta h_d+\Delta h_z)=620.91-620.90-0=0.01(\text{m})=1(\text{cm})$。

9. 设计道床厚度

根据式(6-8)计算,若算出的道床厚度比规定的最小道床厚度小或大得太多,需要重新修正设计坡度或坡长,反复计算,寻求最经济合理的设计方案。如:K795＋100 道床厚度 $h_{cs}=h_{cj}+h_Q=41+1=42(\text{cm})$。

10. 计算竖曲线调整数

加设竖曲线后对设计轨面高程的调整数,正号表示加,负号表示减。

11. 绘制线路纵断面图

图上绘有既有轨面高程和设计轨面高程两条线,并按纵断面图例绘制并标注主要建筑物(桥梁、涵洞、隧道、道口、道岔、车站、地道等)的中心里程、孔跨式样等,标出水准基点的详细资料。既有线用黑笔绘制,设计线用红笔绘制。

12. 设计图纸封面,填写图标,整理折叠图纸。

【训练内容】

线路大修纵断面图设计。

1. 设计目的

通过课程设计培养学生综合运用所学专业知识的基本技能，提高学生分析问题和解决问题的能力。

2. 技术要求

设计内容应符合《技规》《线规》《普速修规》等技术规范的要求。

3. 设计内容

根据现场勘测资料，每位同学设计线路大修纵断面图 3～5 km。

4. 设计要求

(1)设计依据：本设计依据某线路大修计划，并经现场勘测调查后设计。

(2)大修位置：如图 6-3 和图 6-4 所示(书后附页)，可自行选择。

(3)设计技术要求：见图上的设计说明。

任务三　铺设无缝线路施工作业

【任务描述】

普通无缝线路的铺设方法主要分为：换铺无缝线路长轨条施工和一次性铺设无缝线路轨枕及长轨条施工两种。一般情况下在新建铁路上铺设无缝线路均采用一次性铺设长轨条的方法，在运营线上一般采用换铺长轨条的方法。

【学习重点】

1. 一次性铺设无缝线路施工流程。
2. 换铺无缝线路长轨条施工流程。
3. 应急处理能力。

【学习内容】

一、一次性铺设无缝线路施工

(一)铺轨设备简介

现阶段国内外主要使用的一次性铺设无缝线路的设备有：瑞典普拉赛·陶伊尔公司研制的 SVM1000S 型铺轨机，SMD80D 型换枕、换轨机，TCM60 型铺轨机等。我国目前采用的铺轨设备主要为 TCM60 型铺轨机，本任务主要对此型铺轨机进行无缝线路长轨条施工做以简介。

TCM60 型铺轨机集铺轨、铺枕功能为一体(图 6-5)，其主要组成部分为：

(1)拖拉钢轨用履带式拖拉机一部。

(2)轨枕铺设装备一套。

(3)倒枕用龙门吊一部。

(4)轨枕运输车。

(5)钢轨推送、铺设机构一套。

(6)长钢轨运输车。

图 6-5 TCM60 型铺轨机

(二)一次性铺设无缝线路的施工流程

(1)长钢轨焊接施工准备。

(2)底砟铺设。

(3)TCM60 型单枕、长轨条铺设施工。

(4)工地单元轨节焊接施工。

(5)第 1 遍上砟整道。

(6)第 2、第 3 遍上砟整道。

(7)应力放散、锁定线路。

(8)精细找道。

(9)钢轨打磨。

(10)全线轨检。

(三)TCM60 型铺轨机铺设无缝线路的施工工序

1. 准备工作。

(1)设置铺轨机走行标志线。

(2)解除铺轨机各部锁定装置。

(3)检查各部状态并试运转。

(4)连接龙门吊走行轨过桥等。

2. 长钢轨的拖拉、推送及二次拖拉。

(1)长钢轨的第一次拖拉,即将长钢轨由双层长钢轨运输车上拖拉至铺轨机。

(2)长钢轨的推送,即推送长钢轨至履带式拖拉机并连接。

(3)二次拖拉长钢轨,由拖拉机拖拉长钢轨前行、对位铺设。

3. 长钢轨的连接。

新铺设的长钢轨与已铺设长轨条之间用简易夹板进行连接。

4. 布枕、收轨作业。

5. 补齐扣件。

二、换铺无缝线路轨条施工

(一)铺轨前的准备

(1)撤除调高垫板,严重锈蚀螺旋道钉改锚,整修线路。

(2)铺设无缝线路前,必须埋设位移观测桩,并使其牢固、可靠。

(3)施工前应拨顺并串动轨条,放散初始应力。

(4)散布并连接缓冲区钢轨,备齐换轨终端龙口轨和钢轨切割工具。

(5)散布扣件。

(二)轨条装、运、卸及放置要求

(1)轨条装、运、卸作业严禁摔、撞,防止扭曲、翻倒,以免造成损伤和硬弯。

(2)轨条装车时,应根据长轨列车运行途中线路的平面条件,严格控制轨条端头与长轨列车承轨横梁间的距离,防止运行途中轨条端头顶、撞横梁,并安装好间隔铁和分层紧固约束装置,防止轨条前后串动和左右摆动。

(3)长轨列车运行必须执行有关规定,防止紧急制动,并应由专人负责,做好运行监护、停车检查工作，确保运行安全。一旦使用紧急制动，应在前方车站停车，随车作业人员应对长轨列车状态和长轨装载状态进行全面检查。

(4)卸轨前应整平砟肩、清除障碍物，长轨应卸在轨枕端头外，并采取措施防止侵入限界。

(5)准备换入的长轨应放在道床砟肩上(无砟桥桥枕上)，换出的长轨应放在道床砟肩上或道心，在桥梁上、道口、人行过道、平过道及信号机附近应有保持稳定和防止连电的措施。

(6)在道床砟肩上放置长轨时，要提前做好整平道砟、清障及轨旁设备防护等工作。道床砟肩不满足钢轨存放条件时，应采取枕木墩支垫或穿入短木枕等方式，确保钢轨放置稳固。

(7)准备换入的长轨长度不宜大于 2 000 m，换出的长轨长度不得大于 500 m。放置的长轨应保证顺直，并处于自由伸缩状态，不得有硬弯及端部翘头，相邻两根长轨的端部应错开。每约 100 m 应设置一处横向限位，长轨端部、曲线地段应适当加密。对放在道床砟肩上或道心的长轨还应派人巡检。

(8)钢轨的存放位置如图 6-6、图 6-7 所示。

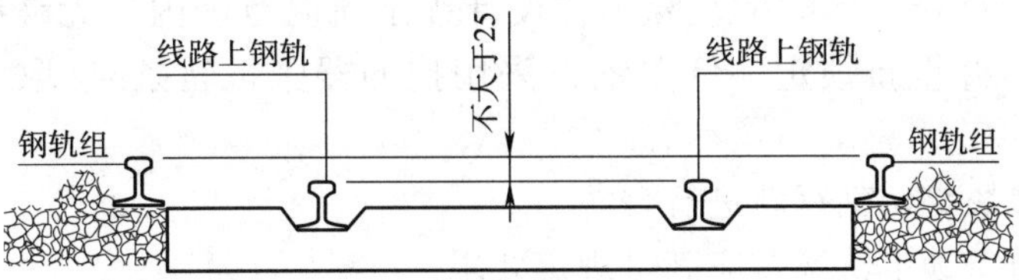

(a) 钢轨组放在道床砟肩上

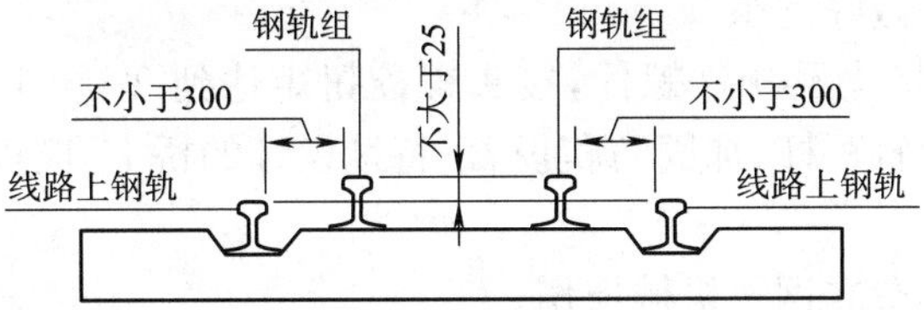

(b) 钢轨组放在道心里

图 6-6　混凝土枕地段钢轨组放置位置(单位:mm)

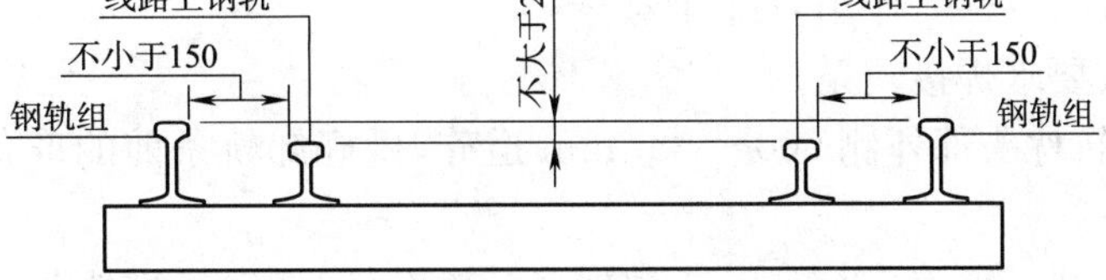

(a) 钢轨组放在木枕头上

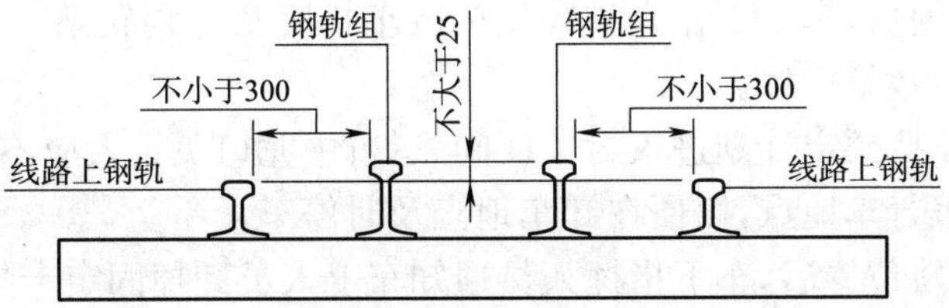

(b) 钢轨组放在道心里

图 6-7　木枕地段钢轨组放置位置(单位:mm)

(三)现场焊接

(1)焊接宜采用具有拉伸、保压功能的焊接设备。

(2)焊接作业轨温应不低于0 ℃,且应避免大风和雨雪等不良天气,否则应采取相应措施。放行列车时,焊缝温度应低于300 ℃。

(3)现场焊接应对焊缝进行焊后热处理,并及时进行探伤检查,不符合质量要求的焊头,必须锯切重焊。

(四)轨条铺设的技术要求

(1)应使用换轨车铺设轨条,从轨条的一端向另一端依次拨入。

(2)铺设无缝线路必须将轨条置于滚筒上,并配合撞轨确保锁定轨温均匀,低温铺设时应用拉伸器张拉轨条。

(3)准确确定无缝线路施工锁定轨温:在设计锁定轨温范围内铺设时,施工锁定轨温取轨条始端入槽和终端入槽时轨温的平均值;如果施工锁定轨温不在设计锁定轨温范围内(含轨条始端入槽或终端入槽时的轨温不在设计锁定轨温范围内),无缝线路铺设后必须进行应力放散或调整,并重新锁定。低温铺设采用拉伸器张拉轨条时,取作业轨温和拉伸量换算轨温之和。

(4)严禁采用氧炔焰切割钢轨进行合龙。

(5)左右两股轨条锁定轨温差应满足规定要求。

(6)无缝线路锁定后,应立即做好位移观测标记,并观测位移。同时在钢轨外侧腹部,注明锁定日期和锁定轨温,并做好记录。

(7)调整轨距,复紧接头及扣件螺栓,接头螺栓扭矩达到900～1 100 N·m,扣件安装齐全、正确、符合要求;复紧轨距杆;加固防爬设备;特殊设计的桥上,应检查扣件螺栓扭矩是否符合设计要求。

(8)使用撞轨器不得造成钢轨机械损伤。

(五)更换轨条施工

在运营线上铺设无缝线路分为封锁前施工准备工作、封锁中基本工作及封锁后整修工作。

1. 施工准备工作

(1)现场放线,调查线路,作出轨排计划。

(2)在工厂内按要求焊接轨条。

(3)清除、拉平轨枕头部外侧600～700 mm道砟,做好卸轨条前的准备,同时按规定埋设位移观测桩。

(4)轨条装、运、卸。采用500 m长4层轨条运输车(图6-8)运送轨条。

(5)工地卸轨条。

①轨条车到达工地后,车上工作人员首先把装车长度及计划轨条长度对照表交给施工队技术人员,按图纸进行数量审核。

②封锁后,轨条车按预定计划进入封锁区间,运行中龙口负责人应不断与机车上的司机进行信号联系,及时通报行车地点,以便在卸车地点及时停车。

③轨条车对准卸轨位置后,车下指挥人员通知车上人员卸掉固定卡具,操作人员及时开动送轨机向车下慢慢输送钢轨,同时通知机车慢慢启动,待轨条落地70～80 m时停止机器输送,并通知机车提速到10～15 km/h,加快卸轨速度,当第一对轨条快要卸完时,减速使轨条缓

图 6-8　长轨运输车

慢落地，依次类推，直至卸完。

④在轨条卸轨过程中，车下拨轨人员应及时把钢轨拨放在轨道两侧路肩上，并不得超限。

⑤为提高卸车效率，在卸轨起点，轨条输送到位后，立即在轨头打上卡具，与旧轨连接固定，这样机车一起步就可提速，从而加快卸车速度。

(6)工地焊轨采用移动闪光焊轨车或数控移动气压焊轨车进行焊接，焊接接头必须符合质量要求。

2. 无缝线路的铺设方法

无缝线路铺设一般采用换轨小车组或组合换轨作业车进行。换轨小车组铺设如图 6-9 所示，组合换轨作业车铺设如图 6-10 所示。

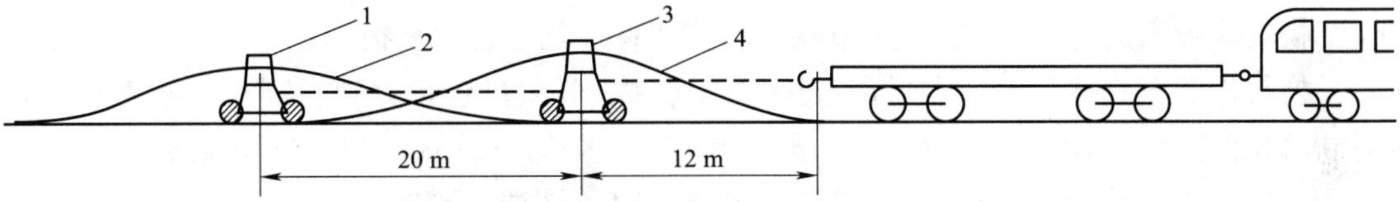

1—拨出旧轨小车；2—旧轨；3—拨入新轨小车；4—新轨。

图 6-9　换轨小车组示意

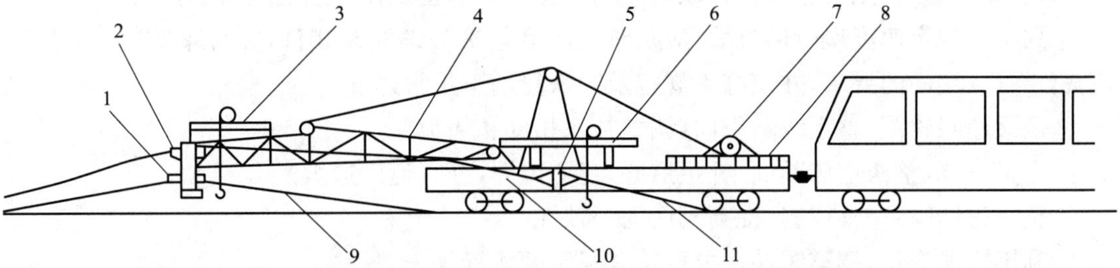

1—旧轨拨轮；2—新轨导轮；3—起旧轨吊架；4—悬臂梁；5—新轨拨轮；6—起新轨吊架；
7—卷扬机；8—配重；9—旧轨；10—组合车；11—新轨。

图 6-10　组合换轨作业车示意

3. 封锁施工作业程序

在运营线上铺设无缝线路，应根据设计文件要求，在封锁线路的条件下进行。其施工程序分为封锁前的准备工作、封锁中的基本工作和开通后的整理工作三个阶段。要做好换铺施工中的典型风险，如既有线天窗时间不足等。

(1)封锁前，应充分做好封锁施工的准备工作，尽可能减少封锁时间内的工作量。其主要工作内容如下：

①做好始、终点的准备。

②做好工具备品的检查及到位。

③做好扣件预卸及更换新扣件、新胶垫的准备。

④对于需要方动的轨枕，按预计方动量方正到位。

⑤既有线上的防爬器、轨距杆应予拆除。

⑥在施工前几天按设计要求预埋好钢轨位移观测桩。

⑦使用换轨小车组换轨时，需将既有线接头螺帽向外的螺栓一律拆除，新轨接头螺帽向内的螺栓暂时不上紧，以便轨条通过换轨小车拨轨拢口时不被卡阻。

⑧封锁前慢行时间内，曲线半径大于 800 m 及直线地段，允许每隔 1 根轨枕卸开 2 根轨枕的扣件，曲线半径小于等于 800 m 的曲线地段允许每隔 3 根卸开 1 根轨枕的扣件，但钢轨接头 2 根轨枕扣件不许卸开。

(2)线路封锁是铺设无缝线路的基本作业阶段，在这个阶段主要完成新、旧钢轨的更换和紧固锁定。

①线路封锁后，迅速拆除全部扣件。换轨作业车进入封锁区间，按换轨车作业规程使新、旧轨分别就位、入槽；轨道车启动运行，使旧轨离槽放置于轨道两侧或轨道中心，新轨就位入槽。

②换轨作业车通过后，迅速上紧扣件，并回收旧料，及时装上平板车。

③换轨作业车到达换轨终点后，应迅速组织合拢口，项目包括锯轨、钻眼、连接钢轨等，同时对新轨扣件全面上紧，调整线路方向、水平等，使之达到开通条件，并及时开通线路。

④在换轨作业的同时，应分别测得轨条始端入槽和终端落槽时的轨温，取其平均值，作为当日铺设的锁定轨温。在轨条全面锁定后，应立即在钢轨头部外侧作好位移观测标记，同时在外股钢轨内侧腹部用红底白字注明锁定日期和锁定轨温，并作好记录。

(3)线路开通后，主要进行在封锁时间内未完成的修整工作，主要工作内容有：

①列车按规定速度慢行通过后，应及时全面复紧接头螺栓及扣件，并打紧防爬器，使其达到紧密、靠正、牢固的要求，并按施工规定及时恢复列车正常速度。

②消灭超限轨距，整正线路方向，调整补齐扣件和垫板。

③方正轨枕，整修道床断面，补足道砟，起道捣固，夯实道床边坡。

④整修、打磨不平整焊缝，提高轨面的平顺性。

⑤利用轨温变化，调整缓冲区内不符合规定的轨缝等。

⑥找平轨面、拨正方向、整修道口，配齐备料。

线路开通后，以 45 km/h、60 km/h、120 km/h 的速度通过三趟慢行列车后，即可恢复正常速度。

4. 施工注意事项

(1)施工前，设置防护信号，并随时与驻站联络员联系，慢行时间内必须做好测速工作，密切注意列车运行情况。

(2)在施工前要对原有线路状态进行仔细地调查和丈量,并结合施工任务拟定施工方案。

(3)铺轨前对轨条进行严格检查,不允许钢轨出现硬弯。铝热焊接头应经过外观检测和内部超声波探伤检查,并符合规定要求。

(4)必须正确确定锁定轨温,尽量做到在设计锁定轨温范围内锁定线路。合龙口时,要精确计算切轨位置及长度,尽量不使用撞轨合龙口。

(六)铺设跨区间和区间无缝线路

跨区间和区间无缝线路应按单元轨节长度依次分段铺设:轨温在设计锁定轨温范围及以下时采用连入法铺设,轨温高于设计锁定轨温范围时采用插入法铺设。

1. 连入法铺设

(1)换轨作业中,将新铺单元轨节的始端与已铺相邻单元轨节的终端直接焊联。

(2)低温换轨作业中,轨条入槽后应先拉伸,使锁定轨温达到设计要求再进行焊接。

(3)电气化区段如采用不停电换轨作业方法,使用待铺单元轨节作为接触网的临时回流通道时,钢轨胶接绝缘接头处必须设置临时连接线。

2. 插入法铺设

(1)换轨作业中,在新铺单元轨节与已铺相邻单元轨节之间,铺设临时缓冲轨。

(2)相邻单元轨节的锁定轨温不符合设计要求时,应先放散应力,然后与插入轨焊接,使锁定轨温符合设计要求。

(3)焊接后,应视具体情况调整插入段前后各 100 m 范围的钢轨温度应力。

【训练内容】

1. 通过上网收集资料或观看录像,查找国内外无缝线路施工采用的先进技术及工艺。
2. 通过到现场参观,熟悉新线和既有线铺设无缝线路的施工过程。

任务四　更换道岔施工作业

【任务描述】

道岔是线路的薄弱设备,其质量和状态是否良好直接影响铁路运输安全。道岔施工分为新铺道岔施工和既有线换铺道岔两大部分,由于后者是在营业线上进行的施工,施工组织复杂;为了提高施工效率,最大限度地减少施工对运输的干扰,必须安排专业的施工队伍承担,采用必要的施工机械和运输车辆,并安排与施工项目相适应的施工天窗。

【学习重点】

1. 既有线道岔施工程序。
2. 新线道岔施工方法。
3. 精细化施工组织与协同管理。

【学习内容】

更换道岔施工主要包括:道岔运输与吊装、道岔测设与预铺、道岔更换。更换道岔工作复杂,施工前要科学制定施工方案,实施精细化组织实施和协同管理。

一、道岔运输与吊装

(1)尖轨与基本轨组件、辙叉组件、配轨、轨排等在运输过程中应采取措施防止产生塑性变形。

(2)道岔吊装、运输和存放过程中不得损伤、污染道岔组件和零部件。

(3)码放尖轨与基本轨组件、辙叉组件、配轨、轨排的场地应坚实平整,道岔钢轨件分类存放。

二、道岔测设与预铺

(1)原位更换同型号道岔前,应核实新、旧道岔的接口和主要尺寸;更换不同型号道岔前,应对道岔铺设位置和影响范围进行测量。

(2)道岔应在铺设岔位附近或铺设基地进行预铺,道岔上道前应对道岔预铺质量进行检查验收。

三、道岔更换的技术要求

(1)清筛深度一般不小于 300 mm,并整平道床。

(2)无缝道岔锁定。

①侧线和渡线应锁定,锁定长度一般情况下不小于 75 m,困难情况下不小于 50 m;若侧线在近距离内(不到 50 m)有邻线道岔,则应加强邻线道岔的锁定。

②无缝道岔与相邻单元轨节间的锁定轨温差不应大于 5 ℃。

③左右两股尖轨应方正,相错量不超过 10 mm。在锁定轨温范围内铺设时,限位器要求居中,焊联前测量,尖轨限位器两侧间隙值允许偏差±1.0 mm。

④铺设上道后,应及时测量铺设轨温、锁定轨温,并作钢轨纵向位移观测标记。

⑤无缝道岔尖轨尖端伸缩位移、可动心轨尖端伸缩位移应满足要求,超过允许值应分析原因,并及时调整,防止转换卡阻。

四、更换道岔施工作业

(一)前期准备阶段

1. 施工调查

施工单位接到铁路局集团公司大修施工计划后,由工务段技术科牵头组织道岔施工车间进行外业施工调查,内容包括:

(1)调查日期。

(2)任务分工和人员安排。

(3)施工具体位置。

(4)交通工具安排。

(5)重点调查内容：

①道岔部分。包括既有道岔型号、道岔内绝缘接头位置、道岔与邻线间距、交叉渡线组合形式和线间距等；预铺道岔位置及其搭台路料数量，影响预组道岔的障碍物，道岔用料装卸车倒装场地；实铺道岔时移动道岔的路径及拆除相关设备情况，是否有弃土位置并对附近施工环境进行调查。

②道岔前后线路地段(岔首或岔尾至进、出站信号机间的线路)和夹直线部分，包括既有轨枕类型、数量，钢轨类型、长度，绝缘接头位置等。

③其他。包括机械进场、轨道车配合选择和水、电等相关事宜。

调查完毕后，参与调查的人员应及时对资料进行整理，按调查内容绘制平面示意图，并在图上做出相关说明。

(6)安全注意事项和相关要求：

①调查内容应做到详细、准确，调查资料形成调查报告后上报段技术科，作为施工的参考资料。

②对车站及与施工线路并行区段，占用邻线装运清筛弃土、卸(收)轨枕及换枕施工时的影响范围要重点调查，形成文字资料。

③对施工区段内的供电、通信及电务部门的光缆、电缆等设备，应与各设备管理单位进行签认。

④调查时必须按规定配齐线路调查作业防护人员，并做好防护，所有调查人员应在调查本线外侧的路肩上行走，注意瞭望，及时下道避车，以确保行车和人身安全。

⑤所用工具和计量器具必须采取绝缘措施，防止联电事故发生；所用调查器具必须专人负责随身携带，不得随意乱放以免影响行车。

2. 确定施工队伍，制定施工计划

工务段主管领导和技术科主管工程师根据调查资料和设计文件共同研究确定施工队伍并制定合理的施工计划，影响施工计划的因素包括：

(1)开工和竣工时的气温。

(2)铁路运输对道岔施工的影响。

3. 与配合单位签订施工安全协议

既有线道岔大修施工，施工单位要与配合单位(电务段、工务段、供电段、车辆段和通信段等)签订施工安全协议。技术科主管工程师以交底的形式将道岔施工任务和施工计划下发给安全科，由安全科与配合单位签订施工安全协议。

4. 制定材料使用计划

技术科主管工程师根据设计文件和施工计划制定材料使用计划，提报给材料科，由材料科根据使用计划制定材料供应计划，并做好货源组织、材料使用和管理工作。

5. 配备机械设备并做好的机械设备、车辆和小型机具的检修与调试

确定施工队伍和施工计划后，工务段将根据施工需要配置相应的施工机械设备。

机械设备包括：轨道车、轨道吊车(图 6-11)、内燃吊车、装载机、挖掘机(图 6-12)、敞车、平车等。

图 6-11　轨道吊车

图 6-12　挖掘机

车辆包括:平车、敞车、篷车等,根据修程做好检修工作。

小型机具包括:内燃镐、锯轨机、钻孔机、发电机、起拨道器、窜轨器、滑轮、各种内燃扳手、油锯、方枕器等。

6. 编制施工组织设计和开工报告

在施工前由施工单位编制道岔大修施工组织设计和开工报告,上报铁路局集团公司主管业务处审批。

7. 编制月度施工计划

施工单位根据设计文件编制道岔施工计划,具体程序如下:

(1)施工单位提出编制施工计划申请。

(2)施工计划会签(会签单位有工务段、电务段、车务段、车辆段、供电段、通信段等)。

(3)编制施工计划。

(4)由铁路局集团公司牵头召开会议对施工计划征求意见并加以修改。

(5)下达正式的施工计划。

(二)预组阶段

1. 确定预组班宿营驻地

由工务机械段和车务站段、铁路局集团公司共同研究宿营驻地相关事宜,签订宿营车停留协议后,宿营车转线。

2. 提报使用计划,进行技术交底

(1)向指挥中心和设备科提报施工机械设备、车辆的使用计划。

(2)向材料科提报组装平台所需枕木和钢轨的数量以及线上料的使用计划(包括道岔料和道岔前后轨枕、钢轨、零配件等)。

(3)为预组班组提供道岔组装位置平面图和道岔铺设图,并向班组交代预组道岔阶段的安全注意事项。

3. 岔枕和钢轨的到达

工务段材料科根据车间提报的材料计划,组织落实岔枕和钢轨的具体到达日期,在车站或就近的大修基地卸车,按照现场组装要求,利用吊车将岔枕和钢轨重新调整顺序进行二次倒装,待卸,如图 6-13 和图 6-14 所示。

4. 搭设道岔组装平台

要求组装平台搭设平稳、牢固，组装后道岔不得侵入限界。利用再用枕木对位搭设枕木垛，长6～7 m，按井字形搭设并考虑道岔开向和枕木垛的受力情况，用吊车摆放框架，如图 6-15 所示。

图 6-13　岔枕堆码

图 6-14　倒运钢轨

5. 卸岔枕、钢轨

班组设专人在架铁上按道岔铺设图画好岔枕间隔。根据施工计划或临时利用列车间隔卸岔枕，用撬棍方正。将岔枕吊运到平台轨上，如图 6-16 所示。按编号顺序摆放，并使直股外侧在一条直线上。将垫板、滑床板、胶垫按照道岔铺设图摆放安装到位。

图 6-15　组装平台

图 6-16　卸岔枕

用吊车在方正好的岔枕上卸钢轨，并将道岔钢轨由转辙部分向后顺序铺设，如图 6-17 所示。

6. 组装道岔

按照道岔铺设图，首先进行钢轨的联结作业，按标准预留轨缝，控制道岔直角错差，连接后安装扣件。当直股方向和导曲线支距全部符合标准后，拧紧直股和导曲线外股轨枕螺栓。在各部轨距符合标准后，再拧紧导曲线内股轨枕螺栓。同时，配合电务部门安装转换设备和锁闭装置并进行调试，如图 6-18 所示。

7. 道岔胶接、焊接和冻结作业

如果设计文件对道岔有胶接、焊接和冻结要求时，应做好道岔内钢轨接头的胶接、焊接及冻结作业,对胶接接头要进行绝缘测试工作,对焊接接头要进行钢轨探伤工作。

8. 质量回检、工序交接

道岔预组班组作业结束后要与铺设班组进行工序交接,道岔预组质量均达到相关标准后,经双方共同检查确认,签认道岔预组质量交接记录。

图 6-17 卸钢轨

图 6-18 组装道岔

(三)实铺阶段

1. 道岔实铺前的准备作业

(1)现场调查

铺设前,主管技术人员到现场重新进行调查,复核设计文件,根据实际工作量,结合现场环境确定施工方法。

(2)道岔定位测量

更换道岔前要做好测量和设计复核工作,技术人员测量道岔岔位是否正确,是否与现场相符,是否满足现场铺设要求。对原道岔岔心位置、渡线方向、线间距、岔区纵断面等进行必要调整,使岔区平、纵断面得到改善。

若发现设计存在问题,需与工务段到现场重新进行确认并形成书面材料,提出设计变更申请,请求设计变更。

进行道岔定位测量要从高程、方向和纵向岔位三方面加以控制,在现场布置合理的道岔施工抬道桩、方向控制桩和纵向岔位控制桩。在既有道岔直股工作边每隔 5～8 m 量出与邻线的线间距,并标注于邻线钢轨上,以控制道岔方向。最后由技术人员进行现场排尺,确定具体工作量并做好记录。

(3)技术交底

技术人员根据设计文件、施工计划和现场调查资料向班组进行交底,内容包括:

①施工计划(时间、地点、施工内容等)。

②工作量。

③施工方法。

④岔位控制交底。

⑤材料使用标准。

⑥施工车辆的安排。

⑦安全防护交底。

⑧更换道岔安全注意事项。

(4)施工例会

按照铁路局集团公司要求，施工单位派人参加由车务部门组织的施工例会，内容：一是重新核对施工计划，二是了解施工单位的工程概况和施工准备情况，三是了解配合单位的准备情况，四是解决施工单位和配合单位存在的困难和问题，由车务部门形成材料上报铁路局集团公司。

(5)车间交班会

车间领导根据现场环境情况、施工计划内容、施工例会要求、技术交底等召集车间工班长以上人员参加车间交班会，对所更换道岔进行详细的布置和安排，主要内容包括：

①主管队长布置工作。

②施工车辆的具体使用计划。

③施工防护安排。

④更换道岔安全注意事项。

(6)班组点名会

根据交班会内容，工班长召集本班组所有职工开班组点名会，具体布置更换道岔施工任务，将任务逐一分解具体落实到作业组和个人，交代作业安全注意事项并提出具体要求。

2. 实铺道岔作业

(1)确认并传达施工封锁命令

由铁路局集团公司向施工车站下达调度命令，施工车站向施工单位传达施工命令，再由施工单位施工负责人宣布施工封锁命令，封锁现场。

(2)工程车进入封锁地点，设置施工防护

根据施工计划和施工单位请求，车站将施工车辆组织到施工地点，施工负责人根据现场具体环境和相关规定安排现场设置施工防护。

(3)拆除道岔

吊车与人工配合拆除既有道岔和前后线路，如图 6-19 和图 6-20 所示。

图 6-19　吊车拆除道岔

图 6-20　人工拆除道岔

(4)清筛弃土作业

拆除道岔后,用清筛机进行清筛作业,然后装载机和挖掘机进入施工地点进行弃土作业。

(5)横、纵移道岔作业

清筛弃土结束后,人工进行平整道床并连接横移滑轨。滑轨平行,布局合理,垫稳牢固,用3～4根滑轨和横移大绳进行道岔横移,横移人员力量分布要合理,如图6-21和图6-22所示。

图6-21　道岔横移过程

图6-22　道岔横移到位

(6)更换道岔前后轨枕和引轨

根据施工特点和任务确定施工方法,道岔前后的轨枕和列轨可组装成临时轨排进行铺设,临时轨排要达到放行列车条件,于次日施工时更换。也可用吊车或人工进行散铺,如图6-23所示。

(7)卸铺道砟作业

当道岔连接完毕后,即组织人员进行卸道砟作业,然后进行平砟作业,如图6-24所示。

图6-23　更换道岔引轨

图6-24　铺设道砟

(8)新道岔抬道和捣固作业

每隔5～6 m挖一处压机窝,利用道岔起道器或压机进行抬道作业,用内燃镐进行捣固作业,将道砟捣实。道岔抬道和捣固的顺序是先转辙部分,后连接部分,再辙叉部分。

(9)电务安装调试信号、转辙及联锁设备

在道岔起道和捣固作业后,施工单位要将道岔上的所有工程车辆和小型机具全部撤出施工地点,电务部门进行电务安装调试信号、转辙及联锁设备作业。施工单位派人配合电务作业，负责清理尖轨内的道砟、方正岔枕、调整尖轨动程和滑床板涂油等项工作。施工单位作业人员不得做影响电务调试设备和联锁试验的工作。

(10)检查并开通线路

当电务安装调试或联锁试验结束后，施工单位派专人检查线路状态，若达到放行列车条件，由施工负责人请求开通线路，按照《普速安规》规定设置限速标志。

(11)开通后道岔试运转

对扰动道床的施工，若开通后放行的第一列列车是旅客列车，则在开通后应安排单机或重型轨道车牵引的施工列车进行轧道，而后方可放行旅客列车。

3. 向工务段返还旧岔料

将更换下来的旧道岔料按工务段指定的地点进行堆码，办理交接。

4. 工程车辆编组

当日工作结束后，按施工负责人的要求和交底对工程车辆进行重新编组，为次日施工做好准备。

(四)整理阶段

当道岔实铺完成后，需要利用 2～3 天的天窗，时间对道岔进行整理，实施阶梯提速，逐渐恢复正常运行速度，具体作业内容如下：

(1)确认并传达施工封锁命令。

(2)现场设置防护。

(3)新道岔抬道、拨道和捣固作业。

(4)检查道岔零配件，对扣件、胶垫、涂油、扭矩等进行回检，对不合格处所进行细致检查和处理，以确保道岔质量。

(5)补卸道砟。起拨道作业结束后，根据需要对缺砟地段进行补卸，清理好道砟。

(6)整理外观。根据设计文件要求和相关标准，安排人员完成整理道床、平整路肩、清除杂草、清理水沟等项作业。

(7)标志、标记。对各种线路标志、信号标志及位移观测桩等进行补充、刷新。

(8)电务安装调试信号、转辙及联锁设备。

(9)检查并开通线路。

五、伸缩调节器的铺设

(1)伸缩调节器铺设之前，应进行预组装。

(2)伸缩调节器宜整组运输。

(3)铺设前，根据计算的伸缩预留量，确定调节器的铺设长度。

(4)有砟道床上铺设伸缩调节器时，应按枕下道床厚度预铺并压实道床。铺轨到达时，接铺伸缩调节器或先铺设临时短轨，再换铺伸缩调节器。

(5)无砟道床上铺设伸缩调节器，按设计图纸将调节器组装并与轨枕组成轨排，整正线路方向、轨距、水平、高低，使之达到相应型号伸缩调节器的铺设标准，方能灌注混凝土道床。

(6)铺设伸缩调节器应采用门吊，严禁人工撞挤，强行将伸缩调节器就位。

(7)钢轨伸缩调节器的基本轨应与跨区间无缝线路长钢轨焊接，故其基本轨应与区间线路钢轨同钢种、同轨型。与道岔尖轨一样,钢轨伸缩调节器的尖轨也用 AT 轨加工。

(8)伸缩调节器铺设后,随即在基本轨的始端做好观测标记,记录铺设日期、轨温、标记的初始读数。

(9)无砟道床施工完毕后,以每组伸缩调节器为单位,对于伸缩预留量、尖轨与基本轨密贴情况及高低差、联结零件安装情况、轨向、轨距、水平等,按照《普速修规》第 6.4.3 条的相应规定进行检查和整修,使之达到验收要求。

【训练内容】

1. 通过上网收集资料或观看录像,查找国外无缝道岔施工采用的先进技术及工艺。

2. 利用学校学到的道岔基本知识,在工程技术人员的指导下,通过现场实践,学会看图纸组装道岔,达到理论与实践有机结合的目的。

3. 以下为道岔的铺设形式和更换道岔施工作业方法分类,要求熟悉并掌握其内容。

(1)从道岔的铺设形式分

- 道岔施工
  - 新线铺设道岔
    - 新线对位铺设道岔
    - 新线拆除插入道岔
  - 既有线换铺道岔
    - 对位更换道岔
    - 不对位更换道岔
    - 拆除线路插入道岔

(2)混凝土枕道岔的施工方法

- 更换道岔施工作业方法
  - 人工对位新铺法
  - 人工对位插入法:主要用于既有线改造,站场延长等施工
  - 人工对位更换法:大量用于既有道岔改造大修等施工。适用于非电气化铁路和既有道岔对位没有障碍物、有组装场地的地段
  - 不对位更换法:适用于没有组装场地,但道岔附近或较远处有组装场地
  - 不对位分解组装更换法
  - 吊车分解吊装,人工配合法

复习思考题

1. 如何丈量线路的里程?
2. 哪些地点应增设加标?
3. 曲线测量有哪些方法?
4. 道岔测量包括哪些主要内容?
5. 线路大修外业调查的项目有哪些?
6. 哪些地段应避免过大的抬道?
7. 如何计算设计轨面高程和起道高度?
8. 何谓龙口及龙口轨?
9. 如何确定初始龙口长度?

10. 一次性铺设无缝线路的施工流程有哪些?
11. 简述采用连入法和插入法铺设区间和跨区间无缝线路条件和施工流程。
12. 更换道岔施工作业的施工方法有哪些?
13. 实铺道岔有哪些作业程序?
14. 简述插入法铺设无缝道岔的施工方法。

项目七 线路设备验收及质量评定

【项目介绍】

本项目主要介绍线路设备维修验收和线路设备大中修施工验收的验收标准，并根据验收结果对设备质量进行评定。

任务一 线路设备维修验收及线路质量评定

【任务描述】

线路设备维修验收及质量评定是考核作业质量和维修工作的重要手段，同时也为改善作业与管理提供了依据。工务段应按照三级验收程序自下而上逐级验收，参与验收的人员应严格执行验收标准。

【学习重点】

1. 线路设备维修验收程序。
2. 线路设备维修验收标准。
3. 标准化验收与质量把控。

【学习内容】

一、维修作业验收

无论是计划维修、临时补修，还是整治单项病害，每日作业后，都要对当日的作业项目做全面检查、验收，失格处所应及时返工，直到达到作业验收标准为止。验收目的主要体现在以下两个方面：

(1)保证作业质量，延长维修周期，确保行车安全。

(2)及时发现作业中出现的问题，不断积累资料，利用质量控制原理，总结作业质量变化规律，及时采取措施予以纠正，不断提高一次作业合格率。

二、线路、道岔维修验收

1. 线路、道岔应按下列单位进行验收

(1)正线为 1 km(月维修不足 1 km 的也可验收)，无缝线路可为 1 个单元轨节。

(2)站线为 1 股道。

(3)道岔为 1 组。

2. 线路、道岔维修验收程序

重点维修车间(工区)完成单项维修后，应及时进行自验并做好记录，报请线路车间初验。线路车间应及时组织初验并做好记录，报请工务段组织验收。工务段应及时组织验收。代维修岔线的线路、道岔维修标准和验收办法，按其他站线办理（代维修合同中有特殊规定者除外）。

3. 计划维修验收评分标准

（1）线路计划维修验收评分标准见表 7-1。满分为 100 分，100～85 分为优良，85（不含）～60 分为合格，60 分以下为失格。失格线路整修复验后，在 60 分及以上者为合格。线路大型养路机械捣固维修按表 7-1 规定进行验收评分，其他单项维修由铁路局集团公司规定。

表 7-1　线路计划维修作业验收评分标准

项目	内容	编号	扣分条件：正线及到发线	扣分条件：其他站线	抽验数量	单位	扣分/分	说明
轨道几何尺寸	轨距、水平、三角坑	1	超过作业验收标准容许偏差管理值	同左	连续检测 100 m	处	4	选择质量较差地段，有曲线时检测一条曲线的正矢，曲线正矢超过作业验收标准容许偏差每处扣 4 分，超过计划维修容许偏差每处扣 41 分
		2	超过计划维修容许偏差管理值	同左		处	41	
		3	轨距变化率（不含规定的递减率）允许速度大于 120 km/h 线路大于 1‰，其他线路大于 2‰	轨距变化率（不含规定的递减率）大于 3‰		处	2	
	轨向、高低	4	超过作业验收标准容许偏差管理值	同左	全面查看，重点检测	处	4	
		5	超过计划维修容许偏差管理值	同左		处	41	
钢轨	接头错牙	6	轨面及内侧错牙大于 1 mm	轨面及内侧错牙大于 2 mm	全面查看，重点检测	处	4	错牙大于 3 mm 时扣 41 分
	接头相对	7	直线偏差大于 40 mm，曲线偏差大于 40 mm 加缩短轨缩短量的一半	直线偏差大于 60 mm，曲线偏差大于 60 mm 加缩短轨缩短量的一半	全面查看，重点检测	处	4	轨缝在调整轨缝轨温限制范围以内检查
	轨缝	8	连续瞎缝或大于构造轨缝，普通绝缘接头轨缝小于 6mm	同左	全面查看，重点检测	处	8	
		9	轨端肥边大于 2 mm	同左	全面查看，重点检测	处	8	含胶接绝缘钢轨
	焊缝	10	新焊接的焊缝不符合《钢轨焊接》（TB/T 1632.1～TB/T 1632.4）的标准；原焊缝打磨后，不符合钢轨打磨作业验收标准	—	全面检测	处	8	
轨枕	位置	11	位置、间距偏差或偏斜大于 50 mm	位置、间距偏差或偏斜大于 60 mm	全面查看，重点检测	处	1	枕上或枕下离缝大于 2 mm 者为吊板，枕下暗吊板不明显者，可拔起道钉或松开扣件查看
	失效	12	接头或焊缝处失效，其他处连续失效	同左	全面查看，重点检测	处	8	
	修理	13	应修混凝土枕未修，木枕应削平及劈裂者未修	同左	全面查看	根	1	
	空吊率	14	大于 8%	大于 12%	连续检测 50 头	每增 1%	2	

续上表

项目	内容	编号	扣分条件		抽验数量	单位	扣分/分	说明
			正线及到发线	其他站线				
联结零件	接头螺栓	15	缺少/松动或扭矩不符合规定	同左	全面查看,抽测4个接头扭矩	个	16/2	
	扣件、道钉	16	铁垫板、轨下垫板缺少	同左	连续查100头	块	2	
		17	轨下垫板、轨下调高垫板失效(含偏斜、窜出)超过8%	轨下垫板、轨下调高垫板失效(含偏斜、窜出)超过16 %	连续查看,检测100头	每增1%	1	
		18	道钉、扣件缺少	同左	连续查看100头	个	2	单股同侧钢轨连2缺少扣4分,连3缺少扣16分,连4缺少扣41分;一组扣件的零件不全,按缺少一个计算
		19	道钉浮离或扣板(轨距挡板)前、后离缝大于2 mm者,超过8%	道钉浮离或扣板(轨距挡板)前、后离缝大于2 mm者,超过12%	连续检测50个	每增2%	1	
		20	扣件扭矩(扣压力)或弹条扣件中部前端下颚离缝、Ⅲ型弹条小圆弧内侧与预埋铁座端部相距不符合标准者,超过8%	扣件扭矩(扣压力)或弹条扣件中部前端下颚离缝、Ⅲ型弹条小圆弧内侧与预埋铁座端部相距不符合标准者,超过12%	连续检测50个	每增1%	1	
轨道加强设备	轨距杆、轨撑	21	缺损或松动	同左	全面查看,重点检测	根、个	2	区间正线无观测桩或观测桩不起作用,按爬行超限计算;站内线路爬行检查道岔及绝缘接头前后
	防爬设备	22	防爬器缺损、松动或离缝大于2 mm	同左	连续查看,检测50个	个	2	
		23	支撑缺损、失效、尺寸不符合标准	同左	连续查看,检测50个	个	1	
	线路爬行	24	普通线路爬行量大于20 mm,无缝线路位移观测无记录	同左	全面检测	km	41	
护轨	护轨与基本轨间距	25	护轨与基本轨间距离不符合规定	同左	全面查看,重点检测	处	2	
	护轨与基本轨高差	26	顶面高出基本轨5 mm,低于基本轨25 mm	同左	全面查看,重点检测	处	4	
	护轨轨底	27	轨底悬空大于5 mm处所超过8%	同左	连续查看,检测50头	处	1	
	梭头	28	梭头各部联结松动,尖端底部悬出桥枕大于5 mm	同左	全面检测	处	4	
	扣件、道钉	29	护轨垫板设置不符合规定,厚度大于30 mm处所超过8%	同左	连续检测50块	块	1	
		30	护轨道钉或扣件缺少、道钉浮离2 mm或扭矩不符合规定者超过8%	同左	连续检测50个	个	1	

续上表

项目	内容	编号	扣分条件		抽验数量	单位	扣分/分	说　明
			正线及到发线	其他站线				
道床	脏污	31	枕盒或边坡清筛深度不足，清筛不洁/翻浆冒泥	同左	全面查看，重点扒开道床检查	每 10 m/空	2/41	按工务段下达的计划验收
	尺寸	32	Ⅰ型混凝土枕中部道床凹下尺寸不符合规定	同左	连续查看，检测 100 m	每 10 m	1	
	外观	33	道床断面不符合标准、不均匀、不整齐、有杂草	同左	全面查看	每 10 m	1	
路基	路肩	34	不平整、有大草	不平整	全面查看	每 20 m	1	单侧计算
	排水	35	有反坡、弃土未清理	同左	全面查看	每 10 m	2	单侧计算
道口	铺面	36	不平整、松动	同左	查看检测	块	4	
	轮缘槽	37	尺寸不符合规定	同左	查看检测	处	16	
	防护设施	38	缺损、歪斜	同左	全面查看	处	2	
标志标记	标志	39	缺损、歪斜、错误、字迹不清	同左	全面查看	个	2	
	标记	40	钢轨上标记不全、位置不对、不清晰或错误	同左	全面查看	处	1	

(2)道岔计划维修验收评分标准见表 7-2。满分为 100 分，100～85 分为优良，85(不含)～60 分为合格，60 分以下为失格。失格线路整修复验后，在 60 分及以上者为合格。道岔大型养路机械捣固维修按表 7-2 规定进行验收评分，其他单项维修由铁路局集团公司规定。

表 7-2　道岔计划维修作业验收评分标准

项目	内　容	编号	扣分条件		抽验数量	单位	扣分/分	说　明
			正线及到发线道岔	其他站线道岔				
轨道几何尺寸	轨距、水平、三角坑、支距	1	超过作业验收标准容许偏差管理值	同左	全面检测	处	4	同时检测两线间距小于 5.2 m 的连接曲线轨向，用 10 m 弦测量。连续正矢差超过 2 mm，每处扣 4 分
		2	超过计划维修容许偏差管理值	同左		处	41	
		3	轨距变化率(不含构造轨距加宽顺坡)允许速度大于 120 km/h 线路大于 1‰，其他线路大于 2‰	轨距变化率(不含构造轨距加宽顺坡)大于 3‰		处	2	
	轨向、高低	4	超过作业验收标准容许偏差管理值	同左	全面查看，重点检测	处	4	
		5	超过计划维修容许偏差管理值	同左		处	41	
	查照间隔	6	超过容许限度	同左	全面检测	处	41	尖趾距离指可动心轨辙叉长心轨尖端至叉趾的距离
	护背距离	7	超过容许限度	同左	全面检测	处	41	
	尖趾距离	8	超过容许限度	同左	全面检测	处	41	

续上表

项目	内　　容	编号	扣分条件		抽验数量	单位	扣分/分	说　　明
			正线及到发线道岔	其他站线道岔				
钢轨	尖轨、可动心轨靠贴	9	尖轨尖端与基本轨、可动心轨尖端与翼轨不靠贴	同左	全面检查	组	41	不靠贴指二者之间的缝隙大于1 mm
	接头错牙	10	轨顶面或内侧面错牙大于1 mm	同左	全面查看,重点检测	处	4	错牙大于3 mm时扣41分
	轨缝	11	连续瞎缝或大于构造轨缝,普通绝缘接头轨缝小于6 mm	同左	全面查看,重点检测	处	8	轨缝在调整轨缝轨温限制范围以内检查
		12	轨端肥边大于2 mm	同左	全面查看,重点检测	处	8	含胶接绝缘钢轨
岔枕	位置	13	位置或间距偏差大于40 mm(钢枕为20 mm)	位置或间距偏差大于50 mm	全面查看,重点检测	处	2	
	失效	14	接头处失效,其他处连续失效	同左	全面查看,重点检测	处	8	枕上或枕下离缝大于2 mm者为吊板,枕下暗吊板可根据道床与岔枕间状态判断,不明显者可扒开道床查看
	修理	15	应修混凝土岔枕未修,木岔枕未削平或劈裂未修	同左	全面查看	根	2	
	空吊率	16	大于8%(钢枕不得有空吊)	大于12%	连续检测50头	每增1%	2	
联结零件	滑床板	17	尖轨、可动心轨与滑床板缝隙大于2 mm	同左	查看检测	块	2	
		18	滑床板及护轨弹片上反或离缝大于2 mm,销钉离缝大于5 mm	同左	查看检测	块	2	
	螺栓	19	接头、连杆、顶铁、间隔铁螺栓缺少/顶铁离缝大于2 mm	同左	全面查看	个、块	16/8	
		20	接头螺栓松动或扭矩不符合规定,连杆、顶铁、间隔铁及护轨螺栓松动	同左	查看检测	个、块	2	
		21	心轨凸缘或轨护螺栓缺少、松动	同左	查看检测	个	41	
		22	长心轨与短心轨联结螺栓缺少、松动	同左	查看检测	个	41	
		23	其他各种螺栓或螺栓开口销缺少、松动	同左	查看检测	个	1	
	铁垫板	24	铁垫板、橡胶垫板、橡胶垫片缺少	同左	连续查看50块	块	2	
	胶垫	25	橡胶垫板或橡胶垫片失效超过8%	橡胶垫板或橡胶垫片失效超过12%	连续查看,检测50块	每增1%	1	
	道钉、扣件	26	道钉、扣件缺少	同左	连续查看50个	个	2	一组扣件的零件不全,按缺少一个计算
		27	扣件扭矩(扣压力)或弹条扣件中部前端下颚离缝不符合标准者,超过8%	扣件扭矩(扣压力)或弹条扣件中部前端下颚离缝不符合标准者,超过12%	连续查看,检测50个	每增1%	1	

续上表

项目	内　容	编号	扣分条件		抽验数量	单位	扣分/分	说　明
			正线及到发线道岔	其他站线道岔				
联结零件	辊轮	28	辊轮缺失或失效	同左	全面查看	处	41	
		29	在尖轨密贴状态下，辊轮与尖轨轨底的间隙超出1～2 mm；在尖轨斥离状态下，滑床台上表面与尖轨轨底的间隙超出1～3 mm	同左	全面查看，检测	处	8	
轨道加强设备	轨撑、轨距杆	30	转辙或辙叉部位轨撑离缝大于2 mm，其他部位轨撑或轨距杆缺损、松动	同左	查看检查	个、根	2	轨撑离缝系指轨撑与轨头下颚或轨撑与垫板挡肩之间的间隙
	防爬设备	31	防爬器缺损、松动或离缝大于2 mm，支撑缺损、失效、尺寸不符合标准	同左	查看检查	个	2	
	爬行	32	道岔两尖轨尖端相错量大于20 mm、无缝道岔位移无观测记录	同左	检测	组	41	
道床	脏污	33	枕盒内或边坡道床不洁/翻浆冒泥	同左	全面查看、重点扒开检查	组/空	6/41	
	外观	34	道床断面不符合标准、不均匀、不整齐、有杂草	同左	全面查看	组	4	
路基	路肩	35	不平整、有大草	同左	全面查看	组	2	
	排水	36	有反坡、弃土未清理	同左	全面查看	组	4	
标志标记	标志	37	警冲标损坏或不清晰	同左	查看检查	组	8	警冲标缺少或位置不对扣41分
	标记	38	钢轨上标记不全、位置不对、不清晰或错误	同左	全面查看	处	1	含钢轨编号、轨距、支距、钢轨伤损等标记

三、线路质量评定

1. 评定目的

线路设备状态评定，是对正线线路设备质量基本状况的检查评定，是考核各级线路设备管理工作和线路设备状态改善情况的基本指标。线路设备状态评定是安排线路大、维修计划的主要依据。工务段应根据设备变化规律、季节特点以及结合设备日常检查对线路设备状态进行评定，具体办法由铁路局集团公司规定。

2. 评分标准

线路设备状态评定应以千米为单位，评定标准见表7-3，满分为100分，100～85分为优良，85(不含)～60分为合格，60分以下为失格。

表 7-3　线路设备状态评定评分标准

编号	项目	扣分条件	计算单位	扣分/分	说　明
1	慢行	线路设备不良(不含路基)	处	41	检查时现存慢行处所
2	道床	翻浆冒泥	每延长 10 m	4	
		道床不洁率大于 25%(在枕盒底边向下 100 mm 处取样)	每延长 100 m	8	道床不洁率指通过边长 25 mm 筛孔的颗粒质量比
3	轨枕	木枕失效率超过 8%	每增 1%	8	
		混凝土枕失效率超过 4%	每增 1%	8	
4	钢轨	一年内新生轻伤钢轨(不含曲线磨耗)	根	2	长轨中 2 个焊缝间为 1 根
		现存曲线磨耗轻伤钢轨	每延长 100 m	4	按单股计算
		一年内新生重伤钢轨(不含焊缝)	根	20	长轨中 2 个焊缝间为 1 根
		无缝线路现存重伤钢轨(不含焊缝)	根	20	长轨中 2 个焊缝间为 1 根
		无缝线路现存重伤焊缝	个	20	

【训练内容】

1. 到现场或实训基地找 1 组道岔,按照道岔计划维修作业验收评分标准进行验收,并填写验收记录,根据扣分结果判定该组道岔是优良、合格或失格。

2. 在实训基地找 1 km 的线路,按照线路设备状态评定评分标准对线路设备状态进行评定,并作出结论。

任务二　线路设备大中修施工验收及质量评定

【任务描述】

线路设备大修验收采用静态与动态相结合的验收办法。铁路局集团公司应配备专职验收人员,对主要大修工程的安全、质量进行监督检查,并组织验收工作。参与验收的人员应严格按照规定的项目和质量标准进行验收,认真填写验收记录。

【学习重点】

1. 施工单位在办理工程交验时应备齐的竣工资料。
2. 验收标准及质量评定。
3. 系统性质量管控。

【学习内容】

一、线路设备大修应按下列单位进行验收

(1)线路大修正线为千米(始终点不是整千米时,可按实际长度合并验收),站线为一股道。
(2)铺设无缝线路为一个区间(包括相衔接的普通线路),特殊情况为一段。
(3)其他各项线路设备大修由铁路局集团公司规定。

二、施工单位在办理工程交验时应备齐的竣工资料

1. 线路大中修

线路大中修验收需备齐下列竣工资料：施工日期、时间；主要材料使用数量表；竣工后的线路平纵断面图；钢轨配轨表（含钢轨的钢种、生产厂、出厂年月、熔炼炉号等资料）；无缝线路的锁定轨温及应力放散资料；隐蔽工程记录；其他有关技术资料。

2. 铺设无缝线路

铺设无缝线路验收除备齐上述资料外，还需备齐下列竣工资料：无缝线路布置图，观测桩位置；位移观测记录；现场焊接，探伤及外观检查记录；钢轨编号和焊缝编号表、现场胶接绝缘接头记录；应力放散记录；厂焊单位及出厂时间。

3. 其他各项线路设备大修

验收时需备齐的竣工资料包括施工日期、时间；主要工程数量表；隐蔽工程记录及其他有关技术资料。

三、验收组织和验收程序

线路设备大修每完成 3～5 km（铺设无缝线路为一个区间），经施工单位自验并做好记录后，及时向铁路局集团公司提请验收。铁路局集团公司应及时组织施工单位和设备接管单位，按照设计文件及有关验收标准进行验收。

验收其他工程时，应参照线路大修进行质量评定。具体验收办法由铁路局集团公司规定。

四、验收标准及质量评定

（一）线路大、中修验收标准及质量评定

线路设备大、中修应按设计文件及表 7-4 进行验收，主要项目（轨道几何尺寸、线路锁定、道床清筛、捣固质量）一次达到标准，可评为“优良”。如有主要项目不符合标准，次要项目漏项或不合格，经整修后复验达到标准，评为“合格”。

表 7-4　线路大、中修验收标准

序号	项　目	质量标准
1	轨距	1. 符合作业验收标准。 2. 轨距变化率（不含规定的递减率）允许速度大于 120 km/h 正线不得大于 1‰，允许速度不大于 120 km/h 正线及到发线不得大于 2‰，其他站线不得大于 3‰
2	水平	符合作业验收标准
3	轨向	1. 直线目视顺直，符合作业验收标准。 2. 曲线方向圆顺，曲线正矢符合作业验收标准。 3. 曲线始、终端不得有反弯或“鹅头”
4	高低	1. 目视平顺，符合作业验收标准。 2. 轨面标高与设计标高误差不得大于 20 mm
5	三角坑	符合作业验收标准

续上表

序号	项　目	质 量 标 准
6	捣固	1. 捣固、夯拍均匀。 2. 空吊板:无连续空吊板;连续检查50头,正线、到发线不得超过8%,其他站线不得超过12%
7	路肩及排水	1. 路肩平整,无大草,并有向外流水横坡。 2. 符合设计要求
8	道床	1. 清筛清洁,道砟中粒径小于25 mm的颗粒质量不得大于5%。 2. 清筛深度达到设计要求。 3. 道床密实、符合设计断面,边坡整齐
9	轨枕	1. 位置方正、均匀,间距和偏斜误差不得超过40 mm。 2. 无失效,无严重伤损。 3. 混凝土宽枕间距和偏斜误差均不得超过30 mm
10	扣件	1. 混凝土枕 (1)扣件齐全。 (2)螺旋道钉无损坏,丝扣及螺杆全面涂油。 (3)弹条安装正确,符合要求,不符合标准的不超过8%(连续检查100头),且无连续失效。 (4)轨距挡板和挡板座顶严、密靠、压紧,不密贴(缝隙大于2 mm)的数量不超过6%(连续检查100头),且无连续失效。 (5)轨下垫板无缺损,歪斜大于5 mm者不超过8%(连续检查100头) 2. 木枕 (1)垫板歪斜及不密贴者不得超过6%(连续检查100头)。 (2)道钉浮离或螺纹道钉未拧紧不得超过8%(连续检查100头)
11	新钢轨及配件	1. 钢轨无硬弯,接头轨面及内侧错牙不得大于1 mm。 2. 接头相错:直线不得大于20 mm;曲线不得大于20 mm加缩短轨缩短量的一半。 3. 轨缝每千米总误差:25 m钢轨不得大于80 mm。 4. 接头螺栓涂油,扭矩达到标准
12	再用轨及配件	1. 钢轨无硬弯,接头轨面及内侧错牙不得大于1 mm。 2. 接头相错:直线不得大于40 mm,曲线不得大于40 mm加缩短轨缩短量的一半。 3. 轨缝每千米总误差:25 m钢轨不得大于80 mm;12.5 m钢轨不得大于160 mm。 4. 接头螺栓涂油,扭矩达到标准
13	无缝线路钢轨及配件	1. 轨条端头位移不得大于20 mm,固定区位移不得大于5 mm。 2. 缓冲区接头相错不得大于40 mm。 3. 焊缝质量符合《钢轨焊接》(TB/T 1632.1～TB/T 1632.4)的要求。 4. 现场焊接接头位置符合《普速修规》第3.10.10条的规定。 5. 在设计锁定轨温上、下限范围内,缓冲区接头轨缝与设计轨缝相比,误差不得大于2 mm。 6. 锁定轨温应符合设计要求。 7. 缓冲区接头螺栓涂油,采用10.9级螺栓,螺栓扭矩900～1 100 N·m
14	护轨	1. 符合桥面布置图规定。 2. 轨底悬空大于5 mm处所不超过8%。 3. 护轨与基本轨间距离符合规定。 4. 护轨顶面高于基本轨顶面不大于5 mm,低于基本轨顶面不大于25 mm。 5. 梭头各部联结牢固,尖端悬空小于5 mm。 6. 接头靠基本轨一侧左右错牙不大于5 mm。 7. 护轨道钉或扣件齐全完好,道钉浮离2 mm或扭矩不符合规定者不超过5%

续上表

序号	项　目	质量标准
15	防爬设备	1. 安装齐全,无失效。 2. 普通线路爬行量不得大于 20 mm
16	道口	1. 铺面平整牢固,轮缘槽符合标准。 2. 两侧平台平整。 3. 排水设施良好。 4. 道口防护设施齐全有效
17	线路外观	1. 标志齐全、正确、清晰。 2. 钢轨上的标记齐全、正确、清晰。 3. 弃土清除干净。 4. 无散落道砟。 5. 施工拆除及临时拆开的防护栅栏按标准恢复,无开口及破损
18	旧料回收	旧料如数回收,运至指定地点,堆码整齐,并按规定移交

(二)道岔大修验收标准及质量评定

道岔大修应按设计文件及表 7-5 相关项目进行验收。主要项目(轨道几何尺寸,道床清筛和捣固质量,尖轨、可动心轨、辙叉与护轨状态,道岔锁定轨温)一次达到标准,可评为“优良”。如有主要项目不符合标准,次要项目漏项或不合格,经整修后复验达到标准,评为“合格”。

表 7-5　道岔大修验收标准

序号	项　目	质量标准
1	轨距	1. 符合作业验收标准。 2. 轨距变化率(不含构造轨距加宽顺坡)允许速度大于 120 km/h 正线不得大于 1‰,允许速度不大于 120 km/h 正线及到发线不得大于 2‰,其他站线不得大于 3‰
2	水平	符合作业验收标准,导曲线内股不得高于外股
3	轨向	1. 直线目视直顺,符合作业验收标准。 2. 导曲线支距符合作业验收标准。 3. 连接曲线用 10 m 弦量,连续正矢差不得超过 2 mm
4	高低	符合作业验收标准
5	三角坑	符合作业验收标准
6	岔枕	1. 间距误差不得超过 20 mm,配置符合要求。 2. 无失效,无失修。 3. 无连续空吊板;连续检查 50 头,空吊板不得超过 6%。 4. 混凝土岔枕符合标准
7	基本轨、导轨	钢轨无硬弯,钢轨接头轨面及内侧错牙不得超过 1 mm
8	尖轨	1. 尖轨竖切部分与基本轨密贴。 2. 尖轨动程符合设计要求
9	轨缝	平均轨缝误差不得大于 3 mm,绝缘接头不得小于 6 mm
10	转辙联结零件	1. 连接杆不得脱节、松动,销子齐全、有效。 2. 滑床板平直并与尖轨密贴,每侧不密贴的不得超过 1 块。 3. 轨撑与钢轨不密贴的,每侧不得超过 1 个。 4. 在尖轨密贴状态下,辊轮与尖轨轨底的间隙应为 1～2 mm;在尖轨斥离状态下,滑床台上表面与尖轨轨底的间隙应为 1～3 mm

续上表

序号	项　目	质量标准
11	辙叉与护轨	1. 查照间隔在有客车运行的线路上不得小于 1 391 mm，在仅运行货车的线路上不得小于 1 388 mm。 2. 护背距离不得大于 1 348 mm。 3. 可动心轨竖切部分与翼轨密贴。 4. 可动心轨动程符合设计要求。 5. 可动心轨辙叉尖趾距离误差在容许误差范围内
12	其他联结零件	1. 螺栓齐全，无松动，扭矩符合要求，涂油。 2. 道钉浮离不得超过 8%。 3. 铁垫板及橡胶垫板、橡胶垫片齐全，歪斜者不得超过 6%。 4. 扣件齐全、密靠，离缝不得超过 6%
13	防爬设备	齐全、有效，尖轨与基本轨、尖轨与尖轨间的相错量不得超过 10 mm
14	焊接接头	位置符合设计要求，焊接质量符合《钢轨焊接》(TB/T 1632.1～TB/T 1632.4)的要求
15	无缝道岔	锁定轨温准确、并在设计规定的锁定轨温范围内；位移观测桩埋设齐全、牢靠，观测标记清楚，位移不得大于 5 mm；锁定要求及侧线和渡线锁定长度符合《普速修规》第 4.2.4 条的规定；左右两股尖轨方正，相错量不超过 10 mm
16	钢轨胶接绝缘接头	钢轨胶接绝缘接头质量符合要求。铺设位置左右对齐、方正，并居于两轨枕正中，绝缘接头轨缝绝缘端板距离轨枕边缘不宜小于 100 mm
17	道床	1. 道床清洁，道砟中粒径小于 25 mm 的颗粒质量不得大于 5%。 2. 清筛深度达到设计要求。 3. 道床密实、符合设计断面要求，边坡整齐
18	外观	1. 标志齐全、正确、清晰。 2. 道岔钢轨编号，各部尺寸标记齐全、正确、清晰。 3. 旧料收集干净。 4. 弃土清理干净。 5. 施工拆除及临时拆开的防护栅栏按标准恢复，无开口及破损

(三)无缝线路验收标准

铺设无缝线路工程，应按设计文件及表 7-6 进行验收。

表 7-6　无缝线路铺设验收标准

序号	项　目	要　求
1	锁定轨温	施工锁定轨温准确，在设计锁定轨温范围内；同一单元轨节左右股钢轨锁定轨温之差，允许速度 160 km/h 及以下线路不应超过 5 ℃，允许速度 160 km/h 以上线路不应超过 3 ℃；跨区间、区间无缝线路相邻单元轨节之间的锁定轨温之差不应超过 5 ℃，同一区间内单元轨节最高与最低锁定轨温之差不应超过 10 ℃
2	轨条轨端相错量	单元轨节左右股轨端相错量，单元轨节间采取焊接时不应大于 100 mm，不焊接时不应大于 40 mm
3	焊接接头	焊接质量符合《钢轨焊接》(TB/T 1632.1～TB/T 1632.4)的要求，现场焊接接头位置符合《普速修规》第 3.10.10 条的规定
4	位移观测标志	设置齐全、牢靠，观测标记清楚

续上表

序号	项　目	要　求
5	纵向位移观测	铺设后5天内纵向位移观测，伸缩区最大伸缩位移量不得大于20 mm，固定区最大伸缩位移量不得大于5 mm
6	钢轨硬弯	校直后用1 m直尺测量，允许速度大于120 km/h线路，其矢度不得大于0.3 mm，其他地段矢度不得大于0.5 mm
7	缓冲区钢轨接头	两根钢轨轨顶面及内侧面要求平齐，误差不得大于1 mm；轨缝大小符合规定要求，在设计锁定轨温范围内测量，误差不应大于2 mm；使用M24的10.9级螺栓，数量齐全，涂油，扭矩应保持900～1 100 N·m，扭矩不足者不得超过8%
8	扣件	扣件齐全。弹条安装正确，符合要求，不符合标准的不超过8%(连续检查100头)，且无连续失效；轨距挡板和挡板座顶严、密靠、压紧，不密贴(缝隙大于2 mm)的数量不超过6%(连续检查100头)，且无连续失效；轨下垫板无缺损，歪斜量大于5 mm者不超过8%(连续检查100头)；螺栓涂油
9	轨枕位置	轨枕方正、均匀，其误差不得大于40 mm
10	道床	断面符合规定，清洁、密实
11	钢轨胶接绝缘接头	钢轨胶接绝缘接头质量符合要求。铺设位置左右对齐、方正，并居于两轨枕正中，绝缘接头轨缝绝缘端板距离轨枕边缘不宜小于100 mm
12	护轨	1. 符合桥面布置图规定。 2. 护轨与基本轨间距离符合规定。 3. 护轨顶面高于基本轨顶面不大于5 mm，低于基本轨顶面不大于25 mm。 4. 轨底悬空大于5 mm处所不超过8%。 5. 梭头各部联结牢固，尖端悬空小于5 mm。 6. 接头靠基本轨一侧左右错牙不大于5 mm。 7. 护轨道钉或扣件齐全完好，道钉浮离2 mm或扭矩不符合规定者不超过5%
13	线路几何状态	符合作业验收标准
14	旧料回收	旧料如数回收，运至指定地点，堆码整齐，并按规定移交
15	其他	1. 轨道加强设备恢复，齐全、有效。 2. 钢轨上的标记齐全、正确、清晰。 3. 施工拆除及临时拆开的防护栅栏按标准恢复，无开口及破损

(四)其他线路设备验收标准

验收其他线路设备大修工程时，应参照线路大中修进行质量评定。具体验收标准，由铁路局集团公司自定。

【训练内容】

以小组为单位，认真学习验收标准，模拟施工现场验收，填写验收记录，并根据验收结果做出质量评定；若遇有大修施工，可联系施工现场，同工程技术人员一起参与施工验收，填写验收记录。

复习思考题

1. 维修作业验收的目的是什么?
2. 线路、道岔维修验收的单位和程序是怎样规定的?
3. 线路设备状态评定的目的是什么?
4. 线路大中修施工单位在办理工程交验时应备齐哪些竣工资料?

参考文献

[1] 赵立冬. 铁路线路养护与维修[M]. 北京:中国铁道出版社,2016.

[2] 李建平. 铁路轨道与修理[M]. 北京:中国铁道出版社,2019.

[3] 何学科. 机械养路[M]. 北京:中国铁道出版社有限公司,2023.

[4] 徐光华,万金侠. 工务安全与应急处理[M]. 北京:中国铁道出版社有限公司,2020.

[5] 贾艳红,陈文帅. 工务管理[M]. 北京:中国铁道出版社有限公司,2021.

[6] 郑松,刘海娥. 铁路大型养路机械应用管理[M]. 北京:中国铁道出版社有限公司,2021.

[7] 林宝龙,王新娜. 铁路线路养护与维修[M]. 西南交通大学出版社,2022.

[8] 国家铁路局. 铁路线路设计规范:TB 10098—2017[S]. 北京:中国铁道出版社,2017.

[9] 中国铁路总公司. 普速铁路线路修理规则:TG/GW 102—2019[S]. 北京:中国铁道出版社,2019.

[10] 中国国家铁路集团有限公司. 普速铁路工务安全规则:TG/GW 101—2023[S]. 北京:中国铁道出版社有限公司,2023.

[11] 中国铁路总公司. 铁路技术管理规程　普速铁路部分:TG/01A—2014[S]. 北京:中国铁道出版社,2014.